日本政治史研究の諸相

総力戦・植民地・政軍関係

纐纈厚　著

明治大学出版会

まえがき

本書は、これまで私が長年にわたり取り組んできたさまざまな「政治史」分野における研究成果を『日本政治史研究の諸相』と題して一冊に収めた論文集である。一九八〇年代から本格開始した私の政治史研究は、すでに四〇年近くとなり、これまでに海外を含め、実にたくさんの研究者との交流や諸学会やシンポジウムなどで発言の機会を得、また、あまたの出版や執筆の機会を提供いただいたことに感謝するばかりである。本書は、そうした思いを含め、これまでに著作や学会誌などに発表してきた論文から、特に私の関心の深かった課題を扱った論考を抽出し、大部分の論考に原形を留めないほどの加筆修正をも施しながら編集した。

私の専門領域は近現代日本政治史であるが、広義での政治学や歴史学の両方を視野に置きつつ、両学問領域をまたぐ研究成果を目指してきた。したがって、歴史学者とも政治学者とも評されるが、基本的には政治史研究者だと自己規定している。日本の政治学界や歴史学界で「政治史」の用語は当然の如く用いられても、たとえば、そこに一個の独立した学問体系として「政治史学」の名称が、学界においても市民権を充分に得ているわけではない。

歴史学と政治学とが、時代の流れのなかで分離する方向にあり、両者が相互補完的な学問領域として位置づけられることは、とりわけ日本では希薄化しているように思われる。そのようなときに、一九世紀後半に活躍し、『英国膨張史論』（加藤政司郎訳、平凡社、一九三〇年。原題は、*The Expansion of England: two courses of lecture*, 1914）を著したジョン・シーリー（John Robert Seeley, 1834-1895）の「歴史は過去の政治であり、政治は現代の歴史である」の言葉を想起する。それこそが「政治史」あるいは「政治史学」が目指すべき基本スタンスであろう。

現代では、こうした把握が影を潜めた観がある。そこには政治学と歴史学の有機的かつ相互補完的な関係が表現されているように思われる。私自身は、政治学と歴史学、あるいは政治と歴史をほぼ同時的に捉え、研究視角としても二つの学問体系の応用に配慮してきたつもりである。

もちろん、単純化して言えば、経済の歴史を経済史や文化の歴史を文化史と呼称する場合があるように、政治の歴史を「政治史」と呼称するのは一般的である。日本における政治史の扱いは、政治学原論や政治学説史と並び政治学の主要な一分野と位置づけられてきた。そのことは現在においても不変である。

しかし、政治学自体を歴史学と峻別することが簡単ではなく、また実際に不可能であるように、政治学分野における政治学原論や政治学説史と、「政治史」との区別もさほど意味のあることではない。なぜならば、いずれも相互補完的であり、その総合性から政治学という学問体系が社会科学としての役割を初めて担いえるからである。それは人文科学としての歴史学も同様であろう。

政治学の一分野としての「政治史」(history of politics) と歴史学の一分野としての「政治史」(political history) とは、両学問体系の差異を厳密に示せば英語表記は異なる。しかしながら、日本語では「政治史」で同一視した呼称を用いている。

私はとくだんにこの差異にこだわるものではないが、基本的には政治学の一分野としての「政治史」研究に取り組んできたつもりである。そのために史料に歴史を語らせる、いわゆる実証的アプローチと同時並行して、政治学の理論にも強い関心を抱き続けてきた。また、現代政治が抱える矛盾や課題についても、多様な視点から論じてきた。

本書のタイトルを『日本政治史研究の諸相』としたのは、これまで発表してきた研究成果を、あらためて「政治史研究」と再確定しつつ、私自身の研究をいま一度振り返ってみたかったからである。以下、本書は、私の主な研究テーマである総力戦研究・植民地研究・政軍関係研究に分類した三部構成となっている。以下、各章を簡単に要約しておきたい。

「第Ⅰ部　総力戦と官僚制」の「第一章　戦時官僚論」は、特に台湾や朝鮮に派遣された、いわゆる植民地官僚の動向に焦点を当て、議会や政党が不在である植民地にあって植民地官僚たちが、行政だけでなく、政治をも主導していた事実を分析している。植民地官僚が事実上、戦時にあって政治・行政指導を実行したことをもって、ここでは「戦時官僚」の呼称を用いつつ、同時に戦後の時代にあっても、戦後復興の担い手であったことを指摘した。そして、戦時総動員体制から平時総動員体制として戦後の高度経済成長が達成されたのではないか、という視点の突き出しを行っている。

「第二章　総力戦と日本の対応」は、第一次世界大戦を契機として始まった総力戦時代への対応過程のなかで、欧米諸国と比較して、資源や技術の低さを補完するために、過剰なまでの総力戦体制を敷こうとした日本政治のありかたが、実は戦後日本の原型をも形成してきたのではないか、との問題意識を基底に据えつつ論じている。そうした総力戦体制は、実は運動としても思想としても、戦後政治に内在しており、それがまた戦後民主主義の成熟をも阻む一要因となっているのではないか、と考える。そうした私自身の考えから、総力戦体制研究の重要な論点を指摘した。

「第三章　総力戦としての世界大戦」では、前章が日本の国内総力戦体制問題を扱ったのに対して、国際総力戦体制問題を俎上に載せる。ここでは第一次世界大戦と第二次世界大戦とを、時間軸を超えて、〝二つの戦争〟として捉え、試みに「総力戦大戦」との呼称を用いることで、二つの大戦を総力戦の枠組みから一括して把握する方法を提示している。歴史を現代の政治から捉え返す場合、そこには現代政治に刻印された歴史事象が見えてくる。「総力戦大戦」としての二つの大戦は、現在においても、国家主義（ナショナリズム）や過剰なまでの軍事的安全保障観念を再生産する根源となっているのではないか。すなわち、総力戦体制を支える動員・管理・統制の原理が、今日の政治や社会に潜在し、自由・自治・自立を基本原理とする民主主義や平等主義の成熟を阻む要因となっているのではないだろうか。

「第四章　日米戦争期日本の政治体制」および「第五章　アジア太平洋戦争試論」は、総力戦思想に規定された日本の戦争や戦争指導体制の実際を論じたものである。総力戦の時代に不適合な戦前の政治体制が、それでも強引に総力戦体制を敷こうとする場合、内部矛盾が深刻化していく。その表れが日本の現実の戦争様相であり、第Ⅲ部の第一章で論じる軍需工業動員法が制定された第一次世界大戦後と異なり、一九三〇年代以降において、陸海軍間および軍部と政界・財界などとの対立や軋轢となって浮上する。日本の戦争敗北のあまたの原因に潜在する総力戦体制への不適合性があらためて指摘されよう。

特に、「第五章　アジア太平洋戦争試論」は、未刊行史料を用いて、総力戦体制下の戦争指導の実態に迫った論考である。日本において、言うところの総力戦体制がどの程度まで達成されたかについては、さまざまな議論や分析が今日発表されているが、私は日本の軍国主義的なシステムでは本来の意味での総力戦体制の完成はほど遠いと考えてきた。総力戦体制を支えるのは下からの民衆の同調・同意であり、それを担保するのがデモクラシーである。そうした課題は、さまざまな領域で指摘されるが、その一つとして戦争指導体制の問題を取り上げた論考である。

戦前回帰とも思える右傾化する現代日本政治を分析していく場合、時代を超えて現代政治を語りうる人物に遭遇することが多々ある。「第六章　蘇る戦前の象徴」では、戦前は官僚として、戦後は政治家（首相）として、戦前と戦後をつなぎとめようとした岸信介に焦点を当てることで、戦前戦後の連続性と〝戦後国家は戦前国家〟ではないか、とする視点を提供している。敗戦時における聖断が戦前権力の戦後権力への橋渡しを意図した高度な政治戦略であり、言うならば「橋を渡りきった」人物として岸信介を再評価する声さえ挙がっている昨今である。第一章で論じた「戦時官僚」のひとりとしての岸信介に復権の機会を提供した〝戦後〟とは、いったい何であったのかを再考する機会として本章を執筆した。私自身、常に「歴史は過去ではなく、歴史は現在である」と確信しているが、そのことを意識した論考でもある。

続いて、「第Ⅱ部　植民地と歴史認識」の「第一章　植民地支配と強制連行」は、植民地研究の一環として、特に山口県の朝鮮人強制連行の実態に迫った。一九八〇年代前後から、全国各地で朝鮮人強制連行の真相究明のために組織された調査団が結成された。私は山口に居住するようになってしばらく後のことであったが、これに参加を要請され、県内各地で強制連行の足跡を探り、同時に山口県立文書館などで資料収集閲覧の作業に取り組んだ。特に山口県は朝鮮半島と至近距離にあり、現在まで続く下関と釜山をつなぐ関釜連絡船を通して、あまたの韓国・朝鮮人が山口県を経由して全国に移動していった。また、県内にもたくさんの炭田などが存在し、そこで強制労働を強いられた。そうした現実は全国各地でも確認されているが、山口県独自の特徴も多く指摘可能であった。その過酷な労働実態が文字通り「奴隷以下」の状態であったことを史料によって裏づけしようとした。

「第二章　日本における朝鮮認識とその変容」は、幕末期から明治近代国家成立直後に至るまでの日本知識人の朝鮮認識を追い、最終的に露骨な侵略思想が形成されていき、明治国家の実践者にそれが継承されていったプロセスを要約している。そうした一連の侵略思想が発生する歴史的政治的要因を検討することで、昭和初期に継承される戦争思想の源流を探り、その流れが実は敗戦によっても断絶することなく戦後日本にも潜在している実態を念頭に据えて論じている。つまり、歴史の克服が、いまだまったく不充分なのである。

「第三章　アジア太平洋戦争下の植民地支配」は、現状において植民地支配責任が希薄化していく原因を論じている。そこでは、当時から流布されてきた「アジア解放戦争論」の呪縛から、日本人がまったく解放されていないことを強調している。同時に、日本人の歴史認識や精神性から説き起こし、それが現在まで払拭されず、政治利用され続ける背景に注目した。まさに、歴史と政治を同時的かつ連続的に捉える方法を採った論考である。

「第四章　日韓領土問題と戦後アジア秩序」も、日中関係の軋轢の根底にある歴史認識問題と、それが可視化された、いわゆる領土問題が派生する根源を究明することを目的としている。そこではアジア太平洋戦争後にも継承され、戦後のアジア政治秩序の本質たる〈ヤルタ・システム〉と〈冷戦システム〉の二つのシステムの存在を指摘しつつ、このシステムの呪縛から依然として解放されない日本社会の課題を論じている。

「第五章　歴史認識と歴史和解」および「第六章　植民地と戦争の記憶と忘却」とは、歴史認識・歴史和解と記憶と忘却という、近年において盛んに用いられるようになった歴史認識論を論及するうえでの用語を用いながら、私自身も関心を強く抱き続けている課題に迫った論考である。現代における日中関係や日韓・日朝関係に棘のように突き刺さったままの国家間の歴史問題、また国民間に存在する歴史認識の乖離を、どのように埋めていくのかが厳しく問われている現実を前に、一介の研究者としていかなる論陣を張るべきかを強く意識した論考である。

最後の「**第Ⅲ部　政軍関係と兵器生産**」の「第一章　政軍関係論から見た近代日本の政治と軍事」は、二〇〇四年に明治大学に提出した博士学位請求論文「近代日本政軍関係の研究」（二〇〇五年に岩波書店より同名で出版）の冒頭論文である。そこでは欧米における政軍関係理論研究を紹介しつつ、それを日本の政軍関係研究に応用し、両者の比較研究のなかから日本の政軍関係の特徴を分析した。サミュエル・ハンチントン（Samuel Huntington）やエイモス・パールマター（Amos Perlmutter）をはじめとするアメリカの政軍関係理論研究者の理論を紹介分析かつ批判しながら、彼らの理論研究がどこまで日本の政軍関係史に適用可能かを主要な論点としている。

「第二章　兵器生産をめぐる軍民の対立と妥協」は、私の最初の著作である『総力戦体制研究　日本陸軍の国家総動員構想』（三一書房、一九八一年、二〇一〇年に社会評論社から復刻版を出版、さらに二〇一九年に再復刻版出版予定）でも論じた近代日本における最初の本格的な国家総動員法である軍需工業動員法の制定経緯を追究しながら、そこに軍部と財界、さらには官界や学界をも包摂する総動員構想が具体化され、同時に相互補完関係を深化させていった過程と、そこで共有された総力戦思想を明らかにしようとした。もちろん、そこに相互に妥協に至らなかった領域や観点も少なくはなかったが、第一次世界大戦で明らかにされた総力戦の時代への対応には、ある程度の意志一致が成立していたとする結論を前面に据えた。

「第三章　戦前日本の武器移転と武器輸出商社――泰平組合と昭和通商の役割を中心に」は、日本の一九二〇年から三〇年代における軍縮と軍拡の問題を、「武器移転」（武器の輸出入）の用語を踏まえつつ、歴史的アプローチから迫った最新の論考である。武器輸入大国から武器輸出国へと転換していくために、陸軍統制下に泰平組合と昭和通商という名の武器輸出専門商社が設立された。それは武器を媒介にして武器輸出国への影響力を確保し、同時に武器生産を平時から安定させるためのものであったことを実証しようとした。昨今における日本政府が「武器輸出禁止三原則」を事実上放棄し、「防衛装備移転三原則」の名で武器輸出への道を開こうとしている現状をも強く意識したものでもある。

第II部　植民地と歴史認識

第五章　歴史認識と歴史和解 233

アジア平和共同体構築への展望

第III部

政軍関係と兵器生産

第Ⅰ部　総力戦と官僚制

第一章　戦時官僚論

植民地統治・総力戦・経済復興

はじめに――戦時官僚をどう位置づけるか

官僚の位置と役割

そもそも官僚制とは何か。ヘーゲルは『法の哲学』において、「私有財産の配慮と最高理念国家への奉仕」を目標とし、国家社会において高度に制度化された組織、と定義した。このように定義される官僚制は、市民的自由や民主主義と原理的に相容れない。

本稿が対象とする近代日本国家における官僚および官僚制は、これに該当する。しかし当然ながら、たとえそのような官僚制であっても、マックス・ウェーバーの近代官僚制の概念に示されたように、国内における諸権力関係や国際的秩序の変容に対応して質的変化を迫られる。すなわち、近代国家の発展過程において増大する行政的機能を担う官僚制への役割期待が高まるなかで、官僚制自体が民主主義や平等主義の拡充との齟齬・乖離を解消することを余儀なくされる。

一方、近代国家の近代政党制は、官僚制との齟齬・乖離を埋める役割期待を担って登場してきた側面がある。その限りで官僚制と政党制とは対立関係を内在させながらも、近代国家にとって、この二つの統治構造の併存が不可欠の要素として評価されるに至った。言うならば、官僚制の相対化が開始されるのである。そこでは、民主主義の発展を背景にして、官僚は市民の直接的政治装置である政党との関係において、形式的に下位の地位に甘んじるものの、とりわけ近代国家の統治構造の複雑化・高度専門化という現実の前に、いきおい官僚制は必然的にその地位を高める。

すなわち、ヘーゲルが定義するように、近代国家発展の原動力となる資本主義の勃興のなかで、「私有財産の配慮」が官僚制の再構築という文脈において強化され、官僚は市民に従属するという形式を踏みながらも、資本の擁護者としての役割を担うことになる。そのような変容を生じた重要な背景として、資本と政党との癒着関係の深化という問題があり、これに近代市民が関与することによって、国家体制に混乱と無秩序を招くことになった。そうした状況で、「最高理念国家」形成の主体として官僚への期待が高まる。

近代日本国家の生成発展過程においても、資本家、政党、官僚、軍部などの諸権力集団が形成され、相互に対立と妥協を繰り返しながら、客観的には相互依存、さらには相互癒着という関係を構築していったことは、多くの先行研究によって明らかにされてきた。

本稿の目的は、国内外の政治・経済・軍事の各領域における環境の変容のなかで、改編を迫られていった近代日本官僚制の位置を指摘することにある。すなわち、日本の官僚が「戦時」や「総力戦」という国内外の政治経済変動への対応過程で、その役割期待をどのように変化させ、内在化させていったのかを論じることにある。日本の官僚たちが、植民地支配や総力戦対応など対外的軍事政策のなかで、軍部や資本家と連携しながら、どのような役割を担ったのか。あわせて、日本の官僚が危機対応型の政策立案を恒常的に担った実態について、総力戦論などの問題とからめて論じる。要するに、植民地統治や総力戦を担った官僚たちの思想と行動を可能な限り追い、その結果、彼らが戦後日本の権力構造にシフトすることに成功し、戦後経済復興の立役者となっていく背景を探ろうとするものである。

近代日本の官僚制は、とりわけ政党との重層的な関係を一貫して保持してきた。それは一九一〇年代の桂園時代から顕在化し始め、一九二〇年代に入り、総力戦対応型の官僚機構が整備されるに伴い本格化する。すなわち、国内支配秩序を安定させるための治安警察機構や、国家防衛および植民地防衛を名目とする軍事機構の肥大化も、官僚制の強化を促迫する要因には違いなかったが、ここでは外在的要因とも言うべき植民地統治と総力戦という要因に着目することで、日本官僚制の特質を指摘しておきたい。そこでの検討課題は以下の通りである。

戦時官僚の特質

第一に、植民地統治の担い手としての官僚が果たした役割を素描し、政党や議会不在の植民地下において、官僚が直接的な民衆統治を実行した、その成果がいかなるかたちで国内支配に転用されたかを検討することである。植民地支配の研究領域においても、近年ようやく植民地官僚の制度的実態や植民地政策決定過程への参与の程度に関する研究が緒に就いたところである[1]。植民地官僚という用語自体も吟味されなければならないが、そこでは明治期における官僚たちが、植民地台湾および朝鮮で実行した政策とその成果を国内に転用した実際をつぶさに検討することを通して、日本の官僚たちの政治過程への関わりを検証するようなアプローチの確立が求められよう。

第二に、第一次世界大戦後に存在感を強める日本の官僚たちの位置を再画定することである。個々の政策立案に決定的な役割を果たす官僚たちが、軍部や政党など、他の諸権力との間に対立と妥協を重ねながら相互補完的な役割構造を確立するようになったきっかけは、第一次世界大戦であった。官僚たちは、このときに出現した総力戦という状況と国家総動員体制の構築に対応するため、国内政治経済体制の再編を進め、そのなかでいちだんと重要な役割を演じるようになる。そのなかで、彼らは何を行ったのか、またその背景には何があったのだろうか。

ここでは先行研究として繰り返し検討の対象とされてきた内務官僚を中心とした日本ファシズム形成期の新官僚や、ファシズム確立期において戦時経済統制に主要な役割を果たした革新官僚という、用語使用やカテゴライズをあえて避けることにする。(2) そのかわりに第一次世界大戦に生まれた総力戦段階に対応して制定された軍需工業動員法制定(一九一八年)を嚆矢に、国家総動員法制定(一九三八年)以降本格的に胎動し、満州事変勃発(一九三一年九月)以後における準戦時体制から、日中全面戦争開始(一九三七年七月)以降の戦時体制下における、国家総動員体制構築過程で重要な役割を果たした官僚たちを戦時官僚と呼び、彼らの果たした役割を検討してみたい。(3)

彼ら戦時官僚は、一九三〇年代における準戦時体制あるいは戦時体制下に忽然と登場したわけではなく、第一次世界大戦を契機とする総力戦時代への対応過程に、その萌芽を見いだすことができる。総力戦への対応過程で構想された国家総動員体制構築への展望のなかで、治安維持・思想弾圧・国民再組織を不可欠とする国内政治体制と、国家によって高度に企画・管理・統制され、長期戦に耐え得る高度経済体制を不可避とする国内経済体制とが、同時に充足する体制構築への目標こそが、戦時官僚の登場を促した原因と考える。そして、ここで言う戦時官僚のルーツを、第一の課題設定たる植民地官僚の歴史体験に求める考えを提起しておきたい。すなわち、台湾および朝鮮の植民地統治に関わった植民地官僚と戦時官僚との相互関連について言及しておく。

第三に、総力戦体制下、特に一九四〇年代において活躍した戦時官僚たちは、戦前権力の保守をも意図した「聖断」により、戦後も組織温存に成功して戦後改革および経済復興の主導的役割を担ったが、なぜそれが可能であったかについて検討しておきたい。ここではとりあえず、一九四〇年代の日本をリードした経済官僚テクノクラートを、戦時官僚と呼称する。確かに、それぞれの特質と役割を精緻に追究するうえでは、従来のように経済官僚と呼称する方が有効かもしれないが、近代国家日本の生成発展過程における官僚および官僚制の歴史的性格をトータルに把握する場合には、この呼称は不必要な縛りを設定することになるのではないか。実は、これら経済官僚たちが植民地統治および総力戦対応を前提とする国家総動員体制構築の過程で果たした役割を踏まえるとき、経済官僚より戦時官僚と呼称することで、その役割を位置づけるのが適切ではないかと考えたためである。

さらに、これら戦時官僚が敗戦を乗り越えて、課題設定および体制構築の目標が戦後までスライドし、戦後の高度経済成長に果たした役割をも見逃してはならない。つまり、これら戦時官僚が総力戦対応型の政治経済体制の再構築過程において、戦前に蓄積された手法を駆使した結果として高度経済成長が成し遂げられたのではないか、という問題である。高度経済成長体制とは、戦後版の総力戦体制、あるいは平時の総力戦体制ではなかったのか、ということである。

ところで、従来の官僚および官僚制研究は、官僚の出身母体や政党制との距離、軍事官僚との連携の程度など、さまざまな指標による性格づけが行われ、その限りで活発な研究対象となってきた。(4) 特に原敬内閣以後の政党政治への反発から形成された新日本同盟や金鶏学院、それに国維会などを母体とする内務省の新官僚、あるいは一九三〇年代における電力国家管理法や国家総動員法など、総力戦体制構築に絡み発言権を発揮した革新官僚の区分によって、日本の官僚制の歴史的かつ政治的性格が明らかにされてきた。(5)

これに対して、一九四〇年代における戦時官僚の一群が、前述の意味において、近代日本国家における明治期から開始される植民地統治の実践から事実上存在しており、第一次世界大戦を契機とする総力戦対応のなかで、おおよその骨格が形成され、一九三〇年代における準戦時体制から戦時体制への移行過程で顕在化してきた、と考えている。それで、このような官僚の変容過程が一直線に無条件で進行したわけではもちろんないにせよ、官僚と軍部、官僚と政党という諸権力間における対立と妥協の繰り返しのなかで、官僚・軍部・政党の各権力集団間で相互依存関係が成立していった過程を、本稿では特に重視していきたい。

1 台湾・朝鮮植民地官僚の思想と行動

官僚政治と政党政治

　戦時官僚論を展望する場合に最初に押さえておくべきは、官僚の性格を変容させた外在的側面と、近代日本の官僚本来の内在的側面とを、どのような関係として捉え返すのか、という問題である。この問題を論ずる際には、やや面倒ながらも、「戦時」の定義づけから入らねばならない。本節では、一九三〇年代から四〇年代の準戦時および戦時だけでなく、台湾および朝鮮植民地統治や第一次世界大戦に始まる総力戦体制構築過程における官僚の動向を含め、〈戦時対応〉という概念で問いたい。一九三〇年代的状況を〈直接的戦時〉状況だとすれば、植民地統治および総力戦体制構築過程を〈間接的戦時〉状況ということができるだろう。

　筆者が言う〈間接的戦時〉状況とは、すなわち台湾・朝鮮における植民地統治であり、そこで主導的な役割を果たした植民地官僚群が検討の対象となる。要するに、植民地官僚の政治的役割は、植民地統治という名のある種の戦時状況下での支配秩序の形成と維持にこそあった。台湾・朝鮮植民地統治機構においては、政党および議会の不在ゆえに、官僚機構自体が、本国における政党および議会の代替機能を併せもっていたため、巨大な政治機構を形成していた。それは、後の戦時官僚との間に、いったいどのような関連を内在させているのであろうか。

　また、多様に論じられてきた視点だが、植民地官僚の歴史的特質を検討する場合、第一次世界大戦を契機とする官僚制自体の役割期待の根本的変化という問題がある。すなわち、近代国家成立以降、明治国家に大日本帝国憲法、議会、政党など民主主義の形式を整備するための諸組織が成立していくが、日本の政治決定過程において主要な役割を担ったのは官僚であり、官僚政治体制であった。ところが、第一次世界大戦を契機として、デモクラシーを基本原理とする国際秩序の形成と、その一方における戦争形態の総力戦化という新たな状況が国内政治体制の民主化と大衆化を促したことは、いわばその逆の政党政治の時代を呼び込むことになったのである。

植民地官僚の権限

日本資本主義は、その脆弱な資本力と技術力という課題を抱えながらも、国際資本の動きに、これまで以上に関心を払わざるを得なくなっていた。また、国際平和主義や民主主義の気運は、政治の舞台への大衆の登場を促していた。こうした状況のなかで、もはや官僚制にしても、政党や議会との連携なくしては、既存の権力構造の中枢から除外される可能性すら見えてきたのである。問題は、こうした新たな時代状況が、はたして植民地官僚の動きにどれほどの規制力を発揮したのかという点である。台湾の植民地統治開始（一八九五年）と朝鮮植民地統治開始（一九一〇年）とでは時間差があるものの、ここでは、どちらの植民地統治にも明らかな変化が見られた原敬内閣期前後における台湾統治を担った植民地官僚の動向を中心に見ておきたい。

近代日本の成立以降、日本の官僚制はきわめて典型的な階層構造として組織されており、こうした構造は当然ながら植民地統治を担う台湾および朝鮮における総督府の官僚制にもシフトされていた。波形昭一が、台湾や朝鮮の植民地では、官僚組織の役割期待は日本国内の中央官庁や地方官庁と基本的に異なり、「帝国議会も地方議会もなく、したがって直接的には政党とか議員とかが存在しない特殊世界であり、そこでのすべてが官僚によって取り仕切られている世界である」[6]と指摘している通り、植民地は文字通り〝官僚王国〟であったのである。つまり、国内で政党や議会の影響力が増大するなかで、植民地官僚においては、その限りで政党も議会も存在せず、言うならば官僚による直接続治が貫徹されていたのである。その意味では被植民地人はあくまで支配の対象であり、管理や統制・動員の対象として位置づけられていた。この、政党や議会という近代政治制度が不在であり、巨大な権力組織である官僚制によって支配と服従の関係が保守される政治状況が先述した〈間接的戦時〉である。

朝鮮や日本の傀儡国家である「満州国」においては、協和会組織が創られたが、たとえば満州協和会では中国東北部の人口約三〇〇〇万人のうち、最盛期には約四〇〇万人の「満州国」住民が会員として強制・半強制的に名簿化された。しかし、それも官僚による統治の円滑化と抑圧体制への不満を吸収する緩衝材としての役割が期待されたものであった。換言すれば、植民地官僚による露骨な官僚統治色を薄める機能が求められていたに過ぎない。

台湾総督と植民地官僚の連携

台湾総督府の人事を概観すれば、初代総督の樺山資紀海軍大将から、桂太郎、乃木希典、児玉源太郎、佐久間左馬太、安東貞美、明石元二郎に至るまで、すべてが陸軍大将であった。このいわゆる前期武官総督時代（一八九五年—一九一九年）においては、民政長官が、事実上の植民地官僚のトップとして位置づけられていた（実際には、民政局長官、民政局長、民政長官、総務長官と名称変更）。台湾総督府にあって、総督は軍事外交の領域を専管事項とし、植民地の内政事項に関しては原則として民政長官に事実上委任していたことから、植民地行政における民政長官の役割は絶対的だったのである。前期武官総督時代における民政長官は、水野遵、続いて曾根静夫、後藤新平、祝辰巳、大島久満次、宮尾舜治（代理）、内田嘉吉、下村宏である。

台湾総督府は、当初拓殖務省の指揮監督を受ける形式が整えられはしたが、実際には台湾法令法（一八九六年）により、台湾総督が出す律令が日本国内の法律とは別に効力を持った。(7) つまり、実質的に台湾統治は国内行政に対し一定程度の自律性を与えられ、その独自性が確保されたことになる。その意味では、武官総督時代における台湾統治は、内地行政と外地行政という区分で言えば、基本的には別枠での行政単位として認識されていた。台湾総督は行政・立法・司法の三権を一元的に掌握しており、特に軍事に関しては中央統帥部に直結して軍令権を付与された存在であった。植民地官僚は、そのような総督の絶対的権力によって、その三権の実質的執行者としての地位を担保されていたのである。

そうした総督の絶対的権限や植民地官僚の圧倒的な権能への批判を回避する狙いもあって、一八九六年には総督の諮問機関として、台湾総督府評議会が設置された。当初評議会には建議権はなく、会員は高級植民地官僚によって独占され、一九三〇年になって一部建議権が認められた。しかし、これは疑似議会とすら評価不可能な程度の組織に過ぎなかった。こうしたなかで、特に八年余の長期にわたり民政長官の地位にあり、台湾内政に重要な役割を果たした後藤新平は、植民地行政への評価を得て、本国帰還後に政府の枢要な地位を占め続ける。

後藤長官時代は、日清・日露戦争以後、「戦後経営」の名による植民地の拡大と支配強化が強く要求された時期であった。加えて諸列強との緊張関係が深まるなかで、先発の植民地台湾の統治の強化策が相次ぎ打ち出された。後藤長官の施政下に展開された公衆衛生の改善、インフラ整備など一連の施策は、早急に台湾統治が相応の成果を生み出し、被植民者の懐柔と統制を推し進めていく必要に迫られた結果であった。後藤の役割は本国政府でも高く評価されはしたが、同時に当該期においては植民地支配における軍の占める地位も高まらざるを得ず、植民地官僚は軍との連携を要求され、官僚はこれに呼応することで、その地位の強化を図ることになる。

問題は、一九一九年から一九三六年まで続く文官総督時代である。つまり、国際平和と民主主義への展望が国際潮流となり、国内的には大正デモクラシーの機運が横溢し、政党が本格的に登場する時代である。事実、一九一八年に成立した原敬内閣は、政党政治の開始を告げる政治史上画期的な内閣であった。その原内閣の諸政策を貫徹するものは、この内外の諸情勢に適合的な国家体制を再構築することであった。こうした国際潮流と連動するかのように、一九二〇年一月に東京で発足した親民会は、台湾における植民地統治の改善要求を運動目標に掲げ、その後台湾議会設置請願運動を開始する。以後、一九三四年までの一四年間に一五回の請願が日本政府および台湾総督府に向けてなされた。時期的にほぼ文官総督府時代と重なるこの運動は、台湾の独立を直接目標に掲げるものではなく、台湾議会など近代的民主的な制度を設置することで、台湾人の植民地政治への参加と政治的意志表明の回路を設定しようとする試みであった。しかし、日本政府も台湾総督府もこのような動きのなかに、台湾独立に結果する可能性を読み取ったがゆえに、請願要求には事実上拒否の姿勢を堅持する。

文官総督時代の植民地官僚

ただ、このような台湾の政治情勢を受けて、文官総督時代の台湾では、植民地行政の再検討を迫られていた。事実、田健治郎（政友会系）、内田嘉吉（政友会系）、伊澤多喜男（憲政会系）、上山満之進（憲政会系）、川村竹治（政友会系）、石塚英蔵（民政党系）、太田政弘（民政党系）、南弘（政友会系）、中川健蔵（民政党系）と続いた文官総督は、植民地統治方針の見直しを推し進め、近代的植民地行政の政策を具体化していく。この期間の文官総督と民政長官にはほとんどが政党の息のかかった官僚たちが任命されていった。国内における大正デモクラシーの潮流を背景とする政党政治の開始と展開という新たな状況を受けて、絶対的権限を保持していた台湾総督府の役割も相対化され、台湾統治のありようが再検討された時期でもあった。そこでは台湾評議会設置運動など、従来にない運動が生まれていた。これらの運動と日本内地の政党政治および大正デモクラシーとの関連をにわかに証明することは不可能だが、後述する朝鮮統治の転換問題をも含め、時代状況に対応した中央植民地行政の変容と、現地植民地官僚たちの柔軟な反応ぶりだけは注目されてよい。以下、文官総督時代に植民地経営に関わった官僚たちが、いったいどのような政策に関心を抱いていたかを、彼らが総督就任前後に記した発言から概観しておく。

上山満之進は、米の増産計画について多くの発言を行った農林行政官僚であった。たとえば、「米の調節」と題する記事において、「目下の米の問題は価格に在らずして、正に分量に在り、予の考える所によれば、大正八年に於ては朝鮮米及台湾米の移入以外、少なくとも外国米五百万石の輸入を図らざれば分量問題を解決する能わざるものと信ず」(8)と記し、台湾を食料資源の供給地として捉え、これを植民地経営の主要目標に据えるべきだと主張していた。上山のように、植民地経営の主目的を食糧資源確保に据えた官僚は決して珍しくない。他にも、台湾民政長官を歴任し、本国召還後に逓信次官から化学工業協会の会長に就任し、その後に台湾総督に就任した内田嘉吉のように、第一次世界大戦に具現した総力戦に対応する化学工業の振興や発展を主張した、言うならば総力戦対応に深い関心を示す官僚もいた。彼らが、総力戦対応という文脈で植民地行政に具体的にどう関わったかは今後の研究課題だが、総力戦体制の構築を深く意識した官僚が総督や民政長官の職に就任し、その観点から台湾植民地経営を実行した点は注目されよう。

このような台湾の植民地官僚との比較で言えば、朝鮮植民地統治においては、長年争点となってきた一九一九年三月に発生した万歳事件(三・一独立運動)を契機とする統治方針の転換、いわゆる武断統治から文化統治への転換の背景と、国内政治との関連性への着目が検討されてきた。ここでもまた、台湾における文官総督の成立と同様に、国内の疑似民主化政策の反映としての政党政治の登場に対応する朝鮮総督府の方針転換の意味をどう捉えるか、という問題がある。当該期、朝鮮総督武官専任制への見直しを中心とした朝鮮総督府および総督の権限縮小を骨子とする官制改革も頓挫し、台湾のような文官総督は最後まで実現はしなかった。確かに、原内閣下において実施された総督府官制改革では総督府武官制が廃止され、台湾と同様に文官総督への道が開かれはした。しかし、原が任命したのは、海軍大将の斎藤実であり、それ以後も武官以外の人物が総督に就任した経緯はなかった。

それでも、すでに多くの先行研究が示しているように、国内政治の変容が朝鮮植民地統治への質的変化を促し、総督府の植民地官僚たちが、その動きに機敏に対応していたことは確かである。斎藤によって従来の武官総督による統治方針にさまざまな変更が加えられていくが、人事の面でもそれは明らかであった。木村健二の精緻な研究が示すように、政友会系の有力な官僚で、原内閣の下で内務大臣を歴任した水野錬太郎を政務総監に起用することで、朝鮮植民地統治への政党の影響力を注入する試みが本格化する。(9) この政務総監は、事実上、朝鮮統治の実質責任者であり、植民地行政の舵取り役という役割分担は、以後においても基本的には不変であった。

その後、政務総監に就任した有吉忠一は政友会系、下岡忠治と湯浅倉平は共に憲政会系、池上四郎は政友会系であり、いずれも政党とのパイプを保持した人物であった。木村が指摘したように、これら植民地官僚は一九一九年の官制改革以降においては、政権政党の掲げる植民地政策を忠実に実行するようになるが、多くの場合、「日本本国で実施済みの政策の焼き直しである場合が多く、必ずしも朝鮮の内情を理解した内容にはなっていなかった(10)」のである。台湾と同様に、とりわけ一九二〇年代以降における植民地官僚は、政党政治の政策の実験場か、または焼き直しの場であり、そこにおいては植民地内および被植民者の実情に即応した政策の立案や実行という点ではまったく不充分であった。

2 第一次世界大戦以降における総力戦対応型官僚の登場

自給自足論の登場

第一次世界大戦を契機とする戦争形態の変化は、国家総力戦段階という用語で指摘できる。従来の戦争形態が戦場の特定化・限定化を特徴としていたとすれば、総力戦段階の特徴は、銃後がただちに戦場化する可能性を一気に高め、あわせて航空機と潜水艦が戦力として戦場に登場したことから、地上に限定された戦域が空中と海中に拡大する。戦域が際限なく拡大し、新たな戦域を充足する近代兵器が大量生産され、また戦域の拡大は戦闘期間の長大化を結果したのである。

そのような意味における新たな戦争形態の出現は必然的に人的資源の戦時体制に備えての確保と、同時に平時からする軍需生産能力の飛躍的な向上を要請する。当該期の官僚たちに、植民地官僚経験者を含め、総力戦対応型と称する志向性を持った人物が存在したことにまず注目しておきたい。

たとえば、台湾植民地において民政長官から総督を歴任することになった内田嘉吉は、この間の逓信次官当時に新聞紙上で「化学工業の振興」(11)と題する記事を寄せ、第一次世界大戦が総力戦として戦われている現実を認識しながら、総力戦勝利の鍵は化学工業能力にあると強調している。

内田は同記事において、「将来の世界の貿易戦は化学の戦争なり。単に貿易戦のみならず、世界の戦争も亦益々化学の戦争とならんとす。吾人は今に於て計画する所なくんば、近づく将来に於て必ず後悔臍を噛むの期至るべきと信じて疑わざる者なり」と結論づける。内田に象徴されるように、官僚が総力戦体制の構築に重要な役割を果したことを証明する事例として、一九一八年成立の軍需工業動員法の制定過程における経済官僚のスタンスを概観しておく。これは一例に過ぎないが、後の戦時官僚の典型事例と言えるであろう。

第一次世界大戦の勃発による工業原料の輸入減少あるいは途絶は、軍部や財界に大きな衝撃を与えたが、こうした事態への対応策が検討されていく過程で軍部と財界の仲介役を担い、同時に総力戦対応策としての新たな経済体制構築への提言を積極的に行ったのが、当該期における、とりわけ農商務省の経済官僚であった。

寺内正毅内閣の仲小路廉農商務大臣は、一九一六年四月に設置された経済調査会において、総力戦に対応する経済体制として、「国家ノ独自自給」と題する「自給自足論」を展開していた。それは、「国家ノ独自自給ニ必要ナル主要生産及海外貿易ニ必要ナル組織ノ完成ヲ遂ケ、以テ将来ニ必要ナル各種ノ画策ヲ定メ並ニ国家百年ノ大計ヲ樹立スルコトハ実ニ今日ノ急務ナリト思考ス」(12)とするもので、大戦期間中にも軍部、財界などからさまざまな反応を導き出すことになる。それは、総力戦体制がきわめて高度かつ集中的な軍需工業動員体制を基盤とするものである限り、基本的には自給自足経済の確立を前提とした軍事・経済体制として成立するはずであったからである。

戦時における軍需品の自給自足は、純軍事的要請からいっても不可欠な戦勝要素であり、軍需工業動員が戦時を想定して企画されるものである限り、自給自足体制確立も、そこから案出された一つの結論であった。しかし、これを経済合理性・効率の点から見た場合、財界人から次のような慎重論が出てくるのも当然であった。

たとえば善生永助は、「勿論自給自足主義は経済上の安全第一であるが、個人に全智全能を求め得ざる如く、国家に在りても如何なる種類の生産品をも自給することは難く、従って平時に於て極端に其実行を企画するは、国家保護の趣旨には合致するが、消費者の不利益を来さしむるあると共に、資本及び労力の損失を伴ふことがあるから、余程手加減をせねばならぬのである」(13)と発言し、完全な自給自足の経済体制は、経済合理性に適合する限り有効である、という慎重論を示しながらも、後段では大戦後各国で採用されつつあった、より柔軟な自給自足主義を骨子とする経済政策の導入の必要性を説いたのである。

これに対し仲小路は、特に工業用基礎的原料の自給自足に力点を置きつつ、自らの自給自足論を、「現時の情態を見るに理論の上に於ては兎も角実際の必要より今日の場合に於ては国家国民の存立上必要なる物資は自給自足の途を講ぜざる可からざる固より総ての物資悉く之を自給に待つと云ふが如きは到底行はるべきことには非ざるも国防及百般工業の基礎的材料は必ず自給の方策を樹立せざる可からざる」(14)とした。これは、産業調査局（一九二〇年）の設置理由として述べられたものであったが、特に鉄、羊毛、タール工業、アルカリ工業等の戦略物資および軍需品生産関係の品目を「基礎的材料」と位置づけ、これをとりあえずは自給自足の対象品目としたのである。

このように、軍事官僚と財界、それに経済官僚との間には、認識の差異が見られはしたが、仲小路の発言に見られるとおり、自給自足対象品目の限定を通して、とりあえず自給自足体制の基礎を形成し、これをふまえて対象品目の拡充を図るという合理的な判断が、軍部と財界、そして官僚の間に採用されていくことになる。

ここで重要なのは、軍部と財界に生じかねない対立や齟齬を解消し、両者の妥協点を提起しつつ、最終的には自給自足論の主導権を握り、具体的な政策の次元に降ろしていったのが、仲小路のような経済官僚であったことである。その意味で、当該期において総力戦段階に適合する経済体制の構築という要請が重要度を高めるほど、これに比例するかのように経済官僚の役割期待がいっそう高まっていくのである。仲小路によって示された総力戦対応型経済体制構築への方向性は、一九三〇年代から一九四〇年代の戦時官僚たちの総力戦対応にストレートなかたちで引き継がれていったと結論はできないにしても、当該期における戦時官僚の思想と行動の原型的な事例を示しているとは言えよう(15)。

動員機関の主導権の所在

次に、原内閣期に設置された国勢院に焦点を当て、それ以後の動員機関の変遷を絡ませながら、そこにおける軍事官僚と経済官僚との対立と妥協の争点が何であったかを読み取ることで、総力戦対応型の官僚勢力の特色を素描しておきたい。

一九二〇（大正九）年、原内閣時代に、軍需工業動員の中央統制機関として国勢院が設置された。それは二年前に内閣の管理下に工業動員の最初の政府検閲として設置されていた軍需局と内閣統計局を統合し、政府の工業動員関係機関を整備強化したものである。国勢院は、総裁官房と内閣統計局が前身である第一部、軍需局が前身となった第二部とから成り、第二部には制度課、工場課、軍品課、産業課の四課が設置された。軍需評議会は、同年一一月一九日、軍需産業の奨励に関し関係各大臣への通牒を発し、そのなかで国勢院は、軍需工業動員のために「一層研究調査ノ歩ヲ進メ産業状態ニ応シ適当ノ方策ヲ立案シ其ノ成案ヲ得ルニ従ヒ本会（註・軍需評議会のこと）ニ諮問セラルルヲ担当トス」[16]とした。国勢院の総裁には、政友会総務委員小川平吉、第一部長に牛塚虎太郎、第二部長に原象一郎が就任し、軍需局の陸海軍次官は参与に格下げされた。国勢院設置には、これまで陸軍主導で進められた軍需動員計画を、政党と官僚の手に取り戻そうとする意向が強く働いていた。それは工業動員計画を進めていくうえで首相に指揮命令権を与え、首相の権限を強化しようとするものであった。

一九二二年、国勢院は軍需評議会とともに廃止された。第一次世界大戦終了後、国外にあっては反戦平和の気運昂揚に伴うワシントン海軍軍縮条約（一九二一年一一月―一九二二年二月）に象徴される軍備縮小、国内にあっては大戦後の不況による財政緊縮政策の一環として行政整理を要求する世論の形成があり、政府はこの行政整理の一つとして国勢院を解体した、と説明している。しかし、官僚のなかには国家総動員機関としての国勢院の廃止に懸念を表明する者がいた。

たとえば、一九一八年に内閣統計局長の職にあった牛塚虎太郎は、国勢調査の必要性を論ずるなかで、特に戦時における兵力動員に関連し、「若夫レ一旦緩急アリ国ヲ挙ケテ軍国ノ事ニ従ハサルヘカラサルノ時多数兵員ノ補充召集軍需品製作ニ要スル工場ノ動員各種労働者ノ配給調節男工ニ対スル女工ノ補充食料ノ調節等国内人力ノ総テヲ動員活躍セハ是非トモ平常国勢調査ノ方法ニ拠レル正確ナル人口並職業ノ調査準備ナカルヘカラス」(17)と述べていた。すなわち、大戦下において参戦諸国が、各種動員の実態調査・把握のために、平時から準備作業を実施してきたことに倣い、日本でも軍当局がその役割を果たすべく、軍当局は人口調査を要求する権利を有し、政府当局は精密な統計資料を提供する義務がある、と主張したのである。この考えに基づいて、同年五月一四日、国勢調査施行に必要な法令の起草を担当する臨時国勢調査局が設置され、また国勢調査施行のための諮問機関である国勢調査評議会が勅令一三六号により設置された。

総力戦対応に熱心と思われた軍部内にあっても、総力戦論の理解や浸透度は低く、国家総動員体制の構築が軍の総意となるまでには至っていなかった。実際、この時期までに国家総動員のための計画案や、その実施機関がいくつかできていたが、これらを統一的にかつ強力に推進してゆく主体の形成という点では明確なものはなかったのである。いずれにせよ国勢院が廃止されたことにより、軍需動員を担当する中央機関は消滅し、これに伴って軍需工業動員法に基づく諸機関、諸法令についても、軍需調査令と軍需工業の奨励に関するものが農商務省に引き継がれた他はすべて廃止され、軍需動員計画なども中止されることになった。

一九二七(昭和二)年、国家総動員機関設置準備委員会の約一年に及ぶ審議の結果、総動員資源の統制運用を準備する中央統轄事務および諮絢機関として内閣総理大臣の管理下に資源局が設置された。資源局の設置こそ、第一次世界大戦の参戦諸国の戦時体制の研究調査から導入された、国家総動員思想が制度的に定着したことを示すものであった。資源局長官宇佐美勝夫（賞勲局総裁）、総務・企画課長松井春生（法制局）、調査課長植村甲午郎（商工省）、施設課長宮島信夫（農林省）らの人事が発令され、資源局職員二七人のうち、二人の陸海軍現役武官が専任職員として資源局事務官を兼任するところとなった。たとえば、陸軍軍務局長阿部信行（後首相）、同整備局長松木直亮、海軍軍務局長左近司政三らが参与仰付として文官官庁である資源局に入ることになった。これは軍人の軍事領域以外への進出を事実上認めたものであり、以後既成事実として定着していく。それはまた第一次世界大戦以来、軍が主張してきた総力戦体制を目標とする国家総動員の思想が、国家全体の目標として定着し、徐々にでも制度化されていくことを事実上容認するものであった。すなわち、軍部が合法的に政治に関与していく制度的・客観的条件が生じていく契機となったのである。

国勢院から資源局へ

資源局が同年作成した「資源の統制運用準備施設に就て」と題する文書によれば、資源を「国力の源泉」と位置づけ、「資源は其の範囲極めて広範であつて、人的物的有形無形に亘り依つて以て国力の進展に資すべき一切の事物を包摂する」としたうえで、これら資源を国防の目的に集中する役割を資源局の目標としている。そのために、「平時に於いても国民各個の創意努力を害せざる範囲に於て資源の利用関係に統制を加ふることが近代衆民国の重要なる職分の一つとして認められるに至つた所以である」[18]としている。それは先に廃止された軍需局や国勢院と比較して、資源局がいっそう総動員機関としての性格を深め、その機能を強化したことを示すものであった。それはまた、国勢院において一つの課題とされていた各省の権限への干渉を回避し、それを充分考慮したうえで、徹底した各省総動員業務の調整統一機関としての権限を発揮しようとするものであった。

資源局設置に伴い、資源局関係業務についての内閣諮詢機関として、同年七月一八日資源審議会が設置された。資源審議会は首相を総裁とし、首相の勅令で任命される副総裁、首相の奏請で任命される委員と臨時委員、それに審議会の庶務を処理する幹事長（資源局長官兼任）と幹事が置かれた。資源審議会は、「諮詢に応じて人的及物的資源の統制運用計画並に其の設定及遂行に必要なる調査施設に関する重要事項を調査審議す。上記事項に付内閣総理大臣に建議し得」とされ、軍需局と同時に設置することになり、それは資源統制運用計画策定準備として、資源調査法規の整備、計画設定処務要綱の検討、資源の培養助長の施策などを通じ具体化されていった。

この時期、陸軍にあって総動員政策を進めていくうえで中心的な人物であった陸軍整備局長松木直亮は、国家総動員の意義を「国民的戦争の際に当て、国家の全知全能を挙げて、一撃物の細をも之を苟くもせずして有効に統制することを言ふのである、即ち国家の総ての機能及び資源を統制按配して、一面には国民生活の安定に資し、一面に於ては戦争に必要なる資源を豊富にすること」と位置づけ、このために国家総動員機関として平戦両時にわたる、国情に適応した機関設置の必要性を説いていた(19)。

この考えは、国家総動員が国家の基礎を確固とし、平時行政と何らの差異はないものとみなすもので、国家総動員体制こそ、戦時行政を恒常化する役割を担うものであった。さらに松木は「国家総動員準備に就て」と題する講演資料のなかで、国家総動員の範囲を、人員の統制按配、生産分配・消費等の調節、交通の統制、財政と金融に関する措置、情報宣伝の統一などとし、これらを実施していくための総動員準備としては、国防資源の調査、不足国防資源の保護・増補・培養、平時施設の実行・総動員計画の策定・戦時総動員に必要なる法令の立案等が不可欠であるとしていた(20)。これら松木に代表される陸軍の国家総動員構想は、資源局による資源調査法の制定（一九二九年）や「総動員計画設定処務要綱」の策定（同年）などによって具体化されていったのである。

戦時官僚たちの動向

ここで、一九三〇年代から四〇年代における戦時官僚たちの動向を概観しておきたい。まず、陸海軍は、一九三六年六月、国防所要兵力の改定を行い、一九三七年度を第一年度とする大規模な軍備拡充に着手する。これと前後して国防資源の確保、軍需品生産能力の向上は、一連の総動員計画に沿って、これを契機にいちだんと拍車がかけられた。すなわち、日本製鉄株式会社法（一九三三年）、石油事業法（一九三四年）、自動車製造事業法（一九三六年）などの国家総動員推進を目的とする法整備が行われた。それは軍需品の中心である鉄、石油、自動車について政府の監督命令統制権を強化する措置であった。

以後、総動員計画の一環として各省庁総動員業務の調整統一および調査を目的とする内閣審議会（一九三五年）、内閣調査局（一九三五年）、総動員諸施策の啓発宣伝を目的とする情報委員会（一九三六年）などが次々に設置されていった。このうち岡田啓介内閣時代に設置され、各省から官僚、陸軍から鈴木貞一、海軍から阿部嘉輔が参加して電力国家管理案の具体化、産業合理化政策の各方面にわたる業務を担当していた内閣調査局は、林銑十郎内閣時代に国策の総合調整機関として企画庁（一九三七年）へと再編強化された。

さらに企画庁は、日中全面戦争の開始（一九三七年七月七日）後、内閣資源局と企画庁とを統合強化して、企画院（一九三七年）となり、国家総動員計画、総合的国力の拡充・運用などの戦時統制と重要国策の審査、予算の統制などを担当することになった。ここに、国家総動員機関と総合国策企画官庁としての機能をあわせもつ強大な組織が登場することになった。企画院設置当時の首脳人事は、総裁瀧正雄（法制局長官）、次長青木一男（対満事務局次長）、総務部長横山勇（資源局企画部長・陸軍少将）、内政部長中村敬之進（企画庁次長心得）、財政部長原口武夫（企画庁調査官）、産業部長東栄二（商工省鉱山局長）、交通部長原清（海軍少将）、調査部長植村甲午郎（資源局調査部長）という布陣であった。

こうして、一連の国家総動員政策を進めていくなかで、有事の際の人的物的資源を総動員し、これを有効に運営するうえで、これを保証する基本法の制定が必要であるとの認識は、総動員計画業務を担当してきた軍需局、資源局、企画庁、そして設置されたばかりの企画院などの活動を通じ終始一貫して受け継がれてきた。そこで企画院は、日中戦争の拡大、陸軍軍需動員や総動員計画の一部実施などの国内の進展を背景に、国家総動員法の立案作業を本格化し、この時期までにほぼ作業を完了していたのである。

こうしたなかで、もう一つ注目すべき事実は、すでに一部概観してきたように、一九二〇年代から四〇年代にかけての、軍事官僚の非軍事機関への進出ぶりである。この点について、永井和の詳細な研究によれば、内閣直属の国家総動員機関である資源局（一九二七―三七年）に一九一名、内閣調査局（一九三五―三七年）に八名、企画院（一九三七―四三年）に一七六名、総力戦研究所（一九四〇―四三年）に四九名、また、植民地統治機関である対満事務局（一九三四―四二年）に八八名、興亜院（一九三八―四二年）に八六名、興亜院連絡部（一九四〇―四二年）に一二八名という具合に大量の現役将校が軍事テクノクラートとして送り込まれている。[21] 軍事官僚の一群は、内閣直属機関に限っても、情報局（一九四一―四三年、三九名）、技術院（一九四二―四三年、三一名）、特許局（一九四二―四二年、三〇名）と多くを数えたが、その他にも逓信省、商工省、外務省、農林省、内務省など各官庁にも派遣された。[22]

これらは、国家総動員法の制定過程のなかで、いわば天皇大権を基軸とする明治国家の国家構造の質的転換をも迫る勢いのなかで強行されていく。内閣行政権と最後まで一定の距離を置きつつ、自らの権限拡大の機会を狙っていた軍部も、国家総力戦体制構築という高度な行政的技術を不可欠とする領域では既存の官僚機構と連携し、精緻な法機構の整備を推し進める内閣行政機構の充実により、国家総力戦体制構築に向かうことが合理的と考えるようになったのである。

企画院は、その後国家総動員の中心機関としての役割を果たすことになる。たとえば、一九三八（昭和一三）年五月一六、一七日に開催された国家総動員会議は企画院総裁が議長を務め、各省庁の次官、局長、長官クラス、さらには朝鮮総督府など植民地官僚までの参集を得た大がかりな総動員検討会議であった。また、戦局の悪化が最終段階に至った時点で設置された研究動員会議（一九四三年）や、総合計画局（一九四四年）などにおいても同様であった。その意味で、有事法体制の整備という点からすれば、企画院を中心とした官僚主導による行政機構の有事体制化は必然の方向でもあったのである。

内閣行政権の権限強化と軍部

統治機構の中軸として内閣行政権が有事法体制の要に位置づけられていく過程は、とりわけ日中全面戦争開始前後期から顕著となってくる。それは第一次近衛文麿内閣において設置された内閣参議制の導入を事実上の嚆矢とし、同内閣期における国家総動員法の具体化に関連する審議機関であった国家総動員審議会（一九三八年）、国民の戦時動員体制に対する自発的かつ積極的な支持と協力を目的とする国民精神総動員委員会（一九三九年）、国家総動員の実施上支障が生じると判断される出版物などの規制・処分を行う情報局（一九四〇年）などは、すべて内閣総理大臣の管理下に置かれることになった。

その他にも、内閣行政権を強化する試みは、戦時体制の強化に伴い頻繁に実行に移された。岡田内閣期の対満事務局（一九三七年）、第一次近衛文麿内閣期の臨時内閣参議官制（一九三七年）、東條英機内閣期の内閣顧問臨時設置制（一九四三年）、小磯国昭内閣期の内閣顧問臨時設置制（一九四四年）などがそれである。しかしながら、これらの機関は必ずしも額面通りに内閣行政権の権限強化を結果したわけではなかった。そこでは確かに行政の効率化と軍部の抑制が主要な課題とされていたものの、特に急速に発言力を強めていた軍部権力の前に、内閣行政権の拡充は不充分なままであった。

こうした経緯のなかで、アジア太平洋戦争の展開過程において中央諸官庁の有事即応化が進められた。そのなかでも、一九三八年に設置された厚生省の位置は重要である。本来、厚生省設置は保健行政と社会行政の統合を目的に着想されたもので、国民の体力向上を図ることが狙いとされた。

このように、総力戦体制構築過程において、内閣直属機関を中心とする国家総動員諸機構に軍事官僚が大量に進出する事実の背景には、第一次世界大戦における総力戦段階の対応を軍事主導の下で展開せざるを得なかった日本資本主義の低位水準という根本的原因があった。資本や技術の劣位を補完するためには、軍事官僚を含めた戦時官僚の一群が、迅速かつ一元的な総力戦対応策を提起し、実行に移すことによって総力戦段階に適合する国内政治経済体制の創出が不可避とされたからである。

要するに、平時からする行政機構の戦時体制化・総力戦対応型行政機構の創出および戦時行政における軍部の役割は顕著であったが、しかし永井が指摘するように、派遣された軍事官僚の多くが専任職としての地位ではなく、兼任職であったことを考慮すれば、実態としては専任職として非軍事官僚の集団によって諸機構が運営されていた事実を確認せざるを得ないのである。これを客観的に言えば、非軍人であれ軍人であれ、総力戦体制の構築と運営には協同一致が原則として貫徹されていたことは間違いない。

総力戦対応型の経済体制が戦時経済の名で資源と人材の軍事部門への集中的配分を、合理的かつ迅速に遂行するためには、高度に専門的知識を持つ、戦時官僚と呼ばれる一群の官僚たち——吉野信次（商工官僚）、石渡荘太郎、賀屋興宣、毛利英於菟（以上、大蔵官僚）、岸信介、椎名悦三郎、美濃部洋次（以上、商工官僚）、奥村喜和男（逓信官僚）、和田博雄（農林官僚）——に依存せざるを得なかった事実が浮き彫りにされてくる。資本主義の市場原理をも無視した戦時経済への移行に対し、財界は言うまでもなく、政界にも学界にも抵抗感を示す勢力は決して少なくなかった。にもかかわらず、最終的には戦時経済への移行が推し進められたのは、軍事的要請という理由だけでなく、むしろ戦時経済型の経済運営によって脆弱な日本資本主義を活性化させようとする志向性が強かったためだと思われる。

そうした意味では、総力戦対応を掲げながら、軍部と連携しつつ戦時経済を強行しようとした戦時官僚たちの動きの背景には、日本資本主義あるいは日本経済の基本構造が横たわっているようにも思われる。戦時官僚たちの意図は予期した以上の長期戦を強いられることにより、資源調達の限界性が露呈されたことから水泡に帰することになった。しかしながら、戦時官僚たちは、戦後復興という課題に向き合ったとき、その意図を実現する機会を手にすることになったのである。

3 戦後復興と「戦時官僚」の復権

戦後も生き続ける「総力戦体制」

戦後日本の経済体制を「一九四〇年体制」と命名した経済学者の野口悠紀雄は、それを「大政翼賛会的総与党体制」[23]と位置づけた。野口は、一九四〇年代の戦時体制の担い手であった戦時官僚こそが、戦後の経済復興から高度経済成長への牽引役をも果たしたと言う。要するに、現代社会の基本構造は、組織および政策、そして人的側面においては、一九四〇年代に形成されたとするのである。戦前期「一九四〇年体制」が戦後期「一九四〇年体制」へとシフト（転移）したとすれば、そこから戦前戦後の連続性が指摘できる。しかし、筆者は、野口説とは異なり、現代社会の基本構造の起点を一九四〇年代の戦時期ではなく、第一次世界大戦を画期とする総力戦体制の構築過程と考えている。それは、戦後の高度経済成長を支えた経済体制の担い手としての経済官僚および官僚制を支えたものが戦後版総力戦体制であったからで、やや過剰な表現を使えば、戦後の経済政治体制とは、もう一つの総力戦体制だったのである。

近年、いわゆる「総力戦体制論」が活発に論じられている。たとえば、小林英夫は、「満州の地で始まった総力戦体制は、形を変えて戦後も生き続け、高度経済成長を準備した。戦後復興過程は、見方を変えれば総力戦体制の復興過程であった[24]」と捉えている。

すなわち、戦後復興期から高度経済成長期に至る官僚主導経済システムの原型を、総力戦体制構築を目標とした、台湾と朝鮮における植民地支配行政、とりわけ、「満州国」における支配行政に求めようとしているのである。より具体的には、一九四〇年代前後において相次ぎ制定された電力国家管理法（一九三八年）、食糧管理法（一九四二年）、改正日本銀行法（同年）に象徴される一連の法令整備による経済産業統制が、戦後復興期から高度経済成長の決定的な背景となったとするものである。これらの法整備に主導的な役割を果たしたテクノクラートたちが、戦後復興の立役者となったとする把握である。

この、戦後復興を担った経済安定本部（一九四六年設立）の傾斜生産方式に代表される国家主導による経済統制方式を、戦前期企画院が採用した統制経済方式との酷似、何より企画院で中心的役割を果たした戦時官僚が温存され、経済安定本部の中枢を担ったことをもって、戦後版総力戦体制と捉える小林らの議論は今日多くの支持を得ている[25]。

もちろん、そのような戦前と戦後の連続性を強調することによって、戦後に持ち込まれた「戦前」的社会状況への着目が、総力戦論の焦点となっていることは言うまでもない。また、雨宮昭一が特に強調する総力戦によってもたらされた「社会的混在化[26]」が、ある種の社会の平等主義あるいは均一主義を生み出したという分析視角や、山之内靖らによる総力戦体制が戦前の固定的な階級社会を相対化し、社会システムの再編過程のなかで社会の平準化を招いたとする分析も大きな論議を呼んでいる。とりわけ小林は一連の総力戦研究において、戦時体制期および戦後復興期を通底する官僚システムが行政指導というかたちで企業活動をコントロールすることによる、戦時体制の構築と戦後復興の達成とを総力戦体制構築（＝戦時体制期）と「総力戦体制の復興」（＝戦後復興期）と捉え、そこに連続性を強調する[27]。

特に、岸信介や星野直樹らが「満州国」で実行した「重要産業五カ年計画」に示された経済統制の手法が、企画院案として作成された「経済新体制確立要綱」に投射されて一九四〇年体制を構築し、さらに戦後復興期にも主要な役割を果たしていったことは、すでに多くの研究と証言で明らかにされている。実際に、「経済新体制確立要綱」は企業の公共化、ナチス的な指導者原理の導入によって企業を利潤第一でなく、生産を目標とする組織へと転換させることを明示したものであり、日本経済の再構築と国家総力戦への対応という課題克服が意図されていた。

アドミニストクラシーとテクノクラシー

このような戦時官僚たちの歴史的性格を把握するうえで、以下の点を強調しておきたい。すなわち、台湾や朝鮮における植民地官僚が議会なき統治機構のなかで直接行政の担い手として前面に出ざるを得ない統治機構の運営過程において、その役割期待が管理施行や支配行政の主体として機能せざるを得ず、そこから当該期の植民地の官僚制が、通常で言うビューロクラシー（bureaucracy）というより、管理行政運営に支配的な権限を有する制度としてのアドミニストクラシー（administocracy）という性格を付与されていく過程に注目しておきたいのである。この性格は、植民地統治から刻印され始め、第一次世界大戦を契機とする総力戦対応に関心を抱く過程でいちだんと顕著に支配行政に傾斜し、それが一九三〇年代後半から一九四〇年代にかけて、ある意味では全面化していくと把握できる。アドミニストクラシーは、文字通り、政策の立案から執行までを一元的かつ連続的に掌握する役割を担う制度（システム）の施行者であり、それは政党の比重を低下させ、一九三〇年代以降における軍事官僚の台頭期にあっても、官僚・政党・軍部という三者のなかで優位性を保持する背景となった。

そうした把握を進めていくうえで、筆者が特に関心を抱いているのは、テクノクラシー（technocracy）概念の導入である。テクノクラシーとは、広義の技術者が国家や社会を主導することを思想や運動を意味する場合や、国家や社会を効率的かつ合理的に管理運営する官僚制を意味する場合などがあり、概念規定は現時点で確定されていない観がある。筆者としては、アドミニストクラシーとテクノクラシーの二通りの名称あるいは概念を念頭に置きつつ、特にテクノクラシーについては、第一次世界大戦以降に本格的に芽生え始めた官僚たちに潜在する科学技術的な価値と位置への傾斜傾向を示す用語として使用しておきたい。

同時に、あえて単純化するならば、政党制（＝デモクラシーの推進主体）と軍部および内務官僚（＝ファシズムの推進主体）への反発・対抗・連携という、複雑な関係を強いられた一九三〇年代から一九四〇年代にかけての準戦時官僚あるいは戦時官僚に通底する意識構造を示す用語をテクノクラシー、あるいは、そのような意識を鮮明にする官僚をテクノクラートととりあえず呼んでおく。それによって、従来の官僚論における政党制の対抗勢力あるいはファシズム体制の推進勢力という視点と距離を置くことで、戦時官僚の歴史的位置を再画定しておきたいのである。その視角から、これら戦時官僚が戦後に復権し、戦後復興の推進者となった理由を探っていくべきであろう。

戦後官僚への継承

戦時官僚たちは産業統制や総動員政策の立案実行者であり、また、そのなかには「満州国」の官僚経験を積んだ人物が少なくなかった。[28]だが、戦後官僚に通底するテクノクラシーの思想こそが、敗戦の歴史体験を経た後でも、戦後日本社会に自らの位置を確保する理由となったのである。換言すれば、テクノクラシー思想の技術至上主義に内在する脱歴史性・脱政治性が復権の機会を提供したのである。

これに関連して、高橋彦博は、古川隆久が新官僚としてカテゴライズしている吉田茂（小磯国昭内閣で軍需大臣などを歴任。戦後首相となった吉田茂とは別人）を取り上げ、「吉田は、国維会において、革新官僚のあり方を思考し判断する行政官僚テクノクラート体制、すなわち行政官僚テクノクラシーの制度的担い手となる方向へ切り替える踏み切りを見せた[29]」とする興味深い指摘を行っている。

少なくとも政党政治の開始以降において政党との連携のなかで自らの地位を確定しようとした一九二〇年代の官僚と異なって、一九三〇年代における準戦時体制下の官僚が政党政治への反発を背景に自立的な地位獲得を志向する傾向を顕在化させてきたのが、国維会や金鶏学院を拠点とする新官僚とカテゴライズされた一群である。それが、やがて高橋の指摘するように、「行政官僚テクノクラシーの制度的担い手」を自覚する機会となったのは、軍人出身内閣であった斎藤実内閣と岡田啓介内閣の非政党内閣においてであった。すなわち、前者は「挙国一致内閣」、後者は「官僚内閣」と称されるように、軍部の政治の舞台への本格的登場を背景に、政党人が政権の舞台から排除される、そのかわりに官僚出身者がこれらの非政党内閣の閣僚として政権中枢を占めるに至る。そこで彼らはテクノクラートとして実権を掌握し、その限りで自立性を確保していくのである。

そのような意味でも、これらテクノクラートはビューロクラシーというよりも、文字通りアドミニストクラシーと呼ぶのがふさわしい。ただし、日本の官僚の意識や官僚制の性格が、近代日本の生成期から一貫してテクノクラシーの思想や運動を背景としたアドミニストクラシーだったというのではない。近代日本の生成期から発展期、そして、日清・日露戦争から第一次世界大戦期に至る日本の官僚は、植民地官僚をも含め、国家統治を主軸に据えた典型的なビューロクラシーであり、いわゆる「官治体制」の構築者であった。それゆえ、そこにおいてはいきおい内務官僚が重要な役割期待を担ったと言える。それが、第一次世界大戦からの国家総力戦の時代に入ると、総力戦への対応型を目標とする官僚システムへの再編が焦眉の課題となり、そこで受容されていったのが官僚と政党との連携である。

両者の関係は言うまでもなく対等ではなかったが、政党の相対的劣化という状況の下で官僚主導の総力戦対応型の経済体制の構築が推し進められた。そこでのポイントは資本家との連携であり、同時に研究者やジャーナリストなど、より広範な形式を伴った、文字通り「官民一体」型の総力戦システムの構築が大前提とされたのである。

総力戦システムがより完全に機能するためには、高度専門技術者としてのテクノクラートの登場が不可欠とする認識は、とりわけ一九三〇年代以降において拡がり始めたと言える。それは、日本経済が当時の危機的状況を克服するために、根本からの改革・改造を迫られていたことと、国家総力戦対応に必要な大量の軍需製品を生産するには、官僚が総力戦体制構築を目標に重化学工業を中心とする諸産業の育成と管理の主導権を掌握することが、合理的かつ不可欠な条件と考えられるようになったからである。

このような認識が、敗戦を迎えるまで首尾一貫して合意されていたわけではもちろんない。しかし、それが戦後の経済復興期において見なおされるに至り、短期間での経済復興を実現し、さらには戦後冷戦構造という国際秩序のなかにあって、経済第一主義に特化した日本の高度経済成長を促進したのであった。小林の言うように、戦後版総力戦体制の構築が事実上果たされたのであり、その意味で、一九四〇年代状況が、戦後の一九五〇、六〇年代においても「再現」したとする歴史認識が深められつつある。

註

(1) たとえば、木村健二「朝鮮総督府経済官僚の人事と政策」および波形昭一「台湾経済官僚の人事と政策」(いずれも、波形昭一・堀越芳昭編『近代日本の経済官僚』日本経済評論社、二〇〇〇年、所収)など。

(2) 戦後の歴史研究において画期的な官僚論であった橋川文三「革新官僚」(神島二郎編『権力の思想』筑摩書房、一九六五年)や「新官僚」の名を冠し本格的な経済史分析であった安藤良雄「日本戦時経済と『新官僚』」(『市民社会の経済構造』有斐閣、一九七二年)など。

(3) 粟屋憲太郎は「日本ファシズム」(歴史学研究会編『現代歴史学の成果と課題(4)』青木書店、一九七五年)において、当該期における官僚の実態を治安維持・思想弾圧・国民再組織などを担う内務官僚群と、総動員業務を担う経済官僚群の官僚勢力がそれぞれの役割分担を保守しながら台頭した事実を指摘している。

(4) 革新官僚・新官僚の先行研究はすこぶる多いが、比較的初期の研究として、以下のものを挙げておく。小田部雄次「日本ファシズムの形成と『新官僚』」(日本現代史研究会編『日本ファシズムⅠ 国家と社会』大月書店、一九八一年)、古川隆久「革新官僚の思想と行動」(『史学雑誌』第九九編第四号、一九九〇年四月号)、高橋彦博「新官僚・革新官僚と社会派官僚—協調会分析の一視点として—」(『社会労働研究』第四三巻第一・二号、一九九六年)、小関素明「『政党政治』革正と新官僚」(『国立歴史民族博物館報告』第三九集、一九九二年三月号)。

(5) 芳井研一「日本ファシズムの形成と軍部・官僚」(江口圭一編『体系 日本現代史 日本ファシズムの形成』日本評論社、一九七八年)、小田部雄次「日本ファシズムの形成と『新官僚』」(日本現代史研究会編『日本ファシズムⅠ 国家と社会』大月書店、一九八一年)、古川隆久『昭和戦中期の総合国策機関』(吉川弘文館、一九九一年)などがある。

(6) 波形昭一「植民地台湾の官僚人事と経済官僚」(波形昭一・堀越芳昭編『近代日本の経済官僚』日本経済評論社、二〇〇〇年、三〇三頁)。

(7) 水野直樹「戦時期の植民地支配と「内外地行政一元化」」(京都大学『人文學報』第七九号、一九九七年三月)、参照。

(8)『報知新聞』一九一九年一月一三日付。

(9) 木村健二「朝鮮総督府経済官僚の人事と政策」(波形昭一・堀越芳昭編前掲書)を参照。

(10) 同右、二九六頁。

(11)『国民新聞』一九一七年六月一八日付。

(12)「大正六年二月一九日 産業第二号特別委員会ニ於ケル仲小路農商務大臣ノ演説」(通商産業省編『商工政策史』第四巻、一九六一年、一五〇頁(『国民新聞』一九一七年六月一八日付)。

(13) 善生永助「自給経済と工業独立」(『工業雑誌』第四八巻第六一九号、一九一八年一月五日、五六頁)。

(14) 仲小路廉「戦時中迎へられる新年の感慨」(『東京商工会議所月報』第一一巻第一号、一九一八年一月二五日、一頁)。

(15)軍需工業動員法制定過程における軍部と財界、そして、官僚の動きについては、纐纈厚「軍需工業動員法制定過程における軍財間の対立と妥協」(纐纈『日本陸軍の総力戦政策』大学教育出版、一九九九年、所収)。
(16)「軍需産業ノ奨励ニ関スル件ニ対シ軍需評議会会長答申関係各大臣へ通牒ノ件」(国立公文書館所蔵『公文雑纂』一九二〇年)。
(17)牛塚虎太郎「国勢調査施行ノ議」(『公文雑纂』一九一八年)。
(18)『甲輯第四類 永存書類』一九二八年。
(19)松木直亮「国家総動員の大観」(辻村楠造監修『国家総動員の意義』二〇二頁)。
(20)同右「国家総動員準備に就て」(『偕行社記事』第六二九号附録・一九二七年二月)。
(21)永井和『近代日本の軍部と政治』思文閣出版、一九九三年。
(22)中央・地方・植民地機構の軍事化については、纐纈『総力戦体制研究』(三一書房、一九八一年)および纐纈『有事法制とは何か その史的検証と現段階』(インパクト出版会、二〇〇二年)の第三章「強化される行政の軍事化」を参照されたい。
(23)野口悠紀雄『1940年体制 さらば戦時経済』(東洋経済新報社、二〇〇二年)を参照。
(24)小林英夫『帝国日本と総力戦体制 戦前・戦後の連続とアジア』(有志舎、二〇〇四年、二〇五頁)。
(25)経済学者の野口悠紀雄は、さらに戦後復興期から高度経済成長期の日本経済をリードしているのは「戦時期革新官僚の子孫」(同『1940年体制 さらば戦時経済』東洋経済新報社、二〇〇二年、三九頁)と述べて、戦後日本経済の復興と安定の背景には、一九四〇年代に「完成」した総力戦体制の思想と人脈があるとした。
(26)雨宮昭一『戦時戦後体制論』(岩波書店、一九九七年、序)。
(27)たとえば、満州国の経済政策立案に参画し、宮崎正義を追うことで官僚主導の経済政策が満州国統治に実行されたことを明らかにした『「日本株式会社」を創った男』(小学館、一九九五年)や岡崎哲二、米倉誠一郎らとの共著『「日本株式会社」の昭和史』(創元社、一九九五年)などがある。
(28)たとえば、古川隆久によれば、新官僚に属する人物として、後藤文夫、吉田茂、松本学(以上、内務官僚)、石黒忠篤、小平権一(以上、農林官僚)、吉野信次(商工官僚)、石渡荘太郎、賀屋興宣(以上、大蔵官僚)、革新官僚として岸信介、椎名悦三郎、美濃部洋次(以上、商工官僚)、奥村喜和男(逓信官僚)、毛利英於菟(以上、大蔵官僚)、和田博雄(農林官僚)などを挙げている。古川隆久『昭和戦中期の総合国策機関』(吉川弘文館、一九九一年、一八―一九頁)。
(29)高橋彦博『戦間期日本の社会研究センター 大原社研と協調会』(柏書房、二〇〇一年、二五三頁)。

第二章　総力戦と日本の対応

日本型総力戦体制構築の実際と限界

はじめに――総力戦対応過程のなかで

第一次世界大戦（一九一四―一八）は、それまでの戦争形態に大きな変化をもたらした。従来の戦争が正規軍隊間の戦争（内閣戦争 Cabinet War）であり、戦線と銃後との間には一定の境界があった。それが、第一次世界大戦後、近代兵器の登場により、その境界が薄れることになる。そのような戦争形態を総力戦（Total War）と呼ぶ。

すなわち、航空機・戦車・潜水艦などの近代兵器が本格的に登場し、それ以前は地上と海上に限定されていた戦場域が空中と海中にまで拡大する。近代兵器の登場は、近代工業技術の成果でもあったが、従来の戦争とは比較できないほどの甚大な人的かつ物的な被害を結果することになった。戦場域の拡大と被害の深刻化は、将来の戦争においてもいちだんと加速されると予測された。

総力戦は大量動員・大量消費・大量破壊を特徴とし、軍事領域だけでなく、経済・教育・思想・精神・文化など諸領域における動員を不可避とする。したがって、総力戦に対応する動員体制を構築する国家を〝総力戦国家〟と呼称することもできる。このような総力戦体制論を最初に提起したフランス王党派アクシオン・フランセーズのレオン・ドーデは、第一次世界大戦が事実上総力戦として戦われたとし、大戦が終了した一九一八年に『総力戦』（*La guerre totale*）と題する著作を発表した。

ドーデは著作のなかで、第一次世界大戦が従来の戦争とは異質のものであると論じた。つまり、戦争の影響が政治・経済・工業・知性・通商・金融など諸領域に波及し、全国家と全国民のすみずみまで影響・関与するとしたのである。ドーデの議論を踏まえ、総力戦論をもっとも普及定着させたのは、ドイツの将軍エーリッヒ・ルーデンドルフであった。ルーデンドルフは、一九三五年に『国家総力戦』（*Der Totale Krieg*）を著し、国民皆兵主義の徹底による兵力の大量動員の必要性を説いた。

1　総力戦としての第一次世界大戦

総力戦の特徴

総力戦の特徴は、武力戦の性格変化、経済・工業動員比重の増大、思想・精神動員の必要性の三つの面で要約できる。

武力戦には、敵の殲滅を目的とする殲滅戦略と、敵の軍事力を含めた国力の消耗を強要する消耗戦略とがある。前者の場合には、短期決戦による戦果の獲得を目標とし、そのために兵備の大量集中動員を図り、開戦当初から積極的な作戦行動を展開する。そのために平時から大量兵力の保有と戦略物資・資源の備蓄が求められる。さらには、兵役年限の延長や軍事予算の増額が絶えず要求されることになる。兵器においても攻撃的な正面装備体系の確保が中心となる。日本やドイツなど、資源小国で選択される戦略である。

これに対して消耗戦略の場合には、敵国の兵力資源の消耗を第一の目標とし、開戦当初では最小限の兵力動員に留め、決戦時期まで戦力の温存を図る。したがって、可能な限り長期戦を企画する。戦略物資は適度に備蓄し、民需を圧迫するような選択は回避する。これはアメリカ、イギリス、フランスなど資本と技術において優位な諸国家が採用する戦略である。

経済・工業動員比重の増大は、欧米先進国と比較して資本蓄積や技術水準の劣勢を余儀なくされていた日本の産業構造に大きな負担を強いることになった。それにより、日本の限られた資本や技術、あるいは人材が経済・工業動員に振り向けられ、軍需部門は強化されたものの、民需部門でいちだんと後れをとることになった。

思想・精神動員では、教育現場に過剰なまでの軍事教育や軍事思想が持ち込まれ、教育の硬直化を招く結果となった。同時に自由な言論や活動にも一定の縛りがかかることになる。それは戦時体制が進行するなかで、閉塞状況を作り出し、視野狭窄的な日本社会を創り出すことにもなった。

このように総力戦段階では、国情から総力戦論への認識や体制構築の方法や内容に比較的大きな格差が生まれる。いっそうの総力戦として戦われた第二次世界大戦では、以上の武力戦の性格がきわめて端的に具現した。ドイツや日本では、これに先立つ一九二〇年代後半から三〇年代初頭にかけて、軍部主導の下に国家総動員体制を構築することを目標に、最終的には短期決戦型の総力戦国家への道を歩むことになる。

総力戦の衝撃と日本の総力戦準備

第一次世界大戦への関心は、日本国民には相対的に希薄であった。これに対して、政府内の主な指導層は、第一次世界大戦の戦争形態に強い衝撃を受け、危機意識を深める者が少なくなかった。

たとえば、当該期の最高実力者の一人であった山県有朋は、今後の戦争に備えるためには、「国民を挙げ、国力を尽し、所謂上下一統、挙国一致の力に倚らざるべからず[1]」と述べ、「普選の神様」と慕われ、政党政治家として著名であった犬養毅は、一九一八年一月の国民党大会の席上で、「全国の男子は皆兵なり、全国の工業は皆軍器軍需の工場なり[2]」と喝破した。田中義一とともに日本陸軍内にあって早くから総力戦への対応を構想していた宇垣一成も、「未来の戦争は軍の交戦、軍の操縦術に止まらずして、国家を組成する全エネルギーの大衝突、全エネルギーの展開運用によりて勝敗が決せらる[3]」と総力戦の本質を正確に捉えていた。

日本の諸権力のなかで総力戦への対応を組織的に行ったのは、陸軍の後に一括して統制派と呼ばれることになる革新的な将校の一群であった。特に大戦勃発後の一九一五年一二月二七日に陸軍省内に臨時軍事調査委員会を設置し、参戦諸国の戦時体制や戦争状況の把握・分析に経費と人材を投入した。その結果を『海外差遣者報告』、『臨時軍事調査委員会月報』などの冊子に収録し、さらに日本陸軍の研究成果物として、「全国動員計画必要の議」（一九一七年九月、参謀本部）、「帝国国防資源」（一九一七年八月、参謀本部）、「国家総動員に関する意見」（一九二〇年五月、臨時軍事調査委員会）などを相次いで刊行し、総力戦体制構築の準備を着々と進めた[4]。

第一次世界大戦以後、民主主義や民族自決の動きが世界の潮流となるなかで、日本においても政党政治が起動する。そうしたなかで、日本の総力戦対応もいやおうなく民主主義思想や制度との連携が不可避となった。いわば、民主主義の充実と総力戦体制の構築という表向きには矛盾する関係を、どのように調整・連携していくかが、日本の総力戦対応を大きく規定していく。

その法整備の起点としての軍需工業動員法（一九一八年）の制定から国家総動員法（一九三八年四月制定）に行き着くまでに、政軍関係の抜本的見直しが迫られた。その過程で政軍間には対立と妥協が繰り返される。紆余曲折はあったものの、原敬内閣時代には軍需工業動員の中央統制機関として国勢院が設置（一九二〇年）され、動員機関が本格的に起動し、最終的には企画院へと発展していく。

このように総力戦への対応過程には複雑な政軍関係の展開が具現されるが、そこで露呈された矛盾は最後まで克服されず、日本型総力戦体制構築は未完結に終わったと考えられる。その最大の理由は、日本国家の本質が多様な諸権力が分立した構造にあり、諸権力間の調整が総力戦体制という国家的かつ国民的要請においても充分に進められなかったことである。すなわち、多元的連合国家としての日本の国家構造自体が、総力戦体制構築の決定的な阻害要因となったのである。

小論は、日本の総力戦対応過程を整理するなかで、そこで露呈した矛盾を指摘することで日本国家の本質を分析することが可能であることを指摘し、同時に日本型総力戦体制が欧米の総力戦体制と比較してもきわめて不充分であったことを結論としたい。

2 日本型総力戦体制の実態
法整備過程と総力戦国家構築構想

日本の総力戦準備

第一次世界大戦終了後、陸海軍の調査結果を踏まえつつ、将来の戦争形態も、これまで以上に徹底した総力戦となることは必至と考えた日本政府は、総力戦体制構築に向けての法整備に本格着手する。その嚆矢となるものが、第一次世界大戦終了の年にあたる一九一八年三月に制定された軍需工業動員法（法律第三八号）である。

同法は、戦時での必要諸資源を平時に明らかにしておくことで、不足資源に対して諸工業に保護奨励を与え、その充実を図ることで戦時に即応可能な態勢を確立しておこうとするものである。それは保有する諸資源の拠出を目的とした徴発令と異なり、戦時必要と予測される諸資源の拠出を目的とした点で、従来の動員・徴発と異次元の法制備であった。

軍需工業動員法によって先鞭がつけられた総力戦体制構築への道は、その後、一九一八年五月に内閣の管理下に軍需工業動員法の施行に関する事項を統括する軍需局が設置されたことで具体化される。軍需局は首相を総裁とし、陸海軍次官が軍需次官を兼任、各省庁から人材が集められた。軍需局には当初軍人が一〇名加入しており、各省庁関係者の総合機関の体裁を採りながらも、実際には軍主導の軍需工業動員機関であった。

ところで、総力戦体制とは、総力戦対応の政治制度であり、それも平時から構築しようとするものである。特に日本やドイツなど、長期持久戦に耐えるだけの国家体力が相対的に低い国家にすれば、戦争形態の総力戦化は、いきおい国家体制の総力戦化を必然とする。一九二〇年代に入り、そうした観点から動員準備が構想され、そのための組織設置が相次ぐようになる。とりわけ、人的資源の確保・動員への関心は、総力戦体制構築過程においてもっとも重要視されていた。その嚆矢となるのが、一九二七年五月に内閣の下に設置された資源局で、そこでは人間を「資源」という概念でくくった「人的資源の動員」のスローガンや政策が展開されることになる。

この動きは、一九三〇年代から四〇年代にかけて活発化する。これについては、拙著『総力戦体制研究　日本陸軍の国家総動員構想』の「附録史料」[5]に収めているが、一九二〇年五月に臨時軍事調査委員会が作成した「国家総動員に関する意見」は、きわめて重要な文書である。そこでは、国家総動員を構成するものとして、最初に「国民動員」が挙げられ、以下、「産業動員」、「交通動員」、「財政動員」、「其の他の諸動員」とされている。以後における総力戦体制の基本文献と位置づけられる同文書において、「国民」は動員の対象概念として明確化されており、後に「人的資源」と把握されるに至る。

換言すれば、モノもヒトも資源という概念のなかで同質化される社会、それが総力戦社会であり、これを国家のレベルにおいて体制化する作業こそが、国家総動員体制の構築過程ということになる。

実は国家総動員を国家戦略として最大目標とする政治経済体制としての総力戦体制にとって、国民動員論や人的資源論は、それ自体が目的化されたシステムと言える。人間を一個の「資源」と捉える認識こそが、総力戦体制を支える基本思想である。一九二〇年代から三〇年代にかけて、多様なアプローチからする総力戦論が提起される。そこで共通する課題こそが、人間を資源化するための方法論をめぐる論争であった。

国家総動員法の制定まで

こうして軍主導の動員業務担当の中央機関が設置されたことに伴い、陸軍内部では陸軍省に兵器局工政課を設置し、年度ごとの陸軍軍需工業動員計画の策定作業を担うことになった。こうした動きの延長に、一九二〇年五月には原敬政友会総裁率いる政友会内閣において、国勢院が軍需工業動員の中央統制機関として設置された。これは軍需局と内閣統計局とを統合したもので、目的は政府の工業動員関係機関の整備強化とされた。ただし、国勢院は一九二二年一〇月、第一次世界大戦以降、国際的潮流として台頭していた反戦平和の気運を背景とするワシントン海軍軍縮条約に象徴される軍備縮小の国際世論や、国内では大戦後しばらく続いた好景気から一転して不況による財政緊縮政策の一環としての行財政整理を求める世論に押され、政府は国勢院を解体することにした。

こうした状況下で、総力戦体制構築を前提とする政策は後回しにせざるを得なくなり、さらに一九二〇年代後半にかけての世界恐慌の影響が日本にも及ぶに至り、この動きはいっそう困難となった。もっとも、その間にも陸軍は自らの工業動員機関として兵器局工政課の充実や、一九二〇年度からは工業動員計画を着々と進めており、その結果、一九二七年五月、内閣総理大臣の管轄下に総動員資源の統制運用を準備する中央統括事務および諮問機関として資源局が設置され、再び国家総動員業務が軌道に乗せられる。資源局も国勢院と同様に、構成員の半数近くが陸海軍の現役武官で占められ、基本的には軍主導の総動員業務担当機関であった。

一連の国家総動員機関の設置と解体の繰り返しのなかで、一九三一年九月一八日の満州事変の前後期に日本陸軍の主導下に、資源局長官の名で関係部署へ「総動員ニ関スル件」(一九三〇年三月)が通牒され、総動員計画会議を招集して具体的な総動員計画設定作業に入った。同計画には、陸軍から軍務局長の杉山元をはじめ二〇名が参加した。

こうした動きは、満州事変を経ていちだんと活発となり、企画庁(一九三七年五月)から企画院(一九三七年一〇月)の設置へと続き、国家総動員計画が着々と練られることになる。そして、一九三八年四月には国家総動員法が制定され、軍需動員や国家総動員の法的根拠が整備された。

このように相次ぐ総動員担当機関の設置や法整備が進められ、日本の総力戦体制の構築が推し進められていった。もちろん、そのことがただちに総力戦国家の成立と断言できるものではない。しかし、総力戦対応過程のなかで、総力戦を強く意識した日本国家の創出が企画実行されたことは間違いなかった。

3 大正デモクラシー状況下での総力戦準備
その限界の背景

大正デモクラシー時代の総力戦準備

第一次世界大戦では、潜水艦・航空機・戦車あるいは毒ガス兵器などが、近代の軍事技術の飛躍的な発展に伴って戦場に登場した。さらに、それまでの戦場域が陸上、それからせいぜい海上に限定されていたのに対し、第一次世界大戦では海中も空中も新たな戦場域と化した。戦争領域、戦争空間の飛躍的拡大によって、前線と銃後との境がだんだんとなくなり、戦争は人々にとって遠い存在ではなく、自分たちの生活空間がいつでも戦場化する可能性と危険性に晒されることになったのである。

従来になかった殺傷力をもつ近代兵器の登場と戦場域の拡大は、甚大な戦禍をもたらした。同時に、戦争形態の総力戦化により、文字どおり国家と国民の総力を挙げての戦争実態から、おびただしい人々に戦争に何らかのかたちで加担することを強いる社会構造が出現する。この構造こそが、未曾有の悲惨な被害をもたらす最大の要因となった。そこから戦争の惨禍を二度と経験しないために、世界的なレベルでデモクラシー（民主主義）の力が大きく台頭するようになった。第一次世界大戦という総力戦が、デモクラシーを世界の主要な潮流へと押し上げたのである。

デモクラシーの源流をたどればフランス革命期からとしてもかまわないが、デモクラシーが世界的なレベルで非常に重要な制度あるいは思想として認知されるようになった契機は、まさしくこの第一次世界大戦であった。二度と第一次世界大戦のような大規模な戦争を起こさないために、デモクラシーの語源であるデモス（demos=民）のクラティア（kratia=力）が世界レベルで起動しない限り、覇権を志向する国家群の覇権争奪戦を阻止することは、不可能とする発想が拡がっていったのである。

しかしその一方で、このデモクラシーは、総力戦体制を構築するうえで不可欠な要素として再認識されるに至る。すなわち、第一次世界大戦後の世界では、どのような政治形態を採用しようと、総力戦に対応可能な新たなシステムなり思想の導入が不可避となったのである。

たとえば、近代化概念ひとつとっても、第一次世界大戦で出現した新たな兵器体系の開発・生産・配備にかかわるシステムの構築と大規模化を必然としたことから、近代化とは大量の兵器や弾薬などを生産する技術・能力であるという捉えかたが比重を増していく。そこから技術主義（テクノクラシー）が台頭し、これがすべてに優先する思想となる。もう一つ、総力戦が甚大な人的損害を結果したことから、戦場および銃後における人的動員の大量化を促すことになる。

この技術主義と人的動員という二つの課題が、総力戦対応の鍵となってきた。そこでは技術主義を担保するために、国家の役割が肥大化する。また、人的動員を円滑に推し進めるために、強制力ではなく国民の下からの自発性が肝要となった。そのためには、技術の革新や進歩への関心喚起と、人的動員の民主化が前提となるはずであった。本来、資本と技術の両面で欧米と比較して劣位にあった日本としては、人的資源の国力増強のための動員が強く求められていた。

ならば、特に人的資源の動員を突き動かす動機づけが構想されなければならない。それは、内的要因と外的要因の両方からなる、国民に共有可能な意識である。国民に総力戦対応への関心と支持があればことは簡単だが、そうではないだけに、総力戦社会が出現したときに生まれる平等性を強く訴えることになる。いずれにせよ、内的な課題としての国家体制の総力戦体制化が、第一次世界大戦後には緊急の課題として設定された。

外的要因としては、総力戦における物的資源の大量消費への対応がそれにあたる。その自給自足（Autarkie）化をはかるために、資源供給地としての中国大陸やインドネシアなど南洋地域に対する覇権獲得が課題となってくる。この志向が、中国大陸や南方地域を資源および市場として捉える視点を強めていく。その行き着く先が、一九二〇年代から一九三〇年代における日本の対アジア戦争であった。

総力戦体制とデモクラシー

今日、日本における総力戦研究のなかで、筆者を含め特に関心を集め、議論の対象となっているのは、総力戦国家あるいは総力戦社会の構築には、第一次世界大戦後に世界的な潮流となったデモクラシーの力が大きく作用していたのではないか、という課題設定である。

デモクラシーは、民衆が国家や社会、あるいは個人の発展や幸福を実現するために、自らの役割を積極的に果たそうとする願望がエネルギーやモチベーションとなって表出することを前提としている。そのために、特に民衆は政党や労働組合などの組織を結成して集団的に連携しながら、目的を実現しようと奮闘する。そのエネルギーやモチベーションは、実は第一次世界大戦を一つの大きな境として世界に拡散していく。

日本においても、一九一八年に原敬による政党内閣が登場する。一九二五年に実現する普通選挙法も、同質の願望から出たものである。一方、日本の植民地統治下に置かれた朝鮮では、一九一九年三月に三・一事件が起きる。そうした流れのなかで、デモクラシーが実は総力戦体制構築にもひと役買うことになるのである。

総力戦体制は、ひと握りの軍人や官僚、政治家によって実現できるものではない。むしろ、民衆がこれにどれだけの関心と理解を示し、動員に積極的に関わろうとするかにかかっている。そうした民衆を育成していくうえで、政党や労働組合など、デモクラシーを実現する組織の発展と充実はきわめて重要であった。つまり、デモクラシーの時代と総力戦の時代は、ほぼ同時に始まったのである。

デモクラシーと総力戦思想が、相対立する側面をはらみながらも、現実には連携関係を構築していったことは、一見不思議に思われるが、ここではこう理解しておきたい。総力戦体制は、いつでも戦争に対応可能な国内政治体制を敷いておくことで国家が危機に陥ることを回避しつつ、それと同時に国家の危機予防や危機管理を口実に国内政治秩序の安定化を図る国家戦略として、多様な形態を伴って整備・構築されていくのである。換言すれば、戦争はしなくても常に兵員を常備化しておく。戦争発動に至らずとも、常に戦争ができる状態を創り出すことによって、国防意識や国家第一主義の思想を普及しておくことが企図される。平時の戦争化あるいは戦時の平時化、つまり平時と戦争の区別解消である。

おわりに
総力戦体制と多元的連合国家日本

ファシズム体制と総力戦体制

本論を終えるにあたり、一部先の論点と重複するが、私にとっての課題であり続けているファシズム体制と総力戦体制との相互関連性について、結論的に少し触れておくことにしたい。

ファシズムが主に第一次世界大戦後のヨーロッパで台頭していく経緯は、教科書的に言えば以下のようなものであった。

急速な発展を遂げてきた資本主義体制が行き詰まりを見せ、社会主義ソ連の登場が資本主義体制に対する疑問と矛盾を先鋭化させる。それらが各国の抱える内的矛盾と連動して、国内での対立が浮上してくるなかで、ファシズム運動やファシスト党の出現が相次ぐ。彼らは、さまざまな矛盾を克服し、民族や階級の差異を越えて国家の下に一致団結する必要性を説いていた。

一九二二年にムッソリーニが行ったローマ進軍によるファシスト政権登場が一つの画期となり、スペインのフランコ、ポルトガルのサラザール、そしてドイツのヒトラーなどがファシスト体制成立に成功する。この他にも政権奪取にまでは至らないものの、フランスのアクシオン・フランセーズ（フランス王党派）やイギリスのモズレーなど、英米でもファシスト党やファシストたちが勢力を振るうことになった。

ファシズムの思想は、たとえば、ムッソリーニが一九二五年一〇月二八日に行った有名な演説に出てくる「すべてを国家の下に。国家の外にいる者、国家に反対する者がいてはならない」（Tutto nello Stato, niente al di fuori dello Stato, nulla contro lo Stato）に集約される。「すべてを国家の下」とは、階級や民族の上位概念として「国家」を位置づけ、国家権力の前にすべての国民が等質化される国家が目標とされた。

こうしたファシズムが示す国家思想は、しだいにアジア地域、とりわけ日本に登場するようになる。日本の場合は、国民を心的レベルでも憲法レベルでも統合する天皇制という装置を利用して日本型ファシズムを成立させた。それを天皇制ファシズムなる用語で表す見解が有力となった時期もあった(6)。

ドイツやイタリアのファシズムでは、民衆の自発的主体的な運動の展開と、その成果としてファシスト党が成立し、特にドイツの場合には選挙という合法的手続きのなかでそれが進められたこともあり、それらは「下からのファシズム」（丸山眞男）と定義された。

その定義への疑問も数多く提示されている。つまり、日本には少なくともドイツで具現されたような民衆による合法的手続きにのっとったファシズムの成立は出現しなかったことをもって、ファシズムは成立しなかったとする見解である。

日本のファシズム論争は、マルクス主義あるいは非マルクス主義者の対立的な見解を中心に、多様な議論が交わされてきた。

そこに、これらの対立の争点とは別の視点として、総力戦体制論による分析視角の必要が求められてきた。先に示したムッソリーニ演説は、階級や民族の差異を越えて安定かつ強固な政治共同体の構築を訴えた点で、それはファシズム体制というばかりでなく、総力戦体制の提唱と受け止めていいのかもしれない。その意味では、一階級の専制体制としての社会主義・共産主義体制にしても、一種の総力戦体制と言える(7)。

つまり、その体制が「上から」の強権によるものであっても、「下から」の懐柔的・融和的な手法を採用するものであっても、目標が国家による国民動員と国民統合にあるとすれば、それは総力戦体制の用語でくくることが可能なのである。その体制の意味を積極的に問うことを通して、危険性と問題性を告発していくことが重要となろう。

ムッソリーニが、イタリア社会党左派の出身でマルクス主義とサンディカリスム（syndicalisme：組合主義）の影響を強く受けた運動家であり、さらには彼が革命的サンディカリスムの哲学者であるジョルジュ・ソレルに深く傾倒していたことも周知の事実である。また、ナチズムの政治手法は、ソ連社会主義や共産党のプロパガンダから多くを学んでおり、ナチズムとスターリニズムとの相似性については、ハンナ・アーレントが、イタリア・ファシズム、ドイツ・ナチズム、ソ連・スターリニズムは「双生児的な全体主義(8)」であると喝破しているとおりであろう。つまり、この三者は本質的には同質の政治体制なのである。

ファシズムと総力戦体制を比較検討するなかで、さまざまな指摘が可能だが、そこで、総力戦体制が支持された背景は何か、を問う必要がある。その答えは二つ考えられる。

第一には、実は第二次世界大戦後においても、総力戦体制と評価可能な政治体制が相次いで成立していることである。たとえば一九五〇年代の韓国の朴正熙政権や台湾の蔣介石政権に代表される軍事的権威主義的政権、アルゼンチンのペロン政権やチリのピノチェト政権など、南米各地に示された軍事政権など実に数多くの軍事的権威主義的政権の登場という問題である。これらの政権は国内民主化の要求を物理的暴力によって封印する一方で、近代化のための政策を国家主導のもとに強引に進めた。開発独裁と呼ばれる政治体制である。

これらの政権を現代的ファシズムと呼ぶことができるが、それ以上に過剰なまでの国家至上主義を前提にして国内民主化要求や矛盾の隠蔽を施すことで、国家発展を最優先する政策をあまたの犠牲を強いながら推し進め、一定の経済発展を結果し、そして厚い中間層(ホワイトカラー層)の形成に成功もしていく。そこで形成された中間層階級こそが、総力戦体制の支持基盤となっていったのである。

これらの諸国の例を取り上げるまでもなく、戦前期日本の総力戦体制から戦後改革期・経済復興期の戦後版総力戦体制も、経済発展を促進し、その結果として戦前と比較できないほど分厚い、いわゆる〝一億総中間層〟と呼ばれる層を生み出した。そこに必然的に中間層意識をも発生させることで、自らの階級的位置に無頓着となっていく構造が創り出される。実はそれこそが、総力戦体制というシステムの意図するところでもある。

第二には、以上のことと直接間接に関連するが、社会を構成する個々の人間が当然に有する多様な差異や格差を無化することで平等化・等質化を促進するという、一種のプロパガンダが民衆意識を大きく突き動かしたことである。戦争という国家の危機を民衆の危機とする、ある種のすり替えが巧妙に行われ、危機対応という目的により戦争に国民が動員されていく政治過程が演出される。実際、国内であれ国外であれ、戦争という国民共通の課題に協働して動員されるとき、被動員者間には階級的差異や身分的差異が解消されるのだ。

たとえば、兵士として兵営生活に入り、戦場に駆り出される者たちのなかで、出自や経歴の差異は解消される。これは確かに兵営の場で顕著だったが、それ以外にも戦時体制下におかれる日本人は、国内もまた疑似戦場化されるなかで、疑似兵士化される。要するに、総力戦体制とは国家優位の社会を戦争の勝利や経済の発展を名目に、諸個人の差異を無効化して、諸個人が国家を構成するモノと化す体制である、とも解することができよう。

総力戦体制研究の今日的課題

今日、総力戦体制研究の課題は、いったいどこにあるのだろうか。とりあえず、以下の二点があるように思われる。

第一には、現代の総力戦体制がいっそう幅をきかす可能性があるとすれば、これを阻止するために、まずは現代のデモクラシーの内実を疑う必要がある。デモクラシーは既存権力を相対化する重要な思想・制度だが、同時にそれは民衆動員のための道具と成り果てることも実に多い。アメリカのデモクラシーを救済するためと称して戦争を矢継ぎ早に発動してきたアメリカ流の手法を見れば、デモクラシーがしょせん民衆動員の思想に堕している観すらある。

第二には、現代の総力戦体制研究でもその是非をも含めて活発に議論されていることだが、総力戦体制が創り出すとされる疑似平等主義を克服することである。擬似平等主義の中で、国民意識は一元化されていく。この擬似平等化のなかで、多様な社会矛盾が隠蔽され、現代的装いを凝らした総力戦体制のなかに取り込まれていく現実が私たちのなかに拡がっている。

社会のなかに潜在する閉塞感ゆえに、「希望は戦争」と公言してはばからない日本の青年層の存在と、事実上社会から放り出されるあまたの人々の存在とが交錯する社会こそ、総力戦体制下の社会、すなわち総力戦社会の実態である。その意味で、総力戦社会とは、さまざまな矛盾や課題を隠蔽する装置としての役割をも担っていることを自覚的に受け止めておかなければならない。

国家が示す目標に便乗することにより、自らの位置を画定するのではなく、国家や権力から自立し、自治を貫き、自由に行動する空間を、今後どれだけ確保できるのかが、私たちひとりひとりに問われている。この問いを発し続けない限り、動員・統制・管理をキーワードとする総力戦体制や総力戦社会に包摂されてしまうことになろう。

総力戦体制を、便宜的に欧米型とか日本・ドイツ型という名で差異化することも可能ではある。しかし、重要なのは、政治体制の違いではない。たとえデモクラシー国家であっても、総力戦体制構築を意図する場合には、デモクラシーをこれに有効活用する手立てを講じるのである。日本の場合でも、総力戦体制構築には挙国一致のスローガンや権力構造の一部改編が強行されたのだ。

このことにこだわるのは、最近の総力戦体制に特徴的だが、戦後日本における戦後版の総力戦体制が、デモクラシーを基調に据えつつ、経済発展を目標とする生産第一主義のスローガンによって国民を動員し、高度経済成長を結果させたことにも注目しておきたいからである。

註

（1）徳富猪一郎述・山県有朋公記念事業会編『公爵山県有朋伝』下巻、原書房、一九六九年、一一八八頁。
（2）鷲尾義直『犬養木堂伝』中巻、原書房、一九六八年、四〇六頁。
（3）角田順校訂『宇垣一成日記』第Ⅰ巻、みすず書房、一九七〇年、三二七頁。
（4）以上の主要な報告書は、拙著『総力戦体制研究　日本陸軍の国家総動員構想』（初版：三一書房、一九八一年、新版：社会評論社、二〇一〇年）の巻末に収録している。
（5）初版（三一書房、一九八一年）の二一三―二四四頁、新版（社会評論社、二〇一〇年）の二三四―二五五頁に収載。
（6）こうした日本ファシズムに関する議論を整理するうえでは、歴史科学協議会編（編集・解説　江口圭一）『歴史科学大系　第一二巻「日本ファシズム」論』（校倉書房、一九七七年）が参考となる。
（7）総力戦体制とファシズム体制との関連について、荒川憲一『戦時経済体制の構想と展開　日本陸海軍の経済史的分析』（岩波書店、二〇一一年）において、纐纈の『総力戦体制研究』が俎上に載せられ、「纐纈厚の主旨は戦前における社会体制のファシズム化の契機を総力戦体制の構築に求める。したがって総力戦体制構築過程の総体を日本ファシズム（非合理な思想体系を有する国粋主義運動）と称するというものである」（一六頁の注4）と指摘する。そして、纐纈が「ファシズム＝非合理なものという前提ないし予件で議論が進められている」（同）と批判されている。確かに、三〇年前に刊行した私の著作において、基本的に日本型総力戦体制が日本型ファシズムである、との前提で論述はしているが、同書においてこの両者の関係の一体性を強調はしたが、両者の相互関係性についての言及は不充分であった。あえて言うならば、日本ファシズムの成立を促進した背景としての総力戦体制構築への志向性をデモクラシーとファシズムの連携、融合という視点を現在においては前面に出して論じていることを付記しておきたい。

(8)『全体主義の起源』一九五一年。邦訳版は、みすず書房、一九七二年。

第三章　総力戦としての世界大戦

「総力戦大戦」の呼称をめぐって

はじめに――アジア太平洋戦争の呼称をめぐって

まず、アジア太平洋戦争の呼称について、日中一五年戦争と日英米戦争とを「一つの戦争」であると定義づける用語としたい。近年、「アジア・太平洋戦争」とする呼称が定着している。だが、〈・〉を付すことは、日中一五年戦争と日米英戦争とを、相互に密接不可分の一対の戦争であった、とする視点を希薄化させる。つまり、〈・〉を付すことで、事実は「一つの戦争」を〝二つの戦争〟とする把握を強調する結果となりはしないか。「一つの戦争」としての性格規定への関心を遠のけてしまう可能性が大きい。筆者は、この〝二つの戦争〟論を修正し、「一つの戦争」論を説くために、〈・〉を付さない表記を勧めてきた[1]。

また、戦後の現代史研究では、遠山茂樹・藤原彰・今井清一の共著『昭和史』を読みこんだうえで第二次世界大戦が、「三つの性格がからみあった戦争」[2]と中村政則が指摘するように、第二次世界大戦の全体構造を把握しようとの試みが一貫してなされてきた。そこでは、ファシズム対反ファシズムの二項対立型把握の限界や、帝国主義諸国間の戦争という規定だけに特化することの問題が指摘されてきた。そうした試みのなかで、近年においてアジア太平洋戦争をも含めた第二次世界大戦が、戦争形態からして第一次世界大戦以上に、徹底した「総力戦」であった点に注目が集まっている。

筆者は、そうした見解を膨らまして、第一次世界大戦と第二次世界大戦をも同時的に把握する用語として「総力戦大戦」の呼称を用いたい。徹底度は異なるとはいえ、第一次世界大戦も第二次世界大戦も総力戦であった点で共通点があり、二つの大戦をつなぐキーワードとして、「総力戦大戦」の呼称が有効ではないか、と考える。

また、アジア太平洋戦争の呼称が、日中一五年戦争と日英米蘭戦争をつなぐものであるとすれば、これらの戦争を「一つの戦争」として捉える視点の共有化と同時に、この二つの戦争を「総力戦大戦」として同一視することも可能である。すなわち、第二次世界大戦の一部を構成するアジア太平洋戦争と第二次世界大戦とは、「総力戦大戦」というくくりで統一的に把握できるのではないか。

以下、小論では、第一次世界大戦と第二次世界大戦の二つの戦争を経由して、戦争自体の概念も構造も大きく転換したこと、それは同時に従来の世界史における戦争の概念にも、大きな変更を迫るものであった点に着目していきたい。戦争の主体としての国家の役割がいっそう重大化し、総力戦形態においては、何よりも国家と国民との相互関係にきわめて特徴的な変容を強いることになった。すなわち、動員と被動員という強制関係の構造化である。

「総力戦大戦」の下では、国力を構成するすべてが総動員の対象となり、文字どおりの国家総力戦体制の構築が企画される。その意味で、第一次世界大戦はその萌芽であり、第二次世界大戦は総力戦を極限まで徹底化した戦争として、世界史的意義をもつものと言えよう。

1　総力戦大戦としてのアジア太平洋戦争

総力戦準備と「総力戦大戦」の位置

総力戦体制とは、国家の危機に対応可能な体制を平時から構築しようとする国家制度である。特に日本やドイツなど、長期持久戦に耐え得る国家体力が相対的に低位にある国家であれば、戦争形態の総力戦化は、いきおい国家体制の総力戦化を強いることになる。

そうした観点から、一九二〇年代に入り、動員準備が構想され、そのための組織設置が相次ぐ。とりわけ、人的資源の確保・動員への関心は、総力戦体制構築過程でもっとも重要視された対象であり、多様な位置づけが提起された。その嚆矢は、一九二七（昭和二）年五月に内閣の下に設置された資源局で、人間を「資源」という概念でくくり、「人的資源の動員」をスローガンの下に総力戦対応策が練り上げられていった。以後、「人的資源」とされた「国民」は、動員の対象概念として明確化されていった。

一九二〇—三〇年代における総力戦対応に向けた国家機関の総力戦化が急ピッチで進められる一方で、総力戦体制の主導権をめぐる国内対立が、政党政治の時代に顕在化する。それは政党対軍部、あるいは親英米派対アジア・モンロー派（自主国防派）といった重層的な対立関係として表面化する。一例を挙げれば、一九二〇年五月、原敬政友会総裁率いる政友会内閣で、軍需工業動員の中央統制機関として国勢院が設置されたが、それは軍需局と内閣統計局とを統合したものであり、政府の工業動員関係機関の整備強化を目的としていた。

一連の国家総動員機関の設置と解体の繰り返しのなかで、満州事変（一九三一年）の前後期、日本陸軍の主導下に資源局長官の名で関係部署へ「総動員ニ関スル件」(一九三〇年三月)が通牒され、総動員計画会議を招集して具体的な総動員計画設定作業に入った。相次ぐ総動員担当機関の設置や法整備が進められ、日本の総力戦体制の構築が推し進められた。もちろん、そのことがただちに総力戦国家の成立と断言はできないが、総力戦対応過程で、総力戦を強く意識した日本国家の創出が企画実行されたことは間違いなかった。

こうした一連の国家総動員機構の整備は、将来戦が間違いなく、第一次世界大戦と比較していっそう徹底した「総力戦大戦」としての世界大戦となると予測してのことであった。

2 アジア太平洋戦争の位置と意義

「国民国家」化を促した戦争

「総力戦大戦」の用語で、第一次世界大戦と第二次世界大戦とを「一つの戦争」として捉える場合、これら二つの戦争が共に総力戦体制構築を課題として掲げざるを得なかった帝国主義諸国間の現実と矛盾に注目せざるを得ない。

これに関連して山之内靖は、「方法的序論――総力戦とシステム統合」と題する論文で、第二次世界大戦が「非合理的で専制的なファシズム型の体制(ここにはドイツ、イタリア、日本が含まれる)と合理的で民主的なニューディール型の体制(ここにはアメリカ合衆国、イギリス、フランスが含まれる)の対決として描きだす[3]」方法を提示する。

そして、第二次世界大戦をファシズム対ニューディールの対決としてではなく、「総力戦体制による社会の編成替えという視点に立って吟味しなくてはならない[4]」とした。つまり、両者とも実は第一次世界大戦をも含め、総力戦として戦われたことから、国内政治経済体制の総力戦体制化が不可欠となった点で共通点を見出そうとする。ここには既存のファシズム対デモクラシーとの抗争という捉え方の単純化を排し、同時に帝国主義諸国間の資源と市場の争奪戦というくくり方の限界性をも指摘しているようである。

山之内は、総力戦の時代を迎えて、デモクラシー国家もファシズム国家も、共に国家総動員を大前提とする総力戦体制を敷くなかで、国内におけるさまざまな差異・差別を解消し、国民動員の円滑化を図ると言う。それで、国民総動員の名のもとに総力戦体制の枠内に包摂していくためには、国民諸個人の強制的均質化が図られ、社会的身分制度の撤廃が進み、平等化が実現するとしたのである。それが山之内の言う「社会の編成替え」である。この結果、総力戦社会は「階級社会からシステム社会」に移行すると言う(5)。

こうした山之内の課題提起は、多方面から関心を呼び、私自身も以前から丸山のファシズム論のなかで強調されてきた「民主主義の名によるファシズム」という課題の意味を考え続けてきたこともあって、ファシズム対デモクラシーという単純な教科書的認識から解放される必要を痛感してきた。そのための足掛かりとして、総力戦という戦争形態が国家のありようについて、根本から修正を迫るとする認識を抱いている。

政治体制としての「総力戦体制」、社会形態としての「総力戦社会」などの呼称が許されるとすれば、ここで言う平等主義社会の成立が、次の理想とすべき体制や社会への移行につなげるための手段なのか、それとも疑似性を問題とすべきか、について議論すべきであろう。

「国民国家」の徹底

以上の諸点に関連する西川長夫の発言は、きわめて興味深い。すなわち、総力戦体制を国民国家論とのからみで、

「私は国民国家のシステムは総力戦体制によって根本的に変化したのではなく、むしろ総力戦体制によって国民国家の本来の特徴がより明確にされたと考えたい[6]」としたのである。

つまり、多様性や固有性を廃止し、強制的同質性を強いる「国民国家」と同様に、強制的均質化による迅速な動員を容易にする総力戦体制国家の問題性を指摘する。そうすると国民国家の徹底化の結果としての総力戦体制国家の成立、という想定が可能となる。西川の指摘も総力戦体制の現代的・今日的な意味を問ううえで、不可欠な論点を示しているように思われる。

多様な民族や文化、アイデンティティを持った集団を「国民」(Nation) の概念のなかに包摂し、強制的同質化を図ることで国家の優位性を確保する「国民国家」は、二〇世紀から二一世紀の今日にあって、すでに限界点に達している。それゆえ、さらなる愛国イデオロギーを喚起・注入するためのさまざまな手段が繰り出され、「国民国家」の地盤崩壊を防ぐことに懸命の状態にある。そのような場合、この「国民国家」に代わるものが総力戦体制国家という位置づけには、そうとうの飛躍がある一方で、当面「国民国家」の崩壊を防ぐための手段としての「国民国家」から「総力戦国家」への体質転換という発想・企画は、充分に考えられるところである。

こうした点を考えるうえでは、雨宮昭一が『占領と改革』で述べた総力戦体制を支えた「国防国家主義」および「社会国民主義」も参考となる。総力戦国家の基本スローガンは高度国防国家であり、それを支えるのは専制的な国家主義ではなく、社会を構成する「国民」であるとする。それが戦前日本においては、高度国防国家と国民とがパラレルな関係として位置づけられることで、初めて国民動員という結果が担保されていくとする解釈である。それは国家と国民とが対立的な存在ではなく、融合する関係として捉えられている発想である。実に総力戦体制のなかで、その対立的存在が協力的存在として解釈転換される。雨宮は同著で、そうした両者の関係性が戦前と戦後とで一貫しているとの捉え方を強調する。

日本において戦前期の総力戦体制構築が成功したか否かについては、依然として多様な議論が存在する。つまり、分立性を強制する天皇制システムが起動しており、「多元的連合国家」としての国家形態を保守した日本国家において、丸ごと総力戦国家へと変質することは構造的にも機能的にも限界があり、国家総動員法（一九三八年四月一日制定）による法的強制力と、大政翼賛会（一九四〇年一〇月一二日成立）による政治的強制力によっても、完全な総力戦国家とは言いきれない部分があった。これに対して、天皇制システムの拘束力が相対的に弱かった「満州国」で、日本国内と比較すれば、総力戦国家の完成度は高いものと見ることは可能であろう。

戦後政治システムの基盤形成

現代国家がいわゆる「国民国家」として、国家による強制的な内的統合が推し進められた〝人工国家〟として成立していく過程が二〇世紀における国際社会の流れとすれば、そうした流れを具体的に表現するものが総力戦体制国家と言える。国民国家としての現代国家は、総力戦体制を敷くことでいちだんと強化され、その永続性が担保されるかに見えた。ところが、いわゆるグローバリゼーションの新たな流れのなかで、内的統合を本質とする現代国家のありように疑問が呈されるに至っている。

すなわち、グローバリゼーションのなかで一国主義的な国家形態としての総力戦体制は、国家自体の相対的地位低下などで根底から突き崩されていくのではないか、という議論が出てこよう[7]。ここでは、総力戦体制とグローバリゼーションとが対立する概念として認識されているようである。

この点でやや細部に立ち入れば、総力戦体制を敷く国家は、本質的に自給自足国家である。そこでは一国主義の原則を保持し、他国家との連携や協調を可能な限り回避し、経済的政治的軍事的な領域における完全独立国家化を志向する。

その意味で総力戦体制構築と戦争発動は、コインの裏表の関係として、少なくとも日本やドイツにおいて顕在化した。この場合、総力戦体制構築過程を戦争発動の主要な原因とみるのか、逆に戦争発動と戦争成果によって総力戦体制構築が推し進められたのかを問うことに、さほど意味があるわけではない。ただし、アメリカやイギリス、フランスに具現された、あえて言えば欧米型総力戦体制が、ストレートなかたちで戦争発動に訴えなかったのは、資本と技術の優位性があったためである。

ここで強調しておくべきは、日独型総力戦体制にせよ、欧米型総力戦体制にせよ、一定の条件や環境が付与されるなら、いつでも戦争発動という選択が国家意思としてあり得たことである。歴史事実をふまえて、日本が戦後、戦争発動ではなく経済発展という政策の選択を行ったがゆえに、戦後経済復興が結果されたことも確かである。それは同じ敗戦国ドイツでもほぼ同様であった。これをもう一つの〝総力戦〟として再定義することも可能であろう。経済主導型総力戦である。

こうした論点に関連して、雨宮昭一の『占領と改革』では、「一九三〇年代の後半から四〇年代前半の総力戦体制によって、社会関係の平等化、近代化、現代化が進行した(8)」とし、その意味での総力戦体制が戦後改革に連続するとした視点を打ち出している。戦前と戦後とをつなぐ総力戦体制の着想は、雨宮によっても再提起され、注目された。ただし、戦前と戦後の総力戦体制が、戦争と平和の異質の政治状況下に置かれたことをふまえての議論の展開が不可欠であろう。

おわりに

小論では、第一次世界大戦を萌芽とする「総力戦大戦」が、第二次世界大戦において本格化した実態をふまえ、アジア太平洋戦争とくくられるアジア地域と西太平洋地域を戦場域とする戦争においても、当事国であった日本・アメリカ・イギリスはもとより、中国を含め、各国とも総じて〝総力戦〟を強いられた点を強調した。

紙幅の関係で日本以外の総力戦体制の検証には触れられなかったが、「総力戦大戦」という歴史体験を経るなかで、国家がまるごと戦争体制および戦争構造の構築を余儀なくされたこと、戦後においても国家構造における戦争対応型国家への再編を強いられていることの実態を指摘できるのではないか。

つまり、現代中国の過剰なまでの軍備強化、日本や韓国などを巻き込んだかたちで国境を跨ぐアメリカの強固な軍事共同体制などを見るに、その根底には「総力戦大戦」としてのアジア太平洋戦争のトラウマが隠されているのではないか。

「総力戦大戦」としてのアジア太平洋戦争のトラウマから解放されるためにも、「総力戦大戦」を批判的に捉える歴史の視点の確立が求められよう。

註

（1）たとえば、纐纈厚「アジア太平洋戦争」（由井正臣編『近代日本の軌跡5　太平洋戦争』吉川弘文館、一九九五年）を参照。

（2）中村政則『現代史を学ぶ』（吉川弘文館、一九九七年、一〇三頁）。

（3）山之内靖・成田龍一他編『総力戦と現代化』（柏書房、一九九五年、九頁）。
（4）同右、一〇頁。
（5）同右、一二頁。
（6）西川長夫・渡辺公三編『世紀転換期の国際秩序と国民文化の形成』（柏書房、一九九九年、三五頁）。
（7）山之内靖他編『総力戦体制からグローバリゼーションへ』（平凡社、二〇〇三年）等が参考となる。
（8）雨宮昭一『シリーズ日本近現代史⑦　占領と改革』（岩波書店・岩波新書、二〇〇八年、四頁）。

第四章　日米戦争期日本の政治体制

戦争指導体制の実際を中心にして

はじめに

日米戦争期日本の支配体制を追究する場合、多様なアプローチが存在する。すなわち、政治・経済・軍事など側面を切り取って分析する方法がまず想起される。もちろん、それらを複合的かつ包括的に把握する方法もあり、この方法が支配体制なるものの実際をより立体的に捉えることが可能であろう。しかし、その半面でその支配体制が抱える課題や矛盾の抽出作業が後退し、その特質を明らかにすることによって、支配体制をリアルに解析することが困難にもなる。

その意味で、いかなるアプローチを試みるかは決して容易ではない。そこで小論は、軍事の側面を取り上げ、具体的には戦争指導体制の実態を追究することを通して、当該期の支配体制の特質や課題がどこにあったかを、未刊行史料を紹介しながら浮き彫りにしてみたい。

1 日米戦争期の戦争指導

総力戦時代の政治体制

第一次世界大戦後の日本の政治（＝政略）と軍事（＝戦略）との関係は、大戦を教訓とする総力戦概念の導入で大きな変化を強いられる。第一次世界大戦は、武力を中心とする従来の戦争形態に代わって、軍事だけでなく、政治・経済・教育・文化など、国家の総合力によって戦争の勝敗が左右される、いわゆる総力戦の戦争形態を招来した。総力戦の概念は、大戦中より政府当局者、特に軍事関係者の一部で深く認識されるところとなる。

一九一五（大正四）年一二月二七日に陸軍省内に設置された臨時軍事調査委員会[1]が行った総力戦研究を基にして、一九二〇年代に入り、陸軍は本格的に国家総動員体制の実現による総力戦体制構築を目指すことになった。その過程で、国家総動員体制構築を目的とする法整備や実施機関が陸軍の主導により、次々と制定あるいは設置されていった。しかし、総力戦段階に適合する戦争指導機構の確立という点では、統帥権独立制が阻害要因として作用したこともあり、その対応準備は充分でなかった。

そのことは日中戦争の勃発によって、政戦両略の一致による戦争指導の運営が必要とされた時点で、きわめて深刻な問題を生ずる原因となった。すなわち、総力戦を遂行するには、戦争指導の主体を政治（政府）か、それとも軍事（統帥）に置くかの点で、政軍関係に軋轢を生じていたのである。その問題は日中戦争から日米戦争開始前後にかけて、終始一貫して未解決の課題としてあり、統一的な国家目標あるいは国家意思の有効な具体的展開としての戦争指導は不在のままであった。

その後、日米戦争が不可避の課題として意識されはじめ、政治・経済・軍事の各領域で、戦争対応の組織再編が総力戦体制構築のコンセプトの下に急速に創出されていった。実際の政治過程における一枚岩的な体制の創出は、すでに雨宮昭一が指摘したとおり、多様な政治諸勢力が覇権を争う状況下にあったために、決して容易ではなかった。それら政治諸勢力間の対立と妥協の繰り返しのなか、混沌とした政治状況のなかで総力戦体制の創出が進められていった(2)。

しかし、諸勢力間の調整は最後まで解決を見なかった。そのことは、政治・経済、また小論が対象とする軍事領域でも同様であった。とりわけ、政治指導と作戦指導の一体化を前提とする戦争指導体制構築の面で克服すべき課題は多く、実際に日英米戦争開始以後、それらの課題が矛盾や対立となって浮上し、総力戦体制構築の深刻な足枷となっていた。

一方、総力戦段階に適合する戦争指導体制確立への試みが皆無であったわけではない。たとえば、総力戦研究所が作成した「皇国総力戦指導機構ニ関スル研究」(以下、「研究」と略す)があった。以下、「研究」の内容を一部紹介しながら、当該期における政治体制の再構築が、どのような判断の下で進められるか検討しておきたい。それがまた、政治支配体制の実際を知るひとつの手掛かりとなろう。

「研究」は、アメリカ公文書館から国立国会図書館現代政治資料室に変換されたT九一八マイクロフィルム(返還資料名=Court Paper, Journal, Exhibits, and Judgement of the International Military)に所収されていたものである。「研究」の存在は、その内容からしても戦前においては等閑に付された形跡があり、今日知る人も少ないと思われる。

政治支配体制強化と総力戦対応

一九四〇(昭和一五)年九月三〇日、内閣の管轄下に設置された総力戦研究所は、総力戦に関する種々の研究成果を発表していく。そのなかで、一九四一（昭和一六）年二月三日付けで「皇国総力戦指導機構ニ関スル研究（概案）」が作成され、四〇部が関係方面に配布された。表紙には「極秘」の標が押してある。「研究」の冒頭には、作成理由を「本研究ハ当面ノ内外危局ニ鑑ミ皇国総力戦指導機構ノ現状ヲ検討シ之カ改善ニ対スル応急策ヲ示唆セントスルモノナリ」と記されている。「研究」は、最初に第一次世界大戦における戦争形態が総力戦段階に入ったとする認識から、欧米諸列強が武力戦への準備と並行して、総力戦への対応を急いでいる現状を紹介している。その内容は、次の通りである。

（一）総力戦的ニ観タル内外ノ現情勢

近代国防ガ平戦時ヲ通スル一大総力戦的様相ニ進展シツツアルハ、茲ニ贅言ヲ要セザルトコロニシテ、即列強ハ国力ヲ挙ケテ軍備拡充ニ狂奔シツツモ、必スシモ武力戦ヲ欲スルニアラス。或ハ大軍備ヲ背景トスル威圧懐柔外交ニ依リ或ハ宣伝謀略経済戦ニ依リ弱小国ヲ傘下ニ収メツツ、敵性国ヲ無力弱体ニ導キ以テ自己防衛態勢ノ強化ニ飽クトコロナキ実相ナリ。而シテ支那事変及欧州戦争ノ発展ガ遠カラス、帝国ヲモ挙ツテ世界大動乱ノ渦中ニ投セントスルノ兆候顕著ナルコトモ、亦当面現実ノ事態ナリトス。翻ツテ我国内情勢ヲ検討スルニ、蔣介石ノ武力抵抗戦ヲ以テ攻撃正面トシ、経済戦外交戦思想戦等ヲ以テ漸次其ノ効果ヲ現ハシ、事変長期化ニ因ル国力戦力消耗資源不足ニ基ク国防力充実ノ不如意等ノ傾向ヲ示シツツアルニ加ヘ官民ノ一部ニ於ケル自由主義個人主義独善排他割拠的思想ノ暗躍未タ其ノ跡ヲ絶タス。皇国総力戦態勢ノ急速整備上一抹ノ不安ナキ能ハサル実情ナリ。

要するに、今日の国際情勢を展望するならば、日本の仮想敵国となり得る諸国は総力戦体制を実現しつつ、連合して日本に向け包囲攻勢に出ているのに対し、日本の国内体制は未だ総力戦体制の完成度も低く、また総力戦への国民の関心が希薄であるとする。そこで、戦争相手国あるいは敵性諸国が総力戦に適合した国内体制、すなわち総力戦体制を整備しつつある現実を直視する必要があるとした。そして、悪化の一途をたどる戦局の好転を図り、戦争の長期化に対応していくためにも、総力戦体制への「急速整備」を図るべきである、としたのである。

ところで、国内にあっては、一九三七（昭和一二）年七月七日の盧溝橋事件で中国との戦争が全面化し、これに伴い国内体制も戦時体制化が着々と進行する状況となった。すなわち、第一次近衛文麿内閣は、戦局の拡大に対応すべく戦争指導を強化する目的で政治諸機構の集権化・統合化を骨子とする制度改革に着手していた。それは内閣参議制、さらには首相を構成員とする大本営設置となって具体化される。これらは戦争指導上における政軍関係の緊密化と政戦略の一致を目指したものであった。

戦争指導の面においても、近衛首相は事件の処理をめぐって、その主導権が完全に軍部に握られ、作戦の遂行にあたっては、軍から「何の報告も得られない」[3]という事態を何とか打開したいとしていた。そこで近衛首相は、首相を構成員とする大本営を設置し、政戦両略一致による戦争指導機構の確立を目指していた。これに対する軍部の反応は消極的であった。軍部は大本営設置に同意したものの、本営を政戦両略の調整機関としてではなく、陸海軍の作戦協議機関として位置づけたのである。

こうした経緯のなかで、一九三七（昭和一二）年一一月一八日に「大本営条例」が公布され、大本営が設置された。それは軍の意図に沿った機能と性格を有するものであった。その意味では、この時点でも政戦両略の一致による戦争指導は不完全なままであった。それで軍部は自らが意図する戦争指導をいっそう強力に推進していくために、政府の〝協力〟のもとに、軍部が主導権を維持しつつ、政府と軍部との恒常的な連絡機関の設置が不可欠と考えていた。

その結果、同年一一月一九日、軍部側の提案によって「大本営設置ニ伴フ政戦連繋ニ関スル閣議申シ合ワセ」[4]が行われ、大本営政府連絡会議が設置された。確かに表面的には国務と統帥との間で協議連絡を行う戦争指導機構としての側面を持っていたが、それが両者の単なる「申し合わせ」によって設置されたことから、そこでの協議事項に関する実行責任は、事実上なきに等しかった。また、重要事項については閣議において処理するという措置が講じられはしたが、政戦両略一致による戦争指導の運営という点では、これもまったく問題とならなかった。

2 戦争指導体制確立の阻害要因

既存の戦争指導機構批判

こうして日中戦争が全面化していく状況下にあっても、戦争指導体制は確立されなかった。そのため、戦争は現地軍の作戦展開に追随していくという事態が常態化していた。そうした過去の反省から、「研究」は既存の戦争指導機構に対し、批判的な検討を行っている。それは以下の内容である。

〔二〕皇国総力戦戦争指導機構ノ現状検討

前述ノ情勢ニ鑑ミ帝国ノ拡充ニ帝国ガ旧思想ノ国防体制ニ晏如タル能ハス。軍備竝ニ生産力ノ拡充ニ邁進スル一方、企画院情報局其他各官庁組織ノ整備充実国民組織ノ改編等ニ目覚ムルトコロアリ。以テ只管国家総力戦ノ要求ニ即応セントシツツアルハ蓋シ当然ノ措置ナリト謂フヘシ。

而シテ国防目的ノ達成即総力戦成功ノ為ニハ、国家機構ヲシテ之ニ連合セシムルコトハ其ノ先決要件ナルトコロ総力戦実施ノ各部機構ガ前記ノ如ク逐次新体制ヘノ転換ヲ見ツツアルニ拘ラス、最肝腎ナル総力戦指導ノ中枢機構ノ根本制度ハ明治時代ニ於テ制定セラレタル儘、何等ノ改善ヲ見サル現状ナリ。即陸海軍統帥部及陸海軍省組織ノ対立統帥ト政務トノ分離（所謂統帥権ノ独立）等之ニシテ、前大戦当時ニ於ケル独乙ノ制度ト酷似セルモノアリ。惟フニ国防ガ概ネ武力戦ノ範囲ニ限ラレ且陸海軍ノ用兵及国防上ノ要求ニ大ナル交錯衝突ナカリシ明治時代ニ於テハ、現機構ヲ以テシテモ左シタル不都合ナク、寧ロ其ノ特徴ヲ発揮スルニ有利ナルモノアリシモ、国防様式カ武力経済力思想力政略等ヲ挙ゲテノ総力戦トナリ、陸海軍政府ガ一貫セル方針ノ下ニ支障ヲ来シツツアリト謂ハザルヘカラズ、其ノ重ナルモノヲ挙クレハ左ノ如シ。（後略）

特に注目に値するのは、総力戦段階に入った今日では、既存の戦争指導機構が不適当であるとの判断を明示していることである。これに関連し、一九三七（昭和一二）年一一月一八日、大本営設置を定めた「大本営令」[5]では、「天皇ノ大纛下ニ最高ノ統帥部ヲ置キ之ヲ大本営ト称ス」（第一条）とし、本営の性格を「参謀総長及海軍軍令部長ハ各其ノ幕僚ニ長トシテ帷幄ノ機務ニ奉仕シ、作戦ヲ参画シ終局ノ目的ニ稽ヘ陸海両軍ノ策応協同ヲ図ルヲ任トス」（第三条）としている。それは、大本営は天皇大権の下における最高唯一の統帥部であり、そこでの審議事項は統帥事項に限定され、戦時においては陸海軍の協同によって戦争指導を行うことを定めたものである。したがって、大本営は「純然たる軍事機関」[6]であって、政府が軍事＝統帥に介在する機会を実質的に排除したものであった。

これに対して「研究」では、総力戦段階に適合する戦争指導機構とは、あくまで政府を戦争指導の「実行の責任者」とし、陸海軍の「強力ナル支援」を必要とする内容のものであるとしている。ところが、実際には大本営の運営で明らかなように、統帥が国務から独立し、それ自体が自己運動を展開している現状では、とうてい総力戦段階に適合した戦争指導は望むべくもないとして、現状に対する批判的な視点を打ち出していた。

そのなかで特に重要なのは、総力戦段階に適合する戦争指導の運営や戦争指導機構の確立を阻害している原因を、陸海軍の特権制度であった統帥権独立制に求めていることである。統帥権独立制は、一八七八（明治一一）年一二月五日に制定された「参謀本部条例」によって、参謀本部が陸軍省から独立した機関として設置されたことで制度化された。当初、統帥権独立制は、軍令担当機関である参謀本部の軍政担当機関である陸軍省から独立を意味する純粋な軍制改革として成立した。

その半面、統帥権独立制には、軍事の政治からの〝独立〟という思惑も込められており、時代の進展に伴い、次第に統帥機関（＝軍部）の行政機関（＝政府）からの政治的独立を意味することになっていった。そのことが、必然的に政略と戦略との不一致という事態を常態化させたのである。

軍部は、国務（＝政治）と統帥（＝軍事）との関係を、「軍人以外ノ者ヲ以テ統帥ノ事ニ参画セシメ又ハ政略上ノ見地ノミヲ以テ統帥ニ干渉ヲ試ミルカ如キハ、断シテ許サルヘキモノニアラサルナリ(7)」とする見解に集約される通り、統帥の特殊的性格上から戦略と政略との一致はありえない、とする考えを終始一貫堅持していた。

また、軍部は戦争指導に関して、「抑々戦争ノ指導ハ国軍ノ統帥ト政略ノ運用ト二存ス而シテ国軍ノ統帥亦平時ノ準備施設ニ極メテ大ナル関係ヲ有シ、且一般政策ト密接ナル連携ヲ有ス(8)」とする見解を一方において示しながら、実際には統帥事項に対する政府の介入を警戒して、政府間との事務的な協議を拒否する姿勢を崩すことはなかったのである。

戦争指導機構改革案の提示

こうした現実をふまえて、「研究」は軍部の統帥権独立制への固執が、総力戦段階に適合する柔軟性を持った戦争指導機構確立の阻害要因となっており、そのことが必然的に戦争指導の主体を統帥機関にのみ求め、いきおい武力中心の戦争指導に帰結せざるをえない原因となっている、とした。そうした状態が続く以上、たとえ「作戦」に勝利しても、「戦争」に敗北するという結果を招くことは必至だと指摘する。

この指摘は、中国戦線における武力解決主義一辺倒の現地派遣軍の作戦行動と、これに引き摺られた軍中央の戦争指導の行き詰まりの原因を鋭く突いたものであった。実際、中国戦線では個々の作戦における〝勝利〟を収めつつも、戦争全局から見ればジリ貧状態に追い込まれていったのである。

問題は、中国戦線がそうした状態にあり、しかもアメリカ、イギリスとの戦争が切迫していた時点にあっても、なぜ総力戦段階に適合する戦争指導機構が確立されていなかったか、という点である。統帥権独立という制度的・思想的な問題が大きな阻害要因となっていたことは先にふれたが、その他にも総力戦に対する認識が軍首脳に充分浸透していなかったとも考えられる。この点に関し、支那派遣軍参謀として日中戦争中、戦争指導に当たった堀場一雄は、『支那事変戦争指導史』のなかで、「戦争指導の反省」と題し、次のように記していた。

我国が戦争手段として思想、政治、経済等の面に於て、積極性乏しき為勢ひ武力を重視し、更に之を偏重するのは一般的傾向あり、然れ共世代は進化して列国は各種戦争手段を操縦して、総力戦を指導しあり、乃ち我亦攻防両勢共に武力外各手段をも併せ一途に統合運用すべきに拘らず、依然として戦争は武力戦従って戦争は軍人なるの旧思想行はれ（偶々総力戦を口にする者も多くは本質を把握せず）、総力戦の指導を阻碍せり。(9)

堀場は、一九四一（昭和一六）年六月に総力戦研究所員に就任する。総力戦研究所のなかに堀場に代表されるように、総力戦状況を深く認識し、そこから日本陸海軍の制度的かつ政治的な基盤とも言える統帥権独立制について、批判的な検討を行った一群が存在したことは注目に値する。彼らの示す戦争指導とは、あくまで政治を主体とし、これに全面的に軍事協力する内容を明確に打ち出したものであった。

それで「研究」は、上の批判を踏まえていかなる戦争指導機構の確立を意図していたのか。それに関しては、「改組概案」で要約されている。その前に「研究」は、列強における総力戦指導機構の現状を紹介しており、ドイツ・ソ連・アメリカ・イギリス・中国（重慶政権）の諸国が、政略と戦略の一元化によって総力戦段階に適合した戦争指導を行っていると記している。

〔三〕列強総力戦指導機構ノ現状

抑モ総力戦ノ要訣ガ用兵一般ノ原則ト同様ニ統制アリ、且一貫セル方針ノ下ニ国家ノ総力ヲ適切ナル方式ヲ以テ重点ニ指向スルニアルコト、並ニ之カ為一元化セル指導機関ヲ有スルノ最有利ナルコト言ヲ俟タサルトコロナリ。之ヲ諸外国ノ現状ニ徴スルニ独乙カ夙ニ前大戦ノ失敗ヲ自覚シテ現制度ニ於テハ統帥並ニ戦争指導機構ノ一元化ニ対シ、画期的改正ヲ行ヒ又蘇連邦米国等ノ高度国防国家ヲ始メ、英国重慶政権カコレモ実質的ニ一元化セル総力戦指導機構ヲ有セルコトハ、吾人ノ特ニ注目ヲ要スル事実ナリトス。

ところで、一九三七（昭和一二）年に海軍省教育局は、「文権と武権　世界大戦に於ける戦争指導」と題する報告書を作成している。その執筆責任者であった海軍少佐馬渡重和は、政治（政略）と統帥（軍事）との本来の正常な関係について、帝政ドイツのように統帥権が独立している国家では、文権と武権とを協調統合するために、文武両権の代表者で組織される連合の協議機関設置が不可欠であるとした。アメリカやイギリスのように統帥権が独立していない国家では、文武両権の代表が構成する軍事委員制を採用し、これが戦争指導機構として第一次世界大戦で有効に機能したとする。

要するに、戦争指導体制の構築にあたっては、文武両権の対等性を前提とする欧米型が望ましいとする見解を示していた。日米戦争期の戦争指導体制の矛盾を自覚していたのである。

おわりに

以上に追究したように、日英米開戦前後期における戦争指導体制の確立に向け、矛盾克服のためにさまざまの提言や運営が試みられてきた。しかし、当該期の戦争指導体制が確立したとは言いがたい。その最大の理由は、軍部の特権制度である統帥権独立制であったことは間違いない。重要国策の決定については、天皇の権威を活用した御前会議を開催して政戦略の一致の実現を試みるしかなかったからである。

ここで最大の問題は、従来戦争指導の主導権を握るべき政府が、軍部の主導下にあった連絡懇談会に取り込まれ、政府が戦争指導構成体のひとつとして位置づけられ、戦争指導運営上の自立性を喪失していったことである。統帥権独立制によって、政治の統制から離れ、強力な権限を保持した陸海軍は、軍事機構として肥大し続けてきた。特に日米戦争期には、作戦実施方針や戦争資材の確保などをめぐり、深刻な対立が繰り返された。換言すれば、一元的連合国家としての日本の国家構造の矛盾が、日米戦争期に戦争指導体制の矛盾として表出していたのである[10]。

註

（1）臨時軍事調査委員会の調査研究の成果および業務内容については、纐纈「臨時軍事調査委員会の業務内容――『月報』を中心にして」（『政治経済史学』第一七四号、一九八〇年一一月）を参照されたい。
（2）雨宮昭一『戦時戦後体制論』（岩波書店、一九九七年）、特に第一章を参照。
（3）近衛文麿『近衛文麿手記　平和への努力』（日本電報通信社、一九四六年、七頁）。
（4）『現代史資料　第三七巻〈大本営〉』（みすず書房、一九六七年、三四八頁）。
（5）『官報』（第三一六五号・一九三七年一月一七日付）。
（6）『東洋経済新報』（第一七八七号・一九三七年一一月一三日付）。
（7）防衛省防衛研究所蔵『軍制学講義録』（一九二六年、六頁）。
（8）同右、五〇頁。
（9）堀場一雄『支那事変戦争指導史』（時事通信社、一九六二年、七四六―七四七頁）。
（10）日米戦争期前後において表出した矛盾の政治過程については、纐纈『近代日本政軍関係の研究』（岩波書店、二〇〇五年）の第六章を参照されたい。

第五章　アジア太平洋戦争試論

はじめに

一九三一（昭和六）年九月一八日に始まる日中一五年戦争を中心として、日本がアジア各地で行ったアジアとの戦争と、一九四一（昭和一六）年一二月八日の日本海軍によるハワイ真珠湾奇襲攻撃で始まる日米戦争を中心とした太平洋戦争とは、相互に分かちがたく結びついた戦争であった[1]。しかし、この同じ日、真珠湾奇襲攻撃よりも前に、広島第五師団第一一連隊を基幹とする陸軍部隊が、タイ領シンゴラ、英領マラヤのコタバルに上陸作戦を敢行したこと、すなわち、アジア太平洋戦争が、アメリカだけではなく、むしろ東南アジアへの侵攻作戦でもあった事実を忘れてはならない。

一九四一（昭和一六）年から敗戦の年の一九四五（昭和二〇）年に至る、アメリカおよびイギリスとの戦闘が行われた西太平洋方面と中国を中心とする対アジア戦争との比較を次に紹介しておきたい[2]。

まず、兵力の分布について見ておこう。一九四一年段階では、中国本土に展開された日本陸軍は約一三八万人（当時の陸軍動員総兵力数の六五％）、日本本土残置兵力数は約五六万五〇〇〇人（全兵力数の二七％）、南方地域には約一五万五〇〇〇人（同七％）、一九四三年段階では、中国本土に展開された日本陸軍は約一二八万人（当時の陸軍動員総兵力数の四四%)、一九四四年段階では、中国本土に展開された日本陸軍は約一二六万人（当時の陸軍動員総兵力数の三一%）、南方地域には約一六三万五〇〇〇人（同四〇%）、一九四五年段階では、中国本土に展開された日本陸軍は約一九八万人（当時の陸軍動員総兵力数の三一%）、南方地域には約一六四万五〇〇〇人（同二六%）となっている。

年を追うごとに日本陸軍総兵力数が増大しているので、数が増えても比率が下がる結果となる。重要なのは、一九四四年段階で中国戦線と南方戦線との投入兵力数の逆転が起きるが、一九四五年には中国戦線が南方戦線より三四万人も多いことである。つまり、日本は長期戦となった中国戦線で戦力および国力の消耗を強いられ、弱体化していった。最終的にはアメリカ軍の戦力および原爆投下によって敗北を喫するが、敗北の要因は中国戦線で形成・蓄積されたという歴史事実を踏まえる必要がある。

次に、戦線に投入した軍事費の額を見ておこう。そこからは、中国戦線に投入した莫大な軍事費が、日本を疲弊させた歴史事実を知ることができる。(3)

満州事変が起きた一九三一年の陸海軍省費と徴兵費の合計は、四億六一一九万八〇〇〇円（国家予算一四億七六八七万五〇〇〇円の三一・二%)、日中全面戦争の開始の年である一九三七年には、三三億七七九三万七〇〇〇円（国家予算の六九・二%)、日英米蘭戦争開始の年である一九四一年は、一二五億三四二万四〇〇〇円（国家予算の七五・七%）である。

一九四一年から一九四五年の間、中国戦線に投入された軍事費総額は、四一五億四一〇〇万円（同期間に占める軍事費支出の五七%)、その一方で南方戦線での合計は、一八四億二六〇〇万円（同二五%）であった。このように、軍事費支出の面から見ても、対中国戦争に、事実上の対米戦争であった南方戦線に投入された軍事費の二倍強を投入していたことになる。いかに中国戦線の比重が大きかったかが知れる。

ちなみに、日中戦争開始以後における軍事費の国家予算に占める割合は、一九三七年が六九%、一九三八年が七六・八％、一九三九年が七三・四％、一九四〇年が七二・五％と記録されている。

このような数字から概観すると、アジア太平洋戦争における中国戦線の比重はきわめて大きく、またその大きさが対英米戦の敗北の主要な原因のひとつともなったことはあらためて指摘するまでもないであろう。「アジア太平洋戦争」という呼称の歴史的意味は、単に反ファシズム戦線の同一線上にふたつの戦争が結びつけられるという点にとどまらず、日中戦争をはじめとする日本のアジア侵略戦争の敗北が、太平洋戦争の敗北と密接不可分の関係にあることを強く認識する必要性からも、重要な意義を含んでいるのである。したがって、アジア太平洋戦争の呼称の根底には、この戦争の歴史的な性格と発生・敗北の原因が明確に意識されている。[4]

以上のことを念頭におきつつ、小論では最初に戦局の推移を追い、続いて日本軍の戦争指導体制や作戦・用兵の特徴を米英との若干の比較のなかで跡づけ、アジア太平洋戦争の一方の主役としての日本軍の実像に迫ることを狙いとしている。

1　戦局の推移

日米開戦からガダルカナル島撤退まで

アジア太平洋戦争における戦局の推移は、ほぼ三期に時期区分することができる。[5]一九四一（昭和一六）年一二月八日、日本海軍によるハワイ島真珠湾奇襲攻撃で火蓋が切られた日米開戦から、日米両軍の死闘が展開されたガダルカナル島攻防戦による日本軍の敗北までの第一期は、前半を日本軍の戦略的攻勢期、後半を戦略的持久期と特徴づけられる。

すなわち、日米海軍は真珠湾奇襲で本来の目標であった米空母群の捕捉殲滅には成功しなかったものの、一時的に真珠湾基地の機能を麻痺させた点で一定の戦果をあげた。その勢いに乗じて日本軍は、真珠湾奇襲と同日にマレー半島のコタバルに上陸し、翌一九四二（昭和一七）年二月にはイギリス領シンガポールを陥落させ占領したのである。

これより一ヶ月前に、アメリカの統治下にあったフィリピンのマニラを占領し、五月にはビルマのマンダレーを占領して、当初計画されていた南方進攻作戦が一段落した。これと相前後してアメリカ軍が立てこもるマニラ湾のコレヒドール島を占領し、日本軍は日米開戦以後半年を経ないうちに、東南アジアの広大な地域を手中にすることになった。

この一連の日本軍の一方的勝利の原因は、日本軍が圧倒的な海軍戦力と航空戦力を集中的に運用かつ投入する作戦に徹したのに反し、ヨーロッパ戦場におけるドイツとの戦いを最優先していた連合国側が、東南アジア方面には装備・訓練とも不充分な兵力しか展開できず、しかも広大な地域に分散配置を余儀なくされたことにあった。そのうえ、この時期の連合軍側の基本戦略は戦略的守勢期と位置づけられ、作戦方針が持久戦におかれていたため、作戦内容も防御的範囲を越えるものではなかったのである。

しかし、米太平洋機動部隊と決戦を交えるために発動されたミッドウェー海戦（一九四二年六月）で、日本軍は主力空母四隻を失うなど大敗北を喫し、これまでの進撃の勢いは頓挫することになった。太平洋海域における日本海軍力の優位は動かなかったものの、アメリカとオーストラリアとの連絡線の遮断を目的に行われた日本軍のガダルカナル島占領を排除するため、アメリカ軍のガダルカナル島上陸作戦の発動によって、同島の争奪をめぐる日米両地上軍および両海軍の激しい戦闘が開始された。

日本軍は米軍の反攻作戦の意図を読みきれず、また米軍投入戦力を過小評価したため、兵力の逐次投入の愚を犯すことになった。結局、一九四二年一二月には同島から「転進」という名で事実上の撤退を決定した（撤退完了は翌年の二月）。要するに、同島の奪還に失敗したのである。

サイパン失陥まで

ガダルカナル島攻防戦で日本軍が敗北したことは、米軍に太平洋海域における反攻拠点を与えることを意味し、この戦闘を分岐点として戦局の主導権が米軍に移行するところとなった。この争奪戦を通じて日本軍は貴重な海上輸送船舶の相当数を喪失したため、これ以後の作戦展開に大きな支障をきたすことになった。そのことは、伸びきった戦線への補給をいっそう困難なものとし、占領地域における弾薬・食料や兵員の補充不足が、戦力の低下に拍車をかけることにもなった。日本軍の戦略的敗北の要因は、早くもこの時期に用意されはじめていたのである。

日本軍は、ガダルカナル島撤退を機に、ギルバート・マーシャル諸島方面からニミッツ率いる米海軍の攻勢と、ラバウルを事実上無力化しつつニューギニア北岸を西進するマッカーサー率いる米地上軍の攻勢により、終始守勢に立たされることとなり、完全に戦局の主導権を奪われた。これに加えて、ビルマ方面からの連合軍の反攻作戦も開始され、緒戦の勝利で伸びきった戦線は、先端部分から確実に侵食されはじめたのである。

このため、一九四三（昭和一八）年九月、大本営は御前会議で決定された「今後採るべき戦争指導の大綱」において、千島・小笠原・内南洋・西部ニューギニア・スンダ・ビルマを結ぶ線を「絶対国防圏」と称し、その内側を死守すべき範囲とすることにした。そして、この線が侵攻を受けた場合には、従来の持久戦を放棄して最後の決戦を挑むものとした。

しかし、この方針は陸海軍で充分な調整が行われないまま、いわばなし崩し的に決定されたものであった。たとえば、「絶対国防圏」の死守には、当初中国戦線より南方戦線への相当規模の兵力抽出が必要とされたが、頑強な抵抗力を発揮する中国軍や中国民衆の存在が、南方戦線への兵力抽出に一定の歯止めをかける結果となっていた。

事実、一九四三年に入って中国の日本軍が実施した江北作戦（二月開始）や江南作戦（五月開始）、それに翌一九四四（昭和一九）年四月から開始された大陸打通作戦などで示された中国の抗戦能力の高さは、南方戦線への兵力抽出により太平洋戦線の立て直しをはかるという日本の作戦方針を挫折に追い込んでいった。

「絶対国防圏」の設定は、要するに伸びきった日本の戦線を事実上縮小し、先行きの見えはじめた戦力を温存かつ立て直し、戦線の防備を第一の作戦方針とするものであった。これは明らかに日本軍が戦略的守勢期に入ったことを意味した。しかも、この時期において日米の戦力格差はひろがる一方であった。とくに海軍戦力にいたっては、一九四二年一二月末における第一線空母の比較では、日本の六隻（艦載機数二九一機）に対し、アメリカは三隻（同二五一機）と日本が優勢であったものが、九ヵ月後の一九四三年九月現在では、日本の六隻（艦載機数二九一機）に対してアメリカは一四隻（同八二四機）と圧倒的な格差が生じていたのである。

敗戦まで

アメリカ軍は一九四三年の後半期になると、こうした戦力格差を背景に日本軍の国防前衛戦である島嶼拠点への攻略を本格化する。なかでもギルバート諸島のマキン・タラワ両島を占領し、またブーゲンビル島の攻防をめぐる航空戦では、一挙に約三〇〇機の日本海軍航空機を破壊する圧倒的勝利を得るに至った。さらに一九四四年二月には、南太平洋における日本海軍連合艦隊最大の根拠地トラック諸島への空襲を敢行し、基地機能を完全に喪失させることに成功した。

トラック諸島は「絶対国防圏」を死守するうえで最重要基地でもあり、その壊滅は国防圏に大穴を開けられたことを意味する。しかも、トラック諸島防衛のため第八方面軍の約一〇万余の兵力が配備されていた戦略前進基地としてのラバウルが事実上孤立することにもなった。ラバウルの孤立により、「絶対国防圏」の主要な一角が崩れたことで、ラバウルの防備と比較して格段に劣る防備施設と兵力しか配備されていなかった第二線陣地としてのマリアナ諸島の失陥が時間の問題とされる状況となった。

クェゼリン島を中心とするマーシャル諸島の失陥、インパール作戦の失敗など、太平洋方面や東南アジア地域での戦局は悪化の一途をたどり、ついに一九四四年六月にはマリアナ諸島の中心地サイパン島に米軍が上陸した。サイパン島の失陥は帝都・東京が米軍の空襲圏内に入ることを意味し、同時に事実上「絶対国防圏」の崩壊につながるものであった。そして、米機動部隊との決戦を求めたマリアナ沖海戦（一九四四年六月―七月）で、日本海軍の機動部隊は、大型空母三隻と航空機三九五機を失うという大敗北を喫した。これにより事実上日本海軍の機動部隊は壊滅し、続いてサイパン島・テニアン島などマリアナ諸島が相次いで占領され、中部太平洋の防衛線は総崩れの状況に追いこまれた。

この時期、ヨーロッパ戦線においても、連合軍がフランスのノルマンディーに上陸（一九四四年六月）し、ソ連軍と呼応してドイツを東西から挟撃する態勢を整えつつあり、ドイツの敗戦は必至の情勢となっていた。こうした日本を取り巻く国際状況も手伝って、日本の戦争指導部は、これ以後絶望的抗戦期の状態を迎える。

この時期に、マリアナ諸島を出撃基地とする米大型爆撃機B29による本土爆撃が開始され、日本の戦争経済を破綻させた。同時にフィリピン・沖縄・硫黄島など日本本土に直結する最前線たる地域も陥落、アメリカを中心とする連合軍の日本本土進攻作戦が着実に進められ、戦況の帰趨はすでに明らかになりつつあったが、この段階でも、日本軍は一九四五年八月のポツダム宣言受諾まで絶望的な抗戦を継続し、甚大な犠牲者を出すことになったのである。

2　戦争指導体制と統帥権独立問題

日本の戦争指導体制

日本における広義の戦争指導（軍事機構が担う狭義の意味での作戦指導と区分けする）体制を見ていく場合、一八七八（明治一一）年一二月の参謀本部の設置を契機とする、軍政機関（＝陸軍省）と軍令機関（＝参謀本部）との機構的・機能的分離は、その後において軍事機構の政治機構からの独立を方向づけた点で重大な事件であった。従来、政治機構の一機構として機能すべき軍事機構が、政治機構と並列・対等というかたちで独立した機構となり、その結果として政治の統制を拒否し、逆に政治への干渉を具体化することになったのである。軍令権（＝統帥権）の軍政権からの分離、あるいは政治機構からの独立という意味において、これを統帥権の独立という。

後に軍部は、この統帥権の独立をきっかけとして、徹底した拡大解釈を推し進め、軍部の政治化を制度的に保証するものと読みかえたばかりでなく、政治が軍事を統制することを拒否し、逆に軍事の政治への干渉を強行していくようになった。こうした状況をめぐり、アメリカの政治学者サミュエル・ハンチントンは、政軍関係論の観点から明治憲法体制下の政府の実態を評して、「シヴィル」（＝政治）と「ミリタリー」（＝軍事）との二つの領域から構成された「二重政府」にあるとした(6)。

こうした政軍関係の特徴は、当然ながらアジア太平洋戦争の全期を通じ、戦争指導体制と戦争指導の内容に決定的な影響を与えることになった。事実、日中全面戦争の開始期より戦争指導体制の強化が叫ばれるなか、国務＝政治と統帥＝軍事における特殊日本的な政軍関係のあり方が、国務と統帥との間の対立と抗争を発生させていった。国内政治が戦時体制に入るや、国務と統帥の調整をはかるために大本営政府連絡機関（一九三七年一一月）や連絡懇談会（一九四〇年一一月）が設置された。しかし、軍部が統帥権独立制を盾として自己に有利な戦争指導体制づくりに奔走したため、この試みは実質的に何らの成果を得ることもなかった。

この時期の政軍関係の実態といえば、一九四一（昭和一六）年六月二六日の第三回連絡懇談会の席上、松岡洋右外相（第二次近衛文麿内閣）が南方対策として武力進出があり得るかどうかという質問に、塚田攻参謀次長は「事政略ニ関シテハ別トシ、統帥権ニ関スル事項ハ相談スル必要ナク、又此ノ如キ状況ハオキテ来ナイ　相談スレバ引キヅラレルカラ、引キヅラレヌ様ニスル為自主的ニト決メタノデアル[7]」と答えたことに象徴的に示されていた。

さらに、参戦＝外交問題と武力行使＝統帥問題との不可分を説く松岡外相の執拗な追及にも、塚田参謀次長は統帥権独立制の絶対性を根拠とする狭義統帥論を持ち出して、「政略上ノ事相談可ナルモ、武力ハ敗ルルカ勝ツカノ問題ナリ、高等政策ハ相談可ナルモ統帥ハ不可ナリ[8]」と述べて政略と戦略の相違性を強調し、あくまで政戦両略の一致＝国務と統帥の一本化の実現に否定的姿勢を崩そうとしなかったのである。

政戦両略の不一致、あるいは国務と統帥の対立・抗争こそ多元的国家機構とする天皇制国家の矛盾が露呈されたものであった。そうした矛盾を克服する方法は、天皇の権威に依拠するほかなく、戦争指導体制の混乱・不統一という問題と同時に、そこに強力な戦争指導を遂行する真の実力者としての天皇および天皇側近連の存在が戦争末期に浮上してくる素地があったのである。

戦争指導体制の分裂

戦争指導体制一元化とその強化を目的として設置された連絡懇談会ではあったが、このように統帥権独立制が最後まで足枷となっていた。重要国策の決定については御前会議の開催が必要とされたが、そこでは天皇の権威を活用した政戦両略の一致が図られたのである。ここで最大の問題は、本来戦争指導の主導権を握るべき政府が、軍部の主導下にあった連絡懇談会に実質的に取りこまれて戦争指導構成体のひとつと位置づけられてしまい、戦争指導運営上の相対的自立性を喪失していったことである。

一九四四（昭和一九）年二月、アジア太平洋戦争の終盤に入り、戦局の悪化が明らかになると、東條英機内閣が断行した東條首相の陸軍大臣および参謀総長の三職兼任、嶋田繁太郎海軍大臣の軍令部総長兼任という人事関係を媒介とした政戦両略の一致への努力がなされたが、これも結局は兼任にともなう細部権限の下部委譲がまったく実行されなかったこともあって、ことごとく失敗に帰した。

東條首相の三職兼任による戦争指導体制強化案には、それまで参謀総長であった杉山元大将が、「統帥と政務とは伝統として一緒になってはいけない。これ伝統の鉄則である。陸相が総長を兼ねては政治と統帥が混淆する。かくして統帥の伸張は阻害されるからである(9)」と強硬に反対した経緯があった。

このように単に人事による改革程度では、統帥権独立制自体の弊害を解消することはまったく不可能であった。本来の政府主導による戦争指導体制確立のためには、統帥権独立制自体の見直しが不可欠であった。そして、政戦両略の一体化に最後まで失敗した日本の戦争指導体制は、当然ながら現実の戦争遂行政策のうえでさまざまな障害を発生させることになったのである。

それは先に述べたように、広義の意味における戦争指導体制の矛盾と同時に、狭義の意味における戦争指導＝作戦指導の混乱を招くことになった。すなわち、国務と統帥の対立・抗争と並行して、作戦指導部内で陸軍と海軍の作戦構想をめぐる深刻な対立が生じていたのである。

たとえば、日米開戦後の初期作戦終了後において、海軍は引き続き太平洋地域の米海軍力削減を目標に据えた作戦の実行を求めて、第二次ハワイ攻略作戦とアメリカとフィリピンの遮断を目的とするオーストラリア攻略作戦を主張し、陸軍もこれに呼応すべきとした。その一方で、陸軍は戦争継続に不可欠な戦略資源の確保を目的とした南方作戦がいちおう終了し、所期の目的を実現させた状況では、陸軍の従来からの基本作戦目標であった対ソ戦に備えるため関東軍の増強と、膠着状況にあった中国戦線を打開するために、海軍も含めて国家の総力をあげた対ソ戦の準備と実行、そして中国の完全武力制圧を急ぐべきだとしていたのである。

一九四二（昭和一七）年三月に大本営政府連絡会議が策定した「今後とるべき戦争指導の大綱」では、結局陸海軍の分裂を回避するために、陸海軍それぞれの主張を同時に満たす折衷案が採用され、国の現状をふまえた本来の意味での戦争指導体制も戦争指導方針も確立されないままであった。

陸海軍の対立は、本来陸海軍間における主導権の争奪、さらには仮想敵国の相違や建軍過程などに起因するものであったが、徹底した国家総力戦として戦われたアジア太平洋戦争において、国家の戦力を二分するに等しい陸海軍の作戦指導が分裂していたことは、戦力が底をついていた状況下において、ただちに敗北への道に拍車をかけるものであった。

米英の戦争指導体制

アメリカやイギリスの戦争指導は、日本と比較して種々の点で歴然と異なる体制なり内容を有していた。ここで素描しておこう。

まず、アメリカの本格的な戦争指導体制は、一九四二年二月に設置された統合参謀本部（ＪＳＣ）によって確立されたと見なせる。陸海軍参謀総長・陸軍航空総司令官・海軍作戦部長、それに大統領付首席補佐官（レイヒ提督）を構成員とする統合参謀本部は、イギリスとの共同軍事作戦計画を検討するために設置された合同参謀本部へのアメリカ側の参加構成員でもあり、同時にアメリカ軍の海外における全作戦の計画立案・指揮の統一機関としての役割を担った。ＪＳＣは、それまでの唯一最高の軍事指導機関であった統合委員会（Joint Board）を拡大発展したものである。

しかし、それはただ単に軍事指導上の最高機関で最高の軍事的勧告機関というよりは、大統領直属の戦争指導機関として、全般的な戦争指導上、大統領に次ぐ重要な政治的役割を担う組織でもあった。平時における文民共同による戦争指導機関として、すでに常設連絡委員会（構成員＝国務次官・陸軍参謀総長・海軍作戦部）、戦争指導会議（国務長官・陸海軍両長官・陸軍参謀総長・海軍作戦部長）、三人委員会（国務長官・陸海軍両長官）などが存在したが、それらは戦争開始とともにその活動を中止するか、微々たる役割しか果たさなかった。

政戦両略の一致および調整機関としては、政軍協議会（国務長官・陸海軍両長官・経済動員局長・各参謀総長）が一定の役割を担い、統合参謀本部が軍事領域の責任を一括して負うかたちで、絶大な権限を持つ大統領のもとに政戦両略の一元化が図られていた。実際にはアジア太平洋戦争期における戦争指導は、ルーズベルト大統領側近の軍人指導者あるいは軍部の権限を大幅に許容しつつ、最終的に文字通り大統領の強い個性と指導力が縦横に発揮されるなかで、全軍一致および戦争指導の一元化の徹底がはかられたと指摘できる。その限りでは、日本で起こった戦争指導における国務と統帥あるいは軍事機構内部における不一致や対立という状況は、アメリカではほとんど見られなかった。

イギリスでは、チャーチル首相が一九四〇年五月に少人数から構成される戦時内閣の首班となり、同時に軍部への強力な統制権を持つ国防大臣を兼職し、戦争指導における無制限に近い権限を一手に確保することになった。軍事機構においては、すでに参謀長委員会が存在し、具体的な作戦指導機関として機能してはいたが、戦争指導全般への統一的指導力という点においてチャーチルのもとにすべての権限が集中されていた。実際、チャーチルは作戦指導まで軍人と共同しつつ、強力な主導権を発揮したのである。

このように米英の戦争指導体制は、文民である大統領および首相の戦争作戦指導をも含めた戦争指導全般にわたる強力な権限を特徴とし、いわば文民指導者に軍部が服従する戦争指導機構をつくりあげるなかで、逆に軍部が一定の政治的軍事的役割を担う組織としての位置を確保していたことが知れる。

それは本来の戦争指導体制の点からして、きわめて合理的な戦争指導体制が整備されていたことを意味し、危険独走や視野の狭さから生ずる独断を回避して、文民指導者との共同による戦争指導の運営という点では、ほぼ理想的な態勢を確立していたといえよう。米英においては、文民による軍部の統制（＝文民統制）の概念や制度が、民主主義の発展のなかで確立されてきた歴史があり、軍部も積極的に文民による統制に従うことで、自らの立場を強化し、同時に軍事機構の充実を指向した経緯が存在したのである。

この点で統帥権独立制を終始一貫して主張し続けることで、文民による統制を拒否し、軍部の自律性に固執した日本の軍部との基本的な相違が認められる。日本軍部のこの姿勢では、国家総力戦状況に不可欠な文民と軍人との共同関係による戦争指導体制の確立は望むべくもなかった。つまり、日本軍部は個別的な作戦の勝利にのみとらわれて、戦争の全局のなかで個別作戦を位置づけ、対処していくという術を著しく欠いていたのである。

3　日本軍の作戦・用兵の特徴

日本陸軍の作戦・用兵思想

用兵思想の観点から、日本軍隊はアジア太平洋戦争を通じてさまざまな特徴を露呈してきた。第一次世界大戦で明らかにされたように、国家総力戦の最大の特徴は、長期間にわたる国家消耗戦として戦われることであった。したがって、当然そこには長期戦を戦い抜く戦力の充実と国内体制の整備が不可欠である。そこで戦争指導は長期戦研究の上に運営されるはずであった。しかし、日本軍部の国家総力戦への関心は決して希薄ではなかったものの、現実の戦争指導や作戦方針では常に「短期決戦」や「速戦即決」の作戦思想が支配的であった。それがハワイ真珠湾奇襲攻撃に代表される戦術面での奇襲と先制攻撃の重視となって現れたのである。

第一の特徴としての「短期決戦」や「速戦即決」の用兵思想の背景には、日本資本主義の後進性に原因する工業生産能力の低さにより長期持久戦に耐える継戦能力の欠如という根本問題があった。これに加え、戦力資源の海外依存体質が作戦・用兵思想を大きく規制していた事実もあった。戦略資源の備蓄が不充分だったという事実は、航空機生産や石油備蓄の限界とあいまって、陸海軍の作戦方針の分裂の遠因にもなっていたのである。そうした背景ゆえに長期戦を回避して短期のうちに勝利を獲得し、占領地から資源提供を待たなければ戦争継続は実際不可能であった。

第二に極端な精神主義の特徴をあげることができる。とくに日露戦争後における「歩兵操典」では、「攻撃精神」や「必勝の信念」がさかんに説かれ、それは地上戦における白兵突撃への過剰な依存という用兵思想に具体化されていった。いわば白兵突撃至上主義を生みだした精神主義の背景には、軍の近代化をもたらすはずの軍事技術や装備開発への関心の薄さや夜間攻撃・包囲攻撃という伝統的作戦への固執という問題が存在したのである。

同時に、そのような精神主義に依拠した用兵思想を根底で規定していたものは、ここでも軍近代化の促進の阻害要因となっていた資本主義生産能力の低さという問題であった。それが近代戦としての国家総力戦状況において、軍事技術の劣勢を精神主義によって補完せざるを得なかったのである。しかし、圧倒的な軍事技術を動員する米軍の前に次々に玉砕を余儀なくされた事実が示すように、過剰な精神主義の強要は、日本軍兵士の犠牲を必要以上に甚大にした。

要するに、軍近代化の立ち遅れ、近代化への関心の希薄さ、あるいは物質主義を嫌悪する日本軍隊の体質が精神主義を支え、また戦局の悪化にともなう戦力の消耗のなかで精神主義をさらに助長する悪循環が存在したと言えよう。

日本海軍の作戦・用兵思想

日本海軍のなかに最後まで貫かれていた用兵思想の第一の特徴は、アメリカの艦隊を決戦予定海域で最終的に撃破することを目指す艦隊決戦思想を軍事戦略の基本に据えたことである。これが大型軍艦を中核とする艦隊の編成に全力が注がれる結果を招く。一九三七年（昭和一二）から翌年にかけてあいついで起工された「大和」「武蔵」（基準排水量六万五〇〇〇トン）はその象徴であった。実際には、日本海軍航空隊がイギリスの戦艦「プリンス・オブ・ウェールズ」と「レパルス」を撃沈し、自ら航空戦力の優位を証明することになるのだが、それでも日本海軍は艦隊決戦思想の呪縛から完全に解放されることはなかった。

海軍内における航空戦力強化論者の台頭により、日本海軍はその後航空母艦を主体とする機動部隊の編成に着手するが、緒戦の勝利の余韻のなかで、艦隊決戦思想を清算し、航空第一主義に切り替えていくことはなかなか難しく、実際の着手は一九四三（昭和一八）年のガダルカナル島撤退以降になった。当時すでに、アメリカの機動部隊群が圧倒的に優勢であり、残存の日本海軍艦隊はアメリカの機動部隊から出撃する航空戦力によって次々と撃破され、消耗の速度を早める結果となっていた。この点では、日本海軍航空隊が実戦で証明してみせた航空兵力の優位性を理解し、海上戦闘艦の建造を減らしてでも航空兵器の開発と製造に重点を置き、空母機動群とする航空兵力の充実に全力を傾注したアメリカとは対照的であった。

第二の特徴は、兵器体系自体の位置づけである。なかでも駆逐艦や潜水艦などの補助艦艇の主任務を戦艦や航空母艦への攻撃としたことである。そのため、これら補助艦艇には戦艦と対抗可能な高速性や重武装とが要求された。潜水艦にしても、軍艦撃破を目標としたため大型で強力な魚雷装備が必要とされ、アメリカと比較して大型艦の建造が中心となった。

これに対してアメリカ海軍では、補助艦艇は基本的に海上輸送船団の護衛を任務とし、そのために対潜・対空兵装の充実に力点がおかれた。その根底では、近代戦の最重要課題である継戦能力を確保するためには補給線を護衛する戦力を投入することが必要という点が明確に認識されていた。しかし、日本海軍には、戦争経済の大動脈としての本土と南方占領地とを結ぶ海上輸送路の確保と、輸送船団の護衛への戦力配置を重視する姿勢は最後まで希薄であった。そのことが連合軍による輸送船団の被害を甚大にし、継戦能力の著しい低下を招き、戦争遂行を困難にしていったのである。

海上護衛への関心の希薄さの最大の原因は、艦隊決戦思想が補助艦艇の役割を規定し続けたことにあった。つまり、太平洋方面におけるアメリカ海軍との決戦に先だち、アジアに来航する以前にできる限り補助艦艇が波状攻撃によってアメリカ艦隊の戦力に打撃を与え、ほぼ対等な戦力水準を獲得した後で決戦を挑むという日本海軍の伝統的作戦用兵が足枷となっていたのである。

第三の特徴は、偵察・通信・情報・暗号解読などに象徴される情報戦略の欠如という問題であった。近代戦は情報戦としての性格を多分にもち、どれほど優れた正面整備とマンパワーを保持したとしても、それらを有効にかつ的確に運用する情報戦略が確立されていなければ限界がある。いわばハード的側面としての正面整備やマンパワーと、ソフト的側面としての情報戦略の有機的な関連こそが、近代戦の勝敗を分かつ要件であったのである。

しかし、日本海軍はアメリカ海軍との対抗上、情報収集態勢の整備、暗号解読の技術、レーダー装備などの面において、いずれも大きな格差を最後まで埋めることができなかった。そこには日本海軍のハード的側面の突出とソフト的側面の後進性の不整合という問題が存在した。

このように、明治憲法体制の分権性から派生した統帥権独立制に象徴される軍部の特権により、欧米の民主主義国家において具現されたような強力な文民統制を前提とする一元的な戦争指導体制の確立は失敗に終わった。そればかりか、純軍事的観点からしても、日本の作戦指導や用兵思想に表れた前近代的な体質は、徹底した国家総力戦として戦われたアジア太平洋戦争での敗北を加速させ、また決定づけるものとなったと指摘できよう。

だが、より根本的な問題は、日本近代化の過程で培われた軍事領域の閉鎖性である。その閉鎖性が、軍事領域の問題は軍事官僚などのごく一部の軍事プロパーによってのみ独占されるものとする通念を定着させ、ひいてはそれが軍の技術的レベルや用兵思想の近代化を妨げてきたと言える。文民統制路線のなかで軍事機構の合理化をはかり、一般社会において軍の認知を得ることで、国家総力戦に適合する戦争指導体制を確立するという合意が形成されなかったところにも、戦前期日本の前近代性と民主主義の未成熟という問題をかいま見ることができる。

註

（1）筆者は、先の戦争呼称について多様な提案がされているなかで、特に日中一五年戦争の延長として対英米蘭戦争が生起したものであり、戦場域の相違にもかかわらず、この二つの戦争は一つの戦争として捉えるべきことを主張してきた。なお、この戦争呼称については、庄司潤一郎氏の「日本における戦争呼称に関する問題の一考察」（防衛省防衛研究所編刊『防衛研究所紀要』第一三巻第三号・二〇一一年三月）が多くの呼称事例とその内容を詳細に紹介分析している。

（2）第一復員局編『支那事変大東亜戦争間動員概史』（復刻版、不二出版「十五年戦争極秘資料」、一九八八年）。

（3）出典は、大蔵省財政史編集室編『昭和財政史』（東洋経済新報社、一九五五年）。

（4）「アジア太平洋戦争」の呼称の経緯については、副島昭一「「アジア太平洋戦争」のその後」〈野澤豊編『近きに在りて　近代中国をめぐる討論のひろば』汲古書院、第二〇号・一九八九年）。

(5)藤原彰『太平洋戦争史論』(青木書店、一九八二年)参照。
(6)サミュエル・ハンチントン(市川良一訳)『軍人と国家』(上巻、二〇〇八年、「第五章　ドイツと日本におけるシビル・ミリタリー・リレーションズの実際」、一三〇頁)。なお、ハンチントンをはじめ、近代日本における政軍関係については、纐纈『近代日本における政軍関係の研究』(岩波書店、二〇〇五年)を参照されたい。
(7)参謀本部編『杉山メモ　大本営・政府連絡会議等筆記』(上巻、原書房、一九八七年、二四一―二四二頁)。
(8)同右、二四二頁。
(9)前掲『杉山メモ』(下巻、資料解説、二八頁)。

第六章　蘇る戦前の象徴

岸信介を蘇生させる時代精神の危うさ

はじめに――岸信介の再登場

いま、岸信介という人物が再び注目を浴びはじめている。

戦前期、岸は「満州国」で辣腕を振るい、日米開戦時の東條英機内閣では商工大臣として副首相格の位置を占めた。その東條内閣が戦局の悪化に伴い打倒工作が密かに始まるや、いち早く見切りをつける洞察力を示し、同郷（山口県）で陸軍大将にして南方軍総司令官であった寺内寿一をポスト東條に担ぎ出そうとするしたたかさを見せた。敗戦によりA級戦犯に指名され、公職追放となるも解除されるや政界に復帰し、首相まで上り詰めた後は、引退後も〝昭和の妖怪〟として長らく隠然たる勢力を誇った。

戦前と戦後を跨ぐ強権政治家としての岸が、今日再び注目されるようになったのは、岸個人の経歴からだけではない。それ以上に、今日の時代精神が〝岸的〟な政治家や強権政治を受容してしまう危うさを内在しているからだ。その危うさこそ、日本が戦争の総括を誤ったことに起因している。先に述べてきたように、日本は敗北を終戦と表現し、敗北責任の所在を曖昧にしてきた。聖断によって戦前権力は事実上解体されず温存され、戦後に復権の機会を待った。天皇制が存置され、天皇が提案したアメリカ軍による戦後日本防衛構想が日米安保条約に結実し、それによって担保される保守体制を安保体制と呼ぶ。その安保体制によって担保された戦後保守体制の中核を担った象徴的な人物が岸信介であった。

その岸が一九六〇年六月の日米安保条約の延長を強行した背景には、自らが安保体制という名の戦後国体によって温存され、復権の機会を与えられた存在だとする自覚あるいは自己規定があったかもしれない。岸は、その意味で昭和天皇によって提案された日米安保体制に便乗することによって、自らの政治生命が保守されることを熟知していたのである。岸のライバルであった吉田茂がアメリカの外圧を極力回避し、アメリカとの関係においては自立性にこだわり続けたのとは対照的であった。

一九五〇年代後半から六〇年代へ時代が変転するなかで、政治の季節を演出した岸政治が安保改定を置き土産に後方に退き、代わって池田勇人による経済の季節が到来するなか、高度経済成長路線が開始されるや、岸政治の功罪を真剣に問うこともなくなってしまう。しかし、バブル経済と東西冷戦構造の崩壊という経済的政治的変容のなかで、再び政治の季節を迎えた今、真剣に問われなかった〝岸的〟な政治手法あるいは国家主義思想が、さまざまな言説と思想において再演されようとしている。その象徴的な形態が、いわゆる安倍政治でもあろう。

そうした問題を念頭に据えるならば、岸信介の思想と行動を追うことで、今日の時代を鳥瞰することも可能となるはずだ。岸が再評価されてしまう状況は、隣国の韓国における朴正熙元大統領の再評価とやや同質の問題をも提示する。

朴正熙元大統領は、開発独裁の名の下に強行した経済政策ゆえに、〝漢江の奇跡〟と呼ばれた経済成長を果たした。発展途上国であった韓国をいちやく経済大国の地位へ引き上げたのである。その強権政治ぶりは、後にも一九九三年まで軍事政権によって継続されるが、民主化の嵐のなかで朴の政治スタイルは否定されていた。ところが、韓国では右傾化の動きが浮上してくるなかで、ここで言う再評価あるいは肯定感が漂っているのである。

1　岸はどこからきたのか

その軌跡が残したもの

最初に岸信介の官界入りからの経歴を簡単に追っておく。法学者であった我妻栄と東京帝国大学でトップ争いを演じた岸は、官界入りを果たす。その就職先は大蔵省でも内務省でもなく、農商務省であった。経済官僚として立身出世を果たし、官僚の多くがそうであったように、将来は政治家としての野心を抱いていた岸は、一見回り道に思われる経済官僚への道を選択する。一九二〇（大正九）年七月のことである。

岸が農商務省を選択した理由を原彬久は、そこが大蔵省や内務省と違って、「二流官庁」であるがゆえに、「活躍の舞台がより大きく与えられ、その舞台が政治家への踏み台になると岸には映ったことは十分考えられる」(1)と記している。権力の中枢である大蔵・内務両省をあえて回避した理由は、岸の口から必ずしも明快にされてはいないが、欧米と比較して脆弱な経済基盤しか持ち得ていなかった日本にとって、欧米に匹敵する経済国家への躍進こそ急務であり、その担い手となるべく野心の表れと見られる。実にその思いは、その後の岸の躍動ぶりに遺憾なく発揮される。

学生時代に第一次世界大戦（一九一四―一八年）を見聞きし、それが総力戦という従来と異なるまったく新しい戦争形態として位置づけられることを知った岸は、日本のような経済基盤の劣る国家が、総力戦時代に適合する国家として存立するために自由競争の原理ではなく、国家が統制する経済体制の構築が不可欠だと考えるようになった。ドイツの産業合理化運動に強い印象を抱き、浜口雄幸内閣時代には、それにならって産業合理化、さらには国家統制政策の実行の機会を得ていく。

とりわけ、革命以後の経済建設を国家主導の下に推進するソ連では「第一次五カ年計画」が一九二八年から始まり、成功を収める情報に接するや、岸ら国家統制経済の実行方法を練っていた官僚や一部の統制派軍事官僚たちにとって相当の衝撃であった。日本を含め、資本主義諸国が経済不況に喘ぐなかで、「新経済政策」（NEP）と呼称されることになるソ連社会主義経済の発展は、社会主義への脅威感と同時に、一種の憧憬の感情をもかきたてたのである。[2]

総力戦段階に適合する国家主導の経済運営、すなわち、国家統制経済への思考を強めていく過程で、国家統制経済論者の代表格としての岸の周辺には、これを支持する官僚や軍事官僚たちによる、いわゆる〝国家統制派〟と呼称できるグループが形成されていく。

この点で注目しておくべきは、本来は熱烈な国家主義者であった岸が、その一方で社会主義国の採用する国家統制経済に深い関心を示したことである。そこで確かなことは、国家主義者としての岸が社会主義国家への不信と警戒の念を抱きながらも、国家主義を貫徹するためには、その便法として社会主義経済システムの借用を躊躇しなかった点である。

岸にとって、社会主義とは思想の対象ではなく、目的を達成するための多様な選択肢のひとつとして認識されていた。そのような岸であればこそ、いわゆる〝陸軍統制派〟に着目もされ、同派の主要人物であった東條英機との連携も生まれるのである。

岸は、一九三六（昭和一一）年一〇月、「満州国」国務院の実業部総務司長に就任する。「満州国」こそ、岸が構想する国家統制経済の〝実験場〟であった。同時期、関東軍の参謀長の地位にあった東條英機は、岸の国家統制経済論に深い関心を抱き、そこで岸との親交を深めることになる。[3]

東條英機は、第一次世界大戦が新たな戦争形態である国家総力戦であったことを駐在武官などの経験を得て熟知し、資源小国日本がアジアにおいて覇権を確保していくためには国家の諸力を一元的に統括し、経済運営としては市場原理に委ねない国家統制経済こそ、日本が採用すべき唯一の選択と確信する人物であった。それゆえ、東條英機は、自らが構想する国家総力戦体制を敷くには岸の能力と人脈を不可欠としたのである。そして、一九三七（昭和一二）年、国務院実業部次長に就任した岸は、そこで「満州開発五カ年計画」の立案と実行に精力的に取り組み、「満州国」の〝発展〟の基礎を創ることになる。

日中全面戦争を経て、日米開戦が必至となっていく過程で、一九四一（昭和一六）年一〇月、東條英機内閣が成立する。同内閣の経済政策の担い手として、岸は商工大臣に就任する。しかしながら、東條政権末期において、親東條勢力から岸は日本の国体精神から逸脱した人物として評価されることになる。たとえば、細川護貞の『細川日記』には、「思想国防の見地より重臣の一部及び岸一派に対し、弾圧を加ふる由[4]」などの記述が見られるとおり、このとき岸は一転して反東條の側に回っていた。そうではなくとも、国家社会主義的な政策を展開する岸は、反国体の精神の持ち主として映っていたのである。

岸は、宮中・重臣グループによる東條内閣打倒工作が開始されるや、いち早く東條政権に見切りをつける。逆に反東條運動を事実上政権内部からひそかに開始し、閣外に飛び出すことで事実上東條内閣瓦解の引き金を引く役割を演じる。戦局の悪化が国家総動員体制の崩壊に結果するとすでに読み取っていたがゆえの行動であったに違いない。岸は政治の流れにきわめて敏感な行動様式を発揮する、典型的な官僚政治家としての一面を持っていたのである。

岸のそうした官僚政治家としての、あるいはきわめて権謀詐術的な手法を好んだ政治家的な側面は、東條内閣打倒工作が表面化しつつあった時点における東條英機への態度に窺える。当時反東條グループのつなぎ役を演じていた高木惣吉海軍少将との会見のおり、岸は、「東条ニ代リ得ルモノハＣ〔民間〕ニ無ク、Ｂ〔海軍〕モ出来ヌ。Ａ〔陸軍〕ニモ無イ。然ラバ東条ヲシテ何トカ国力ヲ結集シテ戦争ニ向ハセル外ナシト思フ故助力アリタシ[5]」との見解を吐露していた。

すなわち、岸はポスト東條の多様な選択肢を俎上に載せて、結論的に東條継続論を説きながら、その実反東條グループへの接近を試みているのである。それは、この高木との会見が行われた一〇日後に、同じ高木と会談した折に、「東条首相ヘノ言分」として、「総理ノ御考通リニ改造ガ出来上ルナラ潔ク辞メマセウ。然シ出来ヌトスレバ私ハ内閣総辞職勧告ノ態度ヲ改メマセヌ」(6)と言い切ることで、自らの進退を口にすることで、次の政治的機会を得るための出口を巧妙に用意しているのである。

それは同時に、岸自身が東條英機にかけた国家総動員体制の破綻が近くに迫っていること、あるいはすでに破綻していることを嗅ぎ取り、戦後への生き残りをかけた行動に出る。聖断による「終戦工作」をもって天皇制権力の戦後への移転を構想していた近衛文麿や岡田啓介などの宮中・重臣グループに対し、高木惣吉を媒介者に接近しようとしたのである。

その岸は一時期、宮中・重臣グループとも一線を画したかたちで岸信介派と呼称されるポスト東條を狙う一群の一人にも擬せられ、さらには「護国同志会」と命名された〝岸新党〟の結成による官僚勢力の中心人物にも擬せられるほど目立った存在となっていた。

戦局が悪化するなか、岸派あるいは「岸新党」というかたちで岸が周囲から期待感を集めていた理由は、岸自身に内在する徹底した国家主義思想の〝合理的〟体現者として信頼を勝ちえていたことが挙げられる。さらには「満州国」経営で見せた経済運営能力、そして何よりも、東條英機を筆頭とする陸軍統制派を一定程度抑えうる力量を保持していたからである。言うならば、合理主義的国家主義および国家統制経済主義者としての実績が、多方面からの期待感となって示されたのである。

ただ、岸自身はこの時点でポスト東條の位置を占めようと思ったわけではない。すでにこの時点で「戦前」を見限り、「戦後」政治へと飛翔し、そこで国家統制経済、換言すれば戦後版国家総動員体制の構築の展望を温めていたと捉えてよいであろう。そのような戦後における地位を確保するためには、東條英機との〝距離〟を、できれば東條打倒への一定の貢献という実績を残すことで確かなものにしておくこと、それが岸の政治判断としてあったと言える。実に狡猾な政治的官僚としての一面がかいま見える。

戦前と戦後をつなぐ役割を担う

ここであらためて岸の本質がどこにあるのか簡約しておこう。一言で言えば、岸は強烈な国家主義者であり、国家統制経済主義者である。そんな岸が台頭する機会を与えられることになったのは、浜口雄幸内閣の前任内閣である田中義一内閣（一九二七年四月成立）時代である。

田中義一は陸軍大将から政友会総裁に迎えられ、首相になった人物である。第一次世界大戦において示された戦争形態の総力戦化を田中は陸軍軍人のなかでも、いち早く察知し、それへの対応策を提言かつ実行し続けた人物であった。田中は参謀次長時代で第一次世界大戦が開始された翌年に、「今後の戦争は、軍隊や軍艦のみが戦争するのではなく、国民全体があらゆる力を傾け尽して、最後の勝敗を決するのであつて、即ち国家総力戦である」[7]と発言し、国家総力戦に対応可能な国家体制の構築を主張していたのである。

その田中の主張に呼応するように、田中政権成立の翌月の一九二七年五月には、総動員資源の統制運用を掌握する中央統轄事務および諮詢機関として内閣総理大臣の管理下に資源局が設置された。この資源局こそ、第一次世界大戦の参戦諸国の戦時体制の研究調査から導入された国家総動員を目標とする機関であったのである。[8]

このとき、山口（長州）出身の田中は、同郷出身者で周りを固め、また大陸侵攻強硬論者である森恪や、国粋主義者で後に首相に就任する平沼騏一郎らと深い親交を持つことになる。

そのなかで、田中と岸との接点が、どれほどあったかは現時点で十分明らかにされていないが、先にふれたとおり、浜口雄幸内閣期に開始された産業合理化政策という名の事実上の国家による統制経済、換言すれば戦後の傾斜生産方式に似た基幹産業重点化政策による国家経済の抜本的改革は、言うまでもなく岸自身の意向に沿うものであった。その産業合理化政策を担ったのが、商工省の臨時産業合理局であり、その主役は岸の上司である吉野信次工務局長であった。岸は吉野の片腕としてドイツの産業合理化運動の調査を命じられ、ドイツの実情を把握するに及んで、ますます国家統制経済が日本の国力増強にとって不可欠と捉えていた。

その証拠に岸は、ドイツから帰国後の講演で産業合理化政策の目標が、「自由競争の否定」であり、企業間の「協働」にあると論じたのである(9)。日本資本主義を市場原理に委ねず、国家の論理によって統制しようとする岸のスタンスは、当然ながら国家総力戦体制の構築を目標としていた永田鉄山、東條英機、小磯国昭ら陸軍統制派から歓迎されることになる。そこから岸と陸軍統制派との連携が生まれ、岸を筆頭とする官僚グループを「革新官僚」という名称で呼ぶことになる。

ここに軍と官との関係が生まれ、それ以後、市場原理の否定への警戒心ないし反発を抱いていた三井・三菱・住友・安田など旧財閥系グループを排除するかたちで、日本産業、大倉、古河など新興財閥グループが軍と官との関係を強化する動きが出てくる。これらいわゆる新規参入グループは、軍や官の支援なくして、とりわけ大陸での企業展開は不可能であったのである。さらに、軍官に財が絡むかっこうで、満州事変によって「満州国」が成立するや、これら新興財閥は、雪崩を打って「満州」の地で大々的な企業活動を展開することになったのである。そこで指導的役割を果たしたのが、言うまでもなく、「満州」に渡っていた岸であった。

岸は、国家総動員体制の構築という課題を「満州国」を実験場として展開してみせたわけだが、その課題を設定する過程は、同時に戦前期の戦争国家日本が歩んだ帝国解体への過程でもあった。すなわち、帝国日本が戦争国家としての本質を露呈する過程で、資本家、政党、官僚、軍部などの諸権力集団が相互に対立と妥協を繰り返しながら、客観的には相互依存あるいは相互癒着という関係を取り結んでいくこととなる。そこでの相互依存・相互癒着の関係の結節点に位置したのが、岸を典型的な代表とする革新官僚であった。

私は従来の研究において使用されてきた革新官僚の用語を「戦時官僚」と呼称する。それは、第一次世界大戦を契機とする総力戦段階に対応するため、たとえば軍需工業動員法（一九一八年制定）を嚆矢に、満州事変（一九三一年九月）と日中全面戦争（一九三七年七月）を挟んで、国家総動員法（一九三八年制定）以降本格化する国家総動員体制構築過程でもっとも重要な役割を果たした官僚たちを特に戦時官僚と呼称することで、彼らがより明確な役割期待をもって登場したことを強調するためである[10]。

ここで言う戦時官僚たちは、国家総動員体制構築過程で治安・思想統制・国民再組織を不可欠とする国内政治体制の〝革新〟を実現目標に据え、国家によって高度に企画・管理・統制され、長期戦に耐えうる高度行政国家・高度国防国家を展望した。岸も、ここで言う典型的な戦時官僚というカテゴリーに入る。

その意味では、戦時官僚であった岸は、合理的かつ理性的な国家統制経済主義者であり国家主義者であって、親交はあったとはいえ、右翼組織である国本社のリーダーであった平沼騏一郎に代表される観念的国家主義者とは一線を画していたと言える。岸は、一九三九年一〇月に「満州」の地を離れ、商工省へ次官として復帰する。

本省に復帰した岸は、今度は日本国の国家総動員体制を合理的かつ長期戦略として構築するため奔走する。しかしながら、この時期には、観念的な天皇親政主義の潮流も大きな動きとなっており、岸らの国家統制経済論が、限りなく社会主義的な統制経済と類似していることをもって批判の対象ともなっていた。

平沼騏一郎（後首相）らに代表される観念的国家主義者は、天皇政体を基軸に据えた日本の歴史・文化という抽象的な概念操作によるいわゆる国体観念の醸成によって国民意識の一元化を目指した。そこから天皇制への、ある種の絶対的な帰依のなかで徹底した反共主義を特徴としたのに対し、岸ら戦時官僚は、平沼のような抽象的概念を弄ぶ姿勢を拒絶する。そこにあるのは、徹底的に具象化された実体としての国家像であり、戦争遂行に資する国家体制の建設であった。その国家体制は、高度な行政的技術を不可欠とするものであり、既存の官僚機構と連携しつつ、精緻な法機構の整備を推し進める内閣行政機構の充実が前提とされた。

軍部は、内閣行政権と最後まで一定の距離を保守しようとし、さらに政治社会過程での軍事化に便乗して自らの権限拡大を狙っていたが、このために、国家総力戦体制を構築するには、官僚機構に支えられた内閣行政機構を充実させる方が合理的とする判断を持つようになった。そこから先に述べたように、軍と官との連携が開始される。

とりわけ、日中全面戦争以降は、内閣行政権の強化が顕著となる。たとえば第一次近衛文麿内閣期の臨時内閣参議官制（一九三七年）、東條内閣期の内閣顧問臨時設置制（一九四三年）などがそれである。これと並行して、国家総力戦対応型の経済体制のなか、戦時経済の名で資源と人材の軍事部門への傾斜的集中的配分が合理的かつ迅速に実行されるためには、高度に専門的知識を有する戦時官僚と呼ぶべき一群の官僚たちの存在が必要であった。

たとえば、吉野信次、椎名悦三郎、美濃部洋次、そして、岸信介（以上、商工官僚）、さらに、石渡荘太郎、賀屋興宣、毛利英於菟（以上、大蔵官僚）、奥村喜和男（逓信官僚）、和田博雄（農林官僚）らである。資本主義の市場原理を無視した戦時経済への移行には、財界は言うまでもなく、政界や学界にも抵抗感を抱く勢力が少なくなかった。しかし、戦時経済の移行が進展した背景には、軍事的な要請という問題だけでなく、それ以上に戦時経済型の経済運営によって脆弱な日本資本主義を活性化させようとする超党派の思惑が強く働いていたのである。

総力戦への対応を訴え、軍部と連携しながら戦時経済を強行しようとした戦時官僚の動きは、ある意味では平時と戦時を超え、日本資本主義あるいは日本経済の基本構造への全面的な改編をも射程に据えた行動であったという見方も成立する。そうした戦時官僚たちの意図ないし思惑は、アジア太平洋戦争が予想以上に長期化し、膨大な軍事費の投入にからむ国力総体の消耗を強いられるに至り、資源調達の限界性が露呈されるなかで水泡に帰することになった。しかし、戦時官僚たちは、戦後復興という新たな課題に向き合うとき、今一度自らの意図と思惑を実践する機会を摑むことになる。それが、戦後における戦時官僚の復権である。岸はその典型的な官僚の一人として、戦後経済の復興と運営に集中することになったのである。

2 戦後保守権力の担い手へ

戦後期総力戦体制の担い手として

確かに岸は「満州国」経営の事実上の最高責任者であり、日米開戦時の東條内閣の主要閣僚であった。また、陸軍主戦派および右翼勢力との深いつながりゆえに、主要な戦争責任者の一人として東京裁判でA級戦犯に指名され、公職追放処分の身となった。三年余に及ぶ拘置生活を余儀なくされ、この時点で岸が構想した戦後政治への飛翔は頓挫するかに思われた。だが、追放解除されるに至ったのは、岸が日本軍国主義のシンボルであり、東京裁判で絞首刑判決を受けた東條英機の打倒工作の有力な貢献者として評価されたこと、何よりも官僚という身分であったこと、そして、同じ文官でも廣田弘毅のように「首相」というトップリーダーとしての地位に昇らなかったことが挙げられる。

岸の戦後における復権は、何よりも戦前期において構想着手した国家統制経済の手法が戦後復興の過程で再演されていったことと重大な関連がある。すなわち、すでに経済学者の野口悠紀雄が、戦後日本の経済体制を「一九四〇年体制[11]」と呼んだように、戦後の経済復興を担ったのは、一九四〇年代の戦時体制の担い手であった戦時官僚であった。

その中心的な存在として、先に名前を挙げた岸、椎名、和田らがいた。要するに、現代社会の基本構造は一九四〇年代に形成され、それが戦後の経済復興から高度経済成長への牽引役を果たしたのである。

換言すれば、高度経済成長の担い手は、戦前期総力戦体制を指導させた戦時官僚の一群であった。すなわち、戦後の高度経済成長への展開は、戦後版総力戦体制であったのである。それが、近年において「総力戦体制論」が活発に議論されているゆえんでもある。[12]すなわち、戦後復興期から高度経済成長期に至る官僚主導経済システムのルーツは、一九四〇年代における総力戦体制構築を目指して策定された国家統制経済に求められるのである。

たとえば、一九四〇年段階において相次いで制定された電力国家管理法（一九三八年制定）や食糧管理法（一九四二年制定）、改正日本銀行法（同年）に象徴される一連の法整備による経済産業統制が、戦後復興期から高度経済成長の決定的な背景となっている。

これらの法整備に主導的な役割を果たしたテクノクラートたちが、後に高度経済成長を担うことになる。より具体的に言えば、戦後復興を担った経済安定本部（一九四六年設立）による傾斜生産方式に代表される国家主導の経済統制方式は、戦前期の企画院が構想した経済統制方式と著しく類似していた。しかも、企画院で中心的な役割を果たした戦時官僚が温存され、傾斜生産方式による戦後経済復興を主導した経済安定本部の中枢を担ったのである。

経済安定本部には、実は元満鉄職員が多数重要なポストに就いており、「満州国」での統制経済方式が、ほとんどそのまま戦後に活用されていた。[13]岸や星野直樹らが「満州国」で実行した「重要産業五カ年計画」に示された統制経済の手法が、企画院案として作成された「経済新体制確立要綱」に投射されて「一九四〇年体制」を構築し、これが戦後復興期にも主要な役割を果たすことになる。

「経済新体制確立要綱」には、企業の公共化、ナチス的な指導者原理を導入することによって、企業が利益獲得を第一とする組織ではなく、生産を目標とする組織であると確認することが謳われていた。企業を〝公共的生産組織〟とする位置づけは、要するに市場原理を基底に据えた企業間の競争を排除したものであり、同時に公=国家への貢献と奉仕が強く前面に打ち出されていった。このような方法論によれば、当然ながら官僚の役割が再び高くならざるを得ない。それは、戦前期において植民地台湾・朝鮮や「満州国」における植民地官僚が統治機構にあって管理施行や支配行政の主体として機能したように、管理行政運営に支配的な権限を有することを意味した。

ここでの官僚たちは、政策の立案から執行までを一元的かつ連続的に掌握することになる。それゆえ、戦前期において、国家総力戦体制の構築過程が同時に政党制の衰退過程であったように、戦後の経済復興過程における官僚主導の政治体制は、一面では政党の役割期待の希薄化を招いた。おそらく、それが二大保守政党である自由党と民主党の合同による自由民主党(一九五五年結党)の結成の背景ともなっていくのである。

すなわち、政治不在であっても官僚による政治の〝代行〟を可能にする官僚制システムが起動している限り、政治は言うならば純粋に政治の世界だけで機能していればよかったのである。官僚出身であり、官僚としての自らのアイデンティティを強く抱く岸自身が、この保守合同に深く関わっていくのは、官僚主導の政治体制の構築による日本再建という大方針を意識していたからである。

特に岸は、自らを官僚制(bureaucracy)の一員としてよりも、管理行政運営に支配的な権限を有する制度であるアドミニストクラシー(administocracy)の一員と見なし、そこに自負を抱いていたのではないか、と思われる。そしてまた、岸は自らを国家や社会を効率的かつ合理的に運営管理するテクノクラートと自己規定していたように思われる。この場合のテクノクラートは、戦時官僚に通底するテクノクラシー(technocracy)の思想を持つものを指し、彼らは敗戦の歴史体験を経た後にも、戦後日本社会に自らの位置を確保する根拠を見出すことになった。

テクノクラシーとは、広義での技術者が国家や社会を主導することに強い妥当性と根拠とを確信している官僚思想を意味する。彼らは技術至上性の論理を最優先するがゆえに、脱歴史性・脱政治性を特徴とする。換言すれば、歴史や政治の変容によって自らの確信を左右されず、あくまで国家運営技術を発揮する場を求めていくことに徹する。

国家と社会とが危機に見舞われ、緊張状態が内的にも外的にも強いられていくほど、高度専門技術者としてのテクノクラートの登場は不可欠となる。この認識は戦前期では一九三〇年代以降において拡がっていくが、それは敗戦を対称軸として戦後日本にも反転していき、戦後復興という危機と課題を克服すると、再びテクノクラートの登場が戦後日本の資本主義によって要請される結果となった。戦後復興対策として、基本的には戦後版総力戦体制を構築することが合意され、それが戦後冷戦構造という国際秩序にも支えられて、経済第一主義に特化した日本の高度経済成長を促進していくことになったと言える。

それはすでに今日活発に論じられることになった戦後版総力戦体制の成果と言える。戦前期の総力戦体制が、第一次世界大戦の経験に触発された受動的かつ緊急避難的性格を持っていたとすれば、戦後版総力戦体制は、能動的かつ恒久的性格を持ったものとして捉えることも可能であろう。

A級戦犯から首相へ

日米安保期における岸の行動については、あまりにも多様な記録や文献が存在する。日米安保と岸との関連を論ずる過程で、岸再評価とのからみにふれないわけにはいかないが、ここで岸再評価が進む現状に言及しなければならない。

三点に絞ろう。第一に、岸が自民党結成と政権形成の過程で目標とした憲法改定、再軍備、「独立」への展望との関連である。

第二に、憲法改正という目標は、自民党を改憲政党として発足させることに成功して以来の宿願として位置づけられる。それは今日において、「自民党憲法私案」のかたちで本格的に政治日程に上ってきたこととの関連である。

そして第三に、警察予備隊の創設（一九五〇年）以来、保安隊を挟むかたちで発足（一九五四年）した自衛隊が、現在防衛費で五兆三〇〇〇億円（二〇一八年度予算）、総定員二四万人に達する、世界でも屈指の戦力を有する軍隊にまで成長していること、そして、日米安保改定によって、日米安保をアメリカとの双務的関係として位置づけ、日本の「独立」を実体化しようとすることとの関連である。

これら三つの課題は、岸のなかで整合性を持って捉えられていたのであろうか。言うまでもなく、三つの課題克服を支える政治意識として、露骨なまでの国家主義（ナショナリズム）への強いこだわりが存在する。岸の視点から言えば、日本国憲法はGHQ（連合国軍最高司令官総司令部）が日本民主化の手段として〝押しつけた〟憲法であり、とうてい許容することはできない内容であった。何よりも戦前の天皇制国家支配体制（国体）を全面否定した内容であり、日本固有の文化・伝統との乖離は顕著と受け取っていたのである。

警察予備隊は、朝鮮戦争の開始に伴う米軍基地および米軍人家族の保守を目的として創設された経緯があったものの、旧陸海軍人の採用につながるものでもあったため、歓迎すべきものであった。岸は憲法「改正」によって、戦前の国体を取り戻し、戦前権力の全面復活が担保されることで、事実上の「独立」を確保することに何よりも熱意を示していたのである。

ただし、アメリカの要請というより、日本自らの「逆コース」への選択は、当然ながら国内の穏健的保守層からも、また、世論からも厳しい目に晒されることになる。ましてやA級戦犯容疑者という前歴の持ち主であってみれば、岸の主張は警戒されこそすれ、あまたの世論の支持を得られるものではなかった。

一九五三年四月から再び衆議院議員に復職していた岸は、石橋湛山と自民党総裁選を争い、破れはしたが、石橋の病気のため、一九五七年二月、岸は外務大臣の身から宿願であった内閣総理大臣に就任する。東京裁判でA級戦犯となり、三年余の巣鴨刑務所入りした官僚出身政治家が、日本の戦後保守権力の頂点に立ったのである。この時から、岸の三つの課題克服が強引なまでの手法によって実行される。

党内にあって、吉田茂を筆頭とする対米追随派あるいは経済第一主義を唱えるグループとの明白な対抗軸を打ち出していた岸としては、日本が再軍備をともかく実現した後は、自主憲法制定による〝真の独立〟を果たすことで対米関係をはじめて対等とし、それによって集団的自衛権行使へ踏み込むなかでアジアの盟主として再定義されることが望ましかったのである。

もちろん、このような岸の政治選択は対米関係のありようをめぐり混乱を招いていたことも確かであった。それゆえ、岸は圧倒的な世論の反対が存在したとしても、何としても日米安保「改定」を強行突破し、共和党のアイゼンハワー大統領の訪日を実現することで、日本の主体的な「逆コース」の選択によって起きるかもしれない対米関係の不安定化を払拭しようとしたのである。

その意味では、岸の日米安保「改定」に込めた執念の背景には、対米関係の対等化を実現し、その過程で自主憲法を制定し、「独立」に適合する国民精神を喚起することで、戦前期の国家至上主義による政治経済体制を再構築するという目的があったと思われてならない。

そのような選択のなかでは、当然ながら偏狭なナショナリズムが喚起されることになるが、岸の場合は必ずしもそうではなかった。

自民党結党以来、同党の対外路線は、吉田茂に代表される、言うならば「対米追随外交路線」とソ連との国交回復（一九五六年）に象徴される鳩山一郎らの「自主外交路線」とに分けられてきた。だが、ここに来て岸は、どの折衷的路線とでも言える対米路線を設定することに成功する。つまり、対米協調路線と自主独立路線の併用である。この併用路線の起点こそ、日米安保「改定」であった。それゆえ、日米安保「改定」の強行は、言うならば自民党内における両外交路線の一大修正の機会ともなった。

もっとも、安保反対の世論の一大攻勢の声に「対米協調路線反対」、あるいは「自主独立路線反対」という認識が示されたわけではなかった。基本的に、日米安保が将来的に間違いなく軍事同盟としての性格を全面化し、日本がアメリカの戦争に巻き込まれ、再び加害国あるいは侵略国へと向かうのではないか、という深刻な危機が反安保の動きとなって噴出したのである。

岸が一時は赤城宗徳防衛庁長官に命じ、自衛隊の治安出動までを決意して反安保勢力を暴力的に排除しようとしたのは、あえて言えば、「対米協調・自主路線」の恒久化を意図したからである。それこそ岸が合理的国家主義者でプラグマティストと呼ばれるゆえんであり、岸の本質を示すスタンスと言えよう。

いずれにせよ、この「対米協調・自主路線」は、今日まで自民党外交路線の基調となっており、「協調」と「自主」という二つのスタンスが相互に矛盾することなく展開されるため、逆に日米関係に絶えず緊張感が持ち込まれ、頻繁にトップ会談が繰り返されていく理由となっている。だが、ソ連が崩壊するまでの東西冷戦体制のなかで、この二つの矛盾が両国の関係を険悪にするほど深刻化することはなかったと言ってよい。東西冷戦体制という固定的な国際秩序と、それに規定された日米関係の変動要因は希薄であったのである。

それが東西冷戦体制の崩壊後には、日米関係を固着するものが従来の日米安保の内容では不充分だということになってきた。そこから日米安保再定義という名で、日米関係自体の見直しが開始された。岸が敷いた「対米協調・自主路線」は、本質的に不変だが、「協調」と「自主」のバランスは絶えず変容を迫られる状況にあることは言うまでもない。岸の今日における再評価の理由の一つには、この路線への回帰を志向する勢力ないし世論の反応が存在するのではないかと思われる。

つまり、岸政権(一九五七年二月—一九六〇年七月)の時代、日本の外交は対米一辺倒であったが、それでも対ソ外交への関心も深く、その意味で対米関係は必然的に相対化される環境に日本は置かれた。まさに「協調」と「自主」のバランスが取られていたのである。

その後、米ソの角逐が本格化、さらに社会主義中国の登場により、日本は対米依存を深めていく。つまり、岸の敷いたレールにブレが生じ始めていく。

ところが、今日においてアジア地域における中国の本格的台頭、さらにはアジア周辺諸国の経済発展のなかで、日本は対米協調路線を確実に踏襲しつつも、その一方で中国や韓国などアジアの有力国との関係強化も強いられる環境にある。その点で対米自主外交の展開も不可欠となってきたのである。

そのような日本の外交環境をめぐる状況がより鮮明となり、また、国内の国家主義的かつ右翼的世論の動向のなかで、やはり日本は岸の敷いた「対米協調・自主路線」という原点への回帰が求められている、とする見方が勢いを増しているのである。それが、岸の再評価につながっているのではないかと思われる。

岸再評価の今日的意味

「対米協調・自主路線」を敷くことは、岸にとって先に挙げた三つの課題（憲法改正・再軍備・自主独立）を実現する確実な方法と認識されていたはずである。このうち、東西冷戦体制終焉以降、日本の軍事的役割がアメリカから強く要請されたこともあって、自衛隊装備の飛躍的増強が実行された。自衛隊戦力はハード面にとどまらず、一連の軍事法制の整備によってソフト面においても充実が著しい。

それは対米協調の証明であり、それもまた岸が敷いた路線を忠実に実行したものと言える。ただ、憲法改正と自主独立への志向については、アメリカが両手を挙げて賛意を表明しているわけでは当然ない。このなかでも、たとえば核保有論をめぐって、岸が一九五七年五月七日の参議院内閣委員会の席上、「戦術核兵器の使用は違憲ではない」と発言したことはよく知られている。[14]

岸の実弟にあたる佐藤栄作も確信的な核保有論者であり、[15]また、後に首相に就く安倍晋三も、官房副長官時代の二〇〇二年五月一三日、早稲田大学での講演において、「憲法上は原子爆弾だって問題はないですからね」[16]との発言を行っている。岸から佐藤を挟んで安倍に連なる核武装論への言及の基底には、日本が核武装し、既存の政治軍事大国との対等な関係を取り結び、本来的な意味での「独立」を果たし、いわゆる「普通の国家」として、これら核武装大国から認定されたい、それがまた〝完結した国家〟であるという、強い自負心がある。

そのことが同時に同盟国家アメリカからの「独立」を意味することになれば、当然アメリカは許容しないところであろう。岸が敷いた「対米協調・自主路線」は一個二重の矛盾を抱え込んだ路線である限り、日本をしてきわめて不安定化させるのみである。その岸が敷いたこの路線は、一九六〇年代以降から九〇年代までは、東西冷戦体制という軍事的な国際秩序が貫徹していたがゆえに、直接的にはそこにはらまれた矛盾が噴出する機会もなく、また、この路線自体の矛盾を問われることは、アメリカからも、あるいは国内からもほとんどなかった。

ソ連不在の今日にあって、アメリカの一極支配が貫徹されるなか、アメリカとの正真正銘の同盟関係を強いられることになった日本の「対米自主路線」への転換構想は、それこそ日本が核武装してアメリカの核の傘から脱出し、文字通り自主国防体制を敷かない限り無理である。

また、アメリカはその意味で日本の核武装を許容するものでは絶対になく、また日本の核武装とまでゆかずとも、自主的な政治外交路線や防衛体制を整備するのが好ましいとは全然考えていない。

この点で岸の政治を目標とする国家主義者安倍の政治外交スタイルは、力の論理に支配された冷戦構造時代の思考方法が顕著であるだけに、実はアメリカの穏健派からは敬遠されこそすれ、親和的でないことは確かである。それがゆえに、靖国神社問題など懸案を多く抱えながら、あえて中国と韓国を首相就任最初の訪問国に選んだのは、アメリカを牽制することによって、「対米協調・自主路線」の「協調」と「自主」の矛盾を来すことなく使いこなしたいとする対米メッセージであったかもしれない。

いずれにせよ、二一世紀初頭におけるアジア政治秩序において、日本が占める位置を確定していくためには「対米協調・自主路線」が合理的である、とする考えが有力となるなかで、岸への再評価が高まっているのであろう。だが、そこにはらまれた力の論理への過信とアジア諸国民との非和解的なスタンスは否定されるべきである。かつて岸の敷いた路線は東西冷戦体制によって、その危険性が封印されたにすぎないことも知るべきであろう。

註

(1) 原彬久『岸信介　権勢の政治家』岩波書店・岩波新書、一九九五年、三七頁。
(2) この点について原彬久は、「強力な国家体制によってはじめて可能なこのソ連五カ年計画が、岸や吉野ら統制論者たちに脅威と共感の入り混った複雑な感慨を与えたこと、そしてそれが彼らの産業合理化運動の推進にそれなりの刺激を与えたことは否定できない」と記した。同右、四八頁。
(3) 満州時代の岸については数多くの文献があるが、とりわけ岸は「満州」の地で甘粕正彦（大杉栄、伊藤野枝を殺害したとされる陸軍軍人）を含め、ここで軍事グループとの接触を厚くし、さらに鮎川義介らの新興財閥グループとも親交を深める。これらについては、太田尚樹『満州裏史　甘粕正彦と岸信介が背負ったもの』（講談社、二〇〇五年）などがある。
(4) 細川護貞『細川日記』（昭和一九年八月一四日の項）、中央公論社、一九七八年、二九〇頁。
(5) 伊藤隆編『高木惣吉　日記と情報』下巻「岸信介国務相トノ意見交換　一九四四年七月一四日の項」、みすず書房、二〇〇〇年、七五一頁。
(6) 同上、「岸信介の駆引　一九四四年七月一六日の項」、七五四頁。
(7) 田中徹一編『田中義一傳記』上巻、田中義一伝記刊行会、一九五八年、四二〇―四二一頁。なお、田中義一の国家総力戦については、纐纈『近代日本の政軍関係――軍人政治家田中義一の軌跡』（大学教育社、一九八七年）と同『田中義一――総力戦国家の先導者』（芙蓉書房出版、二〇〇九年）がある。

（8）資源局から企画院に至る一連の国家総動員機関の成立過程とその役割については、纐纈『総力戦体制研究――日本陸軍の国家総動員構想』（三一書房、一九八一年、〈改訂版、社会評論社、二〇一〇年〉）を参照されたい。

（9）原彬久前掲書、四九頁。

（10）纐纈厚「戦時官僚論　植民地統治・総力戦・経済復興」（本書第Ⅰ部第一章）を参照されたい。

（11）野口悠紀雄『新版　1940年体制』（東洋経済新報社、二〇〇二年）を参照。

小林英夫は、「満州の地で始まった総力戦体制は、形を変えて戦後も生き続け、高度経済成長を準備した。戦後復興過程で、見方を変えれば総力戦体制の復興過程であった」としている（小林『帝国日本と総力戦体制』有志舎、二〇〇四年）。

（12）この点について、詳しくは小林英夫『満州と自民党』（新潮社・新書、二〇〇五年）の特に「第三章　経済安定本部と満州組の活動」を参照。

（13）小林英夫は、「満州の地で始まった総力戦体制は、形を変えて戦後も生き続け、高度経済成長を準備した。戦後復興過程で、見方を変えれば総力戦体制の復興過程であった」としている（小林英夫『帝国日本と総力戦体制』有志舎、二〇〇四年）。

（14）岸・佐藤・安倍と続く一連の核保有発言を含め、歴代政権の安保・自衛隊・日米関係の問題点については、纐纈の『いまに問う　憲法九条と日本の臨戦体制』（凱風社、二〇〇六年）を参照されたい。

（15）日記には佐藤が主席秘書官であった楠田に、「一人くらい核を持てというものがあってもよさそうなものだな。いっそ、核武装すべきだと言って辞めてしまおうか」と発言し、楠田に「それはちょっと早いですよ」とたしなめられている会話が記録されている。楠田實『楠田實日記　佐藤栄作総理首席秘書官の二〇〇〇日』〔一九六八年九月一六日の項〕、中央公論新社、二〇〇一年、二六〇頁。

（16）『サンデー毎日』二〇〇二年六月二日号、二六頁。

第Ⅱ部

植民地と歴史認識

第一章　植民地支配と強制連行

山口県朝鮮人強制連行の実態を一例として

はじめに――戦争犯罪としての強制連行

戦前の日本政府は、アジア地域への侵略戦争に必要な軍需生産や軍事施設建設を行うため、占領地域や植民地地域から膨大な人々を日本国内に強制連行し、強制労働を強いる政策を推し進めた。なかでも、大量かつ組織的に強制連行されたのが、植民地朝鮮の人びとであった。

日本の朝鮮植民地支配が開始された一九一〇（明治四三）年から日本が敗戦する一九四五（昭和二〇）年までの三五年間に、朝鮮から日本への移住者総数は約二〇〇万人を数え、アジア太平洋戦争の最中、一九四三（昭和一八）年に開始された官斡旋による朝鮮人の日本国内移住者は約七九万人とされる。このなかにいわゆる強制連行対象者がいかほどの数に上っているかは、強制連行の定義の問題もからみ、簡単に割り出すことは困難である。本人の意志に逆らうかたちで強制的な募集に応じざるを得なかった朝鮮人、あるいは甘言を弄されて勧誘・慫慂の類により移住してきた朝鮮人なども、その強制性が明確な場合は、強制連行とくくることは可能であろう。

強制連行先は日本国内だけでなく、日本占領下の東南アジア全域に拡がっているが、被強制連行者は日本国内に限っても、一九四四（昭和一九）年末までに八七万七三〇〇人以上というのが、現時点での歴史研究者の間でのほぼ共通認識である。[1] 被連行者たちは、鉱山・土木建築現場・軍需工場・軍事関連施設など、各種の事業場に強制動員された。その労働実態は、ナチス体制下において強制労働を強いられたユダヤ人労働者の実態を克明に解き明かし、強制労働を敷いたドイツ企業の戦争犯罪を告白したベンジャミン・フェレンツ（Benjamin Ferencz）の代表作『奴隷以下――ドイツ企業の戦後責任』（住岡良明訳、凱風社、一九九三年）の表題を借りれば、文字どおり「奴隷以下」の状態に置かれたのである。[2]

ところで、山口県における朝鮮人強制連行の実態は、福岡県、北海道、長崎県に次いで多数の被連行者を抱えながら、その実態を解明する作業は始まったばかりである。本稿では、戦前期日本が強行した植民地支配の具体事例として、山口県における朝鮮人強制連行の実態の一端を要約整理し、筆者なりの分析をも含めて論述する。

それは、言うまでもなく、戦前期日本が推進した朝鮮人強制連行・強制労働の実態解明を進め、同時に私たち自身に投げかけられた戦争責任・戦後補償問題という課題に応えていくためである。現在、戦争責任の問題や戦後補償の問題は、歴史学界だけでなく、多くの人びとの強い関心事となっている。日本が犯した数多くの戦争犯罪を厳しく歴史のなかに位置づけ、戦争責任や罪責問題を正面から受けとめ、そこから現在と将来を展望する平和を構築していく教訓を引き出すことは、現在を生きる私たち一人一人が背負うべき責務であろう。[3]

そうした観点から強制連行の実態解明が全国的な運動として開始され、相応の成果が獲得されつつある。〔執筆当時〕山口県に居住していた私自身にとっても、過去の山口県が関わってきた強制連行という戦争犯罪の事実を掘り起こし、それを直視することで戦争責任の一端を果たしてゆく必要を痛感している。

本稿では山口県の強制連行の実態の解明と分析に主眼が置かれるが、それと同時に山口県がアジア太平洋戦争にどのような関わり方をしたのか、種々の資料や証言から確認することにも留意していくつもりでいる。

1　山口県朝鮮人強制連行の実態

強制連行開始以前の山口県在日朝鮮人

一九三九（昭和一四）年九月から始まる朝鮮人強制連行への流れを把握するために、それ以前の山口県における在日朝鮮人の実態を概観しておきたい。まず、既刊資料による在日朝鮮人の統計を記しておく。

山口県立文書館蔵『県知事事務引継書』所収の「大正十年十二月　外事警察に関する参考書」の項によれば、一九二一（大正一〇）年一二月現在の山口県内における在日朝鮮人は二〇三六人で、職業別に見ると土方稼が六四八人ともっとも多く、次いで船衆（水夫）二七二人、さらに日雇稼二四七人、仲仕稼二二七人となっている。一方、この時期における朝鮮との往復の実態は、「渡来」が三万五一五九人（男＝二万九八七四人・女＝五二八五人）、「帰鮮」が二万三〇八九人（男＝二万七〇七人・女＝二三八二人）で合計五万八二四八人（男＝五万五八一人・女＝七六六七人）となっている。(4)

翌年の一九二二（大正一一）年三月現在では、二五四三人となり、出身別に見ると慶尚南道出身者が一二八九人でもっとも多く、全体の半分を占めている。次いで、慶尚北道出身者が四六八人である。また、朝鮮人戸数の地域別では、下関が六五四人で断然多く、次いで都濃郡五二一人、豊浦郡四一七人などとなっている。

日本全国の実態は、朝鮮を「併合」した一九一〇（明治四三）年には、わずか二五二七人だったものが、一九二三（大正一二）年九月末現在で九万二〇三五人と、一〇年余りの間に三六倍もの急増ぶりを記録している。(5)その背景に、日本の植民地支配による朝鮮人民の土地収奪、財産の没収などによる貧困の拡大があることは言うまでもない。同時に、日露戦争以降、第一次世界大戦後の好景気に便乗しつつ、中国大陸への侵略意図を赤裸々にしていた日本政府と国内資本による安価な賃金労働者の要請という問題があった。

昭和の時代に入り、一九二九（昭和四）年五月現在の山口県の在日朝鮮人は、九八八一人（男＝七六一八人・女＝二二六三人）と、八年間ほどで約五倍増加した。この時期における朝鮮との往復の実態は、「渡来」が八万五九人（男＝六万五七〇一人・女＝一万四三五八人）、「帰鮮」が四万四八五二人（男＝三万八七二六人・女＝六一二六人）、来往の合計が一二万四九一一人に上っている。こちらも二倍以上の伸びである。(6)

以後、在日朝鮮人の増加の実態だけを追えば、一九三〇（昭和五）年六月現在で一万一一三人と、初めて一万人台に達している。出身別では、依然として慶尚南道出身者が三八三九人と一番多く、また在住地域も下関が三一三三人となっている。ただ、この時期になると、宇部の二〇七五人、徳山四四四人、伊佐四四四人、岩国三一九人、小野田二七七人と都市部の発展に比例して増加していることが目につく。

在日朝鮮人は、強制連行が開始されてから四年後の一九四三（昭和一八）年末の調査では、県内で一三万二〇〇〇人程度に膨らみ、県人口の一割を占めるに至る。特に都市部、産業都市での占有率は高く、たとえば、小野田市では三二％、宇部市二一％、下関市一三％などとなっていた。(7) さらに、『昭和二十年度　長官事務引継書』によれば、敗戦の年の六月末現在では一四万六五二人（警察部警備課「引継書」）と記されている。

このように、山口県における在日朝鮮人の実態は、朝鮮本土との距離の問題もあり、「在往朝鮮人」が年々急速に増加し、県下各地域で在日朝鮮人社会を形成していくが、職域は特定分野に限定され、その生活実態は困窮を極める場合が多かった。加えて、一部の例を除いては、居住地域や職域の制約を強要され、同時に植民地統治下の出身者という差別意識が露骨に示されるなど、生活的にも精神的にもきわめて厳しい条件下に置かれたのである。

朝鮮人の県内各地への「渡航」分散状況の加速化は、既述のとおり、日本帝国主義の朝鮮支配の強化と、その結果による朝鮮本土の困窮という切実な問題がある。朝鮮人は日本の植民地支配により、本土に残る者も「渡航」者も等しく犠牲を強要されたのである。

強制連行の歴史的背景

先にふれたとおり、朝鮮人強制連行の定義については、必ずしも統一されたものが存在するわけではない。そこで本稿では、より詳しくは、直接的にアジア太平洋戦争における侵略戦争を遂行するため、戦前日本国家が一九三八（昭和一三）年四月に制定した国家総動員法（法律第五五号）に基づき、朝鮮本土や日本国内などの炭坑・軍需工業・各種土木工事等に、徴用工・女子挺身隊として強制動員した歴史事実の総称として用いることにする。(8)

強制連行という場合、通常は朝鮮本土の慶尚南道や慶尚北道などから組織暴力的に強制連行されたケースがもっとも多い。しかしながら在日朝鮮人も、朝鮮本土からの被強制連行者と同様、苛酷な労働環境・条件・待遇のなかで、日本国内の各種事業場に強制動員された事実を考えれば、実質的な「強制連行者」数は、さらに膨大なものとなる。

ところで、その朝鮮人強制連行の背景をたどれば、戦前期日本の戦争体制あるいはファシズム体制を特徴づけた国家総動員法(9)に行き当たる。国家総動員法は、勅令により人と物の動員を可能とするもので、物資や労務の統制の範囲が、通常の経済的利害を超越して、すこぶる広範囲であることを特徴とした。そして、この法律の発動と運用は、勅令に委任する非常立法である点において、一般の立法とは根本的に異なるものでもあった。

また同法は、戦時統制の名のもとに通常の経済活動すら無視しており、あらゆる資源を戦争に投入すべき対象と規定していた。また、国内軍事体制化が強化されるなかで、内外資源の侵略戦争への動員を確実にする法的根拠を提供した。その過程で、朝鮮人の強制連行が推し進められたのである。

国家総動員法は、歴史的背景から見れば、第一次世界大戦における国家総力戦という新しい戦争形態に対応し、構想された「戦争国家」に不可欠な立法措置であった。

国家総力戦を徹底して研究・調査していた日本陸軍は、大戦終了直後から将来における新たな国家総力戦に備え、平時から国家総力を挙げて戦争体制を遂行する政治経済システムを形成するため、種々の立法措置や国内経済・軍事機構の再編と強化を急ぐことになる。

すなわち、大戦が終了する年には、国家総動員法の原型ともいうべき軍需工業動員法を制定（一九一八年四月）し、いち早く国内産業の軍事化への道を切り開き、同時に軍需局の設置（一九一八年五月）、国勢院（一九二〇年五月）、資源局（一九二七年五月）、企画庁（一九三七年五月）、企画院（一九三七年一〇月）と、相次いで国家総動員機構を整備し、国家総動員諸計画（物資動員計画・生産力拡充計画）、「国民用務令」などを強力に推進していったのである。[10] この場合、国家総動員構想における「国民動員」について、特に日本陸軍はさまざまな角度から検討を加え、戦時はもちろんのこと、平時から各種軍需工場や軍事施設建設、あるいは各種事業場への動員・分配の計画を練っていた。

その構想の一端を紹介しよう。陸軍省内に設置された臨時軍事調査委員会が作成した『交戦諸国ノ陸軍ニ就テ』（一九一八年一二月）によると、「国民動員」とは、「一国ノ全人員ヲ統制按配シテ全国民ノ力ヲ戦争遂行ノ大目的ニ向テ集注《ママ》シ得シムルノ状態ト為スヲ謂フ」[11]とした。具体的には、兵員資源の捻出、戦時必須労力の供給補充を目的とした国民労役制度の創設によって、徹底的な国民動員を実施し、そのためには、婦人の動員、老幼男子や不具廃疾者の利用、捕虜の使役、国外労力の利用などによって人的資源の確保充実を図るとしていた。

早くも、この段階で国家総力戦に立ち至った場合に予測される人的資源の不足を補うため、特に「国外労力」に依存しようとする構想が練られていたのである。「国外労力」への依存構想こそ、植民地統治下および占領統治下の他民族を日本国内に労働力として強制連行するに至った原因のひとつなのである。

さらに、陸軍の国家総動員構想をより包括的体系的に示している『国家総動員に関する意見』（一九二〇年五月）が、日本陸軍の国家総動員構想の具体化の実質的な責任者であった永田鉄山により作成されている。そこでは「国家総動員」は、国民動員、産業動員、交通動員、財政動員、精神動員に区分されるとし、人的資源の動員を目的とする「国民動員」を、「国家全人員の力を戦争遂行の大目的に向けて集中するために国民を統制按配すること」と明快に定義している(12)。

こうした国家総動員体制の集大成として制定された国家総動員法こそ、強制連行に行き着く徹底した労務動員体制を法律的に保証していく措置であり、実際にそれ抜きには、膨大な人的資源の「消費」を強要する侵略戦争の遂行は不可能であった。言い換えれば、強制連行とは国家総動員体制の最終的局面としての必然的な帰結としてあったのである。

その意味で、強制連行の背景にある国家総動員法は、日本ファシズムの法的指標であると同時に、日本の戦争体制の特質をも表したものであった。そうした観点から強制連行の問題を解いていくと、強制連行の実態解明は、同時に日本の侵略戦争の本質や、戦前期戦争体制の構造をも切開する重要な作業であることが理解できよう。

山口県の総動員体制

ここでは、国家総動員体制の制定を境として国内動員体制が強化される過程で、山口県にどのような動員体制が敷かれていったのかを概観しておこう。国家総動員体制の形成過程において国内の人的資源の確保・動員と同時に、国外の人的確保・動員が国家のきわめて重要な政策として促進された事実を正確に認識しておくためである。

国家総動員法思想によれば、既述のとおり、最大の動員対象とされたのが人的資源であり、その意味から満州事変

（一九三一年九月一八日）を契機に国内が準戦時体制へと移行するにつれて、労使一体による産業報国運動が日本政府の主導のもとに促進されていく。その過程で各種の労働組合は漸次解体の方向に向かい、ついに産業報国連盟（一九三八年七月）を経由して、大日本産業報国会が設立（一九四〇年一一月）されることになった。

こうした一連の推移のなかで山口県では、一九三八（昭和一三）年九月、警察部工場課が「産業報国会規約条例」や「労使関係調整方策要領」などの配付を通じて、産業報国運動の徹底指導を強化してゆき、翌年の一九三九（昭和一四）年五月には、山口県下二七〇の事業所で産業報国会の設立を実現させた。さらに、厚生省と内務省の指導下に、産業報国会の活動を強化する目的から同年一〇月には、山口県産業報国連合会が設立され、翌年の九月までには、県下八四四の事業所に合わせて五一二の報国会（会員数八万一六四二人）が設立された[13]。山口県産業報国連合会は、一九四一（昭和一六）年二月に山口県産業報国会に改組され、事務局を警察部の労政課に置いた。産業報国運動の展開との関連で、日米開戦の翌年一九四二（昭和一七）年九月には、労働者を産業報国運動により積極的に取り込む狙いから、山口県労務報国会（会員数五万五〇〇〇人）が設立された[14]。

日中全面戦争の開始（一九三七年七月七日）以降、軍需工場は武器・弾薬などの生産増強を要請されていくが、中国戦線の膠着化に起因する労働者予備軍の戦線投入という事態を反映して、慢性的な労働力不足を来すようになっていた。そこで平沼騏一郎内閣は、労働力不足を解消するために、「国家総動員法」第四条の規定に従って、閣議決定で国民徴用令を公布（一九三九年七月）することにした。要するに政府は、主要な軍需工場への労働力を安定供給する目的で、国家の命令権の発動によって特に技術系労働者を強制的に徴用し、一連の総動員業務に強制投入する権限を確保したのである。各道府県の知事は国民徴用令により、徴用適格者に徴用令書を発するだけで、陸海軍工廠や各種事業所、そして国家管理の民間の一般工場や各事業場にまで労働力を供給することが可能となった。

しかしながら、日中戦争が長期化し、日米間でも戦争が始まると、東南アジア方面への戦線拡大に応えるべく国内労働者の戦場への動員はさらに加速化してゆく。いきおい、慢性的な労働力不足はいっそう深刻になっていく。そこで、新たに労働力を確保するために、植民地統治下および占領統治下の他民族の強制連行・強制動員がさらに強く要請されていったのである。

強制連行方式の変遷

ここに軍需物資や労働力の、国家総動員構想に従って言えば「物的人的資源」の総動員が開始されるが、その総動員業務を担った企画院は、前身の企画庁が準備してきた労務動員計画の具体化を急ぐことになる。そこですでに底を突き始めていた国内労働力の不足を補完する目的で、「移住朝鮮人」八万五〇〇〇人の「供給」を骨子とする「昭和十四年度労務動員実施計画」が閣議決定され、これに基づいて「朝鮮人労働者内務移住（入）に関する件」が内務次官と厚生次官の連名で各府県知事宛に発せられた。この通牒により、それまで朝鮮人渡航者には厳しい態度で臨んできた従来の方針は放棄され、積極的な「受け入れ」態勢を整備していくことになった。朝鮮人労働者の「受け入れ」方針は、「朝鮮人労働者募集要綱」や「朝鮮人労働者移住に関する事務取扱手続」に従って進められた。

いわゆる「募集」方式による強制連行は、労働者の雇用を希望する日本政府の指定する事業体が厚生省に雇用認可を要請し、認可を受けた事業体が朝鮮総督府に「募集」許可を得て、指定地域において「募集」を実施し、日本国内に「渡航」させるというものであった。ただし、「募集」とはいっても、朝鮮人の労働者が自発的に応じるかたちではなく、職域や労働条件の選択の余地もなく、実質的には強制連行そのものであった。加えて、「募集要綱」には厳しい内規が定められ、「渡航」以後も厳しく監視されることになった。「募集」方式による朝鮮人労働者は、労務動員計画に従えば、一九四〇年度が九万七三〇〇人、一九四一年度が一〇万人であったが、もちろんこの計画が完全に達成されたわけではない。

日米交渉が行き詰まるなかで、日米開戦が必至の状況になると、日本政府は日米戦に備えて、さらなる軍需生産能力の拡充を意図し、労働力の大幅増強を進めることにした。日米戦が開始されると同時に、戦場は東南アジア全域に拡大、これに連動して人的資源の確保も緊急課題となった。そこで、日米開戦の翌年一九四二（昭和一七）年二月、東條英機内閣は、「朝鮮人労務者活用に関する方策」を閣議で決定し、これに基づいて「朝鮮人労務者内地移入斡旋要綱」が、朝鮮総督府の政務総監の名によって公表された。いわゆる「官斡旋」方式と呼ばれるものである。

これは、植民地行政機構たる朝鮮総督府がより全面的に連行政策に参入してくることを意味した。「供出及び輸送事務の一元化」を果たすために、朝鮮総督府が従来以上の権限を確保し、総督府内に設置された「朝鮮労務協会」が中心となって、朝鮮各地域の行政機構と連携しつつ、朝鮮人「労務者」を「隊組織」に編成して日本国内に「供出」しようとするものであった。「官斡旋」は、強大な権力を用いて「労務動員計画」を確実に履行していくための措置であり、事実これによって労務動員計画は確実に達成されることになった。

しかし、赤裸々な強権発動の下で、「労働力不足を充足するためにとられた一九四二年の「官斡旋」以後の連行は、欺瞞的な方法からより暴力的な方法がとられた[15]」と朴慶植が指摘するように、被強制連行者からすれば、強制連行方式はいっそう苛酷さを増していった。いずれにせよ、日米開戦以降、アジア太平洋戦争が全面化する過程で、労務動員計画は拡大の一途をたどり、一九四二年度の計画では一九六万人のうち、朝鮮人「労務者」約一三万人が「官斡旋」により「供出」されることになったのである。

これ以降の労務動員計画中における強制連行政策については、一九四四（昭和一九）年二月以降に発動された「国民徴用令」が同年八月、朝鮮人労務者にも適用された結果、同年度に徴用によって日本国内に強制連行された朝鮮人は、二〇万一一八九人に達していた。大規模な強制連行が、まさに国家総がかりで強行されたのである。

山口県協和会組織の設立

一九三四（昭和九）年頃から、内務省は「内地融和」を図る目的で、在日朝鮮人と日本人との「内鮮一体」をスローガンに、朝鮮人の「皇国臣民化」運動に乗り出していた。そして、一九三六（昭和一一）年八月、より実践的な運動として組織化する方針を打ち出し、「協和事業団体設置要領」や「協和事業実施要旨」を全国の知事宛に通牒、これを受けて各府県に協和会が続々設立していった。同年の一一月には、全国の協和会を統括する中央協和会が設立され、融和・親睦の促進の美名のもとに、在日朝鮮人を補充労働力として把握するための行政的措置が準備されることになったのである。

この協和会こそ、一九三〇年代後半から敗戦に至るまで戦時体制下における朝鮮人強制連行を支えた官製組織として重要な役割を担うものであった。その意味で、協和会の役割や機能の実態把握は、強制連行がどのような組織や人物、あるいは方法によって実施されたかを知るうえで不可欠な検討事項と言える。

山口県では、こうした政府の意向を受けて、一九三六年一〇月に山口県協和会を設立した。同年度における在日朝鮮人数では、全国で大阪府、兵庫県、愛知県、東京府、京都府についで六番目であったが、大阪府（一九二四年五月五日設立）、兵庫県（一九二五年一〇月二九日「内鮮協会」の名称で設立）と比較して、在日朝鮮人が多数であったにもかかわらず、比較的遅い設立であった。

設立が遅れた理由は、おそらく山口県では在日朝鮮人への差別意識が強く、民間から自発的に設立への動きが出なかったためと思われる。そのため山口県協和会は、政府の強力な指導下に設立されることになった。それは設立年度における山口県協和会の歳入予算五〇三〇円のうち、国庫補助金が四二一〇円（残りは県補助金が三〇〇円、後は個人や組織の寄付である）と八四％以上を国に依存していたことからも判断可能である。[16] 国庫補助金が四二一〇円という数字は、東京府協和会の六三八〇円に次いで全国二番目であり、国庫依存率という観点からすれば全国でもっとも高い数値を示していた。ちなみに、国庫補助金が府県補助金を上回っていた府県は、山口県以外では京都府（国庫補助金依存率八二・六％）と兵庫県（同四一％）の二府県にすぎない。

山口県協和会は、設立直後から「生活改善講習会　内鮮融和提携はまず生活様式の統合から」[17]とする県内発行の新聞記事に露見されるように、在日朝鮮人に対する教化政策を種々の手段を講じつつ展開し、一九三六年末までに隣保館を設置し、「報徳精神」の普及を掲げての諸活動を企画する。しかし、山口県協和会は設立一年後に解散する。その替わりとして山口県社会事業協会に協和部が設置されるが、中央協和会の機関誌『協和事業』（一九四〇年七月号）収載の「山口県における協和事業」によれば、設立直後の山口県協和会は「兎角沈滞勝ち」で、再び中央の支持で協和会を設立したとある。[18]

そして、翌年の一九三七（昭和一二）年一〇月、山口県社会事業協会協和部に統合された。同協会は、一九二八（昭和三）年五月に朝鮮人の保護救済を名目に、下関市大坪地区に昭和館を開設するなどの活動を行っていた組織であった。[19] そして、岩鮮会（岩国）、徳山協和会、宇部同和会、東和会（下関）、労友会（彦島）など、自発的に組織されていた協和会系の組織を媒介に事業の拡大と会員の増大が進められた。

協和会の活動内容

一九三〇年代後半からの朝鮮からの強制連行が本格化するに伴い、各警察署単位に署長を会長とする協和会（支会）が設立され、同年一二月には山口県協和会というかたちに戻って再編強化されることになった。山口県協和会は、県庁社寺兵事課（後に兵事厚生課）内に事務所を設置し、官民一体の組織として機能した。山口県社会課が作成した「協和事業団並指導員設置ノ件・壮丁錬成所経費ニ関スル件」[20]によると、一九四二（昭和一七）年現在で、一九三九（昭和一四）年一二月一五日の高森支会の結成を最初として、一九四一（昭和一六）年六月二二日の下関水上の結成に至るまでに、山口県協和会の傘下に全部で二八の支会（一四七分会）が各警察署に置かれることになった。「協和事業団並指導員設置ノ件・壮丁錬成所経費ニ関スル件」に収められた「昭和十七年度　山口県協和会支会指導員設置計画調」には、岩国（協和会会員数三四八九人）一人、室積（同三三四九人）一人、徳山（同五五八〇人）一人、船木（同九一〇四人）一人、小野田（同一万三〇五〇人）一人、宇部（同一万八六七五人）一人、豊浦（同二三六七人）一人、西市（同二六五一人）一人、伊佐（同四八七八人）一人、下関（同二万〇五一五人）一人、合計一〇人の指導員が置かれたと記録している。そして、その指導員には原則として在日朝鮮人が充当されていった。それは「指導員ハ原則トシテ朝鮮人ヲ之ニ充ツルコトトシ之ガ選任ニ当リテハ本事業ノ特質ニ鑑ミ適切ナル人物ヲ得ルヤウ特ニ留意セシムルコト」と「協和会支会指導員設置奨励要綱」に指示されていたからである。

要するに、各地域において在日朝鮮人の指導員を選任し、そうすることで「融和政策」を円滑に進めることが企画されたのである。指導員の選任権が各警察署の署長にあったこともあり、それは在日朝鮮人への形式的な懐柔策でしかなかった。なお、「協和事業団並指導員設置ノ件・壮丁錬成所経費ニ関スル件」には、指導員に選任された在日朝鮮人の顔写真付きの履歴書が収められている。

ところで、中央協和会は、一九四〇年に約四五万部の会員証を発行し、全国の協和会を通して配付し、これにより在日朝鮮人の管理・統制を強化する方針を推し進めた。会員証は正会員（世帯主）と準会員（世帯主に準じて労働に従事している者）とに分けられ、婦人、子供、無職者には配付されなかった。山口県協和会の調査記録によると、県内における会員数は、一九四二（昭和一七）年度で正会員が四万九七七七人、準会員が七万七三二一人、在住者総数の男

子別で見ると、男七万四三五七人、女四万三九四一人となっている。(21)

一九四三(昭和一八)年に「協和会支会指導員設置奨励に関する件」および「協和会支会指導員設置要綱」が通牒され、協和会の会員から支会長(警察署長)が推薦し、山口県協和会長が任命する専任有給指導員を各支会に原則として一名が配置されることになった。(22)山口県内で現在発刊されている市町村史の類には、協和会に関する記述や実態を示す資料の掲載は比較的少ないが、数多くの大規模な炭鉱を抱える宇部市では、市人口の一〇%を占める約一万人の朝鮮人(一九三九年現在)が住む全国有数の朝鮮人居住地であったこともあってか、協和会組織と行政との連携も濃密であった。(23)

「内鮮融和」政策と強制動員

協和会は在日朝鮮人だけでなく、朝鮮人強制連行労働者に対していわゆる「協和訓練」を実施し、日本語学習、神社参拝、精神訓話などを通じて「皇民化」を図った。山口県における「協和訓練」の具体的内容は、『協和事業年鑑』に記録されているが、当該期に山口県内で発行されていた新聞記事からもその様子を充分に窺い知ることができる。以下、『関門日日新聞』の記事から紹介しておく。

一九四〇(昭和一五)年一〇月一一日の記事には、「半島同胞の赤誠、「協和号」への参加夥し」とあり、協和会徳山支会では、在日朝鮮人の「皇民化」教育の一環から、日中戦争中に始まった兵器献納運動を模して飛行機献納運動を展開し、これに一一七三人の協和会員、つまり在日朝鮮人を強制参加させ、二二〇六円一五銭を集金させたとの記事がある。また、「在関半島人に献納よびかけ」(一九四〇年一一月一三日付)の記事が示しているように、献納・献金運動の奨励は、日米開戦後にかけていっそう拍車がかけられていく。

こうした一連の協和事業に相当するものは、小郡署管内の在日朝鮮人約三〇〇人が「荒廃地・空閑地の耕作による食料増産」（一九四一年五月五日付）に動員された事実を伝える記事や、「厚狭協和会　節米増産に協力」（一九四一年五月六日付）のように、厚狭町（当時）在住の朝鮮人約八〇〇人が増米計画に協力するかたちで、厚狭町松岳山麓などの開墾に動員された事例が報道されている。

一九四一（昭和一六）年六月五日付の「半島の勤労部隊配属　村に入る」の見出し記事には、「六十七名、五月三日午後十時四五分山口駅着。教育会館に合宿。粟野（二十一名）、宇田郷（二十六名）、佐々並（二十名）で一ヶ月間勤労奉仕」とある。朝鮮人が「奉仕」の名目で、山村地域まで強制動員され、主に農作業の手伝いに狩り出されていた事実が浮彫りにされる。

協和会の活動に連動する地域活動も日米開戦前後から、行政側の徹底した指導下に活発化してくる。たとえば、「協和報国青年隊　防府で力強き結成式」（一九四〇年一一月三日付）や、「坑夫が協和班組織　宇部市西王子炭坑で二〇〇人」（一九四〇年一一月三日付）などの記事は、協和会組織が各種事業所で働く朝鮮人労働者の監視・統制を強化する目的で動いている実態を明らかにしたものである。

また、「協和会員に時局を強調　山口支会で三宮神社に会員一五〇名を集め」（一九四一年一一月一九日付）や、「半島人指導　下松の懇談協議会」（一九四一年一一月二二日付）の記事などから、日米開戦直前における国内軍事体制の引き締めが進行するなかで、当局が在日朝鮮人対策に深刻な危機感と緊張感を抱き、いかに神経を払っていたかが知れる。つまり、当局は貴重な労働力として朝鮮人に依存せざるを得ない国内事情の反面で、常に異民族であり、被植民地民族であるという差別意識と警戒心が同居していたのである。それゆえ、これら協和会関連の作業内容は、究極的には治安問題として当局に認識されていたと言えよう。

そのため、日米開戦以降は、時局懇談会なる機会をより活発に開催し、朝鮮人という民族性の解消に躍起となっていたのである。日米開戦の直前であるが、「内鮮一体強化防府の指導強化懇談会」(一九四一年一一月二六日付)や、開戦直後の時局懇談会の開催、築山神社前で必勝祝誓大会の開催を内容とする「山口協和会から」(一九四一年一二月三〇日付)の記事、さらに「協和会山口支会　時局懇談会を県下で開催」(一九四二年一月一二日付)の記事には、警察当局の音頭のもとに徹底して「聖戦」思想が説かれた事実を知ることができる。

『関門日日新聞』は、一九四二(昭和一七)年二月に『防長新聞』と合併して『関門日報』と改称したが、戦局の悪化が進むなかで国内における労務動員は苛酷さを増していく。その様子は、「沸る半島若人の血　下関で協和会の決起総蹶起大会」(一九四四年一二月七日付)や、「地底の鶴嘴特攻隊　阿部総令息に続く半島部隊」(一九四四年一二月八日付)などの記事から理解できよう。

2　朝鮮人強制連行の実態

各種事業場への強制連行の実態

一九四一(昭和一六)年一二月八日の日米開戦により、それに対応して軍需工業生産も急速な拡大が期待されることになった。日米開戦と前後して、労働者の確保はいよいよ緊急の課題となり、政府は警察署に労政課を設置して産業報国会と労務報国会の両方にわたり指導・育成に当たることで、生産拡充を目的とする労働者の管理・徴用を徹底していく。こうして警察が人的資源の確保のために全面的に機能するという、いわゆる「労務警察」としての役割を担うことになった。

労政課が担当した労務統制・労務動員の実態と経過は省略するが、一九四三（昭和一八）年一月に閣議決定された「生産増強勤労対策要綱」により、労務動員による徴用が既存労働力の補充手段から、国家総力戦遂行に必要不可欠な手段としての位置づけに変更されることになった。それは同年七月に「国民徴用令」の改正というかたちで具体化されたが、要するに、名実ともに労務動員は「国民動員」としての性格を付与され、労働者の充足が底を突き始めた現状を打開するために、いわゆる「国民の根こそぎ動員」が徹底されることになったのである。

ちなみに、警察側の資料によれば、一九三九（昭和一四）年以降、山口県への「朝鮮人移入状況」は、一九三九年が八六〇八人、一九四〇（昭和一五）年が七一〇八人、一九四一（昭和一六）年が三五三八人、一九四二（昭和一七）年が「募集」による者で六〇二一人、「斡旋」による者で三九四二人の合計九九六三人、一九四三（昭和一八）年が「募集」による者で四八六九人、「斡旋」による者で六四二五人の合計一万一二九四人である。ただし、当該年度の数値は上半期の受入数である。さらに、これも上半期の数値だが、一九四四（昭和一九）年は、六四一五人の「移住者」の存在が記録されている。そして、この六四一五人の「移住者」は、石炭山四七〇八人、金属山一四七人、工場その他一五六〇人と振り分けられたとしている[24]。

この資料は、他の資料との突き合わせのなかで、その正確度を検証する必要があり、また行政側でもどこまで実質的に被強制連行者である「移住者」を把握していたか不明である。その点を充分留意したうえで、これらの資料を読み込む必要があろう。

以下においてもうひとつの資料を紹介しておく。それは中央協和会が一九四二（昭和一七）年に作成した『移入朝鮮人労務者状況調』に示された山口県下の各事業所に強制連行された朝鮮人の人数を示した資料である[25]。なお、上段の数字は一九四一年度における「三月末／六月末雇入総数」、下段の数字は「三月末／六月末現在数」である。―印は空欄である。

・日産化学株式会社鉱業山陽無煙鉱業所（美禰郡大嶺村）六一八人／八六六人・　三八八人／四五八人
・三井鉱山株式会社長生炭礦（吉敷郡西岐波村）一一五八人／一一五八人・二六四人／一一一一人
・中部興産株式会社沖ノ山鉱業所（宇部市）三七八人／四七七人・二三四人／二六八人
・小野田鉱業所（厚狭郡高十帆村）四八人／四八人・一七人／二〇人
・沖宇部炭礦（宇部市）六〇人／六〇人・二九人／九四人
・宇部鉱業株式会社本山炭礦（小野田市）五二九人／七二二人・八一人／一八二人
・秋山鉱業所大正炭礦（小野田市）二〇〇人／二〇〇人・〇人／〇人
・木曾鉱業中原炭礦（厚狭郡厚南村）一七九人／一七九人・四七人／四四人
・東見初炭礦株式会社（宇部市沖宇部）一〇九六人／一〇九七人・三一八人／四二九人
・西橋鉱業藤ヶ谷鉱山（玖珂郡桑根村）三四人／三四人・〇人／〇人
・日本鉱業株式会社河山鉱山（玖珂郡河山村）三〇人／―・三〇人／―
・藤田組株式会社大迎田工事場（徳山市大迎田）一五〇人／一五〇人・二八人／一四人
・株式会社間組厚口川出張所（豊浦郡四方町）一一七人／一一七人・一〇七人／七八人
・株式会社間組木屋川（豊浦郡）一〇〇人／一六三人・四三人／九〇人
・大林組　六四人／六四人・三四人／三四人
・下関運送株式会社下関駅構内（下関市）一七四人／一九七人・一〇一人／七八人
・東洋鋼板株式会社本社（下松市東直井一三〇二―一）―／四九人・―／四七人
・徳山鉄板株式会社徳山工場（都濃郡櫛浜村）一三七人／一八〇人・三一人／六八人

同資料には日本興業株式会社新見初鉱業所（厚狭郡厚南村）、桜山炭礦（小野田村）、鉄道省下関工事小森江出張所にも、行政サイドによって承認された朝鮮人労働者の「容認数」が明記されているが、実際の雇入数は空欄となっている。もちろん、同年度に限らず、朝鮮人労働者がより多くの事業所や建設工事に強制連行されたことは間違いないが、とりあえずここに示された数字は、山口県下の主要な軍需工業施設および軍事施設関連の工事に、隈無く強制連行されて来た朝鮮人の存在を窺い知るには有力な資料であろう。

四一八七人の「集団移入朝鮮人労働者」

強制連行された朝鮮人の実数を知るうえで、さらに有力な資料として山口県警察部労政課が作成した『職工移動状況調』がある。このうち、『昭和十八年度　職工移動状況調』が山口県文書館において戸島昭氏（同館研究員）によって発見されている。(26)

同資料には、山口県における戦時下工場労働者の実態調査の結果として、「集鮮」の名目で、一九四三（昭和一八）年七月から集団移入朝鮮人労働者が計上されている。同資料によれば、一九四四（昭和一九）年五月現在で、下松＝三一八人、徳山＝二九一人、下関＝一四一人、合計七五〇人の朝鮮人労働者が強制連行されていた事実を知ることができる。このうち、一九四三年一〇月現在で下松の笠戸船渠に五〇人、下松の東洋鋼鈑に二一八人、徳山鉄板に二九五人、合計五六三人の朝鮮人労働者の存在が明らかにされている。

また、『国民義勇隊一件』にも、「集団移入朝鮮人労働者」が相当数計上されている。こうした意味で、戸島論文は、『昭和十八年度七月　長官事務引継書』や『昭和十九年度七月　長官事務引継書』などをも含めて、山口県の行政関係文書・資料を調査することで、より確実な強制連行の実態を把握することが可能なことを証明しており、今後とも関係資料の調査を徹底して進める必要のあることを示唆している。

戸島論文に触発されるかたちで、調査団事務局が文書館で発見した『昭和二十年度　重要書類綴』[27]に収められていた「勤労者ノ緊急派遣体制整備ニ関スル件」（山口県警察部長発　関係各警察署長宛通牒　昭和二十年一月八日）には、一九四四（昭和一九）年一一月に県警察部長が各警察署長宛に「勤労者ノ緊急派遣体制整備ニ関スル件」を通牒し、従業員が五〇〇人以上の県内二三工場と炭鉱一〇ヶ所の労働者数が管内警察署毎に、職種別・身分別・性別で記載されている。

この資料によれば、当該期における朝鮮人が記載されている炭鉱は九ヶ所あり、全労働者二万八二三八人のうち、「集団移入朝鮮人」労働者が合計四一八七人と記され、この数は全労働者の約一五％に相当する。その内訳を以下に記しておく。（　）内は管轄の警察署名である。

まず炭鉱では、山陽無煙七一八人（伊佐署）、沖宇部三四二人、沖山一二六三人、東見初一二八三人（以上、宇部署）、小野田一四人、桜山三〇人、本山三七二人、大浜一四人（以上、小野田署）、三池一五二人（下関署）である。次いで工場では、徳山曹達九人、徳山鉄板一八八人（以上、徳山署）、東洋鋼板二四一人、笠戸船渠四八人（以上、下松署）の合計四八六人となっている。[28]

なお、現在各種工場への強制連行者数を知る手がかりとなるはずの社史の類に、その実数が明記されている事例は多くはないが、『日立製作所笠戸工場史』のように、「下松市の日立製作所笠戸工場では、昭和二十年一月に朝鮮人応徴士二五七人の入所式が行われている」[29]との記述もある。

また、既述の『宇部市史〈通史篇　下巻〉』の年表を見ると、長生炭鉱鉱業所は、一九四〇（昭和一五）年だけでも「集団渡航朝鮮人労働者」を、四月二六日に一六一人、五月一〇日に三一人、九月二一日に七二人、一〇月一七日に八二人、一〇月三〇日に四六人など、多数の集団移入、事実上の強制連行であったとする記録がある。[30] さらに、沖宇部炭鉱では一九四三（昭和一八）年三月五日に、「集団渡航朝鮮人労働者」二〇〇人の入所式を挙行したとある。今後は社史や市史の調査から、このような数字をていねいに拾っていく作業も不可欠であろう。

この他にも、『宇部市史〈通史篇　下巻〉』には、宇部厚東川ダム建設工事への朝鮮人強制連行者が動員された事実が明記されている。

山口県の一連のダム建設は、県の産業化促進の一環として、また産業基盤整備の重点目標として日中全面戦争開始前後から企画された。宇部厚東川ダムは、一九四〇（昭和一五）年一一月から宇部・小野田の上水と工業用水の確保を当座の目標として着工されたが、工事を請け負った間組厚東川出張所には、一九四二（昭和一七）年一一月の時点で三一〇人であったと記している。[31]

地下トンネルへの強制連行

アジア太平洋戦争が終局を迎え、本土決戦が呼号される状況のなかで、日本各地において軍事施設の地下トンネルへの隠匿作業が急速に進められた。そこにも膨大な人数の強制連行された朝鮮人が危険な作業に動員された。鄭鴻永『戦時下の地下軍用施設建設と朝鮮人』などが掲載された兵庫朝鮮関係研究会編『地下工場と朝鮮人強制連行』（明石書店、一九九〇年）では、山口県内においてどのような軍事関連施設が存在し、その建設に朝鮮人強制連行者がどの程度動員されたかが問題とされている。ただし、その実態は調査中であり、証言者の出現を待望している状況である。その前提として、県内の軍事関連施設の概況について、現時点で判明している内容、およびその箇所を一部紹介しておきたい。

まず、建設省が把握している全国に残存する三三九四ヶ所[32]の防空壕建設に、相当数の朝鮮人が動員されていることがわかっている。山口県下にも多数の防空壕が建設されたが、その数は山口県庁提出資料の「都市内防空壕の実態調査」（一九七九年一月作成）に記載された数だけでも七四ヶ所に上っている。その内訳は、下関市二二ヶ所、宇部市一二ヶ所、岩国市一二ヶ所、防府市七ヶ所、柳井市七ヶ所、平生町一四ヶ所である[33]。

県下の防空壕は、小規模なものを含めて言えば、現存するだけでも多くのものが残っており、また敗戦後から現在までに破壊されたり、埋められたりした数を含めれば、おびただしい数であることは想像に難くない。また、浄法寺朝美『日本防空史――軍・官庁・都市・公共企業・工場・民防空の全貌と空襲』（原書房、一九八一年）に掲載された資料では、山口県の防空壕の数は全国で九番目の多さである。一方、山口県庁の調査では、神奈川県（一二九六ヶ所）、広島県（四六五ヶ所）、千葉県（二一五ヶ所）、大分県（二〇〇ヶ所）、長野県（一二三ヶ所）、東京都（一二九ヶ所）、北海道（一〇七ヶ所）に次いで八番目となっている。

山口県下に現存する七四ヶ所の防空壕の築造主体別で見た場合、陸海軍の関連施設として建設された二七ヶ所の壕の所在地と壕の規模を以下に書き出しておく。それ以外の壕の築造主体は民間、町内会、国立病院、市、国鉄、学校、個人、あるいは不明である。（　）内の数字は順に、入り口数、幅、高さ、延長である。入り口数以外の単位はメートルである。

海軍が築造主体の壕には、以下のものがある。

下関市大字開俊地村三三四（二　一・三　一・六　三五）
岩国市南岩国町二丁目四一（一〇　四　三・五　六四〇）
岩国市南岩国町二丁目二二（五　四・五　五　六〇〇）
防府市大字田島二四七番地（一　三・五　三　一六・四）

防府市大字田島二四七番地（一　三・五　三・二　一一）
防府市大字田島二六三の一番地（一　三・五　三　二六・六）
防府市大字田島二六三の一番地（一　三・五　三　二〇）
防府市大字田島八一二番地（一　五　四　一八）
防府市大字田島一〇七番地（一　五　五　一八）
防府市大字田島二三一一七番地（一　四二・四　三　二〇・二）
平生町大字佐賀田名（一　三　三　一四）
平生町大字佐賀田名（一　三　三　二〇）
平生町大字佐賀田名（一　四　三・三　三五）
平生町大字佐賀田名（一　四　三・三　三五）
平生町大字佐賀田名（一　一・六　一・六　二〇）
平生町大字佐賀田名（一　一・六　一・六　二〇）
平生町大字佐賀田名（一　一・六　一・六　二〇）
平生町大字佐賀田名（一　一・六　一・六　二〇）
平生町大字佐賀田名（一　三・八　三・一　一五）
平生町大字佐賀田名（一　二　二　一〇）
平生町大字佐賀田名（一　二　二　一〇）
平生町大字佐賀田名（一　三・五　二・五　一〇）
平生町大字佐賀田名（一　三・五　二・五　一〇）

平生町大字曽根百済部（一　三　三　三二）

また、陸軍が築造主体の壕には、以下のものがある。

岩国市室の木町二丁目一一（三　三　三　一四〇）
柳井市大字伊保庄高順九五（一　三　二・五　一五）
柳井市大字伊保庄高順九五（一　三・七　二・六　一二）

これら防空壕の建設にそうとう多数の朝鮮人労働者が動員されたことは間違いないが、なかでも軍事関連施設として建設された防空壕あるいは地下トンネルの場合には、軍事機密保護の観点からも、強制連行された朝鮮人労働者が多く動員されたと思われる。なぜならば、これら軍の施設工事には、高度の軍事機密が求められたことから、動員する労働者には管理・統制が容易であった朝鮮人が動員される場合が多々見られるからである。したがって、現在防空壕の所在や規模、築造主体の資料から、動員された朝鮮人あるいは工事関係者や証言者を求める作業が必要であろう。

地下軍需工場・軍需関連施設への強制連行

本土決戦が不可避と予測されるなかで、一九四四（昭和一九）年六月、サイパン島陥落を境に本土空襲が激化するや、地上での軍需生産が困難となり、同年七月、東條英機内閣は継戦能力を保持する目的で、全国に地下工場の建設を閣議決定した。担当官庁である軍需省の指導監督下に、国鉄工事局が熱海、岐阜、信濃川、下関に地下建設部隊を編成した[34]。

翌一九四五（昭和二〇）年に入り、同年二月二三日には「工場緊急疎開要綱」が閣議決定された。その方針には、「戦局ノ状勢ニ鑑ミ一時ノ不利ハ之ヲ忍ビ計画的、系統的ニ工場疎開ヲ徹底実施スルモノトシ効果的ニ分散、地下移設等ノ方法ヲ講ズルト共ニ緊要工場ノ地域的総合自立ヲ図リ軍需生産ノ長期確保強化ヲ期スルモノトス」と記されていた。この結果、軍需省が直接指令した地下工場は全国で二五二ヶ所であり、その主なものは航空機関連が九七ヶ所、その関連工場（発動機等の生産）が二三ヶ所等となっている[35]。

これを陸海軍別で整理しておくと、海軍の場合には海軍施設本部や海軍設営隊が本土決戦に備えて航空基地、地下軍事施設、地下軍需工場建設などの建設に当たったが、大半の建設には民間の建設業者に委託して実施したとされた。陸軍の場合には、一九四五年二月から五月にかけて地下施設部隊を二〇隊編成し、各軍管区指令部に配属して各種の建設工事に当たった[36]。

山口県下における地下軍需工場など軍関連施設への朝鮮人強制連行の実態について、たとえば、周南ブロックの調査担当となっている光海軍工廠では、調査団の調査の結果、当時六〇〇〇人程度の朝鮮人労働者が存在していたことを証言で確認している[37]。また、光海軍工廠は、一九四五（昭和二〇）年八月一四日にアメリカ軍の大空襲を受け、七三八人（男＝四八七人、女＝二五一人）の「爆死者」を出したが、そのなかで三四人の朝鮮半島出身者が確認されている[38]。

さらに、光市には全面コンクリート張りの地下工場があるが、これほどの大規模工場建設を秘密裏に進めるためには、大量の労働者の集中的な動員が不可欠であり、ここにも強制連行された朝鮮人労働者が建設に従事した可能性が高い。これも周南ブロックの調査結果と証言者の出現を期待したい。

次に刊行資料のなかで、軍需関連施設建設への朝鮮人の動員が明らかになっている一、二の例を以下にあげておく。

『徳山海軍燃料廠史』（脇英夫・大西昭生・兼重宗和・冨吉繁貴、徳山大学総合経済研究所、一九八九年）には、日中戦争の開始に伴う軍需生産能力拡充の一環として、既存の徳山燃料廠施設整備拡充のために、向道ダムの建設工事が計画され、一九三八（昭和一三）年五月起工式が行われたと記され、次いで「工事請負人は東京の清水組であり、労働者延人数一六万一千人（内朝鮮人が全体の六割）を使用して完成させた[39]」と記している。要するに、延人数で九万七〇〇〇人近い朝鮮人労働者が、一年七ヶ月の工期に動員されたわけで、大規模な動員態勢が早くも敷かれていた事実を知ることができる。

また、徳山市史編纂委員会編『徳山市史』（徳山市役所、一九五六年）には、海軍が一九三六（昭和一一）年から連合艦隊の燃料貯蔵のために、徳山海軍燃料廠と油送管で直結するマンモス地下貯油タンクを徳山市大迫田・久米ヶ後方面に極秘裏に建設を始めたとし、そこには「タンク一基当たりは莫大な鉄材・セメントその他が消費され、多数の徴用労働者等によって、シャベル、スコップで穴を掘り、土はらせん状に敷設した線路からトロッコで外に運び出す難工事であった[40]」と記している。ここで記された「多数の徴用労働者等」には、強制連行された朝鮮人が大量に強制動員された可能性はきわめて高い。大迫田には、直径八八メートル、高さ一一メートル、二七〇本の支柱で支えられた五万トンタンクが最終的に一二基建設された。ちなみに、日米開戦当初、日本海軍の石油備蓄量は七七二万キロリットルで、この内徳山は一五九・四万キロリットル、率にして約二一％の石油を備蓄する全国屈指の貯油施設であった。

軍事基地施設への強制連行

次に、軍事基地関連施設建設への動員状況を調査する際に手がかりとなる資料を紹介しておきたい。防衛省防衛研究所戦史部図書館蔵の「第一航空軍司令部　飛行場記録内地（千島　樺太　北海道　朝鮮　台湾ヲ含ム）　昭和十九年四月二十日」には、山口県内六ヶ所の飛行場の位置図と設備要目が明記してある。

たとえば、第一航空軍司令部の管轄下にあった小月飛行場（厚狭郡王喜村）、防府飛行場（佐波郡華城村）、岩国海軍航空隊（岩国市）、大浦航空基地（＝水上基地　現在の油谷町油谷）、赤郷航空基地（美禰郡赤郷村）、小鯖航空基地（三田尻）の山口県内六ヶ所の飛行場の位置図と設備要目が記載されている。

この資料の着目点は飛行場建設への朝鮮人労働者の動員であるが、なかでも岩国海軍航空隊の設備要目には、「1飛行場　約一、〇三〇〇〇〇m²　2滑走路　巾六〇m　長一、二五〇m　コンクリート舗装　3飛行機格納庫　約七、七〇〇m²　4機体整備場　一棟　5庁舎兵舎外　三六棟　一二、九〇〇m²　6誘導路　延長約五、五〇〇m」、併せて「隊道一、七〇〇〇m²」の記述も見られ、相当規模の建設工事が進められていることが判明する。

これらの飛行場がいつごろ建設あるいは整備拡充工事が行われたかを調査する必要もあるが、すでに判明している「第一一海軍航空廠岩国支廠地下飛行機製作工場」トンネル建設への労務動員と同様な事例を確認できる可能性が充分に残されている。重要な調査対象としなければならない。

筆者は、このうち赤郷航空基地跡と大浦水上基地跡を現地視察した。通称三本木滑走路と呼ばれた赤郷航空基地は、「六三三基地」のコードネームで建設され、本土決戦に備えて秘匿が比較的容易であった全国各地の山間地域に緊急に建設された海軍の発進専用基地のひとつである。長さが六〇〇メートル、幅が三〇メートルの砂利敷の滑走路であり、建設にあたったのは第三一一部隊、設営隊長は小林健三海軍技術少佐であった。筆者は、そのために延人数で二万二〇〇〇人ほどの人たちが強制動員されたという証言を得た。

また、滑走路建設に動員された体験を持つ吉村太一郎氏（当時、美東町赤郷在住）は「回想　軍歌のひびき」と題する手記のなかで、「何分、終戦間際の本土決戦に備えての「突貫工事」のため、当時の美禰郡内はもちろん、周辺各町村からも、多数動員され、赤郷各戸に民宿しての強制的な奉仕作業であった」[41]と記されている。この証言からも相当規模の工事が昼夜を通して強行された事実を知ることができるが、この工事に朝鮮人労働者が動員されていたかどうかは、その可能性はきわめて高いものの、現時点では確認できていない。

県内の飛行場は、以上の六ヶ所にとどまらず、たとえば光市にも飛行場があり、『朝鮮人強制連行調査の記録　兵庫編』（柏書房、一九九三年）の調査記録に登場する柳三碩（リュ・サムソク）氏は、呉の海軍建築部から、「徴用者（約六〇〇名）は海兵団、海軍潜水学校、山口県光市の飛行場の三ヶ所に振分けられ[42]」たと証言している。こうした事実を検討していくと、日米開戦以後、全国各地において急ピッチで進められ、本土決戦を控えて拍車がかけられた飛行場建設に、そうとう多数の強制連行された朝鮮人が労務動員されているはずである。

このようにもっとも秘密性が重視された軍関連施設の建設にも朝鮮人労働者が大量に動員された歴史事実の掘り起こしは、きわめて重要な意味をもっている。なぜなら、秘密性を維持して軍事機密の漏洩を完全にするためには、日本人労働者よりも監視・管理が容易であり、日本人と隔離可能性の高い朝鮮人労働者を使用することの〝価値〟を軍が熟知していたこと、また労働力の補充が容易であった朝鮮人労働者の動員による早期竣工が強く要請されていたことが、いくつかの軍関係資料で明らかになっているからである。

防衛庁防衛研修所（現在、防衛研究所）戦史部図書館蔵の『旧陸海軍施設関係綴』には、全国五四九ヵ所の地下工場、軍事施設、飛行場、弾薬庫、航空基地、特攻基地等を含む軍事関連施設または地下施設が記載されているが、最後にこのうち山口県下に所在するものを以下に挙げておく。岩国海軍航空隊（岩国市）、呉海軍工廠宇部分工場（宇部市）、光海軍工廠（光市）、第一一海軍航空隊岩国支廠（岩国市）、呉軍需部徳山支部（徳山市）、光工廠（光市）、第二燃料廠（徳山市）、岩国航空隊（岩国市）、大津水上基地（大津郡向津具村）、光突撃隊（光市）、潜水学校矢内分校（熊毛郡佐賀村）、防府通信学校（防府市）。

朝鮮人労働者の「反抗」「争議」

次に、強制連行された朝鮮人が置かれた労働環境や待遇について述べておきたい。そこでは、あまりにも苛酷な労働条件や劣悪な待遇のなかで不満を募らせ、「逃走」し、「争議」に訴えたケースも少なくない。現段階において資料で示された実例をいくつか紹介しておきたい。

一九九四年、福岡県立図書館で発見された特別高等課の資料「昭和十九年三月　移入半島人労働ニ関スル調査表」[43]によると、福岡県内七九所の各種事業場への「移入朝鮮人労働者」は一一万三〇六一人で、この内五万八四七一人の強制されてきた朝鮮人労働者のうち、率にして約五二%が「逃走」したと記録されている。

この資料から、被連行者がどれほど苛酷な労働条件に置かれていたかを読み込む必要があろう。また、証言記録を見ても、たとえば、各県の『朝鮮人強制連行調査の記録』のなかで『兵庫編』における「逃亡・逃走・侵略戦争に抗して」（三五頁以下参照）などに示されているように、待遇の改善、契約違反の是正、暴力的管理反対、民族差別反対を要求してサボタージュ、ストライキなどの直接行動に及んだ事例が指摘されている。

たとえば、内務省警保局が作成した「協和会会員証所持状況調査表　逃走防止に対する一斉調査の実施」には、「昭和一四年七月国民動員計画実施以来、本年六月迄の間に於ける朝鮮人労務者の内地移入総数は、一八万一三一一名にして、内逃走せる者六万五一七二名の多きに達し、斯る状況は生産拡充に対する効果は甚しく低下するは勿論、治安上にも相当憂慮すべき状況」[44]という当局の深刻な危機意識が記されている。

「協和会会員証所持状況調査表」中の山口県の項を見ると、調査総員数が三万九九九九人で、このうち協和会会員証の無所持者は、約一%の三三三人に過ぎず、山口県協和会の活動が、この段階になるとかなり徹底していたことが知れる。「逃走者」の数も二六人と全国比較のなかでも際立って少ない(45)。これは山口県における協和事業が在日朝鮮人の皇民化政策が相当の効果を挙げ得ていたこと、中央協和会や内務省の指導下に各警察署の徹底指導の結果とも言える。

しかし、同時に強制連行されてきた朝鮮人労働者は、苛酷な労働環境のなかで辛苦を舐め、苦しさに耐えかねて、「逃走」や「争議」に訴える手段に出ざるを得ず、現在の行政側資料で判明しているだけでも相当数の事例を見る。これを先に見た福岡県の事例などと合わせて見た場合、「移入労働者」の算出方法も算定対象も不統一であるため数字の整合性は得られないが、「移入労働者」の多くに「逃走」という危険な非常手段を選択せざるを得ない状況に置かれたことが、こうした数字から確実に読み取れる。こうした数字に示された状況を念頭に置きつつ、山口県の事例をいくつか紹介しておく。

内務省警保局保安課編『特高月報』(復刻版、政経出版社、一九七三年)の「昭和一四年一一・一二月分」には、一九三九年一〇月二七日、長倉炭鉱で坑内作業の危険を察知した朝鮮人労働者が入坑を拒否する事件が発生し、これには同炭鉱の朝鮮人労働者一五〇人全員が参加したとある。同年一一月一九日には、磐城炭鉱株式会社で天引き貯金に対する不服から入坑を拒否する事件が発生し、これにも同炭鉱の朝鮮人労働者一三八人全員が参加したとある(46)。

また、宇部市史編纂委員会編『宇部市史〈通史篇 下巻〉』(宇部市役所、一九六六年)は、『特高月報』に依拠しつつ、宇部の諸炭鉱で発生した争議例を紹介している。

たとえば、東見初炭鉱では一九四二(昭和一七)年四月当時二五八人の「募集朝鮮人労働者」が労務に就いており、その年の四月一四日、忠清南道出身者五四人が「隊長」の無断欠勤者殴打事件に抗議し、炭鉱事務所に「殺到」した事例、同年七月一二日、「班長」以下の稼働朝鮮人二九九人の全員が「募集条件に違背あり」と訴えて「怠業」した事例、次いで同年八月二〇日、宇部興産沖ノ山鉱業所では日本人労務係の暴言に怒った朝鮮人労働者が「反抗」して、労務係を殴打する事件、沖宇部炭鉱では九月一日に日本人労務係の朝鮮人労働者への暴行に対し労務係を殴打した事例などが列挙されている。さらに、一九四四（昭和一九）年三月末現在で一一八二人の朝鮮人労働者を抱えた東見初炭鉱では、強制労働がいっそう厳しく強制されるなかで炭鉱経営者との「対立」が頻繁に起こり、三月には九五人の朝鮮人労働者が、一斉に「怠業」の行動に出たとされている。[47]

『宇部市史』には記載されていないが、一九三九（昭和一四）年一〇月二八日には、長生炭鉱で日本人労務係の朝鮮人労働者への暴行事件が契機となり、同炭鉱の朝鮮人労働者二二一人が「争議」を起こし、この「争議」中、混乱に乗じて二四人の朝鮮人労働者が逃走したと記されている。[48] 宇部市以外でも「争議」は何件か起きている。たとえば、一九四二（昭和一七）年九月一日から二日にかけて、下松市の東洋鋼板株式会社圧延工場では、朝鮮人労務者三三人が賃金の支払い方法をめぐる会社側との交渉決裂を機会に、「罷業」の態度に出たと記録されている。[49]

労働環境の実態

山口県における朝鮮人労働者の「逃走率」も当初より高いものがあった。たとえば、内務省特高課の調査によると、一九三九年一二月末における朝鮮人「移住者」数は二三八人、この内五一人が逃走したと記録している。[50] 言うならば、逃走率にして二一％だが、これは全国レベルでも非常に高い数字で、断然一番の高さとなっている。この年全国の「移住者」総数は一万九一三五人で、「逃走者」は四二九人である。逃走率平均は二・二％に過ぎない。県別に見ても福岡県が五八二三人の内一三五人で二・三％、福島県が一〇四四人の内六〇人で五％である。

これ以後山口県の逃走率の推移を少し追うと、一九四〇（昭和一五）年二月末では、「移住者」七二九人中六九人が逃走（九・五％）、翌三月末では八七七人中八二人が逃走（九・四％）と、一貫して一割近い逃走率である。前年の非常な高さに対応する県警察や協和会の監視・弾圧対策の徹底にもかかわらず、資料に記録されているだけでも多くの「争議」の発生が報告されている。そして、高い逃走率の原因には、苛酷な労働条件や待遇、日本人労務係の差別的対応の日常化、各種事業場相互の生産競争と、これを扇動する軍当局の姿勢などが考えられる。さらに、戦略資源としての石炭の増産は戦時体制の強化と比例して重点目標とされたこと、そして山口県が福岡県や北海道、福島県などと並んで石炭産出県として、当局より期待され、それに応えようとする県内各企業の徹底した労務管理が実施された事実なども指摘できよう。

弾圧・監視対策が進められる一方で、急増する朝鮮人労働者への「融和策」も漸次行われた。その役割を担ったのが既述の協和会である。たとえば、一九四二（昭和一七）年三月四日は、開催趣旨として「本県内ニ在住スル半島人ハ逐年激増シ、昨年末ニ於テハ遂ニ九万人ヲ突破スルニ至リタルガ、大東亜決戦下ニ於ケル之ガ指導取締ハ真ニ喫緊ノ要務[51]」と記されている。

それで、今後予測される朝鮮人労働者の「反抗」「争議」「逃走」に対応するため、特高との連携を深めつつ協和会の活動の強化が企画された。要するに、朝鮮人労働者の管理・統制を徹底し、場合によっては弾圧態勢を整備しようというものであった。

その一方で、朝鮮人労働者への懐柔策も用意されていた。それは、今回調査団事務局が県立文書館で新しく発見した『昭和二十年度　重要書類綴』に所収されていた「半島送出者ノ家族ニ対スル送金通信其ノ他ノ連絡方ニ関スル件[52]」から窺い知れるものである。この通牒は、朝鮮総督府鉱工局長→厚生省勤労局長→各庁府県勤労警察部→各国民勤労動員署長のルートで、日本に「送出」された朝鮮人労働者の送金・通信の滞りから派生する、家族の不安を鎮静化するための方策を要請したものである。

そこには、「送出勤労者ヨリノ通信又ハ家族送金ノ甚シキ遅延乃至ハ杜絶ノ状態ニアル関係上一般ノ残留家族ニ於テハ送出勤労者ノ安否ヲ憂慮シツツアル処之ヲ気遣フノ余リ衆ヲ為シテ所轄官警ニ出頭シ其ノ苦裏ヲ訴ヘ勤労者ノ即時徴用解除帰鮮方ヲ要望シ又ハ自ラ内地渡航ヲ嘆願スルモノアリ」と強制連行された朝鮮人家族の不安と動揺の実情を紹介している。

そして、それを鎮静化するため、「今後ニ於ケル動員遂行上不尠支障ヲキタスベキニ就テハ半島送出勤労者受入工場事業場事業主（国ノ事業ヲ含ム）ニ対シ」、「少ナクトモ一回以上家族宛通信セシムル様慫慂スルコト」とし、場合によっては代筆してまで通信を図るように指示した具体的な内容が記されている。こうした要請の背景には、戦局の悪化のなかで労働力不足を解消して生産能力を維持向上させるために朝鮮人の労働力確保と補充が緊急課題となり、また逃走・抵抗といった諸事件が相次ぐなかで職場環境の改善を余儀なくされたことが考えられる。この通牒から当局の焦燥を感知することができよう。

おわりに

旧陸海軍関係の公式文書を集めた「陸海軍関係文書」のなかに「内地在住朝鮮人戦災者概数」の資料がある。それによると、アジア太平洋戦争において全国で八〇四万五〇九四人の戦災者を数えたが、そのうち朝鮮人戦災者は二三万九三二〇人で、戦災者総数の三％を占めた。それで山口県の総戦災者数を見てみると、戦災者総数は七万四五〇〇人、このうち朝鮮人戦災者は約七五〇〇人となっている[53]。

筆者自身の注意を引いたことは、戦災者総数に対する朝鮮人戦災者数の比率が、山口県では一〇・一％と全国一の高い率を示していることであった。次いで高い比率を示している府県をあげれば、大阪の八・二％、福岡の五・八％、愛知と兵庫の四％が続いている。[54] 言うまでもなく、いずれも朝鮮人居住者の多い府県である。

この資料を引用・紹介して、朝鮮人戦災者の比率の高さを指摘した樋口雄一氏は、その原因に触れて、「工場側は逃亡できぬように監視体制を強化し、宿舎もそのように造られていたから、空襲があってもすぐに逃げだせなかったのではなかろうか。また、工場側では労働者を確保し生産水準を維持しなければならず、一度の空襲で部分的被害を受けても、あいかわらず徹底的に破壊されるまでそこで労働しなければならなかったために、危険は一層大きなものになっていた[55]」と分析している。まさに強制連行されてきた朝鮮人労働者は、空襲時においても危険な場所で戦災に身を曝し続け、その結果として必要以上の犠牲を強いられたと言える。

筆者は、これらの数字を知ったとき、ちょうど入手したばかりの『戦時外国人強制連行関係史料集　朝鮮人2[56]』に収められていた『社友』（第一七巻第五号）の記事を思い出した。それは、朝鮮人の強制連行を直接担当した役人たちによる「朝鮮募集座談会」（一九三九年一一月七日収録）と題するものである。そして、その冒頭に次のような文章が記されている。当時強制連行に関わった政府の役人や、日本政府の強制連行への姿勢が出ていると思われるので、少し長いが以下に引用しておきたい。

世を挙げての代用品時代に我が国労力資源の充足に朝鮮人と云う代用品が飛び込んできたのは容易にうなづける話です。假令油が木炭になり、木炭が薪になっても車だけはどうしても動かしていかなければならない時局の深刻さです。要は之等の代用品をどう使ひこなして行くかと云ふ問題ですが、幸いにして運転操作に当たられる方々の深い認識と優秀な技術で車は別段の事故もなく活発に動いている事実を現前に目撃してこの代用品提供の任に当たった私共の歓喜は又格別のものがあります。

この一篇は私共の白兵的な代用品獲得記で第二次追加募集の戦も今や酣はなるとき、感慨亦一入なものがあります。然しこの代用品の底もだん々見えて来てこの先どうしたらよいか心細いみたいです。だが、車は一日と雖も休ませるわけにはいかない、更に次の新たなる代用品獲得に鉾を向けなければならぬ時代となつて来た観があります。(57)

要するに、朝鮮人労働者は日本人労働者の「代用品」でしかなく、しかも「消耗品」であるとする観念や姿勢が、日本政府や役人に明確に意識されていたことがわかる。この文面のなかだけでも「代用品」なる言葉が再三使用されていることからも、朝鮮人労働者をして徹底した非人間的扱いを定着させていた事実が浮き上がってくる。そうした観念や姿勢が、先に示した戦災者比率の高さというかたちで数字的に表現されているのである。その意味からすれば、戦災者総数に対する朝鮮人戦災者数の比率が一〇・一％と全国一の高い率を山口県が示していることは、十分記憶すべき問題であろう。

現在、強制連行問題は日本が犯した戦争犯罪であり、国際法を明らかに無視した人道に対する罪、といった視点から歴史のなかに位置づけようとする研究や運動が市民権を得つつある。(58) さらに、強制連行は当時の日本の国内法に従って行われたもので違法でないとする議論が依然として多く見受けられるが、これも現在の研究では日本の「植民地合法論」には幾つかの疑問が提供され、(59) 事実、南北朝鮮からも朝鮮植民地化への前提となった「一九〇五年条約」（第二次日韓条約）の無効を証明する歴史資料が次々に提出されている。(60)

こうした現状を踏まえて言えば、私たちは朝鮮植民地支配の違法性と、その非人道的な内容をさらに徹底して究明する責務がある。その作業の成果こそが、本当の民族和解と民族共生への、あるべき方途を用意する前提となろう。

註

(1) 荒井信一「戦争責任について」(『世界』第五九一号、一九九四年二月、一九二頁)。なお、強制連行された朝鮮人の数については、種々の統計が存在する。たとえば、日本政府の現在における公式数字は六六万七六八四人であり、大蔵省管理局編『日本人の海外活動に関する歴史的調査』に記載された朝鮮人の「対日動員数」(一九三九—四五年度第一・四半期)では七二万四七八七人、『朝鮮経済統計要覧』(韓国近現代史資料叢書(解放以後資料)12)』(驪江出版社、一九四九年)では、一九三九年度から一九四四年度の合計で、七九万八一四三人となっている。こうした問題については、海野福寿・権丙卓『恨——朝鮮人軍夫の沖縄戦』(河出書房新社、一九八七年、六三—六六頁)、海野福寿「朝鮮の労務動員」(『岩波講座　近代日本と植民地5　膨張する帝国の人流』所収、岩波書店、一九九三年、一一八—一二二頁)など参照。

(2) ベンジャミン・B・フェレンツは、ヨーロッパの第二次世界大戦が終結すると、米軍の戦争犯罪捜査部門に転任。その後、ニュルンベルク継続裁判のアインザッツグルッペン訴訟で米国の検事総長に就任。

(3) 戦争責任・戦後責任問題を論じた筆者自身の論稿には、「〝戦争責任〟をどう考えるか」(戦争責任と戦後責任を考える山口市民の会編刊『戦争責任と戦後責任を考える——文玉珠さん、金信実先生を迎えて』一九九三年四月)、「戦争体験の伝承と継承——作家・五味川純平氏との出会いを通じて」(山口大学教養部公開講座『ヒューマン・スクール講義録』一九九四年五月刊)、「大久野島毒ガス工場に見る加害責任問題」(大久野島ツアー実行委員会編刊『大久野島ツアー報告集』一九九四年五月)、「日本の戦争と戦争責任・戦後補償」(日本科学者会議編集『日本の科学者』第二九巻、一九九四年八月)等がある。

(4) 山口県立文書館蔵『県知事事務引継書』(「資料(2)　山口県における在日朝鮮人」、八八～九〇頁)参照。

(5) 内務省警保局保安課「大正十四年中における在留朝鮮人の状況」(朴慶植編『在日朝鮮人関係資料集成』第一巻、三一書房、一九七五年、後に不二出版から二〇〇〇年に復刻)参照。

(6) 前掲『県知事事務引継書』(「資料(2)　山口県における在日朝鮮人」、一〇四頁)参照。

(7) 同右、一二七頁。

(8) 朝鮮人強制連行の概要については、現在非常に多く論稿を数えるに至っているが、とりあえず以下のものが参考となろう。戸塚秀夫「日本帝国主義の崩壊と『移入朝鮮人』労働者」(隅谷三喜男編『日本労使関係史論』東京大学出版会、一九七七年)、山田昭次「朝鮮人・中国人強制連行研究史試論」(旗田巍先生古希記念会編『朝鮮歴史論集』龍渓書舎、一九七九年)、山田昭次「朝鮮人強制連行の研究」(『季刊　三千里』第三一号、一九八二年秋)、遠藤公嗣「戦時下の朝鮮人労働者連行政策の展開と労使関係」(『歴史学研究』第五六七号、一九八七年五月刊)、朴慶植「強制連行の意味を考える」(埼玉県部落解放研究会『脈動』第九号、一九九一年五月)、朴慶植「朝鮮人強制連行」(朴慶植・山田昭次監修・梁泰昊編『朝鮮人強制連行論文集成』明石書店、一九九三年)、海野福寿「朝鮮の労務動員」(前掲)。なお、単行本や資料集の類は紙幅の関係で省略する。

（9）「国家総動員法」の内容については、本間重紀編・解説『国家総動員法』第一巻（日本図書センター、一九八九年）が便利である。本書は企画院が編集した『国家総動員法令集』（一九四三年一二月）を底本としたものである。

（10）第一次世界大戦後における日本の国家総動員計画の具体的内容については、拙著『総力戦体制研究――日本陸軍の国家総動員構想』（三一書房、一九八一年）を参照。また、同法の提出意図については、衆議院調査部編『国家総動員法案資料』（『衆議院公報』付録〔調査資料第十三輯〕、一九三八年二月、二〇一〇年、社会評論社、復刻出版）が参考となる。

（11）同右『総力戦体制研究――日本陸軍の国家総動員構想』、三七頁。

（12）『国家総動員に関する意見』は、同右『総力戦体制研究』の二一三―二四四頁に全文を掲載している。

（13）山口県警察史編纂委員会編『山口県警察史〈下巻〉』（山口県警察本部発行、一九八二年、二四八―二四九頁）。

（14）同右、二四九頁。

（15）朴慶植「朝鮮人強制連行」（前掲）、一四頁。なお、連行方式の変遷については朴論文および海野論文（前掲）など参照されたい。

（16）樋口雄一『協和会――戦時下朝鮮人統制組織の研究』（社会評論社、一九八六年、六七頁）を参照。

（17）『関門日日新聞』一九四一年三月一九日付。

（18）前掲『協和会――戦時下朝鮮人統制組織の研究』、七九頁参照。

（19）昭和館の活動については、下関市史編集委員会『下関市史〈市政施行以後〉』（名著出版、一九七三年、六九八頁）を参照。

（20）山口県立文書館蔵『県庁文書』（A－一六四五）。

（21）宇部市史編集委員会編『宇部市史〈通史篇　下巻〉』（一九九三年、六七一頁）に一覧表あり。

（22）以上の山口県協和会の基本的な活動や役割については、前掲『山口県警察史〈下巻〉』、二五二―二五六頁を参照。

（23）同右、三一五頁。原典は警察大学校蔵『種村氏資料』および『特高月報』である。

（24）以上の数字については、前掲『山口県警察史〈下巻〉』、三一五頁を参照。

（25）朝鮮人強制連行真相調査団編『強制連行された朝鮮人の証言』（明石書店、一九九〇年、二五二―二五四頁）を参照。原典は、国立国会図書館憲政資料室蔵「旧陸海軍文書」である。

（26）戸島昭「徴用・動員・強制連行――戦時下山口県の工場労働者」（山口県文書館発行『山口県文書館研究紀要』第一四号、一九八七年）を参照。戸島論文は、朴慶植・山田昭次監修、梁泰昊編『朝鮮人強制連行論文集成』（明石書店、一九九三年）にも転載され、現在において山口県における朝鮮人強制連行の実態を追究整理した唯一の論文と言えよう。

（27）山口県立文書館蔵『昭和二十年度　重要書類綴』（『県庁文書』労民部二六）。また、同じく山口県立文書館蔵の『昭和十八年度　職工移動状況調　永年保存　労政課』（『県庁文書』総務一六六七）も貴重な資料として有用である。

（28）同資料の内容は『朝日新聞〈山口版〉』（一九九四年二月一八日付）でも詳しく報道された。
（29）前掲『山口県警察史〈下巻〉』、三二六頁。
（30）前掲『宇部市史〈通史篇　下巻〉』、六七四頁参照。
（31）同右、六七八頁。
（32）兵庫朝鮮関係研究会編『地下工場と朝鮮人強制連行』（明石書店、一九九〇年、一三頁）。原典は、浄法寺朝美『日本防空史』（原書房、一九八一年）である。
（33）同右『地下工場と朝鮮人強制連行』には、建設省が一九七五年に調査・把握した山口県下の防空壕の数は六四ヶ所と記載されている。
（34）同右、一四頁。
（35）同右、一八頁。
（36）ちなみに、戦前期日本の軍需動員について公式文書を使用して整理した防衛庁防衛研修所戦史室（現在は防衛省防衛研究所）編『戦史叢書　陸軍軍需動員〈2〉　実施編』（朝雲新聞社、一九七〇年）には、「工場疎開、地下工場建設」（八一五頁）の小見出しで六行ほどふれられているに過ぎない。
（37）『読売新聞〈下関版〉』（一九九四年一月二七日付）には、「朝鮮人労務者6千人　県調査団、証言得る」の記事で報道された。
（38）「一九六三年八月二二日付　元光海軍工廠爆死者についての回答」（厚生省援護局業務第二課長より松岡三雄光市長への回答書より）。
（39）徳山海軍燃料廠史編纂委員会編『徳山海軍燃料廠史』（一九八九年）「第2編　海軍燃料廠」（徳山大学総合経済研究所、二〇八頁）。
（40）徳山市史編纂委員会編『徳山市史』（一九五六年）「第7編　市政時代の徳山」の項、四二八―四二九頁。
（41）美東町文化研究会編『温故知新』（第一九号、一九九二年四月、六三頁）。
（42）朝鮮人強制連行真相調査団編『朝鮮人強制連行調査の記録　兵庫編』（柏書房、一九九三年、一五五頁）。
（43）『朝日新聞〈中国・北九州版〉』（一九九三年一一月四日付）。
（44）樋口雄一『皇軍兵士にされた朝鮮人――一五年戦争下の総動員体制の研究』（社会評論社、一九九一年、二一八―二一九頁）。原典は、内務省警保局編刊『社会運動の状況』（一九四二年度作成）である。
（45）同右、二一九頁。
（46）以上、明石博隆・松浦総三編『昭和特高弾圧史6　朝鮮人にたいする弾圧〈上巻〉』（太平出版、一九七五年、二九八頁）。
（47）以上、前掲『宇部市史〈通史篇　下巻〉』、六七八―六七九頁参照。
（48）前掲『昭和特高弾圧史6　朝鮮人にたいする弾圧〈上巻〉』、二九九頁。
（49）同右『昭和特高弾圧史7　朝鮮人にたいする弾圧〈中巻〉』（太平出版、一九七五年、三一二頁）。
（50）同右『昭和特高弾圧史6　朝鮮人にたいする弾圧〈上巻〉』、二九〇頁。

(51) 前掲『宇部市史〈通史篇　下巻〉』、一〇二九頁。原典は『二俣瀬村役場文書』である。
(52) 「山口県警察部長発　各国民勤労動員署長宛通牒　昭和二十年六月二十日」国勤第一〇〇六号。
(53) 前掲『皇軍兵士にされた朝鮮人』、一四〇頁参照。
(54) 同右、一四二頁参照。
(55) 同右、一四二頁参照。
(56) 『戦時外国人強制連行関係史料集〈Ⅱ・Ⅲ〉朝鮮人』（林えいだい監修・責任編集、明石書店、一九九一年）は、全部で四巻から構成され、総頁数四〇〇〇頁以上に及ぶ史料集である。主に北海道と福岡県への強制連行の実態を克明に示した史料群の宝庫となっている。
(57) 同右『戦時外国人強制連行関係史料集〈Ⅲ〉朝鮮人2　中巻』、一二一〇頁。なお、座談会の出席者は立花弘、多田隈貞雄、山口治男、天春総一郎、深谷二郎、吉永俊夫の六名である。
(58) こうした問題については、荒井信一「戦争責任とは何か」（前掲）が詳しい。
(59) 海野福寿「強制調印は歴史的事実」（『朝鮮時報』一九九四年一月三一日付）、「日韓保護条約は無効」（『毎日新聞』一九九三年二月一六日付）、「〈併合〉支えた第2次日韓条約〈委任状見当たらず〉」（『朝日新聞』一九九三年二月二三日付）など参照。
(60) 在日本朝鮮人総聯合会編刊『日本の植民地支配を合法化した旧「条約」は不法』（一九九二年一〇月）、朝鮮人強制連行真相調査団編・発行『「朝鮮植民地支配」は無効』（一九九三年七月）など参照。

第二章　日本における朝鮮認識とその変容

はじめに――問題の所在と課題

全国の有志たちが中国・朝鮮を中心とするアジア大陸への関心を抱き始めるのは、江戸時代後期から幕末期にまで遡る。日清戦争前後には多様なアジア論が展開されるものの、それらのすべてがアジア大陸こそ日本資本主義の発展に不可欠な市場の提供地や資源の供給地であり、日本の政治的軍事的な覇権の対象地域であるとする、昭和初期のアジア大陸侵略思想に帰結していくものでは必ずしもない。ただ、アジアを論ずることが、日本国家や日本民族の位置確定の作業と無関係ではありえなかったがゆえに、必然的にアジアとの関係性への明確な解答が常に主要なテーマとして求められ続けたことだけは間違いなかった。

さらに、それらアジア論が基本的にはアジアへの西欧諸列強の侵略という歴史事実に触発されて展開されたこともあり、侵略への対応という重い課題が、さまざまなアジア論を媒介に大陸侵略思想の形成につながる内発的なエネルギーを呼び起こしていったのである。それはまた、国家権力の外に向かっての膨張（＝膨張主義）、軍事力による領土拡張（＝侵略主義）、民族的優越性の誇示（＝民族主義）を特徴とする日本近代化思想そのものを準備し、同時に日本人のなかにいわゆる「帝国意識」を育んでいくことにもなった。

日本近代化とは、一面において侵略思想を基盤にしながら、この「帝国意識」を内在化させる歴史過程そのものであったのである。日本近代化の過程で再生産されてきた「帝国意識」は、アジア太平洋戦争での日本の敗北によって解体されたはずであったが、現在の日本国家および日本人から完全に払拭されたとは言い難い。むしろ、今日的状況としては「帝国意識」が蘇生し、増幅されていく現実がある。それは国連安保理常任理事国入りを支持する世論に示された大国意識や、従軍慰安婦問題に象徴されるような、戦争責任や戦後責任問題を回避しようとする意識に確実にはらまれている。

以下、日本の侵略思想や帝国意識の源流を探り、その形成過程を追うなかで、近代日本における朝鮮認識の変容について、政治史研究の重要な課題として、本章では以下、五つの観点を中心に論じてみたい。

第一に、近代日本の展開過程において醸成された、韓国をはじめとする対アジア侵略思想や志向の背景には、国内権力争奪過程のなかで大陸侵略論が権力間の対立を解消する手段としてあったこと。

第二に、近代化達成のための集団としての侵略への肯定感が日本社会・日本人総体に醸成されたこと。その先駆けとして韓国が射程に据えられ、そこから一定の朝鮮認識が形成されたこと。

第三に、現在まで続く日本人の朝鮮認識を決定づけたのは、日本最初の本格的対外戦争となった日清戦争での〝勝利〟であり、そこから「大国意識」「帝国意識」が生み出され、日露戦争を経て日韓併合でピークを迎える。日本の朝鮮併合は、日本人の世界観をも大きく転換させるものとなったこと。

第四に、そうした「帝国意識」は、日本の植民地支配の過程でいちだんと強化されていき、同時に植民地放棄の過程から、その意識は解消されないまま、ある意味で今日ですら日本人の深層心理のなかに一定程度宿されたままであること。

第五に、「帝国意識」を解体し、歪んだ日本人の朝鮮認識を是正・克服していくためには、現在の植民地近代化論を含め、植民地支配責任の根底的掘り起こしと、支配過程のトータルな歴史的思想的把握がいっそう求められていること。同時に、そうした課題を超える新たな理論的枠組みの構築が求められていること。

1 朝鮮認識の萌芽とアジア侵略論

浮上する朝鮮への関心

吉田松陰の朝鮮領有論

幕末期に入り、徳川幕府の統治下にあった日本では内外の危機が増大するに伴い、尊王論と結びついて攘夷論が台頭する。この尊王攘夷論は、反幕府運動の根拠とされていくなかで、その後明治近代国家成立に至る。尊王攘夷論は排外ナショナリズムの前期的形態とされ、その本質は、復古的かつ反動的な要素を多分に秘めたものであった。この尊王攘夷論が幕末期に登場するまでには、西欧諸列強からの外圧への対抗思想や運動の必要性から、多くの知識人が活発な発言や行動を展開していた。そこから日本の大陸侵略思想と一括可能な言動が表れる。その代表事例を少し紹介しておく。

たとえば、江戸後期に『三国通覧図説』(一七八五年)や『海国兵談』(一七九一年)を著した林子平(一七三八―一七九三)、『西域物語』(一七九八年)や『経世秘策』(一七九八年)を著した本多利明(一七四四―一八二〇)に行き当たる。だが、林が南下政策を進めるロシアの脅威と隣国の巨大国家中国の潜在的脅威への対抗から海防論を主張し、本田が中国・朝鮮に限定されないアジア全域を視野に入れた貿易立国論を説いた点で両者の相違は明らかであった。ただ、林が朝鮮を国防上の観点から、蝦夷や琉球と並んで朝鮮を緊要の地と位置づけた意味は決して小さくない。つまり、林はロシアの脅威への対抗から朝鮮を領有する必要性を説いたおそらく最初の人物となったのである。

本多は経済的自立への道を説き、非軍事的手段による日本の発展を志向する。経済的自立の基盤として海洋を利用し、東南アジア地域をも含めたアジアの地に日本の発展の基盤を求めることを強調したのである。それは明治初期から登場する「南進論」の萌芽ともいうべきものであった。その点からすれば、林の軍事主義的なロシア脅威論と朝鮮領有論こそ、明治初期から中期にかけて華々しく展開される大陸侵略思想の源流と言える。そして、本多利明の所論は、海軍の軍事官僚を中心に主張される「南進論」の出発点をなすものであった。

ところで、林が鎖国の不利益を鋭く指摘し、鎖国政策の見直しと国防思想の普及を第一の目的とした限り、それは一種の開明思想の部類に入るものとされてきた。その一方で、後の天皇制支配原理に刻印されるような日本民族優越主義を基底に据えつつ、きわめて鮮明な侵略主義を展開し、天皇制の支配原理に潜在していく侵略思想を率直に語った思想家として吉田松陰（一八三〇―一八五九）がいる。

吉田は、一八五五（安政二）年四月二日付の杉梅太郎宛書簡のなかで、「魯墨講和一定す、決然として我れより是れを破り信を戎狄《じゅうてき》に失ふべからず。但章程を厳にし信義を厚うし、其の間を以て国力を養ひ、取り易き朝鮮・満州・支那を切り随え、交易にて魯国に失ふ所は又土地にて鮮満にて償ふべし(1)」と述べていた。すなわち、一八五四（嘉永七）年三月三一日に日米和親条約が締結され、外圧として「開国」が余儀なくされたこの機会に海外進出を果たそうとする構想が、次々と唱えられることになった。

海外進出は、後の歴史からすれば侵略行動の開始を意味するが、当該期における海外進出の内容は、貿易による経済の発展、武力を投入しての領土の拡張、観念のレベルとしての日本膨張論まで、多様な内容に分かれていた。いずれにしても、西欧諸列強に対抗し、同時に西欧諸列強を模範としてアジアへ進出しようとする衝動が、特にこの日米和親条約締結を契機に噴出する。その代表事例が吉田であったのである。当該期には、吉田の他にもロシアと同盟し、アメリカと協調しつつアジアへの侵略を説いた橋本左内（一八三四―一八五九）がいる。

浮上する朝鮮への関心

橋本は、一八五七（安政四）年一一月二八日付の村田氏寿宛書簡のなかで、「何分亜を一ケ之東藩と見、西洋を我所属と思ひ、魯を兄弟唇歯となし、近国を掠略する事、緊要第一と奉レ存候」[2]と述べ、西欧諸列強との関係強化を深める一方で、「近国」（＝アジア）を侵略する方針を主張していたのである。ここには、後に帝国日本の原型とも言うべき、西欧諸国への追随・従属と、アジア諸国への侵略・抑圧という「二重帝国主義」への道が早くも示されていた。

吉田や橋本の説くアジア侵略論は、具体的に一八七三（明治六）年に起きた征韓論となって表出する。当時、明治政府の参議の地位にあった西郷隆盛（一八二七―一八七七）は、同年八月三日、閣議の席上で太政大臣三条実美に征韓を決定すべしとの意見書を提出する。同月一七日に閣議は西郷の朝鮮派遣を決定するが、これに反対する木戸孝允、大久保利通、大隈重信らが当時欧米諸国を視察中であった岩倉具視の帰国を待ってから最終決定とする案を提出した。

同年一〇月一四日、帰国した岩倉を交えた閣議で西郷の派遣を再度決定するが、これを不服とする木戸、大久保、大隈らが政府に辞表を提出する。明治政府は混乱に陥るが、岩倉は天皇に上奏し、天皇は岩倉の意見を入れて派遣の無期延期を命じた。これを不満とする西郷は政府を辞職し、下野することになる。これが征韓論をめぐる政府内の対立の過程である。この間、国内では明治政府の実力者である西郷の征韓論に与する世論が有力であった。同時に一連の政府内の対立を通じて朝鮮への関心が一気に高まっていく。

それではいったい、征韓論の背景には何があったのだろうか。事の真相は、国民皆兵を骨子とする徴兵制施行による士族の軍事部門における独占的地位の剝奪、明治近代国家の封建制の払拭過程における士族の特権階級喪失の危機感を動機づけとし、明治近代化への異議申し立て行為という形式を踏みながら、朝鮮への軍事侵略による士族制軍隊の有効性を発揮することが企画された。

ここでの問題は、征韓論の動機づけがどのようなものであれ、朝鮮半島の領有によって国内における権力関係の調整が図られ、国内危機の解除が目標とされた点である。征韓論をめぐる権力争奪劇は、これ以後の日本の大陸侵略思想が国内の政治的問題との関連で活性化され、同時に国内権力構造の変動に規定されつつ、その枠組みが形成されていくことを予測させるものであった。

つまり、日本においては、常に対外脅威論による危機設定が国内の種々の矛盾解消の有効な手段として使われてきたのである。そこでは、相手の質や実態は必ずしも問題とされない。要するに、これは危機を設定する側、つまり日本人あるいは日本政府による徹底的に自己本位な侵略思想にほかならず、そこで吉田松陰の主張した「取り易き朝鮮」が、最初に侵略の対象とされたのである。日本はこうした侵略思想が再生産される構造と体質とを、明治国家の成立当初から色濃く身につけることになった。この企画は西郷隆盛の下野でいったんは挫折するが、明治国家および国民の間に、いずれかの機会に朝鮮を取り、欧米諸列強との資源と市場の収奪競争に入っていくべきだとする感情が覆いはじめる。

大陸侵略思想の基本的構造が国内権力構造の性格を反映したものとして存在し、また国内権力構造の変転に左右されながら表出し続ける体質を持ち続けたがゆえに、侵略思想は実に多様な担い手により多様な形態をもって展開された。同時に、侵略思想に内発性と外発性というものがあるとすれば、日本の大陸侵略思想には内発性がきわめて優位を占めていただけに、危機設定と脅威の対象は、常に国内の政治社会状況や権力構造の変化に規定される傾向を持っていた。

そのことは、客観的な危機が存在しない場合でも、国内の諸矛盾の存在や権力強化の手段のきわめて有効な方法として、任意に危機や脅威の対象を設定することを可能とさせた。実際のところ、日本の侵略思想は客観的な理由づけに乏しく、主観性に依拠した実態を伴わないものであっただけに、それが一定の政治力として実践されていくためには、特殊なイデオロギー装置をフルに稼働させる必要性があった。

そのためにも種々のレトリックを多用して、侵略戦争の客観的合理性の欠如を補強せざるをえなかったのである。そこで後年、天皇制が有力なレトリックの素材として活用されるという事態が不可避となった。こうした視点からすると、征韓論は、国内士族権力の復元を目的とした一種の権力争奪過程で派生したものであって、西欧諸列強のアジア侵略という危機認識から選択された行為ではなく、侵略の事実に触発されて朝鮮領有が論じられたにすぎない。結局のところ、征韓論は、西欧諸列強の外圧から朝鮮半島を防衛し、日韓連携の枠組みを構築しようというものでは決してなかったのである。それは、西郷隆盛が自ら「内乱を冀ふ心を外に移して国を興すこと遠略[3]」と板垣退助に書き送ったように、権力内部の調整失敗から派生した西郷らの権力奪取の手段にすぎなかったのである。

2 明治初期日本知識人の朝鮮認識――協調か支配か

杉田鶉山のアジア人民連帯論

自由民権思想の国権論は、明治専制政府の権力概念の対抗論理として成立し、民権による専制政府の権力概念の根本的な是正を要求したものであった。したがって、自由民権論者が明治専制政府との基本的な対抗軸を形成する限り、同様にアジア的専制や封建制により権力から疎外され強権支配を強いられているアジア人民との連帯と、そうした専制権力からの解放をアジア認識の基本に据えていたことは理解される。

たとえば、杉田鶉山（一八五一―一九二九）は、『東洋恢復論』（一八八〇年）や『興亜策』（一八八三年）のなかで、専制権力による圧政からアジア人民が解放されるためには、連帯を通してアジアの地でも民権論の拡張が不可欠と説いていた。そこでは朝鮮・中国をはじめとするアジアは支援の対象であっても、決して侵略の対象ではなかった。他の民権論者は杉田ほど明確なスタンスを持ちえなかったとはいえ、彼らにほぼ共通するアジア観は、明治政府の専制権力打倒とアジア地域における専制権力からの人民の解放であり、そのことが民権論の政治目標として強く意識されていたのである。

ところが、杉田は中国（当時、清国）訪問の体験のなかから、日本からの支援や連帯によっても中国人民が自力で専制権力を打倒する能力は皆無とする判断を示し、そのような封建的な専制権力は西欧諸列強の侵略の前に太刀打ちすることは不可能であるとの結論に達する。杉田は『東洋攻略』（一八八六年）のなかで、西欧諸列強の侵略の対象が日本に向けられることは早晩必至であり、中国支援に精力を割くよりも、「寧ろ我を進んで之れを取り、その仲間にはいる」[4]ことにより、西欧諸列強の侵略を回避すべきであると論じたのである。

ここに自由民権論者杉田鶉山のアジア認識における、いわば転向がなされたわけだが、おそらくそこに至るまでには、中国の現状を見たことから中国への差別・蔑視観念が生まれ、西欧の近代化の実際を見聞するなかでそれが培われたのであろう。しかし杉田は、西欧諸列強により、中国が半植民化状態に置かれていたこと、しかも封建的専制権力による資源の不平等な分配が中国の政治的かつ経済的混乱の根本的原因であることを読み込もうとはしなかった。ただ、西欧の近代化との対比のなかで、中国の非近代化の現実を解釈していたにすぎない。

杉田の主張の根底には、西欧諸列強が資源供給地として植民地経営に乗り出したと同様に、日本の近代化のためには中国・朝鮮を侵略し、西欧流の近代化を緊急の課題と設定することがより重要だとする、まぎれもない侵略思想が息づいていた。杉田の主張からも理解されるように、アジアの犠牲の上に日本の近代化＝「一国繁栄」を獲得しようとする国家エゴイズムに直結する侵略思想が、近代化の論理によって形成されてきたことを確認できる。

西欧諸列強の侵略に対する脅威は観念としては存在しえても、それ以上にアジアを犠牲にし、アジアを収奪することで近代国家日本の建設を果たすことが正当な論理として定着していく。権力争奪の一手段としての大陸侵略という位置づけに加え、近代化のための侵略という内容性が含まれるようになってきたのである。いわば〝近代化のための侵略〟なる認識が、民権論者ばかりでなく、支配層や多くの国民のなかに浸透し始める。

大井憲太郎・樽井藤吉の朝鮮支援論

大陸侵略思想が常に中国・朝鮮への蔑視・差別感情を基底に据えていたことは、ヨーロッパ近代思想を身につけ、日本国内にあっては自由党左派の理論家として鳴らした大井憲太郎（一八四三―一九二二）にも共通する。その大井が連座した有名な大阪事件は、韓国独立党が朝鮮封建社会を打倒し、朝鮮社会に民権を拡大することが目標とされた。そこでは人間の本質的原理である「自由」を獲得する手段として民権論の拡張が不可欠であり、その「自由」の機会を奪う専制権力を打倒することを、一国の問題としてではなく、人類普遍の課題とする認識から、韓国独立党への支援が企画されたのである。

だが、大阪事件で獄中にあった大井にしても、明治憲法発布の恩赦で釈放されてから、以前より抱いていた中国蔑視の観念も手伝い、朝鮮・中国への侵略的思想を展開していく。基本的には杉田鶉山の認識と共通するが、西欧諸列強の侵略への対抗手段として大陸に覇権を求め、大陸を領有することが日本の進むべき道だと説くに至ったのである。この点で、大井も杉田と同質のアジア侵略論に帰着する思想を語ることになった。

ここで大井の韓国観を少し紹介しておこう。大井がさまざまな思惑を秘めつつ、韓国独立党への支援を強く志向していたことはよく知られているが、圧政に苦しんでいた朝鮮の民衆を救済したという強い情熱が根底にあったことだけは間違いない。その大井は、朝鮮観を次のように記していた。

すなわち、「朝鮮の風俗は野蕃極まる阿弗利加人の如く、其刑は三族に及ぶが如き野蕃国」としながら、「朝鮮は支那の属国とするも独立国とするも東洋の全体に於て利害得失の関係なし」として、朝鮮が独立国となった場合には、ロシアは清国との関係を考慮することなく、韓国侵略の行動にでるであろうと推測したのである。そのような韓国の独立を大井は何よりも朝鮮民衆のために支援しようとしたのである。(5)

問題は、杉田鶉山にせよ大井憲太郎にせよ、最初は民権思想の拡充による封建的専制権力の打倒を主張しながら、結局は朝鮮・中国への非合理な蔑視・差別感情に規定されつつ、西欧諸列強への対抗と日本近代化の手段として大陸侵略を正当化するに至った原因はどこにあるのかということである。それで、さまざまのアジア認識が非合理な侵略思想に転化していく原因を探るうえで、たとえば樽井藤吉（一八五〇—一九二二）のアジア認識が参考となろう。樽井は有名な『大東合邦論』（一八九三年）のなかで、明治中期以降に具現される大陸侵略思想ときわめて好対照のアジア観を展開する。しかし、それは同時に、いつでも侵略思想に転化する内実をともなっていたことも確かであった。樽井は、まず日本と朝鮮との関係について次のように述べる。

東方は太陽の出づるところ、発育和親を主る。……日本・朝鮮はその最も東にあり。ゆえにその人、木徳仁愛の性を受け、清明新鮮の気に煦《めぐ》まれ、その性情習俗、西北粛殺の風に染むものと同じからざるは、けだし自然の理なり。日本は和を貴んで経国の標となす。朝鮮は仁を重んじて施治の則となす。和は物と相合うの謂、仁は物と相同ずるの謂なり。ゆえに両国親密の情は、もとより天然に出て、遏《とど》むべからざるなり。(6)

それは儒学的素養から導き出された日朝関係論であったが、そこには両国の文化的民族的相違性を遥かに超越した共通の自然的先天的な結びつきが存在しており、両国が連携・連帯するのは西欧的な意味での近代国家観念に束縛されていない個の人間が等しく交じり合うに似ているとする。そして、両国の発展のためには両国が将来的に「合邦」することが最善の途だと説き、「二国合同の実を挙げんと欲すればこれを微に鎮まざるべからず。けだし名称の前後、位地の階級に因って彼此の感情を損い、もって争端を啓くは古今その例なしとせず[7]」との理由から、その国名を「大東」と命名するとしているのである。

樽井は朝鮮との「合邦」が日本にとり不利とする議論に、次のような反論を怠らない。すなわち、「朝鮮は貧弱なりといえども、その面積はわが国に半ばす。その貧は制度の不善による。もし合同してもってその弊を革むれば、富をまた期すべきなり[8]」と。ここには朝鮮侵略の観念とは無縁な平等観念で貫かれており、日本のアジア主義者たちの多くが指摘してきたように、朝鮮の非近代性の原因を封建的な呪縛を強要する儒教的倫理と道徳観に支配された制度自体に求め、決して朝鮮の民族性に求めていない点でも際立ったものであった。

さらに中国との関係についても次のように語る。「競争世界の大勢を観るに、よろしくアジア同種の友国を合して、異種人と相競争すべきなり。合同を要するもの、何ぞ日韓に止まらんや。余これを朝鮮に望み、清国に望まざるは、故無きにあらず。清国の情、いまだ許さざるところ有ればなり」とし、清国と日本との「合邦」は時期尚早としつつも、「わが日韓、よろしく先に合して清国と合縦《がっしょう》し、もって異種人種の侮を禦ぐべし[9]」とした。つまり、異種民族との内紛や対立を抱える清国の国情は、現在のところ日本・韓国との「合邦」を許す状態にないが、「合縦」という、一種の同盟関係を締結することで両国の関係を強化し、それによって日本と清がアジアの二大国となって西欧への対抗軸を形成しようという戦略が提唱されていたのである。

繰り返し指摘されてきたことだが、樽井の所論を引き合いに出す場合、明治国家の最初の対外侵略戦争である、中国との間に起きた朝鮮半島の支配権をめぐる日清戦争（一八九四―九五）開始の前年に、このような議論が提出されていたことは注目に値する。日清戦争の侵略性への問い直しが不可欠という視点に立った場合、日清戦争を境に、なぜ樽井の所論が振り返られることなく、アジア論が大陸侵略思想へと収斂していったかを総括するうえで、彼の思想に内在する課題は、検証材料になり得るのである。

朝鮮支援論の本質

ここで強調されるべきは、樽井の「合邦」論や「合縦」論が、西欧の近代化路線と、そこから派生する西欧資本主義の発展段階における帝国主義的なアジア政策への対抗思想として展開されたものであって、結局はアジア的専制権力からアジア人民を解放する戦略として構想された思想では必ずしもなかったことである。樽井の対朝鮮・中国との関係構築の内実こそは、結局のところ国家運営の方法論でしかなかった。

要するに、西欧の諸列強と対抗するため、基本的には同質の強力な国家を形成することが優先課題とされ、実際には日本人民の諸権利の拡大と社会の民主化に帰結する思想性を一切放棄したところから論じられていたのである。樽井の所論に典型的に示されたように、国家至上主義を根底に据えた日本国家発展の論理こそ、ほとんどのアジア論が大陸侵略思想に収斂していく主要な要因となったと言えよう。

さらに西欧近代化の本質的属性としての帝国主義が、実はアジア的専制権力を利用して、さらなるアジア民衆の収奪を強化している世界史的事実への認識が、完全に欠落していたことも指摘しておきたい。日清戦争を翌年に控え、課題とすべきは西欧的なレベルにおける近代化促進のため、朝鮮との「合邦」でも中国との「合縦」でもなく、まずはアジア的専制権力を打倒して人民の権利を拡張し、人民を主体とする自立した国家や社会形成の議論だったはずである。

加えて言えば、後年の「大東亜共栄圏」思想の根底に、この樽井藤吉的な対朝鮮・中国、そして対アジア認識や位置づけが色濃く内包されていた。「大東亜共栄圏」思想も基本的には樽井藤吉的な諸論を展開しつつ、その実行方法としての「侵略主義」の採用というパターンにより、その実現が強行された。そして、プロパガンダとしての「大東亜共栄圏」思想は、樽井と同様に中国・朝鮮の日本との自然的必然的な「合邦」および「合縦」関係の実現が強調されるなかで、多くの日本国民の共感を獲得していくことになる。

日清戦争は新旧文明を代表する日本と中国の対立と位置づけ、新文明が旧文明を乗り越える行為とした内村鑑三（一八六一―一九三〇）の「義戦論」、やはり日清戦争を「文明の義戦」とし、文明的対外論を積極的に説いた福沢諭吉（一八三四―一九〇一）の「脱亜論」などに代表される文明的かつ思想的な問題としてのアジア論の展開にしても、それは後述する徳富蘇峰（一八六三―一九五七）の『大日本膨張論』（一八九四年）、日本の大陸政策の強力な推進者のひとりであった後藤新平（一八五七―一九二九）の『日本膨張論』（一九一六年）などと、ほぼ同質の侵略思想を内包したものであった。つまり、文明論的かつ思想的アプローチは、結局のところ膨張主義や侵略思想を正当化するための議論でしかなかったのである。そこに露見されるのは強烈な国家主義であり、国家エゴイズム以外のなにものでもなかった。

確かに、今日「大陸問題」の研究史においては、文明的思想的問題としての「アジア問題」と、膨張主義的侵略思想的内実を含んだ「大陸問題」との相違性を強調し、二つの問題が日清・日露戦争を契機として同質化していく過程に注目する視点が有力である。その相違性を把握する作業を通じて、侵略思想への転化の原因を追求する方法と目的は充分理解される。

それ以上に文明的思想的問題としてのアジア論が、結局は「義戦論」的戦争観を再生産していく思想的根拠を提供し、それが「東亜共同体論」などを経由して、「大東亜共栄圏」思想に帰結していった歴史事実をふまえれば、文明論的思想的アプローチ論が果たした役割にひそむ問題をまた、ここでは繰り返し強調しておかねばならない。

同時に確認しておくべきは、日本の知識人のなかには、朝鮮・韓国への認識が、侵略の対象というばかりでなく、協調と連携、あるいは支援の対象と見なす議論も存在したことである。しかし、その議論もすでに日本人のなかに宿っていた対朝鮮・韓国への差別感情や認識ゆえに、後方に追いやられる結果となっていく。そうした傾向をいちだんと深めたものが、日清戦争による日本の〝勝利〟であった。これを契機に、日本人の朝鮮・韓国認識は一定の方向性が付与されていく。

3 日清・日露戦争期日本の朝鮮認識
現在的認識への連続性

日清戦争の評価をめぐって

その後の侵略思想の展開に、日本最初の対外戦争であった日清戦争が決定的な影響を与えたのは言うまでもない。日清戦争は朝鮮半島の領有をめぐる中国との角逐により生じた戦争であり、それは朝鮮に対する紛れもない侵略戦争であった。この結果、日本国家は朝鮮半島での事実上の支配権を獲得し、大陸政策の骨格を明らかにしていく。こうして、朝鮮半島は大陸侵攻のための日本の橋頭堡と位置づけられていくのである。

日清戦争で日本がとりあえず勝利したことは、日本国家の国際的政治上の位置に大転換をもたらした。すなわち、西欧諸列強の被侵略国・被抑圧国という地位から、西欧諸列強と同質の侵略国・抑圧国への転換である。幕末期から始まる朝鮮・中国への侵略思想が、この戦争において机上の空論ではなく日本軍事力の発動により実行に移された時、大陸侵攻論者に限らず多くの国民意識のなかにアジアの「強国日本」のイメージが一気に増幅されて意識化されていったのである。

日清戦争がもたらした強烈な「強国日本」のイメージは、明治二〇年代から三〇年代（一八八〇—一九〇〇年代）にかけて次々と創刊された明治ジャーナリズムを代表する雑誌によって、いっそうの拍車がかけられる。たとえば、一八九五年一月創刊の『太陽』は、いまや大陸進攻の緒についた日本が、アジアの、さらには世界の注目を一身に浴び、将来の栄光が約束された国家であり、まさに〝太陽〟にも等しい存在であることを暗示したものであった。

また、同年一一月に創刊された『東洋経済新報』で町田忠治（一八六三—一九四六）は、「東洋唯一の立憲強国」になった日本が将来さらなる強国として生きていくために、「西欧諸国に奪はれんとする東洋貿易を我手裡に収むるにあらずんば、将た何れの時か能く東洋の商権を握ることを得ん」[10]とその創刊の意義を論じ、本誌が日本のアジアでの経済的覇権を確立するための情報を提供しようという熱意を語っていたのである。こうした基調を持つ雑誌は他にも『世界之日本』（一八九六年創刊）や『中央公論』（一八九九年創刊）などが挙げられる。このような雑誌が国民意識のなかに「大国意識」や「一等国意識」を創りあげていくうえで重要な役割を果たしていく。

そうした「大国意識」や「一等国意識」が、いきおい新たな国家主義を一方において産み出していくのは必然であった。そして、すでに多くの先行研究で指摘されてきたことだが、日清戦争を境として内向きの国家主義から外向きの国家主義への転換が顕著化してくる。つまり、内向きの国家主義が、その国家や民族の伝統・文化の保守・堅持を最大の目的と位置づけるのに対して、外向きの国家主義は、何よりも日本国家の他民族・他国家との対比における絶対的な優位性を確保することが目的となり、他民族や他国家への徹底した差別・侮蔑を意識に内在化させるものである。

それは同時に、他民族・他国家への蔑視と差別の意識をはらみながら、国家主義の究極的な側面としての侵略思想に傾斜することになる。そこでは、権力の分散化と個人の権利拡大を基調とする民主主義の発展も、他国民や他民族との共存・共生の追求を普遍的な課題設定とすることも、さらに、国家間や民族間の相違性から生じる対立や摩擦の解消に立ち向かおうとする思想や論理も排除され、ただ国家利益と国家エゴイズムの拡張が最大の目標と設定されるのである。

きわめて重要な論点だが、日清戦争と日露戦争を境に本格化する初期帝国主義のなかで、日露戦争の戦費をイギリスなど外国の借入金で賄うしかなかったように、日本帝国主義が欧米依存型の帝国主義であり、自己完結性を著しく欠いた〝半帝国主義〟であった現実への苦渋が、大陸侵略思想がもっていた露骨なまでの侵略性を前面化する結果となり、逆に欧米に対する卑屈なまでの従属意識を潜在化させることになったのである。

日本主義の形成と展開

おそらく日本帝国主義思想が本格的に形成されていく過程で注目されるべきは、雑誌『太陽』で論陣を張った既述の高山樗牛（一八七一―一九〇二）の日本主義論であろう。高山は、明治思想界の主流を占めていた国粋主義が反欧化主義的要素を強調するあまり、一国主義的な視野から抜け出せず、世界史的な展望を欠く議論しか提供してこなかった点を鋭く批判した。

そこで高山は、日本が世界国家への飛躍を志向する論理を孕んだ新たな思想として、国粋主義を乗り越える「日本主義」なるイデオロギーを主張する。この「日本主義」では、国民を日本国家共同体へ思想的にも精神的にも強制動員し、国家的価値や国家的利益がすべてに優越するものとして位置づけられることになる。「日本主義」は、国粋主義者によって強調されたように日本文化の伝統や遺産に日本民族の一体感を求めるのではなく、西欧諸国家の侵略に対抗するため、何よりも他の諸国に優越する強大国家・覇権国家の建設という目標価値のなかに、民族としての一体感を求めるべきだとしたものである。つまり、自立した帝国主義国家への変容こそ、「日本主義」の本質的な命題であったのであり、そこで最大の課題とされたのは、西欧先進帝国主義諸国家との競合と対立に耐え得る強大な国家の建設であった。

こうした議論を展開するなかで繰り返し説かれたのが日本民族の膨張性であり、その膨張性を鼓舞したのが徳富蘇峰の『大日本膨張論』(一八九四年)である。徳富のこの日本膨張論こそ、後に次第に形成される日本人の「大国意識」、あるいは「帝国意識」の原形をなすものであった。その点では高山樗牛の国粋主義批判と同様に、徳富の膨張主義も国粋主義の内攻性を批判し、日本国家および日本民族の発展を外攻性に求めようとしたものであった。

それは侵略思想そのものであったが、徳富はその侵略思想への飛躍の契機を日清戦争の実現によってつかむことになる。徳富にとって、日清戦争こそ、防衛戦争ではなく、日本国家が大陸に向けて膨張していく一大機会と認識されるべきものであったのである。

当該期においては、徳富のほかにも、世界の植民地争奪戦に積極的に参画する地位を与えられた「大国民」としての日本民族は、強者ゆえに帝国主義戦争を生き抜く「適者」であるとする「適者生存論」を説いた山路愛山(一八六四―一九一七)や、日本を含めた諸列強の世界分割の合理性と必然性を「倫理的帝国主義」と命名して積極的に説いた浮田和民(一八五九―一九四六)等、さまざまな帝国主義侵略思想が言論界や世論に大きな影響力を発揮していく。

こうして徳富蘇峰や福沢諭吉ら、明治を代表する知識人の徹底した日清戦争正当化論には、形式論として欧米諸列強からの日本防衛や朝鮮・中国の改革の必要性を論じつつ、本質的には諸列強の動向を日本国家総体の危機と設定することで、日清戦争を日本国家膨張の一大契機と積極的に評価していこうとする思惑が強く込められていたのである。こうした明治二〇年代から三〇年代に活躍した知識人は、戦争に勝利することによって次第にアジアでの大国意識と大国の論理を説き続けることになった。

彼らは当時いちだんと活発となっていた明治ジャーナリズムのなかで、多くの日本人に対アジア認識、特に対朝鮮・中国のイメージを固着させていく。そこにおいて朝鮮は、すでに善隣友好の対象ではなく、領土拡張方針の対象として日本人の意識のなかに位置づけられていく。その意味で、日清戦争と、それに続く日露戦争(一九〇四—〇五)は、日本人総体の朝鮮認識の変容を考えるうえで決定的な分岐点となった。それが、日韓併合への欲求の背景となり、併合後には統治者としての奢りと差別意識を増長させることになったのである。

4 払拭されない「帝国意識」
日本人の朝鮮認識の規定要因

対朝鮮・対アジア認識の構造と特質

以上、日本の大陸侵略思想の系譜を言論人およびその実行者たちの記録を大ざっぱに要約し、アジア論に内在した侵略思想の構造と特質を浮き彫りにするよう努めた。最後に、二点だけ繰り返し整理しておく。

第一に、アジア論に内在する大陸侵略思想は赤裸々な武断主義的基調を周到に回避し、文明論的文化論的色彩で粉飾され、それによって侵略の企画や実態を隠蔽するという方法を一貫して採用してきたことを特徴としていることである。そのことが侵略の事実や実態への認識力を弱め、逆に侵略思想を積極的に受け入れ、侵略行動に積極的に加担することで自己の地位向上を図ろうとする意識が多くの国民によって共有されてきた。それが、侵略戦争への国民動員を容易にもしてきたのである。

第二には、日清戦争期に早くも定着するが、政治的経済的動機づけからする侵略思想が、基本的にはことごとく日本国家の政治的地位向上の手段として位置づけられたことである。そうした動機づけを加速させたものが西欧諸列強への劣等感であり、一面において、この劣等観念から脱却する論理として侵略思想が形成されてきた。強調しておきたいことだが、その劣等観念が逆にアジアに対する優越観念を増幅させ、侵略思想の基本的な構造を決定づけていったのである。

思想としての「大東亜共栄圏思想」は、巨大な幻想共同体構想であった。だが、その思想的空虚さゆえに、これを解体する論理や思想の構築には困難が伴うことをまず確認しておきたい。そのうえで、アジア論に内在する侵略思想の抽出と解体の論理の必要性を認識し、これをどう構築していくかについて繰り返し問題としなければならない。そうでない限り、今日いたるところで噴出している侵略思想や、新たな形態を伴って立ちあらわれるファシズム、あるいは国家主義への対抗の論理と解体の思想の全面展開は不可能であろう。

そうした大陸侵略思想なるものを育んできた日本の社会構造や日本人の意識構造は、必ずしも今日においても充分に解明されておらず、また大国意識あるいは「帝国意識」が依然として払拭されていない現状がある。現在のように再び国家主義や帝国意識を背景とする新国家主義的要素をはらんだ国益主義が台頭し、これが国防ナショナリズムと結びつくことによって、日本の社会に再生産される戦後の侵略思想にどう対処していくかが今後の重い課題となろう。

日本は長きにわたる侵略戦争と植民地支配の歴史を抱えている。日本および日本人は、その歴史とどのように向き合おうとしてきただろうか。残念ながら、戦後七〇年以上の年月を経ながら、日本および日本人は、そうした負の歴史を忘却の彼方に追いやり、その記憶を抹殺してきたと言わざるをえない。別の表現をすれば、負の歴史から教訓を引き出し、負の歴史が結果した歴史の事実を踏まえて、あるべき歴史の創造に全力を挙げるべきである。そのことを、ここでは歴史の克服と表現しておきたい。

それでは、なぜ戦後日本と戦後日本人は、歴史を克服しようとしないのか。アジア太平洋戦争の総括の誤りからか。また、戦後日本が置かれた、同時に大きな抵抗感なく受け入れた国際政治秩序ゆえなのか。アメリカの軍事戦略に包摂されたがゆえに生まれた戦後保守構造の問題、日本の独特の政治文化など、そこにはさまざまな理由を指摘できる。それでも、依然としてなぜという疑問を払拭することはできない。

確かに、この疑問に明快な解答を出すことは容易ではない。そこで、以上述べてきた日本人思想家たちの対アジア認識をふまえながら、次に戦後日本の植民地認識や、深まらない侵略責任・植民地責任の把握への問題性を指摘しながら、清算されない植民地主義の問題にも触れておきたい。

日本の植民地統治の歴史を植民地主義の概念を用いいつつ整理すると、現在にもおおよそ次のような主張が依然として健在である。すなわち、日本は植民地支配によって植民地国およびアジア諸地域の近代化に貢献したという、いわゆる植民地近代化論である。それは、日本は植民地住民の経済発展に寄与したばかりか、人権や民主主義の充実にも貢献したとし、総じて、日本の台湾や朝鮮への植民地統治は、「文明開化」と「殖産産業」を結果したのだという。さらに、台湾や朝鮮に対する統治理念である「一視同仁」による皇民化運動は、台湾人や朝鮮人の「資質」を「日本人レベル」にまで引き上げる、差別や格差の〝解消運動〟であったとする。このような論理なり、総括が依然として表出し続ける背景は、いったい何であろうか。とりあえず、二つのポイントだけ俎上に載せておきたい。

一つのポイントは、帝国日本の生成と展開のプロセスに具現された特徴において指摘できる。すなわち、帝国日本は、明治維新による国民国家形成から日清・日露戦争を経て帝国主義国家あるいは軍国主義国家となり、この二つの戦争の前後に台湾と朝鮮を領有する植民地領有国家となった。そこから国民国家としての国民意識が形成される過程で、植民地領有国意識がほとんど無意識のうちに内在化されていったことである。

つまり、台湾や朝鮮は、植民地でありながら、日本の正規領土として意識化されていったのである。それは、国民国家形成と植民地領有との間に一定のタイムラグがあったイギリス、フランスをはじめ欧米の植民地保有国との差異として指摘できる。

欧米の植民地が、本国の遠隔地に所在し、歴史にも文化にも慣習にもそうとうの乖離が存在しており、さらに住民は国民統合の対象外に位置づけられているのと異なり、日本が台湾と朝鮮という近接地域を植民地としたことは、領有地域が国民統合の対象か否かについての日本人の意識を曖昧にしてしまったのである。しかし、台湾と朝鮮領有の主たる目的が、当初経済的利益を求めるものではなく、軍事的な位置づけが強かったこともあって、一時検討されていた間接統治方式の採用や慣習温存論が否定され、総督府による直接統治と皇民化政策が採用されることになる。

より客観的に言うならば、特に植民地台湾においては、正規領土と植民地との中間的な位置づけがなされたのである。そのため、アジア太平洋戦争開始以後、台湾人も総動員の対象とされるや、日本語教育の徹底が図られることになる。それまでの言語政策において、日本語教育と併行して現地語教育も実行されたことの意味は、きわめて重要である。(11)

二つめのポイントは、日本人総体に内在する、植民地主義並びに脱植民地化に成功した諸国民に対し、あらたな植民地主義（＝新植民地主義）への無自覚という問題である。

近代日本の生成過程において、急速な国民国家化は、欧米諸列強によるアジア植民地化への対応過程のなかで、封建遺制としての前近代性を克服し、近代化を実行に移すためにも、あるいは軍事的緩衝地帯を設定するためにも、植民地保有への衝動を伴うものであった。つまり、国民国家日本では、近代化と植民地保有が同時に進行し、この二つの課題が表裏一体の目標として設定された。国内の近代化と国外での植民地領有という国家政策が、同次元で認識されていくことになったのである。

近代性と植民地性という二つの性質は、植民地領有とその統治および運営を推し進める過程で、ひとつの観念として固着していった。すなわち、近代化にとって必須の条件としての植民地領有という観念である。そして、ここでの問題は、すでに尹健次が指摘した如く、近代化に孕まれた暴力性と植民地性である[12]。

近代化が進展するにつれ、対内暴力が法制化され、正当化されるレベルが上昇し、対外植民地の拡大が絶えず志向される。近代化あるいは近代性が、暴力を基盤として成立し、暴力を担保として実体化されるものであるがゆえに、とりわけ急速な近代化を達成しようとした帝国日本の暴力性は際だっていた。そこから統制・動員・抑圧の国内システムが起動し、それが絶え間ない戦争発動や侵略戦争に結果していったのである。

主体の再確認と異文化接触のあいだ

近年盛んに使用されることになったトランスナショナル(Transnational)は、実に多様な概念として多様な領域で論じられる。ここでは「国境を越えた社会関係の拡がり」を強調する意味として用いることにする。まさに、人、モノ、お金、情報、シンボルなどが循環している状況を示し、人の流出と流入の反復のなかで、受入国における出身国の文化的実践が継続して行われる。また、受入国における異文化の受容のなかで、受入国と出身国との社会的距離が縮小されていく過程が着実に進行しているのである。

日韓併合から日本敗戦に至るまでの三五年間に約二〇〇万人の韓国・朝鮮人が日本に多様な形態をもって移動し、日本人の多くが朝鮮に生活の場を求めた。しかし、植民地支配という強烈な政治支配関係のなかで、日本の文化が朝鮮社会に強制的に持ち込まれ、朝鮮固有の文化や伝統、歴史を抹殺する行為が強行されたことは歴史の事実である。

それは換言すれば、日本のナショナリズムが朝鮮社会に持ち込まれたということであり、日本ナショナリズムが朝鮮ナショナリズムを圧殺する行為であった。

その具体例は挙げるべくもないが、朝鮮文化の存在を否定することを通してしか、日本の朝鮮植民地支配は貫徹できなかったのである。そこでは文化の融合、文化の共有という、文字どおり双方向性への視点は、ごくわずかな事例を除き絶無であった。その意味では、トランスナショナルな行為の事例は見出せず、日本ナショナリズムが朝鮮ナショナリズムを駆逐する過程こそが、植民地支配の過程であったと言える。

日本ナショナリズムが朝鮮ナショナリズムを徹底的に抑圧する過程で、朝鮮ナショナリズムは水面下に押し込められはするが、そこにおいて強度を増していった。しかし、だからといってトランスナショナルという用語を植民地支配における支配と被支配の政治関係に適用するのは、いささか乱暴のきわみであろう。

ただ、トランスナショナルの用語をからめるならば、日本の朝鮮植民地支配がいかにトランスナショナルな行為と逆行するものであったかを指摘することを通して、朝鮮植民地支配のいびつさを浮き彫りにし、日本の犯罪性を告発するキーワードとして加えることは可能であろう。

それと同時に、戦後の日韓関係から、未来の日韓関係のあり方を論じていくうえでも、韓国ナショナリズムの主体としての韓国・朝鮮人と、一方の日本ナショナリズムの主体としての日本人、さらには、これを敷衍してアジアン・ナショナリズムの主体を明確化し、意識化することを通して、初めて文字どおりのトランスナショナルな地平を展望することが可能であることを強調しておきたい。

そこで重要な関心対象となるのは、ナショナリズムを超えるためのトランスナショナルな視点を、どのようにして構築していくのか、という基本的な課題である。トランスナショナルの概念が多様であることは先に述べたとおりであるが、異文化接触の必然性がいっそう高まる今日にあって、もう一方ではそれゆえに、韓国にしても日本にしても、その反作用のごとくにナショナリズムの昂揚が顕在化する。その一方ではグローバリゼーションのかけ声のなかで、トランスナショナルな行為が政治的かつ経済的なレベルから強要される場合が実に多い。

その過程で主体（性）が後方に追いやられ、自らのアイデンティティを見失い、方向感覚を喪失する状況が発生している。主体（性）を確保し、自らのアイデンティティを見出しつつ、トランスナショナルな行為のなかに身を置くことが、深くて豊かな社会を構築する要諦である。実は、植民地支配とは、ナショナリズムを歪曲するだけでなく、植民地国の人々をナショナルな世界に誘引し、それぞれのアイデンティティを剝奪して、国家主義が跋扈する社会を用意する。

植民地支配責任とは、被植民地者と被植民地国への加害、文化抹殺の行為にとどまらない。ナショナリズムを扇動し、トランスナショナルな行為を否定する思想であり、運動（行動）でもある。そうではなく、本来あるべきトランスナショナルな行為の蓄積のなかで国境を越え、国家という人工物を相対化していくべきであろう。人間の尊厳と自由を奪う存在から解放されることを、歴史のなかで確認する行為こそが、植民地支配責任を果たすことに結果しよう。

註

（1）山口県教育会編纂『吉田松陰全集』第七巻、岩波書店、一九七二年、三六四頁。
（2）景岳会編『橋本景岳全集』上巻、景岳会、一九三九年、五五四頁。
（3）「一八七三年八月一七日付　板垣退助宛西郷隆盛書翰」西郷隆盛『大西郷全集』第二巻、大西郷全集刊行会、一九二三年、七五三頁。
（4）雑賀博愛編『杉田鶉山翁』鶉山会、一九二八年、六〇二―六〇三頁。
（5）絲屋寿雄編『大井憲太郎と初期社会問題』青木書店、一九六一年、五四、六七頁。
（6）竹内好編『現代日本思想体系　アジア主義』第九巻、筑摩書房、一九六三年、一〇六頁。

（7）同右、一〇八―一〇九頁。
（8）同右、一一七頁。
（9）同右、一二四頁。
（10）『東洋経済新報』創刊号、一八九五年一一月号。
（11）台湾において日本語教育の必要が説かれ、文部省内に「国語調査委員会」が設置されたのは一九〇二年のことであり、対応の即応性が注目される。以上の論点については、小熊英二「日本の言語植民地主義　アイヌ、琉球から台湾まで」（国際シンポジウム「言語帝国主義の過去と現在」一九九九年一〇月）を参照。
（12）尹健次『ソウルで考えたこと――韓国の現代思想をめぐって』（平凡社、二〇〇三年）の「補論　近代性、植民地性、脱植民地主義に関するメモ」を参照。とりわけ、尹は「近代が事実において侵略・戦争の時代であり、植民地主義と表裏一体のものであった」（同書、二七八頁）とし、近代化と植民地性が密接不可分の関係にあることを強調している。

第三章　アジア太平洋戦争下の植民地支配

植民地主義から新植民地主義への転換のなかで

はじめに　植民地支配の限界

戦前期日本の植民地支配の特徴は、いったいどこにあったろうか。それは脱英米流植民地支配であり、植民地に官僚だけでなく多くの日本人を入植させた、いわば「入植植民地」と表現可能な支配方式を取り入れたことであった。その典型事例として、台湾には植民地政策の日本の国語教育が導入され、台湾人の「日本人化」に一定の成果をあげていったことが挙げられる。その教育効果は、戦後にも受け継がれ、現在的にも「親日国家台湾」というレッテル張りが堂々と行われる。

また、「満州国建国」による間接的植民地支配の実践も、そうした独自の植民地支配と把握できよう。これを古典的な意味での植民地主義と区分する意味で、新植民地主義と指摘しておきたい。この新植民地主義は、日本が当該期の国際秩序のなかで、新たな秩序を形成する過程で予測された英米仏など先進植民地保有国との軋轢を最大限に緩和し、被植民地人との対立を回避する意図が存在したものの、第一次世界大戦以後、世界の政治潮流となった「民族自決主義」との関係からも、民族の固有の歴史や文化に正面きって変容を迫ることが困難となってきたからである。

欧米諸列強や被植民地者との関係を可能な限りうまくとりつくろい、民族のアイデンティティに傷をつけない工夫と知恵が編み出されたのである。特に、一九四〇年代に入り、南洋方面への侵攻計画のなかでも、同地域を戦略資源確保の対象と算定していたこともあり、円滑に植民地行政を進めるための措置が講じられた。そこでもっとも多用されたのは、自治や独立の言辞を振りまくことによる、日本への期待と信頼の醸成であった。

しかし、そうした新植民地主義もしだいにほころびを見せ始める。とりわけ、対英米蘭戦争が開始された後には、日本の余力が枯渇していくのに比例して、植民地支配の限界が露呈していき、最終的にはアジア侵略思想の地肌が剝き出しになっていく。本章では、そうした過程を具体的に検証しておきたい。

1 希薄化する植民地支配責任

虚妄の植民地解放言説

いわゆる《大東亜戦争》の呼称が使用され始めると同時に、西欧諸列強から植民地にされていた諸国を解放する、といった戦後繰り返し主張される「アジア解放戦争論」が流布されるに至る。しかし、インドネシアやベトナムなど東南アジアへの侵攻の目的が戦争資源の確保にあることは明々白々のことであった。たとえば、一九四一（昭和一六）年一一月二〇日、大本営政府連絡会議で決定された参謀本部作成の「南方占領地行政実施要領」[1]には、占領地における資源確保を「重要国防資源」と位置づけ、戦争動員計画に盛り込む意図を明確に記していたのである。

こうした対英米開戦期における日本政府および日本陸海軍の戦略なきアジア侵略の結果、アジア民衆の反日運動と抗日戦争に敗北していく。しかし、戦後、日本のアジア侵略の歴史事実が戦後冷戦構造の背後に隠れ、その歴史事実を充分に精査する機会が奪われていくなかで、かわって浮上してきたのは、日本の御都合主義的な対アジア戦争観であった。

一九六〇年代、日本の対アジア貿易が活発化するなかで、経済関係の深まりが歴史事実を掘り起こす意欲を失わせ、歴史の清算よりも経済関係の強化が謳われるようになり、その結果、日本のアジア侵略、加害の歴史は後方に追いやられていく。それとうらはらに、日本との経済関係を強化することで復興と発展を期そうとするアジア諸国の指導者たちは、過去における日本の加害事実に沈黙し、日本との経済関係を強化して経済発展を推し進めることで、自らの政権安定を図っていった。そこでは、「開発独裁」と呼称されることになる近代化・工業化＝「開発」のために、大統領権限の最大化＝「独裁」による発展が至上目的とされた。その成り行きとして、日本により加害の後遺症に苦しみ、生活苦を強いられるあまたのアジア民衆の声はかき消されていくことになったのである。(2)

さまざまな思惑から、戦後にアジアの日本による被軍政統治諸国からも、先の戦争に「アジア解放戦争」としての意義が存在した、とする主張がなされるようになったことは事実である。それゆえ、当時の日本がこれらの諸国や諸地域にいったいどのような姿勢で臨んでいたかを吟味する必要がある。

ここで、あらためて戦時期日本政府の植民地政策の特徴を、まずは二つだけ指摘しておきたい。

第一には、当時外務省を中心に、形式的な「独立」や「自治」を与える約束をすることによって、英米流の植民主義に陥ることは回避できるとの考えを示す外務官僚がいた。たとえば、当時外務省東亜局長であった山本熊一は、「高度ノ自治ヨリ独立ニ進ムト言フコトモ考慮シ得ベキモ何レ独立セシムルモノナラバ今ノ内ニ決定シテ置クヲ可トス」(3)と発言していた。そこでは英米流の植民地主義批判を展開することで、日本の植民地支配や覇権貫徹の意図を曖昧にし、事実上の支配を確定していく方法を採用しようとしたことである。

つまり、日本政府は、これらアジア諸国から「戦略資源」を確保することが戦争目的であり戦争継続の手段という、赤裸々な帝国主義や侵略戦争の本質を隠蔽し、アジア諸国民からの反発を回避して、統治の円滑化を図るために、相応のリップサービスを繰り返すことになったのである。

第二には、そうした政策を推し進めるために、当地の指導者や名望家の取りこみが果敢に実行されたことである。第一次世界大戦を契機として「民族自決主義」が高まっていたが、植民地保有国はその動向を無視することもできず、被植民者の独立志向を力で押さえこむ従来型の植民地統治の見直しを迫られていた。日本も当地の指導者に、「独立」や「自治」、さらには「解放」を約束し、経済的支援を惜しまなかったが、それはそうした国際潮流へ対応するための統治方針であって、本心から「独立」「自治」「解放」の機会を提供しようとしたわけでは決してなかった。

戦後、日本の戦争が「独立」や「解放」に貢献したという言説が、日本からでなく、被植民地諸国からも発せられたことは先にふれたとおりである。それはたとえば、戦後における日本の「政府開発援助」(Official Development Assistance, ODA)を中心とする経済支援を期待するあまり、親日スタンスの表明が不可欠であったためである。かつての戦争を負の問題として清算の対象とするのではなく、そこに形式的な「意義」を指摘することで「友好関係」の起点とし、日本との距離を縮めておくことが政策的にも必要なことだったのである。

これらの言説を発信したのは、多かれ少なかれ、かつての有力者で名望家層に属する政治家たちであり、民族資本家たちであった。彼らは、直接に日本軍による犠牲を強いられた人々ではなく、日本との連携のなかで利権を獲得できた人々であった。その人々にとって、日本の貢献を口にすることには抵抗感はなく、それればかりか日本との親近感を表明することは、自国内でいっそう有力な地位を占めることに役立ったのである。

旧植民地主義から新植民地主義へ

一九世紀に始まる欧米諸国の植民地主義は、民族自決やデモクラシーの勃興など、新しい世界史の動きのなかで、改編を余儀なくされていた。このことは、当然ながら日本の植民地政策にも影響を及ぼす。それは戦争目的をめぐる陸海軍の相克の問題以上に、重要な問題として浮上してくる。軍政統治地域における「独立」、あるいは「自治」の容認の是非をめぐる判断を迫られるという問題として。

この問題には、当該期における陸海軍部が、東南アジア侵攻作戦の終了後、いかなる占領地施策を企画し、実際に実行したかを押さえる必要がある。陸海軍部が企画した占領地施策は、戦争終結構想と連動しており、それによれば、軍事占領を行った後は、速やかに軍政統治に移行し、資源獲得と治安回復を確保し、基本的に軍政統治を実行するもののの、インドネシア（蘭印）などは、対日協力の現状を評価したうえで主権の回復、すなわち、「独立」や「自治」を許容する方向を検討するとされていた。

参謀本部は「南方占領地行政実施要領」をはじめ、多くの関連文書を作成している。そこではフィリピン、ビルマの「独立」が検討されているが、フィリピンは対米作戦の、ビルマは対英作戦の遂行上、親日政権を樹立させ、反米・反英運動を「独立」と引き替えに喚起し、安定した対日協力を引き出すことが意図されていたに過ぎない。当時は、「満州国」（「満州帝国」）統治に象徴される中国占領地での傀儡政権型統治の限界が露呈されつつあり、形式的であれ間接的であれ、占領地に対して「独立」を容認することで、統治を円滑化し、国際社会からの批判を回避したいという方針が、とりわけ外務省から強く打ち出されていた。軍部と外務省との間で占領地の処遇をめぐる対立が表面化しつつあったのである。

外務省の基本スタンスは、以下のようなものであった。フィリピンの独立、蘭印（インドネシア）は、「インドネシア連邦」（セレベス、ジャワ、スマトラで構成）、蘭印のボルネオ、ニューギニア、チモールは連邦の属領、英領シンガポールは帝国領土に編入、英領マラヤは帝国の属領であった。しかし、これら外務省案に、陸海軍部は基本的に反対であった。

外務省の見解は、第九五回連絡会議（一九四二年三月一四日開催）における山本熊一東亜局長の説明に示されている。[4]外務省が、重要地域を除き、フィリピンやインドネシアなど、占領地の「独立」を提案していた最大の理由は、すでに指摘したように、「主権尊重の原則を貫くことによって英米流の〈植民地主義〉に陥るのを防ぎ得る[5]」からであった。外務省は、この戦争が「戦略資源の確保」という、あからさまに帝国主義的かつ膨張主義的な侵略戦争に本質をもつことを自覚していたがゆえに、大義名分なき対アジア戦争を遂行するうえで障害となるはずの、アジア諸国民からの反発を回避するために、表向きは旧態依然たる欧米流の植民地主義とは一線を画す必要に迫られていたのである。

特に、アメリカの植民地であったフィリピンについては、すでに一九三四年三月二四日、フィリピン独立法（Tydings-McDuffie Act）がアメリカの連邦議会で成立しており、日本の軍政統治が続行されれば、日本の領土的野心はいっそう露わとなることへの警戒感も存在していた。[6]加えて、日米開戦後、一年余を経過しての対米和平構想があり、そのためにも対米交渉の障害を解消しておく必要にも迫られていたのである。

しかし、フィリピンのケースに特徴的であった軍部をも含めた形式的「独立」容認論は、対米和平の可能性が低下するに伴い消滅することになる。つまりそのことは、独立論や解放論が、アメリカを筆頭に、イギリスやオランダなど植民地宗主国への牽制以上のものではなく、しょせんは日本側の戦争目的および戦争手段の隠蔽措置として位置づけられていたことを意味している。

ここで留意すべきは、外務省が強く主張し、一時期の陸海軍部をも「独立」容認に傾かせた最大の理由が、第一次世界大戦を契機とする「民族自決」原則という国際政治思想潮流であったことである。すなわち、第一次世界大戦は、帝国主義諸国家の資源や市場の争奪をめぐる戦争であり、そのターゲットにされたのはアジア諸国家や諸国民であった。勝敗の帰趨とは別次元で、この世界大戦は、帝国主義国家が従来進めてきた植民地主義の根本的な修正を迫る一大契機ともなったのである。

すでに述べた通り、当時は反植民地主義の潮流が高まっており、ピーター・ドウス（Peter Duus）の言葉を借りるならば、「植民地なき帝国主義」の時代に入っていたのである。ドウスは、日本が満州事変による「満州国」建国において「民族自決」を掲げ、日中戦争期に日本の軍事占領地でも「独立」や「自治」が統治政策として採用されたのは、第一次世界大戦を契機とする民族自決の国際潮流が背景にあったからだと指摘している。(7)

植民地領有が帝国主義国家の成立条件であるなら、その条件を保守することが不可能となったとき、代替案として検討されたのが、独立・自治・解放という用語によって示された、新たな帝国主義存立への模索であったのである。満州事変によって日本の傀儡国家として建国された「満州国」とは、その意味において既存の植民地主義から、新たな植民地主義（新植民地主義＝Neocolonialism）の試みとしてあったとも位置づけることが可能である。

2 アジア太平洋戦争下の植民地支配

戦争目的の所在

「アジア太平洋戦争」（「・」なし）の呼称は、「日中一五年戦争」や、「アジア・太平洋戦争」などと異なり、日本の対アジア侵略戦争と帝国主義諸国間の戦争である対英米戦争との接合性を重視した視点を強調している。しかし、日本敗戦後、連合国軍最高司令官総司令部（ＧＨＱ）の通達によってそれまでの「大東亜戦争」に代わり、「太平洋戦争」という呼称の使用が義務づけられた。これによって、特に今回の戦争が「対米戦争」であるという矮小化が行われたことになる。(8)

このアジア太平洋戦争の性格を検討する場合、戦争主体の戦争目的がどこに置かれ、それが非当事者側にどのように評価されているか、を客観的に捉えることが要求される。既述の如く、私自身は、「大東亜戦争」と呼称されていた「アジア太平洋戦争」が、間違いなく侵略戦争だと判断している。また、多様な世論調査によっても、同戦争が侵略戦争であると断定的に回答する率は三、四割に達しており、これに「侵略的」な戦争、あるいは「侵略性」の高い戦争とする認識を抱く者も含めれば、温度差はもちろん含みながらも、六、七割の者がほぼ侵略（的）戦争とする認識を示している。特に、現在の二〇歳代では確実に侵略戦争観を抱いている。今日におけるこうした戦争の評価をふまえ、アジア太平洋戦争の戦争主体が設定した戦争目的がいったい何であったかを、いま一度確認しておきたい(9)。

それを知るために、一例として南方進駐の形式で開始された、いわゆる「南方進出」の意図を探っておく。開戦前年の一九四〇（昭和一五）年八月一六日に閣議決定された「南方経済施策要綱」では、「基本方針」として、「一、南方経済施策ノ目標ハ支那事変処理上並ニ現下世界ニ生成発展ヲ見ツツアルブロック態勢ニ対応スル国防国家建設ノタメ皇国ヲ中心トスル経済的大東亜圏ノ完成ニアリ」と明確に示したうえで、その施策の目的を、より具体的には「皇国ノ軍事的資源的要求ヲ基礎トシ」としている(10)。

日本の戦争目的は、「大東亜共栄圏」あるいは「大東亜新秩序」の建設および「自存自衛」におおむね置かれていた。それは表向きの戦争目的であり、事実上の戦争目的は、東南アジア方面への武力侵攻を控え、一九四一（昭和一六）年一一月二〇日、大本営政府連絡会議が決定した「南方占領地行政実施要領」において明瞭に語り尽くされている。

たとえば、「第一　方針」として、「占領地ニ対シテハ差シ当リ軍政ヲ実施シ治安ノ恢復、重要国防資源ノ急速獲得及作戦軍ノ自活確保ニ資ス(11)」とし、ボーキサイト・錫・石油・ゴム・タングステン等の重要戦略資源の獲得にあることを明確にしている。現地住民への対応については、「原住土民ニ対シテハ皇軍ニ対スル信倚観念ヲ助長セシムル如ク指導シ、其ノ独立運動ハ過早ニ誘導セシムルコトヲ避クルモノトス」[12]とされている。ここでは占領地における自発的な独立運動の高揚を警戒するとともに、独立運動自体をも日本軍が管理統制下に置くことを明記しているのである。

このような独立運動への警戒感は、基本的に実際の占領地行政にも反映され、独立運動の管理・統制が徹底されていく。つまり、状況に応じて抑圧あるいは弾圧という手段が採用されることになったのである。フィリピンやビルマなどの「独立」許容論が、戦争資源の獲得と対米英和平交渉および圧力という政治的かつ軍事的な判断を根拠としていたことはすでに述べたとおりだが、あらためて、ここでは「大東亜戦争」が「アジア解放戦争」だとする理由づけに繰り返し引用される、フィリピンとビルマの「独立」の実態を概観しておく必要があろう。

「独立」論の虚構

たとえば、一九四三（昭和一八）年六月二六日、大本営政府連絡会議が決定した「比島独立指導要綱」[13]には、フィリピンの「独立」許容の条件が、日本への全面的な軍事協力、米英への即時戦争宣言にあるとしている。要するに、戦争国家日本を下支えする存在として、その協力を効率的に引き出すための方便として、「独立」の許容が認識されていたのである。ただし、「独立」許容のスタンスは表向き放棄するわけにはいかず、そこから従来の植民地統治機構とは異なった新統治機構の構築が検討されていく。フィリピンの場合には、国政運営の担当者にはフィリピン人の意志を尊重しつつ、実際上は立法権や行政権には厳しい制約を課す方針で臨んだ。

占領地における政党活動についても、「新比島奉仕団（カリバピ）」[14]のような「満州国協和会」を見本とする大政翼賛型の一大国民組織が利用された。フィリピン人の自発的な独立運動や独立へのエネルギーを吸収し矮小化するための組織であった。

次に、帝国日本による植民地経営の観点から見ていくとどうなるであろうか。戦前期日本は、「本土」を基点として同心円的な拡がりを見せ、台湾と朝鮮の二つの直轄植民地を中心としながらも、アジア太平洋戦争が終わるまでには、日本、「満州」（中国東北部）、中国の結合による「東亜新秩序」の形成を目標としていた。さらにその「日満華」を核とした「大東亜共栄圏」という、より広大な地域を対象とする経済圏が形成されることになった。

それは、イギリス、フランス、そして、アメリカなど先発の資本主義諸国がすでに形成しつつあった固有の経済圏との対抗関係のなかで模索されたものであったが、資本と技術において劣勢に立たざるを得なかった日本は、その劣勢を挽回するために軍事力への過剰な依存体質を身につけていく。帝国日本は、日清・日露戦争を皮切りに、第一次世界大戦後には南太平洋のミクロネシアを領有し、さらにアジア太平洋戦争下では東南アジアへの軍事占領政策を断行することで、当該地域をも実質的に植民地化していた。

これに関連して、「帝国」日本の本体たる「本土」を基軸に、直轄植民地（台湾・朝鮮）―傀儡国家「満州帝国」および半植民地化された中国―軍事占領した英領マレー、蘭印（インドネシア）、フィリピン等の支配地域が、文字通り、円心的に二重三重に帝国日本を囲い込むように形成されていったのである。これら支配地域は直接的な戦争や軍事力による威嚇によって獲得されたが、それら支配地域の持つ価値は決して一様ではなかった。日清戦争の「戦利品」として領有することになった台湾および澎湖諸島は、本土では充足できなかった砂糖や樟脳など一次産品の生産地としての価値が重視されることになり、朝鮮は将来的に大陸国家日本へと飛躍していくための橋頭堡としての価値が意識されることになった。

つまり、それぞれの支配地域には、経済的価値、軍事的価値など多様な価値が付されていたのである。そのような価値づけが、帝国日本の指導者あるいは国民意識において統一的に行われていたとは言いがたいものの、「アジア太平洋戦争」においては獲得された東南アジアや太平洋地域諸島の価値づけが明らかにされていた。

たとえば、一九四三（昭和一八）年五月三一日、御前会議において決定された「大東亜政略指導大綱」では、セレベス、スマトラ、ジャワ、ボルネオなどが、「帝国領土ト決定シ重要資源ノ供給源トシテ極力之ガ開発竝ニ民心ノ把握ニ努ム[15]」と位置づけられていた。多様な目的を掲げながら領有された支配地域は、同時に軍事的かつ経済的な利益を生み出す対象でもあった。その意味で、そのような利益を維持しつつ、さらに拡大するためにも支配地域の「経営」戦略が台湾・朝鮮の領有以降において構想されることになったのである。

ところで、帝国経営の内容は決して一様ではない。直轄植民地の台湾と朝鮮のように総督府を設置して、事実上の直接支配を軍政統治の形式によって行ったところもあれば、「満州」のように表向きは満州族に政治運営を委ねつつ、間接統治の形式を採りながら実質的には日本の「傀儡国家」として完全な支配を強行した地域もあった。さらには、表向きの「独立」を認めつつ、事実上の「保護国化」による支配を貫こうとしたビルマやフィリピンの例など多様である。

以上に簡約したように、日本の統制・管理下では、一定の政治条件の変容によって「独立」が許容される可能性は残されたものの、その政治条件が整わなければ、形式的な「独立」さえ許容されないというのが現実であった。特に対英米蘭戦争のなかで、和平交渉の可能性が消滅し、「独立」許容が対英米牽制の切り札的な意味を失っていくにしたがい、日本政府はそれに対する関心を急速に低下させていった。

ましてや対英米交渉において「独立」の意義を有しなかった台湾・朝鮮などへの「独立」許容の動きはまったく見られなかった。「大東亜戦争」が本当に「アジア解放戦争」であるならば、台湾・朝鮮を含め、これらアジア諸国の独立を後押しし、支援するはずであった。ところが、実際には独立機運を政治的に利用することはあっても、独立機運が本格化する兆しが見えてくると、抑圧の姿勢を隠そうとはしなかった。それゆえ、アジア諸国の被植民地あるいは被軍政統治地域の独立後における対日感情は、決して芳しいものではないのが現実である。

戦争責任が不在となる原因

繰り返すが、「アジア太平洋戦争」が侵略戦争であり、日本の植民地支配および軍政統治を保守続行するための国家の選択であったことは間違いない。それでは戦後七〇年余を迎える今日にあって、依然として「アジア解放戦争」論が幅を利かせ、侵略責任や植民地支配責任が、国民意識としてなぜ定着していないのか、という問題を考えておきたい。

本来は清算されているはずの「アジア解放戦争」論が、依然としてさまざまな場で持ち出され、再生産される現実がある。歴代首相による靖国神社参拝と、これを支持する国民世論・国民意識の存在は今なお顕著である。そこで以下において、戦争責任意識の不在を示す実態について探っておきたい。それなくして、「アジア解放戦争」論を克服することは困難と思われる。ここでは、戦争責任が不在である主な原因を三点挙げておく。

第一には、アジア太平洋戦争の総括の誤りである。日本政府および国民の多くは、アジア太平洋戦争における日本の敗北原因を英米との兵站能力や工業能力の格差に求め、アジア民衆の抵抗運動や反日ナショナリズムが実際上の敗北の原因であったことに無自覚であった。確かに、日本の敗北はアメリカによる原爆投下によって決定したが、国内に厭戦気運を醸成させていた最大の要因は、対アジア戦争、とりわけ日中戦争によって戦争が泥沼化し、国力が消耗を強いられたことにあった。

しかしながら、日本政府および日本人の多くは、敗戦原因を物理的能力格差に求め、そこから二度と敗北しないために物理的能力の向上と強化を図るという結論に達した。その後、その能力は高度経済成長の原動力となったが、その半面で対アジア侵略戦争が忘却されはじめたのである。今日まで連綿と続くアメリカとの過剰な同盟関係と、これを下支えする日本人の国民意識の背景に、「アジア太平洋戦争」の総括に対しての決定的とも言えるこうした誤りを指摘できる。戦後から現在にまで続く対アジア諸国民との関係性を強く規定しているのもこうした国民意識であるように思われる。日本の侵略戦争がアジア諸国民によって失敗に帰したことを正面から受け止めることなくして、本来あるべき戦争責任も植民地支配責任も自覚することは不可能なのである。

こうした日本政府および日本人の、あえて言うならば宿痾は、戦後の冷戦構造のなかでいっそう深刻化する。すなわち、中国革命（一九四九年）以降における冷戦構造のなかで、日本がアメリカの対アジア戦略の政治的かつ軍事的な要と位置づけられ、アメリカに庇護されることで、かつての日本の被侵略諸国から発されようとしていた日本の侵略責任や戦争責任を問う声が封殺されていったのである。加えて、これらアジア諸国の多くから、冷戦構造を背景に軍事政権（インドネシア、韓国等）あるいは権威主義的国家（フィリピンなど）が自国民の戦後補償をも含めた戦争告発の機会を奪っていったのである。

このように、冷戦構造に加え、アメリカの対アジア戦略が起因するアジア諸国の内部的事情も重なって、日本は本来ならば戦争責任と向き合わざるを得ないはずの外圧を経験することもなく、高度経済成長のみを享受することが可能となった。この冷戦構造のなかで、日本政府や政治家たちの多くが無頓着な歴史認識を表明し続け、いわゆる〝妄言〟を繰り返してきたのである。[16]

また、あるべき歴史認識を深める機会をことごとく逸してきた多くの日本人の中では、冷戦構造の終焉を契機にアジア諸国の民主化が進展するなかで、日本の戦争責任や侵略責任を問う声がようやく湧き上がってきたとき、それに対し敵意の感情すら隠そうとしない歪な対応が目立つことになった。現役首相の靖国神社公式参拝という事態も手伝って、韓国、中国、フィリピン、台湾をはじめ、アジア諸国から日本の戦争責任や戦後責任を激しく糾弾する動きは活発となっている。そのことは、日本政府および日本人にとっても、アジア太平洋戦争の意味をあらためて問い直す絶好の機会となるはずである。

第二には、台湾・朝鮮の植民地支配責任の不在である。その原因は、最初に挙げた原因論と部分的には重複する。冷戦構造を背景に、台湾では蔣介石による国民党支配が長年続き、韓国では一九六一年五月一六日の朴正熙少将（一九六三年一〇月一五日、第五代韓国大統領に就任）による軍事クーデターから三〇年近く軍事政権が続いていた。その間、台湾や韓国の人々は、開発独裁型の政治体制下にあって、日本の植民地責任を問う声が事実上封殺され続けていた。

また、日本はインドネシアやフィリピンを含め、台湾や韓国など日本周辺諸国の開発独裁型の政治体制への経済支援をアメリカと共に厚くし、これらの政権を強化することを通して、間接的に過去の責任追及の可能性を削いでいったのである。そのことは、同時に日本政府および日本人に対して過去を問い返す機会を放棄することを意味した。かつて日本が植民地保有国であったことの記憶は存在したとしても、それはせいぜいのところ郷愁の対象であり、さらには「日韓基本条約」の締結前後に繰り返し「植民地近代化論」が表明されるほどであった。

つまり、植民地支配を決して誤った歴史の選択として意識化していなかったのである。日本の植民地支配においては、とりわけ朝鮮において、朝鮮文化や朝鮮人のアイデンティティの破壊や抹殺が強行された。台湾にしても、巧みな統治支配技術として、植民地支配開始直後から、日本の言語教育や美術教育などが持ち込まれ、台湾人の「日本人」化に向けた意識変容を迫る施策が半世紀もの間続行された。「内鮮一体」や「一視同仁」などのスローガンが頻繁に使用され、被支配の意識から統一あるいは融合という意識や感情が用意されていき、被支配の現実や実態が隠蔽されていった。いわば植民地の「日本化」（＝大和化）の構造のなかで、植民地時代から今日に至るまで、植民地肯定論や植民地近代化論が、特に台湾社会では再生産される現実がある。[17] すなわち、日本敗北時に発生するはずの被植民地諸国・被軍政支配諸国からの反発が冷戦体制のなかで黙殺されたことが、「アジア解放戦争」論を用意する重要な理由と考えられる。換言すれば、「アジア解放戦争」論を用意するために、歴史的には実証不可能な植民地近代化論が流布されているのである。

第三には、戦争が天皇および天皇制によって開始され、また「終戦」を迎えた、というアジア太平洋戦争の本質から由来する問題である。

日中十五年戦争と対英米戦争が接合した戦争としての「アジア太平洋戦争」は、軍部による謀略（満州事変）として開始され、その延長である日中全面戦争は国際的孤立を回避するために宣戦布告なき戦争として、「事変」（日華事変）と呼称された。対英米戦争も、事実上、超憲法的機関である御前会議（一九四一年九月六日）において、その開始が決定された。さらに、一九四五年八月一五日の日本降伏も、まったく密室のなかで決定された。

つまり、この戦争総体が国民の関知できない天皇周辺の閉塞された空間で決定されていたのである。戦前期不屈の弁護士として著名であった正木ひろしが、自ら編んだ雑誌『近きより』に、この戦争を「実は朕の身の安全のために宣戦し、朕の身の安全のために降伏したと見るべきである[18]」と喝破したが、この戦争は文字通り〝天皇による、天皇のための戦争〟であったのである。

そこから、この戦争は国民が徹底動員された戦争である一方で、同時に国民不在の戦争であったとも指摘できる。日本人は、戦争被害の歴史事実や被害者としての実感を強く抱く半面で、戦争加害者の意識も含め、戦争への関与意識はきわめて希薄であった。戦後日本人の多くの心情の発露として、われわれは天皇や軍部など指導者に「騙された」（＝いわゆる「騙された」論）に過ぎず、戦争責任は存在しない、とする感情の根底にあるものは、天皇や軍部などへの戦争に対する責任転嫁である。しかし、そこからは日本人の戦争責任意識や歴史の克服は期待できようがない。

アジア太平洋戦争の特質ゆえに、加害者責任意識が生まれにくいという問題があるのと同時に、さらに大きな問題は、この戦争が「アジア解放戦争」だと認識することで、潜在する加害責任意識から解放されたい、という心情である。「アジア解放戦争」論の是非をめぐる問題には、歴史事実の問題と同時に、冷戦構造の時代に長らく封印されてきた、加害者として糾弾の対象となることへの不安と危機感を抱く日本人の心情の問題が伏在している。むしろ、歴史事実として侵略責任や植民地支配責任は回避不可能と認知していたとしても、それを受け入れることには躊躇する心情である。

もちろん、このような意識や感情は免罪の理由にはならず、是正される必要がある。被侵略諸国民や被植民地の人々にとって、このような意識や感情は通用しない。ここでは「アジア太平洋戦争」が、たとえ〝天皇の戦争〟であったとしても、その戦争になぜ「騙されたのか」を厳しく問い直すことが不可欠である。それなくして、歴史問題の克服も〈歴史の取り戻し〉も不可能であり、アジア諸国民からの信用を回復できないであろう[19]。

また、そのような姿勢のなかでこそ、戦争指導者への責任を追及することも可能となろう。戦争責任を一部軍部急進派に負担させ、天皇を含めた政治指導者・エリート層の戦争責任を免罪し、本当の戦争責任の所在を曖昧にしてきたことも、戦後日本人が歴史と真摯に向き合ってこなかった証左である。この点が、今日実にアジア諸国民からの糾弾の対象となっているのである。

3　アジア解放戦争論の虚妄

繰り返されるアジア解放戦争論

ここでは、別の視点からアジア解放戦争論が繰り返される背景に触れてみたい。そのために、日本と同じ敗戦国となったドイツと比較することで、日本の固有の歴史環境を探ってみよう。

敗戦国ドイツの戦後において、日本で見られるような、ドイツの戦争犯罪を隠蔽したり、あるいはドイツが行った一連の侵略戦争を肯定したりする言論や研究はまったく存在しないと言ってよい。その理由としては、そのような言論や研究は、厳しく法的に制限されていること、そして、何よりもドイツの場合には、徹底した侵略責任の糾明やナチスの犯罪への謝罪を具体的な内実を伴って実行しなければ、ヨーロッパ諸国がドイツを許さないという政治環境に置かれたことがあったことが考えられる。

一例を挙げるならば、ヨーロッパでは、北大西洋条約機構（NATO）という並列型の集団自衛条約が締結され、ドイツがこれに参入するためには、被侵略国家への謝罪や戦争再発防止の宣誓が不可欠であった。これに対して、アジアでは日米安保・米韓安保・米比安保など、アメリカとの間に、個別的かつ直列型の安保条約が締結された結果、とりわけ日本は、ドイツと異なり、戦後ただちにアジア諸国との関係改善を迫られないという政治環境にあった。

これを整理するならば、戦前において、ドイツは〈ヨーロッパのドイツ化〉を、日本は〈アジアの日本化〉（より具体的には、「八紘一宇」のスローガンの下に大東亜共栄圏の構築）を戦争目的とした。戦後においては、ドイツはいち早く〈ドイツのヨーロッパ化〉を主体的に選択した。これに対して、日本は本来ならば〈日本のアジア化〉を目標とすべきところが、〈日本のアメリカ化〉に奔走してしまったのである。

それが戦後アメリカのアジア戦略から起因しているとしても、今日における米軍再編問題に絡めて、防衛庁の防衛省への格上げ（二〇〇七年一月九日）、統合幕僚会議議長の認証官昇格要求（＝事実上の文民統制形骸化）、日本版海兵隊としての中央即応集団の創設（二〇〇七年三月二八日）、そして、五方面隊の編成は残しつつも、新たに陸上総隊を創設して陸自部隊の一元的運用を図ろうとする計画など、自衛隊の新日本軍化をめぐる目白押しの政治日程をも踏まえるならば、日本はアジアとの間の歴史問題の克服にはきわめて消極的な姿勢で臨む半面で、アメリカとの積極的な一体化を進めているわけで、これはやはり歴史に向き合おうとしない姿勢と言わざるを得ない。アメリカとの一体化が強化されるにつれて、日本政府および日本人の植民地支配や侵略戦争の記憶は希薄化していくのである。

では、なぜ日本および日本人は、アジア解放戦争論を依然として克服できないのだろうか。その歴史認識の深まりを阻むものは、いったい何であろうか。

その前提として、歴史の記憶と忘却という問題を立てた場合、日本ではなぜ被害の歴史事実が強く記憶され、加害の歴史事実が忘却されるのか、という問題がある。自国にとって、あるいは日本人にとって不都合な歴史事実、現在的な価値観念を否定するような歴史事実はあえて忘却の対象としようとするのはなぜなのか。

より具体的に言えば、平和主義を基本原理とし、あらゆる戦争を否定する日本国憲法を骨抜きにしようとする人びとがいる。彼らは、アジア太平洋戦争を侵略戦争だと「認定」する日本国憲法が語る歴史認識を誤りだと断定したいのである。そのためには、植民地支配の過酷さを無視し、たとえば南京大虐殺は存在しなかったと主張する。こうした主張は依然として強力であり、放置すれば歴史事実は否定・歪曲・捏造されていく。同時に、被害事実を反芻することで日本国民に潜在する加害意識を解消しようとする動きも顕著である。

しかし、歴史事実は、それがいかなる内容であれ消し去ることはできず、後づけで恣意的に都合よく解釈することは許されない。歴史は人間によって創られたものであり、人間が忠実にその事実を継承することで、あるべき人間社会の構築に資するものである。歴史事実の修正は、あるべき人間社会の構築を試みる人々への挑戦であり、歴史の収奪に他ならない。そのような意味で、残念ながら戦後の日本においては、ここで言う歴史の収奪が続いているように思われる。

それで〈歴史の取り戻し〉が果たされないうちに、戦後において歴史の否定と歪曲の作業が、保守勢力から実行に移され、《大東亜戦争》肯定論、植民地支配肯定論、南京大虐殺否定論、靖国神社賛美論などの噴出と、それらを容認する世論が形成され、そのこと自体がアジア諸国民から反発と不信を招く現状となっている。

困難な歴史の克服

それでは、なぜ戦後日本と戦後日本人は、歴史を克服しようとしないのだろうか。そこにはさまざまな理由を指摘できる。アジア太平洋戦争の総括の誤り、戦後日本が置かれた国際政治秩序、すなわち、アメリカの軍事戦略に包摂されたがゆえに生まれた戦後保守構造の問題、日本の独特の政治文化などなどであるが、それでも依然として、なぜという疑問は残る。この疑問に解答を出すのは容易ではないが、戦後日本の植民地認識や、深まらない侵略責任・植民地責任の把握への問題性を指摘しながら、清算されない植民地主義の問題に触れておきたい。

日本では、現在でも植民地近代化論が健在である。すなわち、植民地支配によって日本は植民地国およびアジア諸地域の近代化に貢献したというのである。それは、植民地住民の経済発展に寄与したばかりか、人権や民主主義の充実にも貢献したと主張し、また日本の台湾や朝鮮への植民地統治は「文明開化」と「殖産産業」を結果したのだと言う。

さらに、台湾や朝鮮に対する統治理念である「一視同仁」による皇民化運動は、台湾人や朝鮮人の資質を〝日本人レベル〟にまで引き上げたという意味で、差別や格差の〝解消運動〟であったとする。このような論理なり総括が依然として表出し続ける背景は、いったい何であろうか。とりあえず、二つのポイントだけ挙げておきたい。

一つ目のポイントは、帝国日本の生成と展開のプロセスに具現された特徴において指摘できる。すなわち、帝国日本は、明治維新による国民国家形成から日清・日露戦争を経て帝国主義国家あるいは軍国主義国家となり、この二つの戦争の前後に台湾と朝鮮を領有する植民地領有国家となった。この国民国家としての国民意識が形成される過程で、植民地領有国意識がほとんど無意識のうちに内在化されていったのである。台湾や朝鮮は、植民地でありながら、日本の正規領土として意識化されていった。これは、国民国家形成と植民地領有との間に一定のタイムラグがあったイギリス、フランスをはじめ、欧米の植民地保有国との差違として指摘できる。

欧米の植民地が本国から遠く離れた場所に所在し、歴史も文化も慣習もまったく異なるため、国民統合の対象外に位置づけられているのとは違い、台湾と朝鮮という日本との近接地域を植民地としたことは、領有地域が国民統合の対象か否かの判断を不明確にすることになった。しかし、台湾と朝鮮領有の主たる目的が、当初においては経済的利益の奪取ではなく、軍事的な意味合いが強かったこともあって、一時検討されていた間接統治方式の採用や旧慣温存論は否定され、総督府による直接統治と皇民化政策が採用されることになる。[20]

より客観的に言えば、特に植民地台湾においては、正規領土と植民地との中間的な位置づけがなされたのである。そのため、アジア太平洋戦争の開始以後、台湾人も総動員の対象とされるや、日本語教育の徹底が図られる。なお、それまでの言語政策において、日本語教育と並行して現地語教育も実行されたことの意味は注目される。

二つ目のポイントは、日本人総体に内在する植民地主義と、さらには脱植民地化に成功した諸国民へのあらたな植民地主義（＝新植民地主義）への無自覚という問題である。近代日本の生成過程において、急速な国民国家化は欧米諸列強によるアジア植民地化への対応過程のなかで、封建遺制としての前近代性を克服し、近代化を実行に移すためにも、あるいは軍事的緩衝地帯を設定するためにも、植民地保有への衝動を伴うものであった。

つまり、国民国家日本では近代化と植民地保有が同時的に進行し、この二つの課題が相互に表裏一体の目標として設定された。国内の近代化と国外での植民地領有という国家政策が、同次元で認識されることになったのである。

この二つの政策は、近代化にとって必須の条件としての植民地領有という観念として固着していった。そして、ここでの問題は、すでに尹健次が指摘した如く、近代化に孕まれた暴力性と植民地性である。[21] すなわち、近代化が進展するにつれ、対内的暴力は法制化され、対外植民地の拡大も絶えず志向されるようになる。近代化あるいは近代性は、暴力を基盤として成立し、暴力を担保として実体化されるものであるから、とりわけ急速に近代化を達成しようとした帝国日本の暴力性は際だっていた。統制・動員・抑圧の国内システムが起動し、それが絶え間ない戦争発動や侵略戦争に結果していったのである。

「植民地近代化」論とは何か

日本の近代化とは、絶えず赤裸々な暴力性を内在化させた過程であった。つまり、同じ植民地主義を標榜した西洋近代とは、一定の相違が存在する。しかし、最大の問題は、そのような暴力性を内在化させた近代化過程のなかで、抑圧され統制されてきたはずの日本人の多くに、「植民地近代化」への批判精神がほとんど育まれなかったことである。その理由は天皇制ナショナリズム、あるいは天皇制支配国家体系のなかに求めるほかないように思われる。

すなわち、天皇制国家において再生産されたいわゆる家族国家観が、日本以外のアジアを差別と抑圧の対象とする結果を誘引し、それによって日本一国主義から日本絶対主義の感情を拡散していくなかで、日本固有の歴史意識が打ち固められていく。そこでは被植民地・被植民者への思いは切断され、それに反比例して帝国意識が培養されていった。また当然のように、植民地支配に固有の暴力性に対しても無痛覚となる。その意味で、天皇制は、他者を支配する痛苦を取り除く装置としても機能してきたと言える。さらに言えば、天皇制は、植民地近代化の暴力性を正当化する装置として機能していった。そこで生み出された日本人固有の歴史認識は、日本人にしか通用しない、排他的な歴史認識である。尹健次は、それを「孤絶の歴史意識[22]」と表現した。

このように、天皇および天皇制国家への帰属意識といわゆる国体精神とが、植民地保有国民としての自負あるいは自覚に拍車をかけ、自らに課せられている暴力や抑圧を、他者、すなわちこの場合は被植民者へ容易に転嫁させていったと言えよう。アジア諸国民への蔑視感情や差別意識の根底に存在する過剰なまでの暴力性は、丸山眞男の言う抑圧移譲の原理に支えられたものであった。それはまた、帝国日本が繰り返した対外侵略戦争や植民地支配の過程で表出した数多くの虐殺事件の要因でもあった。

植民地近代という課題は、日本においては戦後の今日にあってもなお清算されていない。それは、植民地近代の持つ暴力性に無自覚であること、またその暴力性を隠蔽する機能を果たしてきた天皇制自体の呪縛から解放されていないことによっている。そのために、依然として、かつての植民地支配を正当化する妄言やアジア解放戦争論などが繰り返し発せられて、政治問題化もするのである。

アジア解放戦争論の清算

以上のように、植民地統治が植民地の近代化を促したとする、いわゆる植民地近代化論は、総じて歴史認識の問題として議論される。そこでは、植民地主義や植民地近代の概念を用いての精緻な検証作業が不可欠である。

ところで、植民地近代化論は、植民者から発せられているだけでなく、被植民者からも発せられているという、厄介な問題も存在する。これに関連して、台湾の著名な都市史・建築史の研究者である夏鑄九（Hsia Chu-joe）が、『現代思想』に発表して注目された「植民地近代性の構築」[23]において、植民地支配から脱した後にも植民者の価値や精神を模倣し、自己の社会の内に内的植民地化を進めていく状態を「植民地近代性」（colonial modernity）の概念を用いて鋭く指摘した。多様な意味を含めながら濫用される「日本精神」（リップン・チェンシン）なる用語も、仮にそれが肯定感を持って口にされるとすれば、夏の言う「植民地近代性」が表出したものとなろう[24]。

「日本精神」自体は、労働過程における徹底した労務管理方式を支え、戦後高度経済成長を生み出した労働規律のスローガンである。それが戦後日本の近代化と経済大国化をもたらした、文字通り日本人の精神のありようであって、台湾人も近代化と経済発展を志向するならば模倣しなければならない、とする主張として登場する。しかし、夏が指摘するように、これも「植民地近代性」の発露とするならば、それは〈主体を欠いた植民地近代性〉ということになる。

問題は、それが自由・自治・自立を基底に据えた市民社会の構築に不可欠な主体が欠落した社会のなかに、自らを閉塞させる結果となることである。いかなる理由であれ、仮に台湾社会に日本の植民地支配への肯定感や日本の台湾植民地支配が台湾近代化の原動力となった（=植民地近代化論）とする言説がふりまかれているとすれば、それは夏の言う「植民地近代性」と言えよう[25]。

台湾と同じく日本の植民地支配下に置かれた朝鮮では、「日本精神」的な用語は存在しない。しかし、朴政権時代には、常に日本の経済成長を手本に据えることで日本型近代化への無条件の同調が説かれた。日本の経済成長ぶりを意識した「克日」（극일）がスローガンとして一九八〇年代の全斗煥（전두환、一九三一—）大統領の時代に頻繁に登場するが、これはその文脈で捉えるべきであろう[26]。

そこでの肯定感や植民地近代化論が、近代化にはらまれた暴力性や抑圧性への無自覚ないし無理解であることを自ら証明しているものと受け止められよう。また、植民地朝鮮では併合以来、総督府による「武断政治」という絶対的な強権によって統治が実行されていたが、一九一九年の「三・一運動」（삼일운동）を契機に、齋藤実朝鮮総督による「文化政治」という名の統治技術の近代化が図られた。そこでは各種の新聞の創刊・発行が相次いで許容されるなど、ある種の植民地近代性の発露とも言える事態が生み出されていった[27]。

つまり、「文化政治」とは、原敬内閣によって推進された内地延長主義による日本の近代的諸制度の植民地朝鮮への移入政策であり、朝鮮近代化の一環であり、当該期日本の疑似民主改革としての植民地改革あるいは植民地近代化であった[28]。現実に多くの朝鮮語による新聞の発行がなされ、その過程で朝鮮の多くの知識人が日本の植民地支配を容認する。

なかでも金玉鈞（김옥균、一八五一―一八九四）や徐載弼（서재필、英語名：Philip Jaisohn、一八六四―一九五一）ら開化思想家たちは、日本統治を容認しつつ朝鮮の近代化を図ろうとしたが、彼らに示された植民地近代性は、戦後における韓国社会において、徹底的に排除されることになる。それは、換言すれば植民地近代性と決別し、自らの主体形成において、自立した近代化をめざそうとした証である。

ただし、戦後韓国の政治過程において、実際には植民地近代性は充分に克服されたとは言えず、軍事クーデターにより政権を奪取した朴政権成立以降には、開発独裁型の上からの権威主義的支配が強行された。朴政権の政治手法は、かつての植民地時代における日本の統治技術を多く模倣したものと指摘されている。その意味では、朴政権から始まる三人の軍人大統領時代の韓国は、台湾と同様に内的植民地化の時代でもあった。

植民国であった日本、被植民国であった台湾や韓国（朝鮮）の相互の戦後的関係は、政治や経済の領域における支配と従属という関係ではなく、日本は両国に対し、かつての植民地支配意識＝植民地主義を依然として清算しておらず、また、韓国と台湾にしても内的植民地化への歯止めを充分にかけられないでいるのではないか。繰り返しになるが、多くの日本人が台湾は「親日感情」が強い国だと言うとき、それは自らの植民地主義の告白であり、台湾人が植民地支配を肯定的に回顧し、「良き時代」と語るとき、それは自らの内的植民地化への無自覚の表明でもあろう。

私たちが希求するものが、自由・自治・自立を基本原理とする市民社会であるとすれば、そこで必要とされるのは、既存の近代化論への盲目的な追従ではなく、その歴史的実体への批判精神である。私たちが植民地問題にこだわり続けるのは、こうした悪しき近代化を超える論理を紡ぎ出すためであり、その作業を通して、私たち自身の精神や国家社会に内在する植民地主義を解体するためである。その批判精神をたくましくしてこそ、我が内なる植民地主義の呪縛から解放され、文字通り脱植民地主義の論理を獲得できるのである。

そのことを宗主国の視点から言えば、旧植民地は、イギリス、フランス、オランダなど西欧諸列強の後退や日本の敗退を好機とし、宗主国への従属関係や協力関係を絶つことで脱植民地化あるいは脱植民地主義に到達するということになる。国際社会においても、第一次世界大戦後に提唱された民族自決の国際規範の成立を踏まえ、植民地独立運動が実現されるなかで、いっそう具体化していく。

しかし、すでに別の表現で示したように、脱植民化の一方で、旧植民地国家のなかには依然として植民地支配当時の社会文化システムが形を変えつつ顕在化しているケースが少なくない。たとえば、植民地時代の分割統治の結果としての民族対立、エリートと民衆の経済的格差、旧宗主国への経済的従属などであり、先にふれたとおり、そうした植民地システムを容認する内的植民地化の課題は依然として深刻である。

この内的植民地化あるいは植民地近代性が、植民地支配の肯定的評価、あるいは「アジア解放戦争」論の支持に結果していく。それはまた、戦争責任が依然として未決であることと、換言すれば歴史認識の不在が、「アジア解放戦争」論の再生産の根本的な原因であることは間違いない。

4 歴史和解の可能性

歴史認識の共有化は可能か

ここまで筆者は、歴史学研究者としての立場や視点から日本、中国、韓国の間に存在する歴史認識の乖離の実態と、その乖離が発生する背景を、主に日本の視点から追究してみた。そのような追究の過程でも依然として残るのは、はたして歴史認識の乖離は埋められるのか、埋められるとすればいかなる方法によってか、という問題である。反対に、埋められないとすれば、その原因はどこにあるのか、さらに考察しなければならない。

歴史認識の共有に不可欠なことは、自己愛的な「一国史観」を超える、歴史和解の認識の深まりである。歴史和解とは、傷ついた人たちの心を癒し、特に世界を平和的に再結合することである。より具体的には、アジア諸国間、特に日本・中国・韓国との間の経済相互依存関係の緊密化、非核化をめざす地域共同体構想（「アジア共同の家」:Asian Common House）実現のために、歴史和解が不可欠ということである。(29)

もちろん戦後日本の歴史和解への取り組みがまったくなされなかったわけではないが、政策化される展望は依然として見出し得ていない状態である。事実、冷戦時代においては、日本の高度経済成長と親米保守体制下で、被害回復問題は無視され続けた。表向きにはＯＤＡ（政府開発援助）が戦争賠償に代わるものとの説明が浸透し、戦争補償は進められている、という受け止め方が多くの国民意識に形成されていた。

しかし、すでに多くの議論が存在するように、ＯＤＡはアジア諸国に進出した日本企業のためのインフラ整備資金として使用されるケースが圧倒的に多く、それが戦争に対する賠償として受け取られるケースはきわめてまれであった。その資金はかつての戦争で傷ついたアジア諸国民を救済あるいは支援するのではなく、国家経済の発展に資するという大義名分を掲げながら、進出日本企業の活動のために使用されたに過ぎず、歴史和解の基礎的条件としての戦争賠償の進展という課題に応えるものではなかったのである。

脱冷戦の時代においては、冷戦の解消とアジア諸国における自由化民主化に触発されて、歴史和解の問題が浮上してくる。冷戦時代に日本の戦争責任を問う声が権威主義的な支配体制のなかで封殺されてきたことへの反動として、自国政府をも突き動かすかたちで、日本の戦争責任や植民地統治責任を問い直す声が噴出する。

しかし、現在まで表向きの「謝罪声明」が繰り返されはしているものの、日本政府がアジア諸国民を納得させるだけの行動を行っているとは言い難い。そうした声に対して真摯に向き合う姿勢の欠落が、いちだんと責任を追及する声と行動とを呼び起こしているのである。それどころか、靖国問題に象徴されるように、むしろ歴史問題を軽視するか、いっそう複雑化するかのような発言や行動が、日本政府関係者や国民世論、さらにはメディア関係からも散見される状態である。

その意味で言えば、日本が、冷戦終焉後、過去の克服や歴史の問い直しの絶好の機会を失い、アジア諸国からの不信や疑念の感情を増幅させる現実にあることは否定できない。それでは歴史和解の機会は遠のくばかりである。歴史和解が困難となれば、当然ながら東北アジア諸国民との信頼醸成も困難となることが必至である。再び不信や疑念の感情を起こさないために、歴史事実を率直に認め、過去の克服という課題設定を積極的に行い、あらゆる場で過去の清算に全力を挙げる姿勢と実績が信頼醸成への方途である。

信頼醸成の方途

「信頼醸成」あるいは「信頼構築」への第一の方途が歴史和解の実現にあり、その前提として歴史事実の確認と歴史認識の深化があることは、先に述べたとおりである。だが、より今日的な課題に即して言うならば、信頼醸成のための具体的で説得的な行動提起が必要となろう。

その第一は、日本・中国・韓国のいずれの国家にも、「ナショナリズム」の用語でカテゴライズ可能な国民意識が、きわめて過剰な内容を伴って表出されている現実にどう向き合うのか、という課題がある。日本政府の政治指導者が靖国神社を参拝してみせる行為への中国や韓国の反発をただちに内政干渉論と処理してしまうのではなく、反発理由の背後にある歴史事実をひもときながら再検証する作業を、国家や市民が同時的に実施していくことが求められている。

台湾・中国や韓国で台頭しているナショナリズムに対しては、それぞれの国内的理由が存在したとしても、それを議論の第一の対象とするのではなく、日本に向けられた反発や批判の深層にある日本への歴史責任を告発する行為としてナショナリズムが表出している、と受け止めることが肝要であろう。その意味で、ナショナリズムそのものの概念規定や政治主義的な判断は不要である。

重要な点は、日本の立場からは台湾・中国・韓国からの戦争責任や歴史責任への問いが、ナショナリズムという国民意識として表出していると捉えることである。すなわち、日本への不信と疑念の声として発されているのが、反日あるいは嫌日とでも呼称されるナショナリズムなのである。そうしたナショナリズムを緩和する冷静な対応が、日本に求められているということであろう。

それでは、これらナショナリズムを克服する方途はどこにあるのか。それには何よりも過去の克服と歴史和解の前進が不可欠であるが、同時に日本の立場からも、あえて一国史を超えた「東北アジア史」の共通のビジョンを構築することが課題となろう。すなわち、これら三国が共有している文化を確認することで、重層的かつ横断的な共通の文化基盤からそれぞれ独自の文化が形成されていった歴史過程に注目することである。また、そこから相似形の文化圏にあることによる同質のアイデンティティを獲得していくことである。

既存の対外関係が政治や経済などの力を前提とする関係を建前とする限り、そこには格差あるいは差違だけが特化され、そこから政治力学としての支配・従属という関係か、あるいは侵略対防衛という対立しか生まれてこない。そうではなく、「文化の力」（文化力）への期待を相互に確認することである。そこに表れた独自の文化表現や文化財を尊重し、その相違や異質性への関心を抱くと同様に、相互の国家間に存在する相似性や同質性への関心を高めていくことで、文化を媒体とする国家間の信頼醸成から信頼構築への方途を真剣に論ずることも重要に思われる。

もちろん、このような発想には危険も伴う。かつて日本は植民地統治を実行する場合に、統治対象国と日本との共通性をことさらに強調することで、被支配者の反発を回避あるいは懐柔し、「文化の融合」を説いた歴史がある。ただし、それがたとえば朝鮮文化を抹殺することによる「文化の融合」であったことは、歴史が語るとおりである。過去の克服も歴史の清算も未解決である現状からして、日本が率先して文化を媒体とする新たな関係性の構築といった視点を強調しても、ただちに理解と合意を得られるものではない。そこから信頼を醸成し、さらに構築していくためにも、歴史和解という重い課題こそ、非常に重要なテーマであることが再認識される。共通の文化圏に存在することからくる親近感は、相互の人的交流の得難い礎であろう。

おわりに――過去の取り戻しとしての平和思想

最後に、今一度歴史の「忘却」と「記憶」の問題について触れ、小論のまとめとしておきたい。

平和思想とは、過去を隠蔽しようとする国家と、過去を忘却しようとする国民とを同時に〈告発〉することを通じて、歴史の〈取り戻し〉と歴史認識の共有を求めるための智恵と位置づけたい。侵略の歴史事実を相対化し、侵略戦争を単なる「過去の出来事」に追いやることで、「現在としての過去」という歴史を捉える重要な視点を完全に抹消しようとする試みには、異議を唱え続けなくてはならないのである。「過去の出来事」という場合、侵略戦争という、あくまで日本国家にとって都合の悪い歴史事実のみを選定して忘却の対象とすることは、きわめて悪質な歴史解釈である。

すでに触れたように、なぜ「広島・長崎への原爆投下」や「シベリア抑留」などが強く記憶され、「バターン死の行進」、「南京虐殺事件」、「シンガポール虐殺事件」、「マニラ掠奪事件」、「ベトナム一九四五年の飢饉」などが忘却されるのか、という問題である。併せて、台湾や朝鮮への植民地支配などを含め、忘却と記憶によって歴史事実が都合よく再形成されていく事態こそきわめて憂慮すべきである。また、小論では触れることができなかったが、南樺太や南洋群島の日本統治の問題も当然ながら俎上に載せるべきであろう。[30] こうした意図された歴史の忘却の進行に、被侵略国家の人々はますます不信感を募らせるばかりである。

記憶と忘却の恣意的な操作のなかでは、歴史事実の確認と未来に向けた歴史認識の深まりは期待できない。侵略の歴史事実と加害の歴史事実を「心に刻む」(Erinnerung) ことによって、より社会的に加害の主体と被害の主体を明確にしていく作業を怠ってはならないのである。戦争責任問題が議論される場合、短絡的な加害論や被害論あるいは敵・味方論の議論に収斂させてしまうのではなく、まずどのようにしたら「現在としての過去」と、自分とを切り結ぶことが可能なのか、そしてどうすれば歴史の主体者としての自己を獲得できるのか、という課題が設定されるべきであろう。

この課題設定が深刻かつ真剣に議論されてこなかったがゆえに、歴史の暗部を隠蔽し、過去の〈書き換え〉を強引に要求する国家の歴史の統制に、有効な対応ができなかったのではないか。同時に、戦後の平和主義や民主主義の内実を深く問うことなしに、利益誘導型・利益第一主義的な〝前向き課題〟や、安直で空虚な文言として政治家が頻繁に用いる〝未来志向〟の用語への無条件の礼賛のなかで、無意識的にせよ、過去の忘却に手を貸してきたのではないのか。

今日、アジア太平洋戦争であった歴史の事実は、充分に論証されてきた。戦後日本人の戦争観や歴史解釈にしても、おおかたは日本の侵略戦争の歴史事実を真剣に学び取ろうとしている。また、侵略戦争を告発し続けることで過去を徹底して批判し、そのことによって「過去を克服」し、同時に侵略戦争を引き起こした戦前期社会と多分に連続性を孕む戦後社会をも総体として批判することで、あるべき理想社会の構築を実現しようとする運動や思想が展開もされ、深められもしている。それこそが「現在としての過去」を正面から正しく見据えることである。「過去」を単に時間系列的な「出来事」として片づけてしまうことは、決して許されるものでない。

同時に、明らかな歴史事実の歪曲・曲解・隠蔽によって、ある政治的目的のために歴史を捏造することはもっとも卑劣な行為である。いわゆる「米英同罪史観」、「自衛戦争史観」、「アジア解放戦争史観」、「殉国史観」、「英霊史観」などの〝歴史観〟が、これに該当しよう。

これらの歴史観に共通することは、いずれも他の人たちによって行われた犯罪によって、別の人々の背負う罪が相対的に軽減されるとする認識に立っていることである。これは明らかに歴史責任を放棄する考え方であり、歴史の事実を真正面から見据えようとしない無責任な姿勢である。これでは歴史のなかで生きる人々との間で、あるべき歴史認識の共有と理解により、「平和的共存関係」を創造するという平和の思想は、とうてい生まれようがない。

そのような課題を念頭に据えながら、私は現代史研究者の一人として、とりわけアジア太平洋戦争とは、いったいどのような時代に起こったどのような戦争であったのか、戦争に至るまで、これを受容していく侵略思想がどのような段階と思想的な変遷を経つつ、どのような思想家たちによって創出されていったのか、また、戦争に至る国内の政治動向、なかでも天皇周辺や軍部の動向はどのようなものであったか、を追い続けてきた。

それと同時に、戦争という政治状況のなかに、これに関わらずにはいられなかった人々、戦争による抑圧の体系のなかで人々がどのような運命をたどることになったかを活写していくことが、今日における新たな「戦前」の始まりの状況との関連からも不可欠に思われる。

歴史の〈取り戻し〉のためのもう一つの方法は、平和思想を基底に据えた平和の創造である。戦争は国家によって選択され、発動される。そして、その戦争の記録と記憶は国家によって管理されようとしている。これを打破するのは、個人によって創造され、推進される平和の思想である。平和思想は、あくまで個人が望む自由・自治・自立の思想を、その特色とする。
それゆえ、ここで言う平和思想とは、戦争の記憶を蘇らせ、戦争による被害意識（トラウマ）を治癒し、戦争を脅威と暴力の頂点と位置づけ、戦争を否定する論理をも用意する。戦争と平和の対極的関係を同時に据え、人類史・世界史のなかに戦争を否定する積極的平和思想を創造していくために、二一世紀を生きる私たちには、新たな平和思想の創造が不可欠である。その意味で、アジア平和共同体構築は、私たち自身の平和を創造実現していく力を試す試みとなろう。

註

（1）その内容は「第二　要領」で「一　軍政実施ニ当リテハ極力残存統治機構ヲ利用スルモノトシ、従来ノ組織及民族的慣行ヲ尊重ス。二作戦ニ支障ナキ限リ占領軍ハ重要国防資源ノ獲得及開発ヲ促進スヘキ措置ヲ講スルモノトス。占領地ニ於テ開発又ハ取得シタル重要国防資源ハ之ヲ中央ノ物動計画ニ織リ込ムモノトシ、作戦軍ノ現地自活ニ必要ナルモノハ右配分計画ニ基キ之ヲ現地ニ充当スルヲ原則トス」、「七　国防資源取得ト占領軍ノ現地自活ノ為民生ニ及ホササルヲ得サル重圧ハ之ヲ忍ハシメ、宣撫上ノ要求ハ右目的ニ反セサル程度ニ止ムルモノトス」と記されていた（参謀本部編『杉山メモ』上巻、原書房、一九六七年、五二七頁）。
（2）たとえば、インドネシアのスハルト（Soeharto, Haji Muhammad Soeharto, 一九二一―二〇〇八）は、大統領（一九六八―九八）として、三〇年以上在任し、開発独裁政権として強権政治を敷いた。同様に韓国の朴正熙（박정희、一九一七―七九）大統領、フィリピンのマルコス（Ferdinand Edralin Marcos, 一九一七―八九）大統領、台湾の蔣介石（Chiang Kai-shek, 一八八七―一九七五）総統（在位一九四八―一九七五）らは同様の強権政治を行った。
（3）参謀本部編『杉山メモ』（原書房、下巻、一九六七年、一〇二頁）。
（4）たとえば、連絡会議において鈴木貞一企画院総裁（予備役陸軍中将）が、「独立セシムト言フモ実質的独立ニハ非ズシテ相当ノ干渉ヲ受クル独立ナラズヤ何レニセヨ今ヨリ独立ト決定スルハ過早ナリ」との発言に、山本局長は「高度ノ自治ヨリ独立ニ進ムト言フコトモ考慮シ得ベキモ何レ独立セシムルモノナラバ今ノ内ニ決定シテ置クヲ可トス」と切り返している（前掲『杉山メモ』下巻、一〇二頁）。
（5）波多野澄雄『太平洋戦争とアジア外交』（東京大学出版会、一九九九年）の第一章「対英米蘭開戦と戦争終結構想」を参照。

（6）フィリピンの独立問題は、すでに一九二〇年からアメリカ連邦議会で検討され始めていた。この問題については、中野聡『フィリピン独立問題史』（龍渓書舎、一九九七年）を参照。

（7）ドウスは「満州事変」（一九三一年）による「満州国」建国で「民族自決」を掲げ、日中戦争期に日本の軍事占領地においても、「独立」「自治」が統治政策として採用されたのは、第一次世界大戦を契機とする民族自決の国際潮流が背景にあったとした。また、有馬学は、「誰に向かって語るのか〈大東亜戦争〉と新秩序の言説」（酒井哲哉編集『岩波講座「帝国」日本の学知　第1巻「帝国」編成の系譜』（岩波書店、二〇〇六年）において、「植民地主義」が正当性を喪失したことを前提に、オルターナティブとしての民族自決主義を否定しようとした共栄圏は、「植民地なき帝国主義」のパラダイムに拘束されつつ、それを超えようとした広域秩序論であり、そこに理論的な困難も存在したといえる」（二六〇頁）と記した。

（8）「アジア太平洋戦争」の呼称は、「日中一五年戦争」や、「アジア・太平洋戦争」などと異なり、日本の対アジア侵略戦争と、帝国主義諸国間の戦争である対英米戦争との接合性を重視した視点を強調している。ただし、「太平洋戦争」の呼称は、日本敗戦後にGHQの通達によってそれまでの「大東亜戦争」に代わり、使用が義務づけられたものであり、特に今回の戦争が「対米戦争」であるという矮小化を招くことになった。この呼称については、纐纈厚「アジア太平洋戦争」（『十五年戦争史3　太平洋戦争』青木書店、一九八八年、収載）を参照されたい。

（9）これに関連してジョン・W・ダワーは、日本人の多くは先のアジア太平洋戦争は侵略戦争だと認識しているとして、次のように述べている。すなわち、「いまのほとんどの日本人もまた、この十五年戦争は侵略戦争だったとみとめている。外国メディアがくりかえし、日本人右翼の見解を強調する結果、日本には戦争にたいする真摯で批判的な民衆意識があると想像する余地もなくなってしまうために、このことは日本人以外の人にとっては、驚きと思えるかもしれない」（ダワー〔外岡秀俊訳〕『忘却のしかた、記憶のしかた』（岩波書店、二〇一三年、「第三章　愛されない能力」、一二三頁）。

（10）「南方経済施策要綱」には、この他に「二、南方各地帯、地域ノ経済施策ノ軽重緩急ハ左記ニヨル。イ、仏領印度支那、泰国、緬甸、蘭領印度、比律賓、英領馬来、英領ボルネオ、葡領チモール等ノ内圏地帯ノ施策ニ重心ヲ置キ、英領印度、濠洲、新西蘭等ノ外圏地帯ハ第二段トス。ロ、各地域ノ施策ハ皇国ノ軍事的資源的要求ヲ基礎トシ内外ノ情勢ヲ顧慮シテ緩急ソノ序ニヨリ適宜之ヲ行フ。三、南方経済施策ニ当リテハ之等地域ニ皇国政治勢力ノ扶植ニ努ム。」など日本の南方攻略作戦の目的が赤裸々に記されていた。同史料は、国立公文書館所蔵『公文別録87』（ゆまに書房、一九九七年、二五九―二六五頁）に収載されている。

（11）前掲『杉山メモ』（上巻、原書房、一九六七年、五二六頁）。

（12）同様に、一九四一（昭和一六）年一二月一六日に閣議報告された「南方経済対策要綱」においても、「第一　方針」として、「一、重要資源ノ需要ヲ充足シテ当面ノ戦争遂行ニ寄与セシムルヲ主眼トシ、併セテ大東亜共栄圏自給自足体制ヲ確立シ速カニ帝国経済ノ強化充実ヲ図ルニ在ルモノトス。二、本要綱ニ於テ対象トスル地域ハ蘭印、英領馬来及「ボルネオ」、比律賓、「ビルマ」其他皇軍ノ占領地域（以上甲地域)、仏印、泰(以上乙地域)トス 三、甲地域ニ対シテハ対策ヲ二段ニ分チ第一次対策及第二次対策トシ、夫々左ノ方針ニ依ルモノトス(一)第一次対策 (イ)資源獲得ニ重点ヲ置キ之ガ実施ニ方リテハ、戦争遂行上緊要ナル資源ノ確保ヲ主眼トス。(ロ)南方特産資源ノ敵性国家ニ対スル流出ヲ防止スベク凡ユル措置ヲ講ズ。(ハ)資源獲得ニ方リテハ極力在来企業ヲ利導協力セシメ、且帝国経済力ノ負担ヲ最少限度ニ迄軽減セシムル如ク努ム」(石川準吉編『国家総動員史 資料編』第8巻、国家総動員史刊行会、一九七九年、五二四―五二六頁)と記されていた。

(13)たとえば、「比島独立指導要綱」の「別冊 新比島及日比間ノ基本形態」には、「六、帝国ノ対比施策ノ要ハ比島ヲシテ努メテ比島人ノ創意ト責任トニ依リ真ニ大東亜共栄圏ノ一環タル独立国トシテノ名実ヲ備ヘシムルニ在リ」、「八、帝国ハ比島政府内ニ所要ノ期間必要ナル顧問ヲ配置シ之カ指導ニ任セシム 九、「ミンダナオ」島ニ就テハ其ノ軍事的経済的重要性ニ鑑ミ特別ノ措置ヲトルコトアリ」(前掲『杉山メモ』下巻、四三五頁)と記されている。

(14)一九四二年五月六日に日本軍はフィリピンを占領し、フィリピン行政委員会と称する臨時政府を設立。その政府を支えたのが党派色のないカリバピ(KALIBAPI, またはタガログ語でKapisanan sa Paglilingkod sa Bagong Pilipinas)である。カリバピは最盛時約八〇〇の支部と、会員数一五〇万名を擁する組織とされた。『東京日日新聞』(一九四三年五月六日付)は、「盛上る東洋的氣魄 奉仕團員既に六十万」(マニラ特電四日発)の見出しで、同組織を紹介していた。一方、満州国協和会の会員は、約四〇〇万人とされた。フィリピンの統治は、「満州国」をモデルとする研究上の指摘がある。なお、カリバピについては、太田弘毅「日本軍政下のフィリピンと新比島奉仕団」(政治経済史学会編刊『政治経済史学』第一四五号、一九七八年六月、一九―三七頁)を参照。

(15)前掲『杉山メモ』(下巻、四一一頁)。

(16)いわゆる〝妄言〟の類は、国会議員や中央の官僚に限らず、地方政治家や首長クラスでも後を絶たない。最近でも、二〇一七年一月二三日の記者会見の場で名古屋市の河村たかし市長が、日中戦争中の南京事件(一九三七年一二月)について、「いわゆる南京事件はなかったのではないか。中国は『三〇万人、市民を虐殺』と言っているが、本当なら日本人が全員南京に行って土下座しないといけない」と述べた。名古屋市は南京市と姉妹都市の提携を結んでいるにもかかわらずである。なお、同市長は、同様の発言を、二〇一二年二月二〇日にも表明し、南京市との交流が一時途絶えたこともあった。

(17)植民地支配肯定論については、水野直樹他編『日本の植民地支配――肯定・賛美論を検証する』(岩波書店・岩波ブックレット、二〇〇一年)、許介鱗「台湾における植民地支配肯定論の精神構造」(植民地文化研究会編『植民地文化研究』第六号、不二出版、二〇〇七年)等参照。

(18)正木ひろし『近きより――戦争政策へのたたかいの記録』(弘文堂、一九六四年、四〇二頁、昭和二一年一月再刊第一号)。

(19)拙著『侵略戦争――歴史事実と歴史認識』(筑摩書房・ちくま新書、一九九九年)において、歴史の忘却と記憶の問題に触れ、歴史の収奪に対抗して、現在我々に求められている課題が〈歴史の取り戻し〉にある点を強調した。

(20) 一九一二年に施行された「朝鮮民事令」の第一一条において朝鮮人の能力、親族および相続に関する規定については例外的に日本の法律を適用せず、朝鮮の慣習によるとした。これが「旧慣温存政策」だが、最終的には皇民化政策を進めるうえで利用されることにもなった。何回かの改正が行われ、結果的には日本民法主義へと変更されていった。この課題については植民地政策研究のなかで、たとえば、李丙洙「朝鮮民事令について――第一一條の「慣習」を中心に」(『法制史研究』第二六号・一九七六年)などを嚆矢として、多数の研究蓄積が存在する。最近の論文には、吉川美華「旧慣温存の臨界――植民地朝鮮における旧慣温存政策と皇民化政策における総督府の「ジレンマ」」(東洋大学アジア文化研究所編刊『研究年報』第四九号・二〇一四年)がある。

(21) 尹健次『ソウルで考えたこと――韓国の現代思想をめぐって』(平凡社、二〇〇三年)の「補論　近代性、植民地性、脱植民地主義に関するメモ」を参照。尹は「近代が事実において侵略・戦争の時代であり、植民地主義と表裏一体のものであった」とし、近代化と植民地性が密接不可分の関係にあることを強調している。

(22) これに関連しても尹健次は、日本人が今後において、「天皇制と密着した孤絶の歴史意識をもちつづけるのか、あるいは諸民族・諸国民と共生・共存しうる開かれた歴史意識を我がものとしていくのか、日本人は真の意味において試されることになる」(尹『孤絶の歴史意識――日本国家と日本人』岩波書店、一九九〇年、二一二頁)と記している。

(23) 『現代思想』青土社、二〇〇一年五月号。原著論文は、『台湾社会研究季刊』(第四〇期・二〇〇〇年一二月号)収載の「殖民地的現代性営造」。同論文については、森宣雄『台湾／日本――連鎖するコロニアリズム』(インパクト出版会、二〇〇一年、二四四頁)を参照。朝鮮における植民地近代性についての論考として、並木真人「朝鮮における「植民地近代性」・「植民地公共性」・対日協力：植民地政治史・社会史研究のための予備的考察」(フェリス女学院大学国際交流学部編『国際交流学部紀要』第五号・二〇〇三年)を挙げておく。

(24) たとえば、台湾の「日本精神」について論じ、話題作とされた著作に蔡焜燦(Cài Kūncàn)『台湾人と日本精神――日本人よ胸をはりなさい』(小学館・小学館文庫、二〇〇一年)がある。

(25) 宮本正明は「植民地と『文化』」(現代史の会編刊『季刊現代史』第一〇号、二〇〇五年)において、「朝鮮植民地期に導入された抑圧的な近代の諸要素が解放後にも引き継がれたとして「植民地性」と「近代性」の双方から批判的に把握する「植民地近代」(植民地近代性でなく――報告者)の枠組みについては、その原型的発想を一九七〇年代に見出すことができるようにおもわれる」(二〇八頁)とし、植民地支配肯定論の克服を阻む「内的根拠」「内的精神」の問題性を指摘している。

(26) この問題については、木村幹「第一次歴史教科書紛争から「克日」運動へ：全斗煥政権期の対日観の変化についての一考察」(神戸大学大学院国際協力研究科編刊『国際協力論集』第二二巻第一号、二〇一四年七月)等参照。

(27) 「文化統治」とは原敬内閣による当該期日本の疑似民主改革としての植民地改革あるいは植民地近代化であった。この視点から植民地近代化をめぐる原内閣と朝鮮植民地官僚の鬩ぎ合いを論じたものに、李炯植「「文化統治」初期における朝鮮総督府官僚の統治構想」(『史学雑誌』第一一五編・第四号、二〇〇六年四月)がある。

(28) 内地延長主義は、実際には朝鮮においてより台湾においていっそう具体化された。台湾の文民総督であった田健治郎が特に積極的に推進し、「内台融合」、「一視同仁」、「内台共学」、「内台共婚」等の方針を唱えた。これに基づき、一九二〇（大正九）年、地方制度の改革を実施し、州・市・街・庄の官選議会を創設。さらに、一九二一（大正一〇）年二月には台湾総督府評議会を設置した。そうした政策が台湾の一部特権階層を中心に受容され、それが戦後にまで日本統治への肯定感情として記憶化されることになった。これに関連して台湾における日本の台湾統治研究で注目された周婉窈（Chou Wan-yao. 台湾大学歴史系教授）の『臺灣歷史圖說〈增訂本〉』（臺灣・聯經出版公司、二〇〇九年）がある。なお、本書は濱島敦俊監訳、石川豪他訳で『図説台湾の歴史 増補版』（平凡社、二〇一三年）として日本でも翻訳出版されている。

(29) これに関連して、「東北アジア」の地域連合構想が「東北アジア共同の家」の名称で議論が進められている。関連本として、和田春樹『東北アジア共同の家』（平凡社、二〇〇三年）と姜尚中『東北アジア共同の家をめざして』（平凡社、二〇〇一年）を挙げておく。

(30) 南洋群島（別名、南洋諸島）は国際連盟により日本の委任統治領となり、西太平洋の赤道付近に点在するミクロネシアの諸島のこと（当時日本では内南洋と呼称）。近年の研究論文に今泉裕美子「太平洋の「地域」形成と日本――日本の南洋群島統治から考える」（李成市編『岩波講座　日本歴史』第二〇巻、二〇一四年、岩波書店、収載）。樺太統治に関しては、一九〇七年に樺太庁開設、一九二五年に保証占領していた北樺太から撤収したが、敗戦まで南樺太を統治。樺太統治に関しては「南樺太――サハリン住民と日本・ソ連の軍政」（坂本悠一編『地域のなかの軍隊――帝国支配の最前線　植民地』第七巻、吉川弘文館、二〇一五年）等参照。

第四章　日韓領土問題と戦後アジア秩序

太平洋地域における衝突と協力

はじめに――領土問題への視点

私は拙著『領土問題と歴史認識　なぜ、日中韓は手をつなげないのか』（スペース伽耶、二〇一二年）において、領土問題の根底に潜む日本（人）の歴史認識の欠落を中心に論じたことがある。これに加えて、より重要な課題が存在することに触れ、「あとがき」で次のように記した。

確かに領土問題の、もう一つの本質的な課題は、戦後のアジア冷戦構造の産物という側面である。尖閣諸島や竹島をめぐる歴史上の経緯は、本書で簡単に触れたが、戦後のアジア秩序の骨格を形成したサンフランシスコ条約によってアメリカは日本の周辺海域に存在する両島をはじめとする島々の領有権については、基本的に曖昧な状態に据え置いた。そこには、アメリカの強かな対アジア戦略が見え隠れする。領土問題は、その意味からすれば、政治問題であることも間違いない。そうした点から、「アメリカの対アジア戦略と領土問題」という一書も何れは書かれるべきテーマであろう(1)。

歴史研究者である私自身、中国・台湾・韓国・マレーシア・シンガポールをはじめ、アジア諸国に足繁く通い詰め、いわゆる歴史和解を目標に掲げつつ歴史問題に取り組んできた。歴史認識の共有を図り、どのような障害が待ち受けようとも、東アジア平和共同体の構築を展望する立場から発言を続けている。それはたとえ微力ではあっても、志を同じくする多くの仲間たちが、内外に存在する以上、その戦列に身を置きたいと思っているからだ。

そのような思いのなかで、拙著に『領土問題と歴史認識』と題した最初の動機は、領土問題が中国や韓国などと軋轢を生じさせる背景に、歴史認識論の乖離が存在することを、自らの体験を通して強く意識してきたためである。しかし、同時に同書の「あとがき」でもあえて記したように、領土問題が、日本、中国（中華人民共和国）、韓国（大韓民国）、共和国（朝鮮民主主義人民共和国）など、東アジア諸国と、米ソ冷戦体制の主役であったアメリカと旧ソ連を加えた諸国間の政争の結果としてあることも間違いないことである。

その究極的な問題が冷戦体制というアジア地域を取り込んだ政治局面において、絶えず主導権を握ろうとしたアメリカの対アジア戦略である。戦後アジア秩序とは、アジア太平洋戦争の「勝者」の主導によって形成された。そのなかで戦後一貫して、その主導権を握り続けてきたアメリカは、この連合国主導体制の中心に居座ることで、戦後アジア秩序を維持し、アジア地域の主導権を確保することに全力を挙げてきた。周知の通り、戦後アジア秩序の実態を批判的に捉え直す動きが最近顕著になっている。[2]

こうした問題意識をふまえつつ、小論では戦後の日韓関係を見据えながら、なぜ竹島（韓国名、独島）問題が、今日いちだんと政治問題化してきたのかを論じる。そして、この課題を克服するため、日本（人）の歴史認識を深め、未来に向けては竹島周辺海域の非武装地帯化、換言すれば〝海のＤＭＺ化〟構想を実現する方途を考えてみたいと思う。確かに、人類の過去の歴史で多国間に存在する領土問題は、〈紛争の種〉であり続けてきた。だが、これから築かれるべき未来にあっては、領土問題を〈平和の種〉として再定義したい。そして、その種が芽を出し、成長していく過程で、紛争の歴史を刻んできた東アジア地域に〈アジア平和共同体〉が築かれることを展望していきたい。

1 〈ヤルタ・システム〉と〈冷戦システム〉の並走

二つのシステム

一九四五年八月、第二次世界大戦が日本のポツダム宣言受諾によって終焉する。だが、日本と韓国・朝鮮の関係は、アメリカを中心とする連合諸国によって、日本の無条件降伏による敗戦前から規定されていた。すなわち、一九四三年一一月、カイロで開催された米英中三国首脳会談で、同年一二月一日にカイロ宣言が発表された。そこには、「三大国ハ朝鮮ノ人民ノ奴隷状態ニ留意シ軈《やが》テ朝鮮ヲ自由且独立ノモノタラシムルノ決意ヲ有ス」と記されていたのだ。

また、日本を敗戦に追い込んだ連合諸国の最終文書と言える「ポツダム宣言」（一九四五年七月二六日）は、その第八項で「「カイロ」宣言ノ条項ハ履行セラルベク又日本国ノ主権ハ本州、北海道、九州及四国竝ニ吾等ノ決定スル諸小島ニ局限セラルベシ」とした。要するに、この時点で米英ソ中は、協調路線を敷いており、いわゆる〈カイロ・ポツダム体制〉が保持されていたのである。これをすでに一部の論者が用いている〈ヤルタ・システム〉と呼ぶことにする。

一方、当事国であった日本は、「終戦詔書」（一九四五年八月一四日）および「降伏文書」（同年九月二日）により、〈ヤルタ・システム〉に包摂されることを容認し、この枠組みのなかで戦後出発した。そして、焦点の竹島（独島）については、一九四六年一月二九日の「連合軍最高司令部訓令」（ＳＣＡＰＩＮ）の第六七七号で、「鬱陵島、竹島、済州島」の三島が「日本の範囲から除かれる地域」とされた。[3]この時点で竹島は日本の領土ではないと明確に認定されたのである。現在、韓国政府は竹島（独島）を韓国領土とする根拠として、このSCAPINを挙げ、加えて同第一〇三三号において日本船舶と船員の独島接近を禁止した訓令の存在を強調している。

ところが周知の通り、一九四七年から翌年の四八年頃から、日本を中心とするアメリカの対アジア戦略に大きな変更が行われ、にわかにアメリカの新たな動きが開始される。その象徴事例として、米外交官のジョージ・ケナンが匿名で〈カイロ・ポツダム体制〉の一翼を担うソ連に対する「封じ込め政策」を『フォーリン・アフェアーズ』（一九四七年七月三一日号）に発表し、さらに同年一〇月二〇日、ハリウッドで「赤狩り」の本格化がある。アメリカは、明らかに社会主義国家ソ連への警戒と敵意を示す動きを始めていたのである。

そうした動きを決定づけたのが、有名なロイヤル米陸軍長官の「日本を反共の防壁にする」との反共演説であった（一九四八年一月六日）。〈カイロ・ポツダム体制〉の下で担保されてきた日本の「非軍事化＝民主化」の動きが封ぜられ、いわゆる「逆コース」の時代に入っていく。「逆コース」の動きは、同年一〇月七日、米国安全保障会議における「アメリカの対日政策について」（NSC一三―二）で、従来の対日占領政策を転換し、冷戦体制のなかに日本を取り込むことがアメリカの公式の政策として確認されるに至った。

これは、明らかにアメリカの〈ヤルタ・システム〉の見直しである。アメリカは、これに代わり旧ソ連を敵視する〈冷戦システム〉をも起動させる。つまり、アメリカは二つのシステムを併用し、自らに都合よく利用することにしたのである。ここに、特に東アジア地域においては複雑な政治環境が創出されることになった。そのような政治環境のなかで、日本、中国、韓国などは、相互に〈紛争の種〉を抱え込まされることになったのである。

アメリカは日本取り込み策の一環として、日本の独立と国際舞台への復帰の契機となったサンフランシスコ講和会議で検討されたサンフランシスコ平和条約の「第二章　領域　第二条」の（a）項で、「日本国は朝鮮の独立を承認して、済州島、巨文島および鬱陵島を含む朝鮮に対するすべての権利、権限及び請求権を放棄する」とした。すでに多くの論者が指摘するように、ここには竹島が放棄される島とされていない。つまり、ここだけをピックアップして読めば、竹島に限り〝日本領土〟と認定されたものと見なすことができる。事実、講和条約締結時においてアメリカ政府・国務省は、その確認を行った。

だが、当然ながら、韓国政府は現在に至るまで竹島（独島）の領有権をアメリカに申し入れ続け、最終的にアメリカ政府は、日本と韓国のいずれかの領有権を明確には承認せず、曖昧な姿勢を採ることになる。

いかなる理由と目的で、アメリカ政府の〝曖昧化政策〟が続けられているのか。推測の域を出るものではないが、要は日韓両国間に紛争の火種を残すことで、両国に対するアメリカの発言権に厚みをつけ、実際には米軍基地などアメリカへの共通の克服課題を持つ両国が協調してアメリカに攻勢をかける可能性を殺いでいると見て間違いなかろう。その点は、尖閣諸島（釣魚諸島）の領有権をめぐる日中間の軋轢が、アメリカの両国への立ち位置を有利にしている現状と同一である。

換言すれば、アメリカは日韓間が軋轢や紛争を再生産するメカニズムを恣意的に〈冷戦システム〉に埋め込んだのである。そのことを、日韓両国民と政府は、より自覚的に捉え直さなければならない。アメリカには、両国を言うならば〝分断統治支配〟する意図のあることを直視する必要があるということだ。領土問題は、そのことを具体的な形で示してくれている、と受け止めるべきであろう。その点では、戦勝国とはいえ、深刻な戦争被害を被った旧ソ連も、戦後世界に社会主義勢力の拡大を果たすため、二つのシステムの併用というアメリカの戦略に便乗することで、一定の利益を見出していたはずである。

連合諸国、なかでも米ソ協調路線を基本原則とする〈ヤルタ・システム〉は、米ソの関係悪化とアメリカの対ソ封じ込め政策の展開のなかで、崩壊の可能性も見せる。だが、それは米ソ間の状況の変化であって、戦後の国際秩序の基本的枠組みとしての〈ヤルタ・システム〉は、継続していると捉えることが可能ではないか。歴史を遡って領有権の正当性を問う議論が錯綜する今日だが、もう一つの視点からすれば、日本とロシア、中国、韓国との間の領土問題とは、実は両システムの転換期における国際政治のメカニズムの変容過程で派生したものと言える。

終わらない占領

私たちは、かつて米ソ冷戦体制が、ソ連の崩壊によって終焉を迎えた事実を知っている。その意味で、米ソ協調路線を原則とする〈ヤルタ・システム〉も、本来なら解消したと見るべきである。そもそも、〈ヤルタ・システム〉とは、ヨーロッパにおけるドイツのファシズム復活を阻み、戦後においても連合諸国が国際社会において主導権を確保し、文字通り世界秩序の代名詞として維持される展望を持ったものであった。しかし、その一方で、旧ソ連がロシアにとってかわり、また、政治軍事大国への道をひた走る中国の台頭という新たな世界情勢にあっても、〈ヤルタ・システム〉が継続中であるとする見方もあろう。

戦後の国際政治をリードしてきたのは米英ソ中であり、現在は米ロ中である。これら三国は現在においても、きわめてモデレートなかたちながら、一定の協調路線を敷いていると考えられる。その証拠に、ロシアは〈ヤルタ・システム〉のなかで、かつて日本の領土であった択捉・国後・歯舞・色丹の、いわゆる「北方四島」を実効支配し、アメリカもこのシステムを背景として沖縄の基地化を続けている。

また、革命後の中国でさえ、〈ヤルタ・システム〉を理由にして台湾や釣魚諸島の主権性を強調する。その意味で、やや乱暴な言い方かもしれないが、旧連合諸国のうち、旧ソ連を引き継いだロシア、中華民国を引き継いだ中国は、〈ヤルタ・システム〉の成果の上に領有権を主張している、と言っても過言ではない。そして、今日領土問題を深刻化させ、自らの立ち位置を曖昧化することで、中国に加えて韓国と日本にも一定の発言や影響力を行使しているのがアメリカである。本論が扱う竹島（独島）の領有権の所在に関して言えば、アメリカは、日本も韓国も〈冷戦システム〉を稼働させるうえで重要な同盟相手国であるだけに、先述したとおり、〈ヤルタ・システム〉によってクリアにされたはずの竹島（独島）の主権の所在について、冷戦体制が本格化して以降、明言を回避する姿勢を崩していない。

だが、問題は確かに従来の冷戦体制が終焉を迎えて以降、二一世紀の国際社会にあって、なぜアメリカがそのような姿勢を取り続けているか、である。ここでは二つの論点があるように思われる。決して新しい論点ではないが、第一には、アメリカがアジア地域において、中国とロシアとを、特に軍事領域でライバルとみなし、〈新冷戦の時代〉とも表現可能な姿勢を引き続き貫徹しようとする意思の表れとみることができる。

そこには、アメリカ自体も矛盾を感じているのではないか。つまり、アメリカは同盟国としての日本と韓国にはもっとも信頼を抱いており、対中国戦略にとっても、日米同盟あるいは米韓同盟関係の充実を図ることが不可欠と考えているのである。その日本と韓国が領土問題で軋轢を深めていくことは、米日韓の同盟を不安定化させるはずだ。しかし、アメリカは自ら播いた紛争の火種を解消しようとしない。そこからは、やはり日韓両国を〝分断統治〟する思惑が透けて見える。

第二には、アメリカが要するに〈ヤルタ・システム〉と新たな装いを持った〈冷戦システム〉とを併用しようとしていることである。これら二つのシステムを構成するメンバーには歴然とした交代があったものの、基本的にアメリカは二つのシステムを都合よく使い分けをしているのである。つまり、中国をライバル視しながらも相互互恵関係を堅持し、一面で協調関係を崩そうとせず、他面で日本と韓国内に展開する軍事基地群の機能強化を鋭意図ろうとしている。

このように見てくると、第二次世界大戦以降、朝鮮戦争やベトナム戦争をはじめ、米ソ中間における直接間接の軍事衝突を繰り返したにもかかわらず、それに〈旧ヤルタ・システム〉から〈新ヤルタ・システム〉と名称変更は可能としても、基本的な枠組みとしての〈ヤルタ・システム〉は不変である。現在の領土問題が、そのことをいやおうなく気づかせてくれる。その意味で、領土問題とは、まさしく〈終わらない占領〉をわかりやすく示したものと言える。繰り返しになるが、私たちが知るべきは、アメリカの恣意的な対アジア政治軍事戦略のなかで、日本と中国・韓国が領土問題をめぐり関係を悪化させているという事実である。

戦後日韓関係と朝鮮戦争

以上、〈ヤルタ・システム〉をキーワードにして、戦後アジア地域の主導権争奪過程のなかで領土問題が派生したことを追った。ある意味で日韓間における領土問題が、アメリカの対アジア戦略から起因することは明らかである。つまり、日韓間の領土問題は、両国が実はまったく同じ矛盾を抱え込まされた、言うならばアメリカ発の一種の外圧によるものと言える。そうであれば、同じ境遇にすえおかれた日韓両国が、この外圧から解放されるために共同行動を執るという選択肢も当然考えられる。しかし、領土問題の背景を両国政府が認知したとしても、それでも共同行動に踏みきれない実情も存在する。

それが、戦後における日韓関係を大きく規定している歴史問題である。韓国は、日本の植民地支配責任を追及し続け、植民地支配時代に日本が犯したさまざまの罪状について告発を続けている。確かに、一九六五年締結の日韓基本条約によって、日本の植民地支配責任は清算されたことになった。しかし、一九八〇年代に入ってから、長きにわたる韓国軍事政権の時代に封印されていた歴史問題が、韓国の民主化以降、さまざまなかたちで浮上し、両国関係の行く末を大きく左右することになった。

特に歴代の韓国大統領は、日韓間に横たわる歴史問題への関わり方を必ず繰り返し口にしなければならない。たとえ、日韓基本条約に基づいて、日本政府が植民地支配責任は清算されたものとの公式見解を採り続けようが、民主化以後浮上した韓国国民の歴史問題への関心と、日本の姿勢への批判は後退することはない。そうした韓国国民の日本への厳しい眼差しは、戦後日韓関係を少しだけ遡っても、容易に理由を見つけることができる。

すでにふれたとおり、米英中首脳によるカイロ会談で「偽満州国」、澎湖諸島を含む台湾の中国への返還と、朝鮮の独立を骨子とする対日条項が決定された。その後朝鮮は、日本からの独立を果たすものの、北緯三八度線を暫定的な境界線として南北に分断され、朝鮮北部にはソ連軍が進駐して実効支配を開始、朝鮮南部にはアメリカ軍によって米軍政庁が設置された。米軍政庁は、法令第三三号「朝鮮内ニアル日本人財産権取得ニ関スル件」によって、朝鮮で日本（人）が所有していた公共・私有を問わずすべての財産を没収する。

日本（人）が所有していたインフラを含めた財産は、対日賠償使節団団長のポーレーによれば、日本の戦争能力の剥奪と経済の民主化、および朝鮮の経済復興に投入されるとした。ポーレーの徹底した財産没収に、日本政府は賠償金の引き下げを策して朝鮮総督府に終戦事務処理本部を設け、対策を練った。また、外務省は平和条約問題研究幹事会、大蔵省は在外財産調査会などで、日本の植民地であった地域における財産処理問題を検討した。

一九四八年八月一五日、李承晩（이승만）を初代大統領とした韓国が朝鮮南部に、翌九月二日、金日成（김일성）を首班とする共和国が朝鮮北部に、それぞれ成立する。かつて植民地朝鮮では三八度線以北が関東軍の、以南が朝鮮軍の軍管区として事実上の軍政が敷かれており、関東軍はソ連軍に、朝鮮軍はアメリカ軍に武装解除された経緯があった。朝鮮分断ラインが発生する歴史的理由である。

ところが、一九五〇年六月二五日未明、共和国軍が三八度線を越えて韓国へ侵攻し、朝鮮戦争が始まる。翌二六日付『朝日新聞』朝刊の一面は、「北鮮、韓国に宣戦布告　京城に危機迫る」との見出しで開戦の第一報を伝えた。共和国が正式に宣戦布告した事実はなかったが、同紙も含め、共和国を「北鮮」、ソウルを「京城」と表記することが多く、日本の植民地時代の差別的な表現が依然としてメディアでも当然視される状況だった。

開戦当初は共和国軍の攻勢が続いたものの、マッカーサーを最高司令官とする一六カ国が参加する国連軍が編成され、ソウル近郊の仁川に上陸。反転攻勢に転じ、一九五〇年一〇月一五日にはピョンヤンを占領する。同月二五日に中国の人民義勇軍が参戦し、朝鮮戦争は文字通り、「国際内戦」の様相を呈するに至った。その後も一進一退が続き、翌年の一九五一年七月一〇日に開城で朝鮮休戦会議が開催、休戦協定が交わされ、とりあえず朝鮮戦争は終息を迎える。

では、朝鮮戦争に日本政府および日本人は、どのように向き合っていたのか。そのことを端的に知る記事がある。『朝日新聞』は、朝鮮戦争が開始されて間もなくの一九五〇年七月一日、「朝鮮の戦乱と日本の態度」と題する社説を掲げ、「戦火はなるほど近い。が、それはいまも日本のかかわり得ないものである。あくまでも冷静が必要であり、動揺があってはならない」としながら、日本が連合国と講和条約を結んでいないことを挙げ、「外国の紛争について干渉がましいことをいう資格もない」と日本と朝鮮戦争とが無関係とする姿勢を明らかにした(4)。

朝鮮分断の基本要因を用意することになった朝鮮植民地支配と、分断ゆえに勃発した朝鮮戦争への痛覚を微塵も感じさせない同記事の内容は、その後も日本および日本人の対朝鮮・韓国に対して清算されない歴史問題と相まって、深刻な問題を示している。朝鮮独立後、植民地支配責任や賠償問題という戦後処理問題が、韓国と共和国から発せられる可能性があることは当然予測されていたが、それが分断と戦争という朝鮮半島を襲った出来事のために棚上げされる格好となったのである。その反対に、日本は朝鮮特需により戦後復興の足がかりをつかみ、植民地責任を追及されることもなく、経済発展に邁進することになる。

2 領土問題解決の方途

領土問題と歴史問題

現在、日本と韓国との間には、二つの領域で大きな課題を背負い合っている。その一つが従軍慰安婦問題に象徴される歴史問題である。もちろん歴史問題はそれだけではない。朝鮮併合の正当性をめぐる問題など植民地支配に直接関わる問題もあり、それは歴史研究の重要な課題でもあるが、何よりも日本の朝鮮認識を大きく左右する問題である。その課題に向き合うために、何よりも植民地支配がもたらした歴史を真摯に受け止め、歴史認識を鍛え上げ、歴史和解に向かう道筋を見出すために尽力することが、何よりも私たち日本政府と日本人に求められている。

もう一つの問題が領土問題である。具体的には独島（竹島）の帰属をめぐる問題である。現在、韓国が実効支配していることもあり、独島を日本固有の領土だと断じる日本政府や多数の日本人にとっては、すこぶる不満の対象である。ここでは歴史的にみてどちらに帰属するのが正当かについては詳しくは論じないが、すでに内藤正中氏の詳細を極めた優れた研究が示しているように、韓国および朝鮮の領土であろう。

韓国国内で学術会議の開催場所などには、必ずと言っていいほどに独島の写真が飾られ、韓国国民は島の形状すら熟知している人が多い。ここで注意したいのは、このように日本人以上に韓国国民が「独島我領土」と、あらゆる根拠を挙げながら自らの領土であると固く信じているその理由である。そこには韓国国民が、この〝固有の領土〟の帰属問題が深く日本による植民地支配と深く関連していることを学んでいるからである。

韓国政府と韓国国民は、領土問題も、その意味で歴史問題だと捉えているのである。日本に植民地支配された結果、李氏朝鮮の領土が日本に占有され、独立時にも韓国に戻されることなく、日本にもぎ取られたと受け取っているのである。韓国が日本の植民地支配責任を追及するうえで、日本が独島を「竹島」と命名して日本領土だと言いつのる言辞が、日本は依然として朝鮮植民地支配責任を反省していないのでは、との疑いにつながっているのである。

こうしてみると領土問題は、可視化された歴史問題であると考えておくべきではないか。従軍慰安婦問題は人権問題であり、国家としての犯罪性が顕著である。この問題の根はきわめて深く、その犯罪に時効は成立しない。人権問題という意味では国際性として性質を持ち、犯罪という意味では無時効性として受け止める必要がある。

一方の領土問題は歴史問題には違いないが、同時に歴史和解を成立させるためには、日本の朝鮮植民支配責任を確かな方法で果たしていくこと、そして将来的には独島・竹島周辺海域を日韓共同の海として〝共有〟の精神を育むことで、日韓・日朝の平和のシンボルとしていき、さらにその向こうにアジア共同体のキーストーンとする構想の提唱など知恵を紡ぎだすことが必要に思われる。

韓国・朝鮮が歴史問題や領土問題で互いのナショナリズムを炊きあげ、反発の狼煙を上げ続けることほど愚かなことはない。

信頼醸成と憲法九条の役割

この場合、信頼醸成の第一の方途が歴史和解の実現にあり、その前提として歴史事実の確認と歴史認識の深化にあることは、既述の通りである。だが、より今日的な課題に即して言うならば信頼醸成のための具体的で説得的な行動提起が求められている。

その第一は、韓国と日本に存在する、いわゆる「ナショナリズム」の用語で取りあえずカテゴライズが可能な国民意識が、きわめて過剰な内容を伴って表出している現実にどう向き合うのか、という課題である。日本政府の政治指導者が靖国神社を参拝してみせる行為への中国や韓国の反発をただちに内政干渉論で反応してしまうのではなく、反発理由の背後にある歴史事実を紐解きながら再検証する作業を、国家や市民が同時的に実施していくことが必要である。

独島（「竹島」）をめぐる韓国内の対日行動などに具現されている韓国のナショナリズムの排外性を指摘する前に、日本に向けられた反発や批判の深層にある日本の歴史責任を告発する行為としてナショナリズムが表出している、との受け止め方をしていくことが肝要であろう。その意味では、ナショナリズムそのものの概念規定や政治主義的な判断は、ある意味で不用である。

重要な点は、日本の立場からは戦争責任や歴史責任への問いが、ナショナリズムという韓国国民の意識として表出していると捉えることである。すなわち、日本への不信と疑念の声として、反日ナショナリズムあるいは嫌日ナショナリズムとでも呼称されるナショナリズムの実態である。そのようなナショナリズムを緩和化する冷静な対応が、日本に求められているのである。

それでは、これらナショナリズムを克服する方途は何処にあるのか。それには何よりも過去の克服と歴史和解の前進が不可欠であるが、同時に日本の立場からも、あえて一国史を超えた「東北アジア史」についての共通のビジョンの構築が課題となろう。

第二は、両国ナショナリズムの緩和化と信頼醸成の深まりのなかで、たとえば、竹島（独島）の周辺海域を非武装化する構想の提言を、日本の憲法九条に込められた理念と目標をふまえて提言することである。竹島周辺にどれだけの海底資源が存在するか定かでないが、いずれにしても領有権をめぐる角逐からは、両国関係の改善の目途は立ちようがない。

そこで、やや突飛と思われるかもしれないが、領有権の主張のまえに、周辺海域を文字通り非武装地帯として両国共同利用地帯として設定することを提言したい。朝鮮半島に実在するようなＤＭＺ（非武装地帯）を周辺海域にも設定するイメージである。南北朝鮮がＤＭＺによって、いくたびかの紛争を起こしながらも、今日まで第二次朝鮮戦争を阻んできたように、あえて言えば周辺海域の〝ＤＭＺ化〟によって、日韓両国関係の領有権問題を棚上げにし、共同平和利用の方途を構想することが重要であろう。その意味で今日の領土問題は、新たな両国関係を構築するうえで、また、歴史問題をも解決するうえで絶好の機会と受け止める必要があろう。

註

（1）纐纈厚『領土問題と歴史認識』（スペース伽耶、二〇一二年）、二一九頁。
（2）その代表事例が、孫崎享氏の注目作である『戦後史の正体　１９４５—２０１２』（創元社、二〇一二年）である。
（3）孫崎享『日本の国境問題』（筑摩書房・ちくま新書、二〇一一年、一四八頁）。
（4）『朝日新聞』（一九五〇年七月一日付）。

第五章　歴史認識と歴史和解　アジア平和共同体構築への展望

はじめに　歴史を問い直すことの意味

混迷の度を深める現代の国際社会にあって、普遍的な民主主義や平和主義が共有され、さまざまな意味における格差・貧困・不平等が解消され、暴力や戦争、そして環境破壊などの危機から人類が解放されるために、今人類の英知が試されている時代に私たちは立たされている。現実には立ちすくんでいると表現した方がいいのかもしれない。そうした危機の時代を克服し、未来を切り開く方途のひとつとして、実に多くの学会や諸団体が「アジア共同体」、とりわけ多様な危機を克服する「平和」の文字を入れて「アジア平和共同体」構築への道筋をつけるべく、多様なアプローチからの研究や議論が活発化している。

アジア平和共同体構築は、何よりも複雑かつ混迷を深めるアジア地域を対象とする以上、その実現可能性を疑問視する見解がきわめて多い。同時に、他地域と比較しても多様性豊かな地域であるがゆえに、それが「一つになること」の最大の障害と捉える見方も強い。

もちろん、アジア平和共同体が具体的にいかなる形態を伴い、既存国家をいかに位置づけるか、について種々の議論がある。ここでは、地域共同体の先行事例であるヨーロッパ連合（ＥＵ）のアジア版を想定していること、その意味でEUがそうであるように、既存国家の主権や領土を棄損するものではないことをまず確認しておきたい。具体的には、アジアの共通通貨を設定し、流通や人的交流の垣根を取り除いて経済的に相互依存関係を築き、欧州議会の設置や欧州大統領を選出して政治的合意を担保するシステムを構築しているEUモデルをふまえて構想される。

それは決して容易なことではないが、特に先んじて議論となるのは、現代国家の形態に何かしらの変革を強いられるかもしれないという不安と懸念である。(1) そこには国家主権の絶対性への心性が潜在しているのではないか。共同体構築とは、国家主権の相対化による国家概念の見直しを迫るという課題を背負うだけに、その反動として過剰なまでの国家至上主義が排外主義的ナショナリズムの台頭を促す。

現在アメリカを含め、フランス、イギリス、オーストリアなど欧米諸国で共通する現象としてのナショナリズムないし反グローバリズムの高揚は、突き詰めれば「国民国家」の形態を維持していくのか、脱「国民国家」の方向に舵を切っていくのかが、近い将来、より本格的な争点となることは必至であろう。すなわち、現代国家のほとんどが固有の歴史・文化・言語などを有する多数の民族・人種を「国民」の概念で包摂することにより国家の形成に取り組んできた、文字どおりの「国民国家」である。その「国民国家」という国家形態の限界性が露呈する時代が到来するのではないであろうか。

かつて、近代国家が「国民国家」としての体裁や内実を獲得するためには、多様な民族性や言語・文化を固有の特性とする諸民族を「国民」という鋳型に流し込む必要があった。文字どおり「国家」を形成するためには、多様性や固有の言語・文化を容認しつつも、上位の統合概念として「国民」を持ち出し、国家の構成員として束ねる必要性が、少なくとも政治領域では不可欠であった。

それゆえに、国旗や国歌など共有可能なシンボルを使いながら、国民としての一体感（アイデンティティ）を国民に注入する作業が推し進められた歴史がある。その「国民国家」を「共同体」なる概念で一つに押し込めるものと認知してしまう国民の側の問題がある。そこから、「共同体」構築による経済的あるいは政治的なメリットが期待される一方で、せっかく形成してきた「国民国家」としての一体感が崩壊していくのではないか、という危惧が生まれ、排外主義的色彩の濃いナショナリズムの流れが起きているのである(2)。

こうした一連の流れは、国際社会に拡がる格差社会の顕在化の反映である。経済生活問題である格差の度合いが増せば増すほど、人々は自らの経済生活基盤を保守しようと懸命になり、それに比例して自らが寄りかかるべく帰属意識を高揚させる。そこに発揚されるのが排他的な運動や発想により、他者を差別化することによる自己保存の心情である。実はこの心情・心性が、自らの歴史観念を非常に狭量なものにしていく。普遍的で開放的な歴史観念が疎まれ、自らが歩んできた歴史を称揚することで他者の歴史を排除する。それは、これまでの世界史においてもファシズムや全体主義の政治思潮のなかに具現された動きである。これと同質の動きが、いま欧米で大きな流れとなっているのである。

ただ、長いスパンで世界史を展望した場合、国家形態の変容や「国民国家」の相対化は、確かに過渡的な現象として、ときには徹底した排外的ナショナリズムや現代ファシズムの流れを呼び込むが、本来の意味における平和主義(パシフィズム)と民主主義(デモクラシー)とが国際社会で共有され、それを担保する具体的な組織や制度が確立されれば、それはいずれ退潮の時代を迎えるだろう。これは若干楽観的な観測かもしれないし、その過程で戦争や内乱という暴力がこの流れの退潮を阻む可能性も否定できない。だからこそ、世界平和主義と世界民主主義を普遍的な価値や原則に据えた平和共同体構築を展望する必然性があろう。

以下、小論ではまずあらためて歴史認識を深めることの意味を再考しながら、アジア平和共同体構築への展望を踏まえ、歴史問題を正面から取り上げ、歴史和解への道筋を検討していきたい。

より具体的には、最初にいわゆる歴史問題が政治問題化する根源としての歴史修正主義の問題を取り上げる。ここでは日本の近年における歴史修正主義の動きがいちだんと活発化している現実を踏まえ、あらためて歴史修正主義の本質と発生の背景を検討する。次いで、特に日韓関係において繰り返し浮上する植民地支配責任問題にからめて、植民地支配責任が日本において忘却の対象とされてきた日本人の歴史意識に触れつつ、今日いっそう問題化している従軍慰安婦問題を俎上に載せながら、歴史問題における記憶と忘却の問題を論じる。

最後に、以上の展開を受けるかたちで、依然として清算されない植民地近代化論について言及する。この課題の解決の道筋をつけない限り、歴史和解にはとうていたどりつけないことを強調していく。小論では、やや網羅的に諸課題を対象としているが、東アジア平和共同体構築を前提とする限り、きわめて困難な課題であることを承知しつつも、歴史問題解決こそ焦眉の課題であると考える[3]。

1 平和共同体構築に向けて

歴史認識を深めていくことの意味

国民としての一体感を担保するものとして、言語・文化などと並んで重要なのが歴史認識である。たとえば、建国史を普及させることで、同じ歴史をもつ国民としての誇りや自信が注入され、国家への信頼や忠誠、そして安住感が育まれていく。そこでは排外主義的なナショナリズムが、ときにきわめて煽情的に炊き上げられていく。その場合、いわゆる国民の歴史について教育現場などを通じて学習することは、「国民国家」としての認知が獲得されていく過程でもあった。

アジア平和共同体構築にあたってのきわめて重大なハードルとして、何よりもこの「国民国家」としての一体感を支える歴史認識の問題がある。それは、「共同体」が「国民国家」の解体を前提としたものではなく、既存の国家間の経済的・政治的・文化歴史的な垣根を取り除くプロセスのなかで構築されるものと定義した場合、もっとも大きな課題になるのではないかと考える。

おそらくそれが具体化されることになったときには、簡単な解答が見出せない歴史認識の問題は後回しにされ、経済的かつ政治的な課題の克服が優先されるはずである。しかし、アジア地域においては、実はヨーロッパ以上に歴史認識をめぐるより複雑かつ深刻な乖離が今なお顕著である。それを私たちは、通常「歴史問題」の用語で議論する。日中間の侵略戦争をめぐる認識と謝罪の問題、日韓間における植民地支配責任や従軍慰安婦問題をめぐる問題である。(4)その歴史認識の何が問題で、解決する方途は存在するのかを問うことが、アジア平和共同体構築を実現していく場合には、きわめて重要な課題となる。具体的には、日本で依然として根強く主張される侵略戦争否定論へと結実する歴史修正主義や歴史否定主義、また植民地統治支配の歴史をめぐる植民地近代化論の存在が、被侵略諸国から不信と嫌悪の感情をもって受け止められているのである。

さらに、戦後日本人のなかに繰り返し導入される、きわめてご都合主義的なアジア太平洋戦争観の問題がある。その戦争は明らかに侵略戦争であり、暴力と抑圧のきわめて象徴的な事例として日本人の歴史認識のなかに刻印すべきところであるが、現実にはそれとはむしろ逆に、アジア太平洋戦争は侵略戦争ではなく、欧米諸列強によるアジア植民地支配を打破するために行ったアジア解放戦争だとする、歴史認識や歴史解釈が依然として横行している。それだけではなく、それが現代国家の共有認識とされている側面が強い。

「国民国家」に不可欠な歴史認識の共有が、他の諸国間で容認しがたいとなれば、それ自体を克服する作業が不可欠となる。この時代にあって、一国の歴史を一国だけで抱え込むことは不可能である。確かに、近現代にあって歴史は、

「国民国家」の形成に不可欠な手段として徹底して政治利用されてきた。将来においても同様かもしれない。しかし、人類が歩んできた歴史には、民族や国家を超えて相互に教訓とすべき事実や真理が含まれる。〝国民の歴史〟という観念を脱して、〝人類の歴史〟と歴史の普遍的な役割を問い直すとき、自ずと歴史修正主義や歴史否定主義は克服されるはずである。

歴史修正主義と文化相対主義

現在、日本における歴史問題で有力な歴史解釈として勢いを得ているのは、たとえば日本の保守政党に所属する国会議員や地方議員の多くが所属する「日本会議」[5]が一貫して保持する歴史観である。その歴史観は、戦前の「皇国史観」と酷似している。彼らが目指す国家や国家制度の復権を実現させるために、まず戦後民主主義や平和主義の起点とも言うべきアジア太平洋戦争が侵略戦争ではなく、「自衛」のための戦争であり、「アジア解放」のための戦争であったという歴史解釈を持ち出してくる。

アジア太平洋戦争の研究レベルや戦争観から言えば、アジア太平洋戦争を侵略戦争と明確に規定し、また多くの日本人が、侵略戦争あるいはきわめて侵略性の高い戦争との認識を抱いていることは間違いない。だが、それにもかかわらず、それが同時に戦争責任や加害責任の問題にまで意識化されている現状にはない。つまり、日本人の戦争認識が依然として確立されていないということだ。それが、侵略戦争否定論者たちの格好の狙い目とされているのである。

歴史事実の隠蔽や忘却、そして恣意的な歴史解釈の押しつけは、現行憲法が示す歴史認識を否定し、ポスト冷戦時代に適合する新たな国民意識＝「帝国意識」の培養を試みるものとも理解される。ポスト冷戦の時代を迎えて、新世界秩序＝新体制創出の過渡期に入った現在、「相互依存体制」の深化と脅威の分散ないし拡散という矛盾した現象がもっとも先鋭化したかたちで表出するアジア地域で日本が覇権主義を貫こうとすれば、国家組織の引き締めは強まることはあっても、弱まることは決してなかろう。

この「帝国意識」の基盤は、すでに経済大国意識によって大枠が形成されたものだが、それは「自民族中心主義」〈エスノセントリズム〉あるいはエスノナショナリズムに支えられた歴史観念を特徴とする。そこでは民族の歴史総体が、疑問を挟む余地なく一貫して栄光の歴史として評価され正当化される。それゆえに、アジア太平洋戦争は日本民族の歴史にとって負の遺産ではあってはならず、その戦争目的において日本国家・日本民族発展のための大いなる試みであった、とする歴史解釈や認識が不可欠なのである。いわゆる「聖戦論」である。現在、さすがに「聖戦論」を表だって主張することは一般的ではないとはいえ、その歴史観に深く刻印されているのは、間違いなく皇国史観に支えられた「聖戦論」と言える。

同時に、世界的な観点から見すえておくことも忘れてはならない。「歴史修正主義者」、または「歴史否定主義」と呼ばれる歴史の〈見直し〉論者たちの世界的な動きとの、ある種の連動性の問題である。そこに共通するものは、国家至上主義を貫徹するために作為された恣意的な歴史叙述である。国家は常に栄光の歴史に包まれており、国家にとって不都合なる歴史事実は隠蔽され、忘却の対象とされる。そのために巧みな隠蔽工作が行われ、また制度化も進む。つまり、国家はその栄光を担保するため、隠蔽装置を国家内に設置する。

歴史事実の隠蔽あるいは曲解・捏造の類は、書籍や雑誌、電波メディアをも動員して繰り返し実行される。そして、ときとして「国民」を動員・参加させ、さまざまな行事の形式を採って進行する。その結果、一定の成果を獲得している。そうして、国家にとって都合のよい「国民の歴史」が国家の手によって創作されるのである。

ドイツの「歴史家論争」

「歴史修正主義」にきわめて厳しい姿勢を貫き、歴史和解を率先して進めてきたドイツにあっても、実は歴史認識をめぐる多様な議論が噴出している。そのなかでも特に有名なのが、「歴史家論争」(Historikerstreit)[6]である。「歴史家論争」は、ドイツ・ナチズムが犯した罪の絶対的悪から相対的悪への格下げを結果し、さらにナチスによるユダヤ人虐殺やガス室の存在の否定論を引き出した[7]。歴史修正主義者たちは、実証的な歴史研究を専門的職業とする歴史家たちではないから、その限りでは学問上の論争の相手ではないにしても、その社会的な影響力は無視できるものでは決してない。否、むしろ日本の政治においては、きわめて有力な位置を占めている。

歴史修正主義者たちの基本的な目標は、歴史の創造主体としての個人の役割を否定し、歴史を管理・修正する主体としての国家の全面評価をすることにある。したがって、国家にとって不都合な種々の歴史事実は、意図的かつ任意的に抹殺・隠蔽しようとする。歴史修正主義の本場とも言えるドイツでは、ナチズムの侵略の事実を隠蔽・歪曲し、フランスでは国民戦線に集結した人々がフランス共和制の歴史の〈見直し〉を迫っている。

私たちに求められていることは、〝歴史の管理者〟として過去の歴史を歪曲・隠蔽しようとする国家や、そうした路線に忠実な政治家や歴史修正主義者たちの犯罪性を告発し、国家からの歴史の〈取り戻し〉を急ぐことにある。その危険性を自覚しながら、歴史の〈見直し〉の動きを阻むためには、よりたくましい歴史意識や歴史認識を鍛えあげていくしかない。私たちは、いまや過去の克服と同時に、歴史の〈取り戻し〉という課題を背負うことになったのである。その場合、私たちは検討すべき課題をいくつか抱えている。

そのうちのひとつだけをあげれば、歴史の忘却と記憶の問題がある。前者については、過去を隠蔽しようとする国家と、過去を忘却しようとする国民とを、同時的に告発することを通じて、歴史の〈取り戻し〉と歴史認識の共有こそが求められているのであり、それが被侵略国家および国民・民族との和解の第一歩であるはずである。だからこそ、侵略の歴史事実を相対化し、侵略戦争を単なる「過去の出来事」に追いやることで「現在としての過去」という歴史を捉える重要な視点を完全に抹消しようとする試みには、異議を唱え続けなくてはならないのである。「過去の出来事」という場合、それは侵略戦争という、あくまで日本国家にとって都合の悪い歴史事実のみが選定されて忘却の対象とされたことは、きわめて悪質な歴史解釈である。

そうした意図された歴史の忘却の進行に、被侵略国家の人々はますます不信感を募らせるばかりである。なぜ、「広島・長崎への原爆投下」や「シベリア抑留」などが強く記憶され、「バターン死の行進」や「南京虐殺事件」、さらには「シンガポール虐殺事件」や「マニラ掠奪事件」、そして、「ベトナム一九四五年の飢饉」などが忘却されるのか。忘却と捏造された記憶によって歴史事実が都合よく再形成されていく事態こそきわめて憂慮すべきなのだ。ここには歴史の記憶と忘却が、ある意味で逆転されてしまっている。加害の事実から逃避するために、被害の事実を過剰なまでに意識する。(8)

記憶と忘却の恣意的な操作のなかでは、歴史事実の確認と未来に向けた歴史認識の深まりは期待できない。侵略の歴史事実と加害の歴史事実を「心に刻む」(Erinnerung)(9)ことによって、より社会的に加害の主体と被害の主体を明確にしていく作業を怠ってはならないのである。戦争責任問題が議論される場合、短絡的な加害論や被害論あるいは敵・味方論の議論に収斂させてしまうのではなく、まずどのようにしたら「現在としての過去」と自分とを切り結ぶことが可能なのか、そしてどうすれば歴史の主体者としての自己を獲得できるのか、という課題が設定されるべきであろう。

また、「文化相対主義」についても、「自民族中心主義」の呪縛から解放されるためにも、歴史の主体者としての自己の獲得は不可欠であると同時に、クリフォード・ギアツが主張するように、「他者に対して、自己とは異なった存在であることを容認し、自分たちの価値や見解（＝自文化）において問われていないことがらを問い直す」姿勢が求められる。[10]

文化や歴史の絶対化からは、自らの歴史が人類の歴史の一部でしかない、とする普遍的な視点を得ることは不可能である。一つの国家、一つの民族が、恒久的な平和や安寧を獲得するためにも、人類や世界という大枠の存在や空間とどう向き合うのか、という意味からも、文化や歴史の相対化が必要である。「自民族中心主義」が生み出すのは、絶対的な存在としての自己を一つの国家という空間に閉じ込めてしまうことであり、「国民」という政治概念のなかで自己を喪失してしまうことである。人類史や世界史のなかで、自己と国家、民族との関係性を定立するためにも、ギアツの言う「文化相対主義[11]」の考え方が求められているのである。

また、『菊と刀――日本文化の型[12]』などで知られるルース・ベネディクトも、早くから「文化相対主義」と呼称されることになる考え方を指摘していた。ベネディクトは、「文化の相対性」の用語を用い、文化の相対性というものが、皆が共有する価値をずらすことによって、当該の文化の中においても共有可能なものになることを『文化の型（文化の諸パターン）[13]』で主張する。

「文化相対主義」が、これまで日本においては、小泉潤三らの積極的な翻訳紹介の実績がありながら、こと政治学の分野においては、この課題設定が深刻かつ真剣に議論されてこなかったがゆえに、歴史の暗部を隠蔽し、過去の〈書き換え〉を強引に要求する国家の歴史の統制に、有効な対応ができなかったのではないか。同時に、戦後の平和主義や民主主義の内実を深く問うことなしに、利益誘導型・利益第一主義的な前向き課題への無条件の礼賛のなかで、無意識的にせよ、過去の忘却に手を貸してきたのではないか。

2 歴史の記憶と忘却

なぜ、侵略の事実を容認できないのか

今日、アジア太平洋戦争であった歴史の事実は充分に論証されもしてきた。戦後日本人の戦争観や歴史解釈にしても、大方が日本の侵略戦争の歴史事実を真剣に学びとろうとしている。また、侵略戦争を告発し続けることで過去を徹底して批判し、同時に侵略戦争を引き起こした戦前期社会と多分に連続性をはらむ戦後社会をも総体として批判することで、あるべき理想社会の構築を実現しようとする運動や思想が展開もされ、深められもしている。それこそが「現在としての過去」を正面から正しく見すえることである。

その点で「過去」を単に時間系列的な「出来事」として片づけてしまうのは、決して許されるものではない。それと同時に、ある政治的な目的のために、歴史事実の歪曲・曲解・隠蔽によって歴史を捏造することはもっとも卑劣な行為である。いわゆる米英同罪史観、自衛戦争史観、アジア解放戦争史観、殉国史観、英霊史観などの〝歴史観〟が、これに該当しよう。

これらの歴史観に共通することは、いずれも他の人たちによって行われた犯罪によって、別の人々の背負う罪が相対的に軽減されるとする認識に立っていることである。これこそ明らかに歴史責任を放棄する考え方であり、歴史の事実を真正面から見すえようとしない無責任な姿勢である。これでは歴史のなかで生きる人々との間で、あるべき歴史認識の共有と理解により「平和的共存関係」を創造するという平和の思想は、とうてい生まれようがない。

そのような課題を念頭に置きながら、私は現代史研究者の一人として、とりわけ「アジア太平洋戦争(14)」とはどのよ

うな時代であり、どのような戦争であったのか、そこでは戦争に至るまで、これを受容していく侵略思想がどのような段階と思想的な変遷を経つつ、どのような思想家たちによって創出されていったのか、また、戦争に至る国内の政治動向、なかでも天皇周辺や軍部の動向はどのようなものであったかを追い続けてきた。

それと同時に、戦争という政治状況のなかに、これに関わらずにいられなかった人々、戦争による抑圧の体系のなかで人々がどのような運命を歩むことになったのかについても活写していくことが、今日における新たな「戦前」の始まる状況との関連からも不可欠に思われる。そして、「アジア太平洋戦争」の真実に迫る試みは、今後においてもあらゆる機会を通して続けなくてはならない。現在が歴史の危機の時代であってみれば、なおさらである。この戦争が私たちに問いかけている課題はあまりにも多い。

東アジア平和共存体制構築への展望に関連して、以上の問題意識をふまえ、今日の日本を含めた各国における歴史認識の深まりを阻害する原因となる、戦争の封印や抹殺が横行する現状を批判する視点を提起すること、その前提として、とりわけ日本を現状課題としての戦争の記憶の喪失状況の原因と、戦後日本人の歴史認識の現実を浮き彫りにすることが求められている。

つまり、戦争の記憶を維持し、そこから教訓を引き出すためには、平和の思想をたくましく創造し、再生産し続けることが決定的な課題として必要とされているのである。戦争の記憶の封印や抹殺が強行され、それがあまたの民衆の歴史認識の深まりを阻害しようとしている状況を打破するためには、普遍的かつ継続的な平和思想の創造と実践が不可欠であり、そのことを念頭にすえて課題意識の国境を越えた共有が求められている。東アジア平和共同体を構築する前提として、何よりも日本および日本人の歴史認識の鍛え直しが急務であり、歴史修正主義や歴史否定主義の清算の作業を文化相対主義などの視座に立ちつつ進めることが不可欠なのである。

別の角度からすれば、東アジア平和共同体とは、〈不戦共同体〉（non-war community）である。それはＥＵを構成する諸国間で含意された平和の思想を実現していく実体としての国際組織そのものである。換言すれば、安全保障問題において、文字どおり相互に安全保障を担保し合う関係性の創造であり、それを実体としての共同体という、国境を越えたセイフティネットを構築することに結果するのである。それゆえに、そこでは戦争の記憶を喪失しないために、また、戦争体験によって被害体験を強いられた人間総体を救済するためにも、まさにその意味において治癒としての平和思想の鍛え直しが急がれねばならない。

喪失される植民地支配意識

次に、植民地支配の歴史の記憶を喪失した戦後日本人の姿勢を批判的に論じていきたい。そこでは、そもそも日本および日本人が侵略戦争であった「アジア太平洋戦争」を、依然として総括しえていない現実を浮き彫りにする。そして、最後に加害意識を忘却する役割を担った植民地近代化論の非論理性を指摘していく。そうした歴史の検証を進めながら、あらためて戦争の記憶と平和の思想に関連する現代日本の思想史的状況を概観しておきたい。

ここで特に取り上げるのは、歴史認識を俎上に載せる際に避けて通ることのできない歴史課題としての植民地支配の問題である。侵略責任や戦争責任の問題と並び、ここでは「植民地支配責任」の用語を使用することにする。これまでの諸研究において、植民地支配あるいは植民地統治との用語で、戦後日本における植民地史研究は大きな成果をあげてきた。その一方で、植民地支配を責任の用語で把握しようとする植民地支配責任の問題については、依然として共有可能な責任の所在が確定しきれていないことは否定できない。たとえば、活発に議論されてきた植民地近代化論に代表されるように、植民地支配や統治を一定程度に肯定する視座を提起する論考や発言はあまた存在する。

この植民地近代化論も多様な視点からする議論百出の観があるが、支配者側の視点、被支配者側の視点、植民地台湾と植民地朝鮮という植民地の所在によっても把握方法は異なる。そして、何よりも植民地近代化論が、植民地支配の責任を緩和する目的と作用を期待して論じられる場合と、実際に植民地の近代化に結果し、植民地にされた人々も一定程度豊かになった、とする積極的な評価も主張されてきた。

ただ歴史考察の対象とする場合、以下の諸点に注意する必要がある。第一に誰のための、何のための植民地支配だったのか、との視点から支配する側の政策や意図を明確にすること、第二に、西欧諸列強の植民地支配を排して日本が植民者となることの意義を説く論調の、きわめて恣意的な解釈の問題性を配慮すること、第三に被植民者間における階層分化を結果し、富裕層には植民地支配が概して好都合であったことを確認しつつ、植民地支配による恩恵を享受できなかった経済的な意味における中間層以下の人々にとっての植民地支配の意味など、階層によって当然ながら被植民地者も受け止め方が異なることを前提とすること。植民地支配責任は植民者側の問題であるが、被植民者の受け止め方を勘案すれば支配責任の内実も変わってくるはずである。

戦後日本人の歴史認識の希薄さを、もっとも端的に示しているのが台湾および朝鮮に対する植民地支配責任あるいは植民地支配意識である。歴史事実として、日本がかつて台湾および朝鮮を植民地としていたことを知っていても、どのような歴史の背景から植民地保有に至ったのか、という点への関心はきわめて低いのが現状である(15)。戦後の日本人は、植民地の人々が、日本の支配や統治にどのような反応あるいは反抗を重ねてきたか、について知ろうとしてこなかった。ましてや現在の日本で清国が日本に敗北を喫し、下関条約において台湾および澎湖諸島の日本への割譲が決定された後に、台湾に上陸した日本占領軍に対して清国の残兵や一部の台湾住民が植民地化に反対して決起した歴史事実はほとんど忘却されている。これを台湾史では「乙未戦争(16)」と称する。

さらに、ここで問題としたいのは、植民地支配が終焉を迎えた経緯についても同様に、ほとんど関心を向けなかったことである。もう少し正確に言えば、植民地支配の終焉という事実が、日本の敗戦事実と連動せず、切り離されて意識されてきた。この二つの問題は深く関わっているはずなのに、戦後日本人には、敗戦体験と植民地放棄体験とが、必ずしも同次元で把握されていないのである。もちろん、その原因は戦後日本人の対アジア認識に連動している。直接的な原因としては、台湾にせよ朝鮮にせよ、被支配の時代に反日抵抗運動が存在し、いくつもの抵抗組織が形成されていた。だが、日本の敗戦により独立が獲得されたことから、たとえば、フランスとアルジェリアのような植民地戦争の歴史体験を経由せず、そこには植民地の〝自然消滅〟にも似た感覚だけが残る、といった事態となったことである。[17]

加えて、日本敗戦後における東西冷戦構造という国際秩序のなかで、アメリカはアジア戦略を優位の下に進めていくために、日本を同盟国化していく必要に迫られていた。それゆえに、戦争賠償請求権を持つ被侵略諸国への働きかけが公然と行われた結果、日本への戦後賠償問題が棚上げされた。その結果、日本は植民地支配責任を問われないまま、植民地支配地域からの〝撤収〟が可能となったことである。

さらに、朝鮮は分断国家となって、日本に対して植民地責任を問う体制ではなくなり、中国にしても蔣介石の国民党と毛沢東の共産党との間の内戦（一九四五―一九四九）により、これまた同様の状態下に置かれていた。東西冷戦体制の開始が日本をして植民地責任と向き合う機会を棚上げしたことは、その後の日本人の植民支配の記憶の曖昧さに拍車をかけることになったのである。

それればかりか、一九六五年六月二二日に締結された「日本国と大韓民国との間の基本関係に関する条約（대한민국과 일본국 간의 기본 관계에 관한 조약）」（通称「日韓基本条約」）締結前後から、朝鮮近代化論による植民地支配正当論や肯定論が登場する。[18] 実際にも「日韓基本条約」の交渉の最中においても、朝鮮近代化論を主張する日本側の外務官僚がいた。[19] これは当然にも韓国側から猛烈な批判を受けることになり、締結交渉は以後四年もの間滞ることになる。

この問題を考える場合、少々迂遠な方法かもしれないが、そもそもアジア太平洋戦争とは、いったい何であったのか、という問いを発することから始めなければならない。なぜならば、台湾・朝鮮の植民地支配、あるいは「満州国」（満州帝国）の「建国」に象徴される傀儡国家の樹立やオランダ領インドネシアあるいは英領マラヤ、米領フィリピンなど、日本が軍政統治を強いたアジア諸国への関与の実態を問い直すなかで、やはり最後に残る課題は、アジア太平洋戦争の評価をどこにすえるのかという問題であるからである。

「アジア解放戦争」とする評価が繰り返され、それが大手を振って一人歩きし、一定の支持を獲得している現実をも念頭に、この問題にふれてみたい。植民地支配意識の希薄さの原因として、戦後日本人のアジア太平洋戦争の総括の不充分さを指摘していきたいのである。

3　アジア太平洋戦争とは何だったのか

アジア太平洋戦争の位置

戦後日本人の多くが今日の歴史問題として、「先の戦争」という言葉を使うとき、それが指しているのは、特に満州事変以後から日本の敗戦に至るアジア太平洋戦争のことである。しかし、アジア太平洋戦争は、先に述べたように暴力性と抑圧性を特徴とする日本の近代化のなかで引き起こされたものである以上、台湾出兵から始まる日本の対外侵略戦争全体のなかで総括する必要があろう。「日中一五年戦争」（一九三一―四五）と「太平洋戦争」（一九四一―四五）を同時に把握する「アジア太平洋戦争」（一九三一―四五）も、「台湾出兵」（一八七四）から開始される日本の対外侵略戦争の一部を構成する歴史事実とする捉え方である。「太平洋戦争」は「日中一五年戦争」の延長として起こり、満州事変に始まる「日中一五年戦争」も、「日露戦争」（一九〇四―〇五）や「日清戦争」（一八九四―九五）も、「台湾出兵」に起因するものと考える。まさに一つの戦争は次の戦争を用意するのである。歴史を遡及して、歴史の真実に肉薄できるのではないか。したがって、「アジア太平洋戦争」の位置のみを確定するのは合理的ではない。そうした限界を念頭に据えつつ、ここではとりあえず「アジア太平洋戦争」の位置を整理しておきたい。

結論を先に言えば、繰り返しになるが「アジア太平洋戦争」は日本の対アジア侵略戦争であり、対英米戦争もその延長線上に位置づけられる。[20]だからと言って、この戦争に対してあまたの性格規定が存在すること自体を否定するものではない。多様な歴史認識や解釈が一定の根拠にしたがって説明されることは当然である。ただし、とりわけ対英米戦争に限定して言えば、侵略と防衛という二項対立だけで捉えるのは単純すぎる。そこには帝国主義間戦争、ファシズム対反ファシズム戦争など多様な側面を指摘可能であり、そうした側面は戦後の内外における歴史研究の中で活発に議論されてもきた。

しかしながら、対中国戦争をはじめ対アジア戦争が侵略戦争以外の何ものでもなかったという点は、共通可能な歴史認識として、最終的に確定されなければならない。同時に日本の植民地統治にしても、どのような形式的な融和政策が採用されていたにせよ、支配と服従という関係があったことは歴然たる事実であり、その統治過程において強圧的な軍事恫喝や文化移入が実施されたのは間違いないことであった。この歴史事実を全否定することは、少なくとも歴史学研究上においては不可能である。その意味で侵略戦争であることを、これまでの研究蓄積をふまえつつ、政治信条やイデオロギーに左右されない客観的な視点や方法から充分な議論を重ねつつ確定する必要があろう。ただ、それでも全否定しようとするのは、もはや歴史学の領域ではなく、政治的信条やイデオロギーの領域に関わる政治領域に属することである。

なぜ、ここで歴史学の視点にこだわるかと言えば、それが一国の歴史を超えて普遍的な真理に到達することを目指しているからである。一国の歴史が一国の政治の都合によって恣意的に解釈され、それが固着してしまうことは、少なくとも歴史学が望むところではない。その意味で依然として「アジア太平洋戦争」を「大東亜戦争」と呼称し、それは「アジア解放戦争」だったとする主張は政治的主張であって、歴史学研究の対象ではないということは論ずるまでもない。

今日の歴史問題と言われる政治争点化している議論のなかにも、「アジア解放戦争」論を主張する人々や諸勢力が存在し、それは一定の政治勢力として目立った動きをなしている。このような論者に対しては、先の戦争の性格規定をするうえで、「アジア太平洋戦争」は侵略戦争であったか、なかったかという二項対立的な判断の是非だけを問うのではなく、そもそも「アジア太平洋戦争」とは何だったのか、という最初はあえて結論を保留する課題の設定も重要なアプローチとなってくるように思われる[21]。

そのような課題設定からは、多義的かつ重層的な把握の試みが可能であり、同時に、なぜ「解放戦争」だと主張するかの背景を探ることにもなる。確かに、この課題設定が「アジア解放戦争」論を許容する可能性を含むとしても、そのような結論をも最初から否定してはならない。むしろ、今日において具現されているように、「解放戦争」論が再生産・再浮上するような、戦後日本人の歴史認識や歴史環境のありようを問うためには、不可欠な課題設定である、と言ってよい。

このうち私たちが問うべき外在的な理由とは、言うまでもなく折からの東西冷戦構造のなかで、かつての被植民地諸国および被軍政統治国で権威主義的な政治体制が敷かれ、日本への不満が抑圧され続けてきたことである。とりわけ、韓国では軍事政権下でかつての植民統治を批判し、補償を求める運動や声が、日本の経済支援を期待する軍事政権により圧殺され続けたことである。

既述したように、日韓基本条約は日本からの経済支援と引き換えに、日韓間の歴史問題を封印する結果となった。

日本は、朴正熙（박정희、一九一七―一九七九）大統領による権威主義的政権を支えることで経済的利益を引き出したばかりか、これらの諸国民が蓄積した日本の戦争責任を問う声に耳をふさぐことができた。

こうして、日本敗北と同時に台湾も朝鮮も、あるいは軍政統治下にあったアジアの諸地域は解放されて以後、被支配の怨念や反発を発揮する機会をことごとく奪われてきたのである。彼ら彼女らの日本の戦争責任を問う声が、ようやく日の目を見るのは、冷戦時代が終焉を迎えた、実に一九八〇年代以降のことであった。その間、日本人は、自らがかつて植民地保有国であることは知っていても、植民地支配の実態についてはは関心をさほど持ち合わせていない。その一方では、植民地支配経験を積んだ台湾や朝鮮、そして、日本の軍政統治下に置かれたインドネシアやフィリピンなど東南アジア諸国では、一定程度の近代化を果たしたのであり、それに日本の支配や占領は貢献したのだ、という言説がふりまかれて後を絶たない。

「アジア解放戦争」の歴史的根源

繰り返すことになるが、ここであらためて「アジア解放戦争」の根源を検証しておきたい。そのために、まず日本の対英米蘭開戦にあたり、一九四一（昭和一六）年九月六日の御前会議で決定された「帝国国策遂行要領」の内容を取り上げる。

その冒頭には、「帝国ハ自存自衛ヲ全ウスル為対米、（英、蘭）戦争ヲ辞セサル決意ノ下ニ概ネ十月下旬ヲ目途トシテ戦争準備ヲ完整ス」と記した。[22] これを受けて、戦争目的について明確にされたのは、同年一一月一一日の大本営政府連絡会議においてである。そこでは、「対英米蘭戦争名目骨子案」が検討され、「自存自衛」の用語が使われた。この用語は侵略戦争を正当化するための、無理やり案出された用語となったが、当時にあっては、戦争目的を国際社会に向けて発信する必要に迫られ、苦肉の用語として案出された。しかし、「自存自衛」のスローガンは一定の認知を国民各層から受けることになり、侵略戦争を否定する用語として機能していく。

もちろん、当時にあって戦争の本質を隠蔽する「自存自衛」のスローガンに異議を唱えた政治家も存在した。その代表格が一九四〇（昭和一五）年二月二日、帝国議会（衆議院本会議）の場で軍部主導による日中戦争を批判した「支那事変処理に関する質問演説」（通称「反軍演説」）が直接の原因となって衆議院から除名されることになった斎藤隆夫である。斎藤は、「自存自衛」スローガンについて、「日本の大陸発展を以て帝国生存に絶対必要なる条件なりと言はんも、自国の生存の為には他国を侵略することは可なりとする理屈は立たない。若し之を正義とするならば切取強盗は悉く正義である[23]」と喝破したのである。さらに続けて、「此の戦争の責任を塗抹せんが為に次から次と種々の理屈を考え出し、曰く肇国の精神である。「八紘一宇」の理想である。神武東征の継続である。自存自衛の為である。東洋民族の解放である。共栄圏の確立である。道義戦である。聖戦である。其の他ありとあらゆる理由を製造して国民を欺瞞し、国民を駆って戦争の犠牲に供する[24]」と論断し、その欺瞞に満ちた用語への徹底した批判を展開していた。しかし、この斎藤の批判は侵略戦争を正当化するに躍起となっていた東條英機内閣により無視され、同時にまた当該期メディアもこの用語を受容していく。

一九四一（昭和一六）年一一月一五日開催の第六九回大本営政府連絡会議の席上、「対南方戦争名目ニ関スル件」が審議され、その結果として、翌一六日に大本営政府連絡会議が「対英米蘭蔣戦争終末促進ニ関スル腹案」が作成された。そこには、戦争目的を「速ニ極東ニ於ケル米英蘭ノ根拠ヲ覆滅シテ自存自衛ヲ確立スル[25]」ためと記されている。「自存自衛」を戦争目的として強く主張したのは陸軍側であったが、一方の海軍側は、さらに、「大東亜共栄圏」あるいは「大東亜新秩序」の建設をも戦争目的とすることを主張した[26]。要するに、対欧米蘭戦争と前後して開始された東南アジアへの侵攻をも踏まえ、その侵略戦争の内実を隠蔽するために、自給自足の確立による戦争国家体制の確立を内容とする「自存自衛」をスローガンとしたのである。あわせて、太平洋方面の戦面拡大の状況を踏まえ、「大東亜」という新たな地理的概念を用い、同地域における日本の覇権を確保するため、「大東亜新秩序」の用語が創出される。

その意味では、陸海軍の戦争目的をめぐる相克は、侵略主義の強行という選択において、相互に矛盾するものではなかった。ただし、軍事史研究者が指摘するように、短期決戦を志向する海軍と長期戦を覚悟していた陸軍との戦略上の相違から、海軍および海軍系の指導者のなかには、「大東亜新秩序」の建設という膨大な国家戦略の構築には消極的であった。

それゆえ、同年一二月八日の対英米開戦の後に開催された一二月一二日の閣議（東條英機内閣）において、日中全面戦争（一九三七年七月七日）を起点とし、対英米蘭戦争に至る戦争を《大東亜戦争》と呼称することを決定した後でも、この戦争目的をめぐる陸海軍の角逐は必ずしも解消されなかった。しかし、総力戦段階に突入した後には、この問題が表面化することはなかった、と言ってよい。

註

（1）たとえば、二〇一六年六月二三日、イギリスは国民投票によってEUからの離脱（Brexit）を決定した。その理由は移民受け入れの判断が自国に不在であることが主要な課題であったことが明らかにされている。二〇一七年一月一七日、イギリスのメイ首相はイギリスの正式離脱を発表した。

（2）事実、現実の政治の世界に目を落として言えば、二〇一六年一一月、アメリカの大統領選挙において、多くの予想を覆したドナルド・トランプ（Donald John Trump）次期大統領候補が当選したのも、こうした流れに沿った側面がある。フランスの右翼組織である「国民戦線」（FN）のマリーヌ・ル・ペン（Marine Le Pen）も二〇一七年四月に実施されたフランス大統領選挙で決選投票に残り（五月）、マクロン候補に敗れはしたものの、約三〇パーセントの得票率を得て次点となった。こうした国家主義的思想が、世界の潮流として顕在化しているのである。そうした流れに先んじて登場したのが安倍晋三政権とも評価可能であろう。こうした一連の動きは、西欧諸国内に拡がる格差への不満から、右翼政党の台頭にもつながっている。たとえば、二〇一六年一二月四日に実施されたオーストリアの大統領選挙では、右翼の「オーストリア自由党」（FPÖ）候補であったホファー（Norbert Gerwald Hofer）がわずか三万票の差でリベラル派「緑の党」のファンダーベレン（Alexsander Van der Bellen）に競り負けはしたが、今後に大きな弾みをつけるかっこうとなった。同様の事態は、ヘルト・ウィルダー（Geert Wilders）率いるオランダの右翼「自由党」（PVV）は、二〇一七年三月の総選挙で、当初首位を狙う勢いがあるとの前評判に反して伸び悩みはしたが、得票数自体は伸ばしている。ドイツでは再選を目指すメルケル（Angela Dorothea Merkel）首相に対抗して、フラウケ・ペトリ（Frauke Petry）率いる「ドイツのための選択肢」（AfD）がまずは二〇一七年九月の地方選挙で勝利を収めつつあり、二〇一六年年一二月四日、イタリアではタレント出身のベッペ・グリッロ（Beppe Grillo）率いる「五つ星運動」（M5S）が先の憲法改正問題をめぐる国民投票でレンツィ（Matteo Renzi）首相を退陣に追い込んだ。**追記**：二〇一七年一〇月一五日に実施されたオーストリア下院選挙で中道右派の国民党が第一党に躍進。同党は反難民政策を掲げている。

（3）歴史問題を論じるうえでの用語として近年活発に使用される「歴史認識」「歴史意識」「歴史和解」などの用語を媒介として、これまでにも多くの著作や論文が刊行され、そして学会や研究会などが組織され、日本国内だけでなく、特に中国や韓国での共同研究やシンポジウムが開催されている。以下に特に本小論と関連性の高い主な著作だけを数点あげておく。朴裕河（박유하）『和解のために――教科書・慰安婦・靖国・独島』（平凡社、二〇一一年）、黒沢文貴他編『歴史と和解』（東京大学出版会、二〇一一年）、東北アジア問題研究所編『日韓の歴史認識と和解』（新幹社、二〇一六年）、菅英輝編『東アジアの歴史摩擦と和解可能性：冷戦後の国際秩序と歴史認識をめぐる諸問題』（凱風社、二〇一一年）、木村幹『日韓歴史認識問題とは何か――歴史教科書・「慰安婦」・ポピュリズム』（ミネルヴァ書房、二〇一四年）、細谷雄一『戦後史の解放Ⅰ　歴史認識とは何か――日露戦争からアジア太平洋戦争』（新潮社、二〇一五年）、天児慧他編『東アジア　和解への道――歴史問題から地域安全保障へ』（岩波書店、二〇一六年）、劉傑他編『1945年の歴史認識――〈終戦〉をめぐる日中対話の試み』（東京大学出版会、二〇〇九年）、三谷博他編『国境を超える歴史認識――日中対話の試み』（東京大学出版会、二〇〇六年）、鄭在貞『日韓〈歴史対立〉と〈歴史対話〉――「歴史認識問題」和解の道を考える』（新泉社、二〇一五年）。また、論文もおびただしい数に達しているが、そのうちで「領土問題と歴史認識問題の「非政治化」すなわち「政治問題としての棘をぬく」という視点にたって」（同論文、一一五頁）、問題解決の手順を論じた東郷和彦「日中韓の歴史認識問題を乗り越えて――七段階のロード・マップの提案」（立命館大学社会システム研究所編刊『社会システム研究』第三二号、二〇一六年三月）、近年における日韓関係を規定する歴史認識にふれつつ、特に韓国における対日歴史認識が生み出された背景を論じた、和喜多裕一「今後の日韓関係と歴史認識問題――歴史認識の壁はなぜ生ずるのか」（参議院事務局企画調整室編集・発行『立法と調査』、第三三七号、二〇一三年一月）、外交関係にもきわめて重要かつ深刻な影を落とす歴史認識について正面から論じた、庄司潤一郎「歴史認識をめぐる日本外交――日中関係を中心にして」（『国際政治』第一七〇号、二〇一二年一〇月）、日中国交回復前後における日中外交交渉のなかで歴史認識問題がいかなる課題となったかを論証

した、畢克寒「日中国交回復における歴史認識問題の位置と変容」（山口大学独立大学院東アジア研究科紀要『東アジア研究』第六号、二〇〇八年三月）などがある。なお、纐纈も歴史問題に触れた著作・論文をこれまでに多く発表してきたが、代表的な著作に『私たちの戦争責任：昭和初期二〇年と平成期二〇年の歴史的考察』（凱風社、二〇〇九年）を挙げておく。なお、同書は、『我們的戦争責任』（楊孟哲監訳、台湾：人間出版社、二〇一四年）、『我们的战争责任』（申荷麗訳、中国：人民日報出版社、二〇一〇年）、『우리들의 전쟁책임 : 쇼와초기 20년과 헤세기 20년의 역사적 고찰』（金京玉訳、韓国：J&C、二〇一三年）として各国で翻訳出版されている。

（4）特に韓国と日本との間で政治問題化している対象に、二〇一一年一二月一四日に韓国挺身隊問題対策協議会（挺対協）によってソウル特別市の日本国大使館前に建立された「平和の少女像」（いわゆる〝従軍慰安婦像〟）問題がある。少女像は現在では、韓国内だけでなくアメリカ、カナダ、オーストラリア、ドイツなどを含め現時点で五〇体以上が建立されている。近々では、二〇一六年一二月二八日に釜山広域市にある日本国総領事館前に建立され、これに対して日本政府が先の日韓合意に反するとし、二〇一七年一月六日、当面の対抗措置として、在大韓民国日本国大使館・長嶺安政特命全権大使と在釜山日本国総領事館領事・森本康敬の一時帰国、日韓通貨スワップ協定の取り決め協議の中断、日韓ハイレベル経済協議の延期、在釜山日本国総領事館職員による釜山広域市関連行事への参加見合わせ、などの処置を採ることを発表した。日本国内では日本政府の抗議とは別に地方議員などによる撤去を求める運動も存在する。この問題の本質は、歴史問題が単に両国政府間の外交交渉によってだけでは解決不可能であることを端的に示している。大切なのは、韓国国民の感情を癒す誠実な行為である。

（5）一九九七年に設立された民間団体である。二〇一六年段階での会員数は約三万八〇〇〇名、四七全ての都道府県に本部が設置され、さらに二四一の市町村に支部がある。日本会議国会議員懇談会と日本会議地方議員連盟は、日本会議の関連団体。

（6）『フランクフルター・アルゲマイネ・ツァイトゥング』紙（Frankfurter Allgemeine Zeitung）紙に発表されたエルンスト・ノルテ（Ernst Nolte）の論文「過ぎ去ろうとしない過去──書かれはしたが行われなかった演説」（一九八六年六月六日付）に対してユルゲン・ハーバーマス（Jürgen Habermas）が、『ツァイト』（Die Zeit）紙に、「一種の損害清算──ドイツの現代史記述における弁解的傾向」（一九八六年七月一一日付）と題する論文を発表し、ノルテやビルグルーバー等の考えを歴史修正主義として彼らの歴史認識を批判したことから開始された。

（7）ハーバーマスとノルテとの「歴史家論争」については、ユルゲン・ハーバーマス他［徳永恂他訳］『過ぎ去ろうとしない過去──ナチズムとドイツ歴史家論争』（人文書院、一九九五年）、柴田育子「「公的な歴史認識」の基準をめぐって──ドイツ歴史家論争」（筑波大学倫理学言論研究会編『倫理学』第一四号、一九九七年、七五─九五頁）等参照。

（8）こうした問題に関連して日本近代政治史に関する著名な研究者の一人であるガバン・マコーマック（Gavan McCormack オーストラリア国立大学名誉教授）は、同じく著名な日本近代史研究者であるジョン・ダワー（John W. Dower マサチューセッツ工科大学名誉教授）との対談のなかで次のように発言している。「過去の歴史に向き合い、戦争責任の清算をせざるえない時期が来ると、あまりにも多くの日本人がそうした歴史を忘れてしまっていたり、無知であったりするのみならず、真実ではない歴史神話を信じ込むように唆されたのでした。日本が侵略者であると同じく犠牲者であり、欧米の帝国主義に終止符を打ち、アジアを解放するために勇敢に闘ったと思っている人は多く存在します」（ジョン・W・ダワー、ガバン・マコーマック［明田川融・吉永ふさ子訳］『転換期の日本へ――「パックス・アメリカーナ」か「パックス・アジア」か』（NHK出版、NHK出版新書、二〇一四年、二五六頁）。

（9）「心に刻む」は、一九八五年五月八日、西ドイツ（当時）ヴァイツゼッカー（Ernst Freiherr von Weizsäcker, 一九二〇―二〇一五）大統領がドイツ連邦政府で行った「荒れ野の四〇年」（永井清彦編訳『ヴァイツゼッカー大統領演説集』岩波書店、二〇〇九年、収録）の一節「問題は、過去を克服することではない。そんなことはできるわけがない。後に過去を変更し、あるいは起こらなかったことにすることはできない。だが、過去に目を閉ざす者は結局、現在にも盲目となる（Wer aber vor der Vergangenheit die Augen verschliest, wird blind für die Gegenwart.）。非人間的な行為を心に刻もうとしない者は、またそうした危険に陥りやすいのだ」から頻繁に引用されることになった。

（10）小泉潤二「ギアツの解釈」（江渕一公・伊藤亜人編『儀礼と象徴――文化人類学的考察』九州大学出版会、一九八三年、二七一―七二頁）を参照。

（11）「文化相対主義」とは、他者に対して自己とは異なった存在であることを容認し、自分たちの価値や見解（＝自文化）において問われていないことがらを問い直し、他者に対する理解と対話をめざす倫理的態度を示す。「文化相対主義」の代表的著者で筆者も今後注目したい論者に、本文でも触れたクリフォード・ギアツ（Clifford Geertz）がいる。ギアツの著作は多く翻訳出版されているが、代表的な翻訳本を書き出しておく。吉田禎吾他訳『文化の解釈学（1・2）』（岩波書店、一九八七年、原題・出版社・出版年：*The Interpretation of Cultures: Selected Essays*, Basic Books, 1973）、小泉潤二訳『ヌガラ――一九世紀バリの劇場国家』（みすず書房、一九九〇年、*Negara: the Theatre State in Nineteenth-century Bali*, Princeton University Press, 1980）、梶原景昭他訳『ローカル・ノレッジ――解釈人類学論集』（岩波書店、一九九一年／岩波モダンクラシックス、一九九九年、*Local Knowledge: Further Essays in Interpretive Anthropology*, Basic Books, 1983）、森泉弘次訳『文化の読み方／書き方』（岩波書店、一九九六年、*Works and Lives: the Anthropologist as Author*, Stanford University Press, 1988）、鏡味治也他訳『現代社会を照らす光――人類学的な省察』（青木書店、二〇〇七年、*Available Light: Anthropological Reflections on Philosophical Topics*, Princeton University Press, 2000）。

（12）原題は、*The Chrysanthemum and the Sword: Patterns of Japanese Culture* (Verso, 1983, 2nd edition, 1991, Revised edition.）である。

（13）ルース・ベネディクト［米山俊直訳］『文化の型』（講談社・講談社学術文庫、二〇〇八年）参照。

（14）中国をはじめとする日本と近隣アジア諸国との戦争と対英米蘭戦争（＝太平洋戦争）とを一括りにして「アジア・太平洋戦争」と称するが、筆者はこれら二つの戦争は一つの戦争として把握するために「・」を用いないで「アジア太平洋戦争」と呼称する。対アジア戦争＝日中一五年戦争の延長として「太平洋戦争」を位置づけている。これについては、纐纈「総力戦としての世界大戦」（本書第I部第三章）

および「アジア太平洋戦争試論」（本書第Ⅰ部第五章）を参照されたい。

(15) 纐纈が参考にしてきた朝鮮・台湾植民地研究の近年の研究成果を一部だけ記しておく。たとえば、檜山達夫編『台湾植民地史の研究』（ゆまに書房、二〇一五年）は、植民地統治機構や植民地官僚による医療、保育、教育、学校教材など植民地政策の実際を対象とした最新の論文集である。個別のテーマでは、植民地官僚の政策を追究した膨大な資料を用いた岡本真希子『植民地官僚の政治史――朝鮮・台湾総督府と帝国日本』（三元社、二〇〇八年）や松田利彦他編『日本の朝鮮・台湾支配と植民地官僚』（思文閣、二〇〇九年）、論文に野村明宏「植民地における近代的統治に関する社会学――後藤新平の台湾統治をめぐって」（京都大学『京都社会学年報』（第七号、一九九九年一二月二五日）等がある。植民地教育については、陳培豊（Chen Peifeng）『〈同化〉の同床異夢――日本統治下台湾の国語教育史再考』（三元社、二〇一〇年）、日本の台湾植民地政策への抵抗の実態については、許世楷（Xu Shijie）『日本統治下の台湾――抵抗と弾圧』（東京大学出版会、一九七二年）や春山明哲『近代日本と台湾――霧社事件・植民地統治政策の研究』（藤原書店、二〇〇八年）等が詳しい。こうした台湾植民地史研究については、駒込武「台湾史研究の動向と課題――学際的な台湾研究のために」（『日本台湾学会報』第一一号、二〇〇九年五月）が参考となる。なお、纐纈にも台湾・朝鮮の植民地官僚の動向を追究分析した「戦時官僚論――植民地統治・総力戦・戦後復興」（本書第Ⅰ部第一章）がある。

(16) この他にも日本の研究者のなかには、日本と植民地化された台湾との間の戦争を「日台戦争」と呼称する研究者もいる。たとえば、檜山幸夫「日清戦争の歴史的位置――「五十年戦争」としての日清戦争」（東アジア近代史学会編『日清戦争と東アジア世界の変容』ゆまに書房、一九九七年）や駒込武「国際政治の中の植民地支配」（川島真・服部龍二編『東アジア国際政治史』名古屋大学出版会、二〇〇七年）など参照。この他にも、「台湾征服戦争」（原田敬一『日清・日露戦争』岩波書店・新書、二〇〇七年）や「台湾植民地戦争」（大江志乃夫『日露戦争と日本軍隊』立風書房、一九八七年）等の呼称が提唱されている。

(17) 一九五四年から一九六二年まで続けられたフランスの支配に対するアルジェリアの独立戦争。同時にフランス軍部とパリ中央政府との内戦でもあった。一九九九年一〇月まではフランス政府では公式に「アルジェリア戦争」（Guerre d'Algérie）と呼ばれず、「アルジェリア事変」（évènements d'Algérie）や「北アフリカにおける秩序維持作戦」と呼称された。この問題については、シャルル＝ロベール・アージュロン（Ageron, Charles-Robert）［私市正年他訳］『アルジェリア近現代史』（白水社・文庫クセジュ、二〇〇二年）やニコラ・バンセル（Nicolas Bancel）他［平野千果子他訳］『植民地共和国フランス』（岩波書店、二〇一一年）等を参照。

(18) 日韓条約をめぐる研究として、太田修『日韓交渉――請求権問題の研究』（クレイン、二〇〇三年）、田中宏・板垣竜太編『日韓　新たな始まりのための20章』（特に「第一六章　韓日条約で植民地支配は清算されたか？」（岩波書店、二〇〇七年、本書は韓国でも同年一二月に、다나카 히로시/이타가키 류타 엮음『한국과 일본의 새로운 시작』뷰스、として翻訳出版された）、李鍾元他編『歴史としての日韓国交正常化』〈Ⅰ 東アジア冷戦編・Ⅱ 脱植民地化編〉［二分冊］（法政大学出版局、二〇一一年）、和田春樹・内海愛子・金泳鎬・李泰鎮編『日韓 歴史問題をどう解くか――次の一〇〇年のために』（特に「日韓条約―null and void―をめぐる対立を克服するために」岩波書店、

二〇一三年）等を参照。

(19) 第三回会談（一九五三年一〇月）に出席した久保田貫一郎日本側首席代表の発言が韓国側の逆鱗に触れ、交渉は四年間中断することとなった。発言内容は次のようなものである。「日本の統治は悪いことばかりではなかったはずだ。鉄道、港、道路を作ったり、農地を造成したりもした。当時、大蔵省は多い年で二〇〇〇万円も持ち出していた。相当日本から投資した結果、韓国の近代化がなされた。もしそれでも被害を償えというなら、日本としても投資したものを返せと要求せざるを得ない。韓国側の請求権とこれを相殺しよう。当時、日本が韓国に行かなかったら、中国かロシアが入っていたかもしれない。そうなったら韓国はもっと悪くなっていたかもしれない」との内容である。

(20) 対英米戦争が日中戦争の延長であるとする纐纈の主張は、拙著『侵略戦争——歴史事実と歴史認識』（筑摩書房・ちくま新書、一九九九年刊）の「第2章　日中戦争から日米戦争へ」で詳述している。

(21) その意味でクリストファー・ソーン（Christopher Thorne）の『満州事変とは何だったのか』（市川洋一訳、草思社、一九九四年）、『太平洋戦争とは何だったのか』（同訳、同、二〇〇五年）、『米英にとっての太平洋戦争』（同訳、同、一九九五年）のアジア太平洋戦争を、従来型の帝国主義諸国間のアジア市場の争奪をめぐる戦争、あるいはファシズム対反ファシズム（＝枢軸国対連合国）という既存の把握から、旧植民地主義対新植民地主義、あるいは脱植民地主義をめぐる植民地保有国間の戦争という解釈を提供している点で注目される。

(22) 参謀本部編『杉山メモ』（上巻、原書房、一九六七年、三一二頁）。

(23) 川見禎一編『斎藤隆夫政治論集』（斎藤隆夫先生顕彰会、一九六一年、二三三二―二三四頁）。

(24) 同右、二三六頁。

(25) 前掲『杉山メモ』（上巻、五二三頁）。

(26) 波多野澄雄『太平洋戦争とアジア外交』（東京大学出版会、一九九六年）の第1章「対英米蘭開戦と戦争終結構想」を参照。

第六章　植民地と戦争の記憶と忘却

歴史の「物語化」とナラティブ・アプローチへの接近

はじめに――歴史を記憶することの意味

最初に歴史を記憶することの意味についてふれておきたい。それは記憶の歴史化と言いかえてもよい問題である。そうした問題に関連して議論を巻き起こした『記憶のかたち』（柏書房、一九九九年）に所収された小関隆論文では、記憶とは「過去を認識しようとするあらゆる営み、そしてこの営みの結果得られた過去の認識のあり方」であり、「学術的」と呼びうるような方法で表現された記憶」が歴史であると主張された。すなわち、歴史とは単に過ぎ去った時間（過去）の記録ではなく、そこに歴史叙述者の価値判断や評価などを含めた認識そのもの、とする。確かに、叙述者が一定の専門的訓練を受けた歴史家であれば、それゆえに一定の「学術的」方法や規則に従い叙述するものの、そこから叙述されるものは、間違いなく叙述者（歴史家）の認識により加工されたものである。

それは、同書に収められた阿部安成論文が指摘するように、歴史学とは、「所謂歴史事実それ自体よりも、時間の経過に伴いイメージされた内容であり、その意味が消滅したり、消滅させられたり、あるいは蘇ったりするものである」。つまり、阿部によれば、歴史を叙述することは再生でも復元でもなく、さらに再建でもなく表象ですらない。

歴史叙述者は、しょせんは死者や他者の声の横領者だとするのである。(1)

言うまでもなく、確かに過去の行為者である死者は、後世の歴史家の叙述内容について異議申し立てをすることはない。それゆえ叙述者は、史料や文献という証拠を提示しながらも、勝手なふるまいのなかで過去を叙述しようとする。そこにおいて強く求められるのが、叙述者が死者や他者の声を真剣に受け止めながら、彼ら彼女らに寄りそって叙述することである。

こうした点にこだわるのは、特に近代国家成立（＝国民国家化）以降における歴史について、国家が叙述者を指定し、国家の〝正史〟として、国家成立の経緯や発展の状況を称揚することを目的として記録することが多かったからである。また、いわゆる特権エリート層の格上げを策して、不都合な事実を抹殺し、都合のよい事実のみ粉飾をこらして叙述する傾向が顕著であったからである。

先に述べた歴史の記憶、換言すれば記憶の歴史化という行為は、人間総体の営みとして蓄積されたものである。その蓄積されたもののなかでは、人間の存在、生活意識、権力秩序、表象、暴力、言語表現など、実に多領域に拡がる問題が存在する。それは問題領域の拡がりだけでなく、多様な価値観やイデオロギーを抱く人間集団が混在した現代社会では、その問題が深刻化する。

1　歴史の忘却メカニズム

物語記録によるトラウマの克服

そうした問題群のなかで、歴史の忘却という深刻な問題が存在する。より具体的には、戦争の記憶や戦争犯罪の記憶が希薄化し、最終的には忘却されていく現象である。歴史が忘却されていくことは、未来社会を構築していく教訓とすべき対象が喪失されることを意味する。人間が未知の時代と世界に踏みこむうえでの道標を放棄することになるのである。

もちろん、忘却の原因は、意図的な忘却から、人間の記憶力の問題まで、実に多様である。しかし、ここでは忘却の原因の一つとして、下河辺論文など「トラウマ」との関連を主張する見解に注目しておきたい(2)。「トラウマ」(Trauma)とは、フロイトが精神病理学の用語として頻繁に用い、日本語では「心的障害」などと訳される。下河辺論文では、非日常的な事件の体験者は、特にその事件で残虐性や非人間性が露骨に示された場合、人間の持つ記憶の機能を放棄する傾向があるとする。周辺の人物も、それに国家や社会も記憶の機能放棄を是認すると言う。体験者も事件を忘却することによって精神の安定化を求めようとし、同時に自らの体験を言葉で説明する意欲を消滅させてしまうのが通常である。

人間のみに与えられた言語による体験の共有化や、その行為の蓄積の上に構築されるのが人間社会だとすれば、本来構築されるべき人間社会が、トラウマによってきわめて歪な構造となって存在することになる。そこでは、失望の体験や失敗の恐怖を、敢えて言語化することで他者に向かって表現することの義務感が喪失しているのである。

ここでの問題は、恐ろしくて二度と体験したくない、また口にしたくない自らの体験を言語化するための方法である。すなわち、個人のなかに封印された「トラウマの記憶」を、「物語（ナラティブ）の記憶」へと転換することである。言うならば、「物語」（ナラティブ）化することで、人間としての体験をすべて受け入れ、記憶し記録に留め、自らの言語で「物語」として語ることを通して、体験から生じたトラウマを克服し、自らの存在を確認することである。それが人間としての社会的義務であろう。

大方の記憶の忘却の原因としてトラウマが取り上げられることは、少なくとも歴史学分野では皆無に近い。だが、本来歴史学（History）自体が「人間の物語」（His-Story）と同じ語源を共有しているとすれば、歴史学とは、言語によってトラウマを克服し、縦横に語り尽くすことによってのみ成立する学問と言える。その意味で言語の喪失は歴史の喪失であり、同時に人間の喪失へと結果する。

歴史とは、突きつめれば人間の個人としての過去の記録の集積であり、同時に人間の集合体としての国家の過去の記録である。個人の存在は国家の存在とは同等ではありえない。個人の過去の体験（歴史体験）が世人の記憶にとどめられ、さらに普遍化の作業によって歴史として記録される可能性は低い。一方、個人の集合体としての政治共同体（＝国家や社会）には、多様で複雑な政治的・社会的要因が付加されて、個人の歴史体験が埋没していき、いきおい歴史の忘却という現象が生起する。

そこで重要なのは、そうした限界を克服しつつ、個人の体験を人間としての「物語（ナラティブ）の記憶」として扱うことで、歴史の忘却の危険を回避し、さらに個人の体験だけに収斂させるのではなく、公共の記憶としての歴史の叙述を可能にしていくことである。

物語としての歴史

歴史とは、単なる過去の記録ではない。それは、人間の認識行為から紡ぎ出されるきわめて主体的な行為である。それゆえ、歴史を叙述する場合には、人間が抱える多様な感情や政治的・社会的バイアスが混ざり込む。それゆえ、万人が公平で客観的な歴史叙述と一致して認める歴史叙述は存在しえない。たとえ豊富な史料や証言など歴史を叙述する素材が存在したとしても、叙述者がさまざまな経歴や体験を保有し、国家や社会から完全に自由ではありえない以上、そこでの歴史叙述には多様なバイアスがかかる。

歴史が人間によって言語を媒体として語られる以上、それは物語として記録され、蓄積される。問題は、その過程で物語を語る人間の主体性である。

歴史は、確かに過去の事実を記録する行為の総体を示す。そこでは記録者（＝叙述者）の語りによって、はじめて歴史、あるいは人間が織りなす世界が形成される。歴史や世界は、主体としての人間が語ることによって成立する、ひとつの「物語」であり、それゆえ主体の数だけ、物語としての歴史が存在することになる。これが近年盛んに指摘されるNarrative approachである。

ここで当然ながら問題となるのは、いわゆる歴史を物語化することにより、既存の歴史学で言うところの客観的かつ絶対的な人文社会科学としての歴史学との乖離をどのように埋めるのか、という点である。このNarrative approachによる歴史の物語化は、その意味で人文社会科学としての歴史学を否定することになりかねない。しかし、そもそもNarrative approachとは、そのような既存の人文社会科学への根本的な批判なのであり、そこで問われているのは主体としての人間存在の復権なのである。

筆者自身、この点についての整理が完全にできているわけではない。しかし、既存の歴史学が、歴史を叙述する主体としての人間の存在を充分に確定してこなかったことは確かなように思う。自らの認識と言語によって、歴史を自在に紡ぎ出す可能性についての言及が、より果敢になされるべきである。

ところで、私が、このNarrative approachにこだわるのは他でもない。〝記憶の暗殺者〟である国家、主体としての人間の存在をときに否定し、物語としての歴史の可能性を奪う国家による歴史の独占状態を拒否し、物語としての歴史を取り戻すことが、歴史を記憶するうえできわめて重要だと考えているからである。

2 歴史とは何か

ナラティブ概念の導入をめぐって

近年日本においても、たとえばジェローム・ブルナーが提起したナラティブ（Narrative）の概念を導入して既存の学問領域を再検証しようとする動きが活発である[3]。私自身は歴史研究者であり、同概念の導入については、あまり関心を払ってこなかったことを率直に告白せねばならない。なぜならば、歴史叙述者としての私は、あくまで確固たる証拠としての諸史料を用い、いわば史料に〈語らせる〉ことに専念してきたからである。

その意味で私自身がナラティブという概念装置の導入に、現在においても少しばかり気後れしていることを否定できない。また、同概念の理解が充分とも言い切れないところがある。同概念の導入は歴史学の研究方法の修正や、歴史自体の役割期待への再考を促す契機となることは充分に予測されるところである。

すなわち、ブルナーによれば、科学は「説明」（explain）し、文学や歴史は「理解」（understand）するものと括られる。すでに多くの解説で示されているように、科学的理論は検証によって、その妥当性が判断・判定される。これに対して、文学や歴史、あるいは物語は、ヘイドン・ホワイトに代表されるように、判断や判定の基準が不明確かつ曖昧にされる。(4)

確かに歴史の場合は、過去の事実が史料などによって検証される可能性は低くはないが、その歴史事実を現在に生きる私たちのために記録や記憶する作業の過程で、当然ながら叙述者の主観や感情、それに思い入れなど多様な要素が混ざり込む。それゆえ、歴史を現在化する過程で、歴史も物語化する。そこに歴史叙述者の苦悩が発生する。なぜなら、歴史叙述者は、可能な限り歴史の事実に忠実たらんとするトレーニングを受けているからである。

歴史叙述者は、そのときあらためて歴史とはいったい何を、誰に伝えるのか、という原点に立ち戻って佇むことになる。私は、かつて『侵略戦争　歴史事実と歴史認識』(筑摩書房・ちくま新書、一九九九年、韓国版『침략전쟁』凡友社、二〇〇六年)を刊行し、私自身の歴史認識論を展開した折に、ヴァルター・ベンヤミンが述べた一節を引用した。

それは、「過去の出来事」(Vergangenes)を歴史的なものとして明示することの意味は、『それが実際にあったとおりに』認識することではない。それが意味するものは、危機の瞬間にきらめきを発するような想起(Erinnerung)を捉えることである。史的唯物論にとって重要なことは、危機の瞬間に歴史的主体に思いがけず現れてくるような過去のイメージをしっかりと摑み取ることなのである。(5)(『歴史哲学テーゼ』第六テーゼ)

要するに、歴史叙述者は、歴史事実をふまえつつ、そこに自らの「理解」がどこにあるのかを示す責務が課せられていると自覚すべきだ、と主張しているのである。そこから私は、歴史とは「物語」であり、歴史学は「解釈学」であることを確信する。「解釈学」としての歴史学と文学との間には同質性が認められる一方で、それゆえに歴史学が提示する解釈をめぐって多様な見解が錯綜し、歴史学の充実発展が、同時に歴史学の社会的存在を常に危機に晒しもする。

私自身ブルナーを依然として完全に理解していないかもしれない。だが、ここで指摘される「解釈」が最終的には理解を求めるためのものであり、その理解の方法としてナラティブがあるとするならば、従来積み上げられてきた歴史学は、ナラティブによってはじめてすべての人間から深い理解を得られる機会を与えられることになる。

歴史学はナラティブなのか

歴史学がナラティブなのか、について多様な議論が存在することも確かである。たとえば、ヘイドン・ホワイトが主張するように、「歴史が物語（ナラティブ）である」とすることには、即座に了解し得ないとする議論を無視できない[6]。特に、ホワイトが「現実の出来事が語る、自ら語るなどということは起きえよう筈がないのである。現実の出来事は、黙って存在していればそれでたりるのだ[7]」と主張するとき、歴史を歴史として現在化するためには、歴史を物語化し、同時に語り手としての歴史叙述者の役割が認定されることになる。

やや強引な意訳をすれば、歴史が自ら「歴史」を語ることは不可能であり、そこに叙述者としての人間が深く介在し、歴史を「物語」として初めて現在化することが可能だ、としているのではないか。歴史を現在化、さらには未来化するためには、歴史や歴史学がナラティブでなければならない、ということだ。

歴史を過去化、すなわち過去の事実だけに押しとどめておく限り、歴史の人間社会にとっての有用性は期待できず、歴史の使命は失われる。そのことを充分に理解する一方で、ホワイトの主張への真っ向からの反論として、カルロ・ギンズブルグは、『歴史を逆なでに読む』（上村忠男訳、みすず書房、二〇〇三年）において、「今日、歴史叙述には

（どんな歴史叙述にも程度の差こそあれ）物語的な次元が含まれているということが強調されるとき、そこには、フィクションとヒストリー、空想的な物語と真実を語っているのだと称している物語とのいっさいの区別を、事実上廃止してしまおうとする相対主義的な態度がともなっている[8]」と記している。

つまり、ギンズブルグは歴史の物語化については、物語の内実については考察がなされず、きわめて平板な物語としての歴史が語られるとき、歴史叙述そのものが矮小化されていくことに危うさを感じているのである。ギンズブルグの言う、フィクションとヒストリーの本来あるべき差異化が解消されるならば、そもそも歴史の事実と歴史の想像とが混在する状況を招くとするのである。

そうしたギンズブルグの指摘があるなかで、ホワイトは、「われわれは生まれつき物語る衝動を持ち、現実に起きた事件の様子を述べようとすれば、物語以外の形式はとりえないほどなのだ[9]」と言う。私も、物語りたいとするきわめて人間的な衝動や欲求こそが、事実を確かめつつ、真実に迫ろうとする歴史叙述者を支える動機であると思考する。その点では、現在の私自身の理解では、ギンズブルグとホワイトとの間にあるナラティブをめぐる乖離をさほどは認められない。

だが、最終的に歴史叙述がナラティブの形式を採るがゆえに、歴史が多様な語り方の可能なナラティブに過ぎないとする、今日さかんに指摘される内容をただちに受容することには逡巡せざるをえない。その理由は多くある。

一つには、歴史を記憶し、歴史から教訓を引き出し、歴史の和解を追求したいと考えている一介の歴史研究者である私にとって、常に念頭にあるのは歴史認識の国境を越えた共有である。歴史認識を共有するためには、歴史叙述がナラティブの形式を採ることが、はたして阻害要因とはならないだろうか、という危惧である。そこには歴史和解を目標とする一定の語り方が不可欠ではないか、と考えてしまうのである。最初から一定の目標や役割期待を設定する歴史叙述は、明らかにナラティブと相反する行為とされる可能性が高い。その点をどのように考えるべきであろうか。

二つめには、歴史が多様な出来事の連続性によって成立するナラティブ（物語）であることは容認できるものの、その一方で叙述者の解釈として語られる歴史に、どのようにして普遍性を付与できるのか、という課題を克服可能かということである。歴史認識や歴史事実の共有によって、過去を現在化し、あるべき理想としての歴史を未来化することが歴史叙述者や歴史研究者の社会的使命だとすれば、歴史がナラティブとすることに、いかなる積極的な意義を求めることができるのか、という問題である。

以上の点について、私は現在明快な解答を必ずしも持ち合わせているわけではない。ナラティブをめぐる解釈について、その多様性を尊重しつつも、最終的な確固たる結論を保持していない。歴史がナラティブであることを確信する一方で、その確信が確固不動なものとは言いがたい。しかし、歴史学や政治学を専門領域とする私自身にとり、今後、これら学問領域をいっそう進化させていくための素材としてナラティブという概念装置にこだわりを持ち続けたいと思う。

註

（1）阿部安成「「国民国家」の歴史学と歴史意識」（歴史学研究会編『歴史学における方法的転回』青木書店、二〇〇二年、三〇五頁）。

（2）たとえば、下河辺美知子『歴史とトラウマ　記憶と忘却のメカニズム』（作品社、二〇〇〇年）。

（3）ブルナーの近年の著作には、*The Mind of a Mnemonist: A Little Book about a Vast Memory*, Harvard University Press（1987）, *Acts of Meaning*, Harvard University Press（1990）, *The Culture of Education*, Harvard University Press（1996）, *Minding the Law*, Harvard University Press（2000）, *Making Stories: Law, Literature, Life*, Harvard University Press（2003）などがある。

（4）ホワイトの著作には以下のものがある。*The Content of the Form: Narrative Discourse and Historical Representation*, Johns Hopkins University Press（1987）. *Figural Realism: Studies in the Mimesis Effect*, Johns Hopkins University Press（1999）. *The Fiction of Narrative: Essays on History, Literature, and Theory, 1957-2007*, edited and with an introduction by Robert Doran, Johns Hopkins

University Press (2010).

ヘイドン・ホワイトを論じた日本語論文もきわめて多いが、ここでは以下の論文を挙げておく。山崎カヲル「ヘイドン・ホワイト メタヒストリー」(『現代思想』第一四巻第四号、一九八六年)、富山太佳夫「ヘイドン・ホワイトの歴史物語論」(『国文学 解釈と教材の研究』第三五巻第一号、一九九〇年)、三宅正樹「歴史学における客観性と叙述性についての研究——ヘイドン・ホワイトのランケ論を中心として」(『明治大学社会科学研究所紀要』第三三巻第二号、一九九五年)、高暎子「ヘイドン・ホワイトにおける「物語」の概念」(『美学』第五〇巻第一号、一九九九年)など。また、二〇一七年にホワイトの邦訳が相次いで刊行されている。岩崎稔監修『メタヒストリー——一九世紀ヨーロッパにおける歴史的想像力』(作品社)、上村忠男訳『実用的な過去』(岩波書店)、上村忠雄訳『歴史の喩法——ホワイト主要論文集』(作品社)など。

(5) 今村仁司(『ベンヤミン「歴史哲学」精読』岩波書店、二〇〇〇年)、参照。

(6) 平子友長「ベンヤミン「歴史の概念について」——最初の六テーゼの翻訳について」(『立命館国際研究』第一八巻第一号・二〇〇五年六月)など参照。

(7) ホワイト[海老根宏・原田大介訳]『物語と歴史』トランスアート市ヶ谷分室、二〇〇一年、一五頁。

(8) 『歴史を逆なでに読む』みすず書房、二〇〇三年、一四頁。ギンズブルグの邦訳書には、この他に『神話・寓意・徴候』(竹山博英訳、せりか書房、一九八八年)、『ピノッキオの眼——距離についての九つの省察』(竹山博英訳、せりか書房、二〇〇一年)、『裁判官と歴史家』(上村忠男他訳、平凡社、一九九二年)などがある。

(9) ホワイト前掲書、九頁。

第III部　政軍関係と兵器生産

第一章　政軍関係論から見た近代日本の政治と軍事

近代日本政軍関係史研究への適用の問題に関連して

はじめに──研究視角と課題の設定

近代日本における政治と軍事の関係＝政軍関係を追究する場合、欧米の研究者によって開始された政軍関係論の適用ないし視角を導入することで、そこに一定の法則性と客観性を導き出すことが可能であり、今日までにも優れた研究が少なくない。本章では、まず主要な政軍関係論を紹介しつつ、同時にそこで近代日本の政軍関係がどのように把握されようとしたかを整理しておきたい。また、それとの関連において、日本における政軍関係研究をリードしてきた三宅正樹の研究成果を中心に、日本における政軍関係論および政軍関係史研究の現状を紹介する(1)。そこでは、政軍関係論から見た場合、日本の政治と軍事の関係を、どのように捉えることが可能か、という基本的な問題に触れてみたい。

ところで、政軍関係論（Civil-Military Relations）は、一九五〇年代のアメリカで政治学の一領域として研究テーマとされたが、当初は政軍関係ではなく、民軍関係と訳された。政軍関係論の旗手でもあったハンチントン（Samuel P. Huntington）が、その民軍関係を「国家安全保障政策の一局面」であり、「軍事的安全保障政策の基本的な制度的要素である(2)」と定義づけたように、第二次世界大戦後、軍部の政治的影響力が顕在化していたアメリカ社会では、民

（＝政府）が軍（＝軍部）を統制（civilian control）することの困難さが、健全な民主主義の発展の阻害要因となると危惧されるに至っていた。とりわけ、一九六〇年代に入り、米ソ冷戦時代の本格的な幕開けに伴い、軍部の役割期待の増大は、シビリアン・コントロールの必要性を痛感させ、民と軍との協調関係の構築はいちだんと重要な政治課題となっていたのである。

その意味で民軍関係論の展開を促した背景には、アメリカ国内の政治的かつ社会的な条件が存在した。しかし、シビリアン・コントロールの実体化を目的とする民軍関係論を、戦前の日本における民と軍の関係に応用するにはいくつかの条件が不可欠である。すなわち、伊藤皓文が戦前日本国家には民主主義を基調としたシビリアン・コントロールは存在せず、「そこでは、民軍関係は、ただちに政軍関係を意味しない。むしろ、民軍関係は、主として軍隊と社会一般との関係を意味することになりかねない。このような国家においては、政治と軍事との関係は、民軍関係としてではなしに、まさに政軍関係そのものとして理解される必要がある[3]」と論じたように、民軍関係論を日本近代の政軍関係の史的考察に適用する場合には、この意味で一定の留保事項の確認が不可欠であろう。

つまり、「民軍関係研究」は、軍の合理的な統制や指導の方法と論理の創出に一定の目的と意義を求めて展開された経緯があり、そこでは民主主義の成熟や発展が同時的に追究されていた。

これに対して、「政軍関係研究」という言い方をしたときには、第一に、政治と軍事の関係を基本的に対等な関係と位置づけたうえで、この両者がどのように協調関係を構築し、一体となって機能する方法と論理を創出するかが最大の焦点となるはずであった。

したがって、ここでは政軍関係の組織・機構・制度・体制という、いわば組織的要因、すなわちハード的側面の分析が重要となる。ただし、政軍関係の展開過程をこの組織的要因にだけ求めるのは正確ではない。当然、組織を運営する政治家や官僚等、すなわちソフト的側面の要素をも多分に評価しなくてはならない。その意味で、「政軍関係研究」とは、政軍関係における複雑な展開過程のなかで、政軍関係のダイナミックな変容を結果させる政治家や官僚の動向を全体としてどのように位置づけていくかを課題とするものであった。

以下、本章ではあらためて政治・軍事研究の一方法として、欧米諸国で検討されてきた政軍関係論の内容をシビリアン・コントロール論との関連で要約整理することから始め、ついで主要な政軍関係論を日本の政軍関係史研究との関連において取り上げる。さらに、こうしたアメリカで開始された政軍関係論研究の成果を、近代日本の政治・軍事史の領域に適用する積極的な意義がどこにあるのかについても論じておきたい。

1　政軍関係論の成立経緯と役割期待

政軍関係論成立の背景

元来、軍隊や戦争が政治学や歴史学、さらには社会学の学問領域で研究の対象とされるようになったのは、一九五〇年代のドイツで登場したミリタリー・ソシオロジー（military sociology）からとされる。[4] ただし、その訳語には軍隊の社会学的研究を目標とする軍隊社会学が当てられてきたが、その後より広義の訳語として戦争社会学（war sociology）が提起されるようになった。

ミリタリー・ソシオロジーの実質的内容を指す軍隊社会学は、第一次世界大戦期において主にドイツで登場した軍隊心理学（military psychology）を源流として出発し、文字通り、兵士を研究対象とする軍隊内部の分析に重点が置かれていた。そこでの研究上のキーワードは、士気（morale）や規律（discipline）であった。しかし、それが第一次世界大戦から出現した総力戦と称する戦争形態では、圧倒的規模での戦争への民衆動員が不可避となり、必然的に社会と軍隊との関係の捉え直しが要請されてきた。そこでは、「軍隊の国民化」あるいは「国民の軍隊化」が総力戦体制構築の必須の条件となってきたのである。(5)

そして、第二次世界大戦中から顕著となった軍隊の大量動員と大量消耗に備える軍需工業の形成という課題克服のために、巨大化する軍隊の統制や国民の戦争動員を正当化するイデオロギーの形成、軍隊の役割に関する国民の合意等、総じて軍隊と社会の相互関連を論理化する研究が要請されてきたのである。

これに関連し、高橋三郎は、軍隊社会学者であるツィーグラー（Rolf Ziegler）が軍隊社会学の研究内容として、軍人（the profession of arms）、軍隊（Military Organizations）、軍制（the military system）、戦争（war and warfare）の研究と並んで、政軍関係（Civil-Military Relations）論の研究が上げられていることを紹介している。(6)

要するに、政軍関係論は、従来の内部的アプローチとしての軍隊社会学の領域から、外部的アプローチとして軍隊社会学へ、さらには政治学あるいは歴史学をも包摂するような研究領域へと拡大されたと捉えられよう。その意味では、第一次世界大戦を転機として登場する総力戦時代の戦争・軍隊研究が戦争の構造や軍隊機構の実際を研究対象としてきた以上に、より広い視野に立って軍事と政治との相互関係を研究対象とするものこそ、政軍関係研究と捉えることができる。同時にまた、総力戦という新たな戦争形態の出現と、いっそう進化する総力戦体制の構築という展望のなかで、複雑化する政治と軍事との相互関係が協調的かつ統一的に把握されるための方法論として、政軍関係研究の必要性が強調されるようになったといえよう。

それでは、ここで言う政軍関係論とは、いったいどのような内容であったのか。アメリカの政軍関係論者であるジャノヴィッツ（Morris Janowitz）やハンチントン等の政治社会学者たちが、一九五〇年代後半から本格的な政軍関係論研究を開始する。彼らの政軍関係論研究に共通することは、第二次世界大戦後において肥大化が予測された軍隊組織を容認したうえで、これを他の政治社会組織といかに調和させ、かつ効率よく運用するかの解答を求めることに研究目的の主眼が置かれていたことであった。(7)

そこで最大の関心が払われたのは軍隊統制の方法・手段であって、軍隊組織に内在する問題を解明し、さらに政治民主化との相互矛盾を解消して、人間社会にとって有用な組織へと改編していこうとする、政治学的・社会学的アプローチからする理論構築への積極的努力は不充分であったと思われる。

そこでの論点は多岐にわたるが、要約すれば、第一には、近代日本の政治過程分析、特に政軍関係においては、どれだけ政軍関係論が適用可能なのかという問題があろう。すなわち、政軍関係論の適用の積極的意味をどこに求めるのか、という問題である。第二には、そもそも政治と軍事を対抗的領域の問題として、並列的に位置づけることが可能なのか、換言すれば別領域として二分化することが可能なのか、という問題である。とりわけ、日本の場合には、政軍間に生じた対立・妥協・調整の関係としての政軍関係史研究でも明らかなように、制度的かつ機構的な意味で分化は可能であるが、そこで決定される政策や方針の決定過程という点で言えば、二分化は理論上不可能であるし、さほど意味のあることではない。(8)

つまり、制度としての政治と軍事という区分は可能だが、決定過程においては政治と軍事が混在化した内容で表出するのであり、一定の軍事決定は同時に政治決定でもある。ただ、政治と軍事のそれぞれ固有の動きを捉えることによって、ここでいう政策決定過程とその内容を深く検討する必要性から二分化の方法が採用され、検討されてきたのである。

政軍関係とは、そもそも「政治」（政府・文民）と「軍事」（軍隊・軍人）との関係を、対立的かつ非妥協的な関係として捉えようとすることではない。その理由は、政軍関係論自体が両者の協調性や相互補完関係の構築に最終の目的を置いているからというだけでなく、実際に「政治」は、実に多様な制度や論理が複合して構成されたものであり、その「政治」に比較して圧倒的な団結力を特徴とする「軍事」にしても、それが置かれた歴史的条件や政治的条件、さらには経済的条件、あるいは国民の「軍事」への期待度など、さまざまな要素からなる多様な構成体として存在しているからである。

もっと別の角度から言えば、「軍事」部門を担当する軍事官僚（軍人）にはきわめて政治的な行動規範に固執する者もいれば、政治自体にはほとんど関心を示さなかったり、あるいは政治には自己抑制的な者も存在する。そのなかで、政治的軍人は軍内部で自らの地位や軍自体の政治的地位を高めるために政治集団を組織し、その力によって政治を逆に統制し、場合によっては軍事と政治の一体化を図ろうとし、それが時として国民の支持を獲得する場合もある。

したがって、政軍関係は単線的な対立関係と捉えるのではなく、両者の独自で複雑多様な内部構造の重層的な絡み合いによって一つの政治関係が形成される、と捉えるべきである。その意味で政軍関係は非常にダイナミックな変動を常に露呈していくのであって、決して併存的な関係として固定的に捉えられないのである。それでは軍事あるいは軍隊とは、近現代国家の内部にあっていったいどのような役割期待を与えられ、また何によってその正統性を付与されているのだろうか。そのことについて、簡単にでも要約しておく必要があろう。

軍事・軍隊は、言うまでもなく「国家防衛」（国防）という任務を付与され、軍事の論理に則り、厳しい規律によって内部統制された機能集団である。そして、民主主義国家においては、法的制約のなかで一定の政治的な役割期待を担う限りにおいて正当性を獲得している。その場合、以下の三つの職務を履行しているとされる。すなわち、①国防の責任を果たすのに必要な資源配分を要求する、②政治指導者が対外政策を決定する際、その政策の軍事的インプリケーション（関係性）を明らかにして所要の勧告を伝え、政治指導者の政策決定に資する、③政治指導者の軍事行動を実行する、である。[9]

以上、三つの職務を合法的な枠内で実行している限り、特に政軍関係に問題は派生せず、両者は相互補完的な連携を保持していることになる。問題は軍の側が労働組合や業界団体などの利益集団や圧力集団と同様の政治的行動によって自らの利益や地位を拡大するか、あるいは法的制約から逸脱してまで自らの地位強化に乗り出す場合に、軍に付与された役割構造が崩壊する。

その場合、軍は物理的手段に訴えながら政治に圧力をかけるか、あるいは政治権力を掌握して国家を支配しようとする。その過程を事前に阻止するためにも、政軍関係の合理的なあり方をめぐる議論が、文字通り民主的に行われる必要があり、民主化の実行過程においても、政軍関係論の重要なテーマとなってきたのである。文民統制(シビリアン・コントロール)のシステムとは反対に、軍事による政治統制が敷かれ、その教訓から文民統制のシステムがとりあえずは機能している戦後の日本においても、きわめて重要な研究テーマとして論じられているのである[10]。それでは、シビリアン・コントロールの視点から政軍関係論を位置づけると、どのようなことが言えるのかについて、次に論じておきたい。

シビリアン・コントロールと政軍関係論

戦間期から戦後における政軍関係論を捉え返す場合、戦後の政軍関係を規定するシビリアン・コントロールをどのように位置づけたらよいのであろうか。その点において最初に想起されるのは、ハンチントンの定義する「シビリアン・コントロールの本質は政治上の責任と軍事上の責任を明確に区別することであり、また後者の前者に対する制度的な従属である[11]」とする定義である。つまり、政治による軍事の統制が所与の前提とされ、これが政軍関係の本質とされる。

確かに近代日本における政軍関係において文民による軍隊統制という意味におけるシビリアン・コントロール(文

民統制 civilian control）あるいはシビリアン・シュプレマシー（文民優越 civilian supremacy）という関係は成立しえなかった。しかし、大正デモクラシー状況下における軍縮機運や軍隊の役割の相対化現象、さらには総力戦体制の構築過程における国家総動員法の成立過程において、軍隊および軍事機構と政治機構とを総力戦段階に適合させるための改編や合理的な戦争指導体制の創出という課題のなかで、行政権の拡大や官僚制の強化によって、きわめて制限的であるが、軍隊統制への試みは少なからず実行に移されたことも歴史的事実である。

ここでの政軍関係の主体は政府（government）で、客体が軍隊（army）ということになり、直接的には政府と軍隊との相互関係の構築の仕方をめぐる政治過程あるいは政治思想のレベルで捉えるものとなる。しかし、ここで問題となるのは軍隊が近代国家、とりわけ国民国家成立以降において国家の主権性を物理的に保証する必須の機構として比重を高める一方で、「国民」の政治舞台への本格的な登場によって、その「国民」を政軍関係のなかでどのように位置づけるのかという点である。

事実、カール・フォン・クラウゼヴィッツ（Karl von Clausewitz）は政軍関係の規定要因としての「国民」の問題に言及しており[12]、これに関連して長尾雄一郎は、レイモン・アロン（Raymond Aron）の『戦争を考える――クラウゼヴィッツと現代の戦略』（*Penser la Guerre, Clausewitz*）を引用しながら、「国民国家の時代における政軍関係を考察するには、政府、軍隊、国民の三重構造体が成り立つ国民国家の枠内で、国民の存在に目配りしつつ、政府と軍の関係を検討する必要がある。つまり、政府と軍の二者関係を見るだけでは不充分であり、国民という第三の要素を媒介させせて考えるべきなのである」と指摘している[13]。確かに、政府にしても民主主義の時代には国民の存在を無視することはできないし、軍隊にしても総力戦の時代に、大量動員の対象としての国民の支持や同意は不可欠の要素となったのである。

長尾の指摘を了解しつつも、今日では「国民」は「政府」を構成する直接的な主体として制度化されており、筆者は政治＝政府の概念に、ここで言う「国民」も包摂される存在と見なしておきたい。したがって、今日における政軍関係の実際的な意味での制度あるいは論理としてのシビリアン・コントロールは、民主主義の主体としての「国民」と、その「国民」による支持・同意によって初めて正当化される「政府」とが、軍事＝軍隊を共同して統制下に置くという意味で解釈されているはずである。

確かに軍は、国家機構のなかで唯一絶対的かつ圧倒的な暴力行使という手段を独占する特異な存在である。その軍をシビリアン・コントロールという民主的方法によって統制しようとすること自体は間違っていないとしても、はたして軍に対する法的かつ制度的な拘束力によって成立する政軍関係が、どこまで合理的かつ有効であるのか、という点には疑問が生じる。

つまり、近代国家成立以前において分立していた諸勢力が自前の暴力装置を抱え、それが内戦・内乱をいっそう複雑かつ拡大する要因となったことから、近代国家さらには国民国家の成立以降においては、国家が暴力を独占することにより安定と秩序を結果し、内戦・内乱を未然に防止するための手立てが整えられた。確かに国家による暴力の独占という事態は、同時に暴力を独占する施行者に強大な権力をも付与することにもなった。そこから軍に対する監視と統制という制度や思想の構築が求められてくる。

そのような歴史経緯をたどるならば、近代国家成立以降における政軍関係とは、近代国家の安定と秩序の形成に不可欠な暴力の国家管理の方法をめぐる課題としてあり、シビリアン・コントロールとは、暴力の管理を原則的にはシビリアンに委ねるという形式を踏むことで、とりあえず今日まで普遍的に合意された暴力管理の一手段に過ぎないと言える。

そこでもう一つ、きわめて重要な問題が生じてくる。それは、そもそもシビリアンとはいったいどのような語源と概念を含意したものなのか、という問題である。

シビリアン（civilian）は、ブルジョワ（bourgeois）と並んで、市民（citoyen）の原語とされる。福田歓一によれば、そのなかでもbourgeoisとcitoyenはフランス革命による人民主権国家の実現を契機に明確に区別されることになり、さらに「一七世紀まではcivilはギリシャ都市国家に由来するpolitiqueと大体同義に使われてきた。革命の落とし子フランス民法典code civilが、まさにこの新しい用法を確定し、それをpolitiqueの反対概念にしたのである。それがcitoyenとcivilとを決定的に引裂いた[14]」とする。要するに、シビリアンの用語には、近代市民主義から派生した民主主義の理念と目標が含意されているのである。

また、シビリアンの語源については、「古代ローマ時代に、市民階級を舞台にして独裁的権力を掌握したシーザーが、現代の理念からいえば民主的とはいえない政治を行い、これがシーザリズム（皇帝専制）からPraetorianism（親衛隊独裁）と呼ばれる軍事支配に堕落したという歴史的事実に到達する[15]」とする指摘に従えば、シビリアンとは単に非軍人あるいは非軍事と概念規定するだけでは不充分であり、そこにはシビリアンであっても民主主義の理念を念頭に据えた人物という基本的な条件が満たされなければならない。

その点からして、シビリアン（＝非軍人）であっても、政治による統制に積極的に服従する軍人以上にミリタリズムの信奉者で、非妥協的で露骨な軍事政策を強行しようとする政治家が存在してきた歴史事実を見出すことは容易である。

したがって、ルイス・スミス（Louis Smith）の指摘するように、シビリアン・コントロールとは「適切に表現すれば、それは「民主的な文民統制」というべきもの[16]」なのである。したがって、シビリアン・コントロールをただちに文民（＝非軍人）による統制（＝文民統制）とする邦訳からは、そこに含意された歴史的経緯や本来的な意味を把握することは困難でもある。それでスミスのように「民主的な統制」か、それとほとんど同義語だが、筆者はより徹底した民主主義による軍事統制という意味を込めて「民主統制（democratic control）」の用語のほうがよりふさわしいのではないかと考えている。

ミリタリズム、デモクラシー、リベラリズムと政軍関係論

政軍関係論を考察するにあたり、ミリタリズム、リベラリズム、デモクラシーに関連する政治思想や論理について言及することは必然的条件とも言える。

ミリタリズム（軍国主義・軍事主義）とは、軍事に関わる諸問題や価値が、政治・経済・教育・文化などの諸領域において強い影響力を持ち、政治行政レベルで軍事第一主義の思想が優先されるべきだとするイデオロギーである。それは古代ローマ帝国、フランコ独裁時のスペイン、帝政期のドイツ、満州事変から敗戦に至る日本等の諸国において有力となり、ミリタリズムを基調とする体制にも結実する。

ただ、ここで注意しておくべきは、ミリタリズムが強大な軍事力や軍事機構の存在自体を指すものではなく、そうした存在を背景としながら軍事的な価値観、さらには政策決定や国民意識において大きな比重を占めることを意味することである。たとえ強大な軍事機構が存在しなくても、軍事主義的な発想や政策選択への衝動が絶えず志向され、評価されるような状況もミリタリズムと捉えられるべきであろう。それらの点から、ミリタリズムとは政治制度や政治意識、それに政治思想などの諸分野で検証の対象とされるべき性質を持っている。

この場合、ミリタリズムがデモクラシーとまったく相反する基本原理を持っていることを確認する必要がある。すなわち、デモクラシーが自由・自治・自立の原理を根底に据えているのに対して、ミリタリズムは、統制・管理・動員を絶えず目的として諸政治制度や政治思想を形成しようとする。そのような意味でミリタリズムはデモクラシーの対抗概念として捉えるべきであるが、そこで重要な問題は、ベルクハーン（Volker R. Berghahn）が指摘したように、

ミリタリズムそのものの現象形態や機能を分析対象とするのではなく、ミリタリズムを発生させる社会秩序の構造分析に比重を置くことであろう。[17]

ところで、「ミリタリズム」という用語の起源は、近世のイギリスに求められる。すなわち、一六五三年に共和国イギリスの国家元首（護民官）のクロムウェル（Oliver Cromwell）が、当該期絶大な権力を有していた議会の権力を自らの軍事力によって抑制しようとした事例に因み、その議会権力を軍事権力で抑圧する体制（＝軍事支配体制）を示す用語として生み出された。その後、名誉革命（一六八八年）を境に議会主義が軍事権力による支配から脱し、文民権力が圧倒的な政治力量を獲得するなかで、近代イギリス国家が成立していった。その意味で、近世から近代にかけてのイギリスの発展史において、ミリタリズムの克服は常に重大な政治的課題だったのである。

しかしながら、それ以降使用されたミリタリズムの概念は必ずしも確定したものではなかった。一般化して要約すれば、文民あるいは市民が主体となるべき近代国家にあって、ミリタリズムとは、軍人が国家権力の中枢に座り、戦争政策の選択を優先し、軍隊を政治運営の物理的基盤として位置づけたりすることを意味していた。その限りにおいて、ミリタリズムが幅を利かせる政治状況を克服し、市民（＝文民）を政治主体とする政治体制の構築、換言すればミリタリズムを克服する過程でデモクラシーが実現したとすれば、デモクラシーはミリタリズムを溶解する決め手であった、と言えるのである。

そこからファークツ（Alfred Vagts）が、その著作のなかでミリタリズムの対置概念を平和主義（Pacifism）ではなく、文民主義（Civilianism）と定義したことはきわめて重大である。事実、ファークツは著作のなかで、「文民ミリタリズム」の存在を指摘し、その場合に「軍事的価値、軍事的気風、軍事的原理、軍事的態度、これらの無条件の信奉者」[18]として文民ミリタリストが、文民政府、議会主義、政党制等への憎悪ないし否定のスタンスを採る点で、軍人ミリタリストと軌を一にすると記している。

政軍関係論とミリタリズムの関係について触れておくならば、デモクラシーの発展の阻害要因の対象とされていたミリタリズムの展開を念頭に据えながらも、そのミリタリズムを全否定するのではなく、それとの協調関係を構築する論理として政軍関係論が登場してきた経緯を踏まえる必要がある。

ハンチントンは『軍人と国家』(*The Soldier and The State: The Theory and Politics of Civil-Military Relations*)のなかで、文民が軍事を統制する方法について、軍人の専門職業性に着目し、その社会的かつ政治的な存在として自律性を重んずることを基本的前提とすべきことを説いている。すなわち、軍人および軍人から構成される軍隊・軍事機構は、固有の政治的かつ社会的存在として一定の社会的政治的役割を担い、社会や政治との合理的かつ有機的な関係を形成することで共存関係の構築に向かうことが合理的だとしている。ハンチントンはそこで、こうした文民と軍人とのあり方を「客観的文民統制(objective civilian control)」と称し、一方で、従来のような軍隊およびその構成員である軍人の自律性を認めず、軍隊および軍人は文民から構成される政府の統制に無条件に従うことを前提とするあり方を「主体的文民統制(subjective civilian control)」と称し、区別した[19]。ここでは、ミリタリズムの歴史展開を踏まえつつ、これをただちに全否定するのではなく、一定の譲歩を示すことによって、ミリタリズムに内在する危険性を溶解しつつ、これと共存する方途を探る理論として政軍関係論が提起されたことを確認しておきたい。

もう一つ、近代国家の成立の発展過程で登場してきたリベラリズム(自由主義)とミリタリムズム(軍事主義)との対立の問題から見た政軍関係論の位置を大まかにでも捉えておきたい。一八世紀後半に産業革命を成し遂げたイギリスでは、一八三〇年代のチャーティスト運動を通して市民の政治参加が実現し、同時に議会制や政党制が従来に増して政治的比重を大きくしてくる。これら立憲主義に支えられた議会制や政党制はリベラリズムを基底に据えていたが、リベラリズムが国王が保持していた大権(prerogatives)の対抗原理として形成された経緯から、当然ながら国王の権力の源泉でもあった常備軍の統制への関心を強く意識させるものとなった。そこから形成された方法が議会

（Parliament）や内閣（Cabinet）による軍隊統制であった。

リベラリズムは、特にイギリスにおいては、王権からの自由を確保することで自らの特権や利益を確保しようとした貴族階級やブルジョアジーの論理として生まれた。これに加え、フランス革命を起点として発展したデモクラシーによって、貴族階級やブルジョアジーだけでなく、多くの民衆の政治参加の意志が制度化されるようになり、その過程で、選挙によって選出された民主的政府が軍を統制することを前提とするシビリアン・コントロールの論理が提起されるようになる。つまり、市民（civilian）が選出した政治家によって構成される政府や議会が、市民の合意を背景として軍隊の統制を合法的に行うという形式が採用され、制度化されていったのである。それこそがシビリアン・コントロールの基本原理であり、市民の合意を得ないで行われる政治家や一部特権階級による軍隊統制であるところの政治統制（political control）とは区別されることとなる。

この意味で、リベラリズムとデモクラシーが結合したリベラル・デモクラシーの思想こそが、今日で言うシビリアン・コントロールの本質と言える。ただし、このリベラル・デモクラシーの思想を基調としつつも、現代のシビリアン・コントロールは欧米間で一定の相違が存在することも確かである。イギリスの場合、名誉革命（一六八八年）を境に議会主権（Parliamentary Supremacy）が確立されてから、圧倒的な権限を保持する議会と、その議会内組織とも指摘される内閣による軍の統制は絶対的であった。なぜなら、イギリスでは王権への対抗原理から形成された議院内閣制において、立法部と行政部とはほとんど一体化しており、この両者が一丸となって軍の統制を徹底する。第二次世界大戦の折り、チャーチルが戦時内閣（War Cabinet）によって強力な戦争指導を遂行できたのは、このようなイギリス固有の歴史が背景にあったからである。

その一方で、アメリカやフランスのように、共和政体として大統領制を採用しつつも、行政・立法・司法の三権分立制が敷かれた国家にあっては、最高司令官としての大統領への権限偏重の可能性を警戒して、議会による大統領権限への抑制と監視を徹底するところとなり、ここから大統領（政府・内閣）と議会との軍統制をめぐる鋭い駆け引きから対立に発展する余地が出てくる。イギリスでは行政部と立法部は事実上融合状態に置かれているのに対して、アメリカではそれが対立あるいは拮抗している状態にあった。

つまり、シビリアン・コントロールの徹底ということでは、アメリカやフランスの大統領制のほうが、ある種の制約条件となっているのは確かである。そこでは軍に対し、行政部と立法部が相対的なフリーハンドを確保することにもなる。それだけに軍部は国家機構の一翼として主要な地位を獲得することにもつながっていく。アルジェリア独立戦争や第一次インドシナ戦争時のフランス軍部や、朝鮮戦争あるいはベトナム戦争時のアメリカ軍部の行動原理の根底にある脱シビリアン・コントロールへの執念が、不必要な戦闘の拡大と長期化の一因ともなったのである。その背景には、両国におけるシビリアン・コントロールの徹底化の困難性が浮き彫りにされているとの見方もできよう[20]。

以上の要約を踏まえつつ、次節以下において、ハンチントンら政軍関係論者の研究を取り上げ、特に戦前期日本における政軍関係研究の最重要課題である軍の政治介入の背景や原因に関する分析視角について論じておきたい。

2　政軍関係論者の近代日本政軍関係史研究

ハンチントンの「二重政府論」とプロフェッショナリズム

ハンチントンをはじめとする政軍関係論研究者たちが、特に戦前期日本における政軍関係の史的展開や法制的構造を分析対象として取り上げ、その成果がさまざまな課題を残しながらも、近代日本の政治と軍事の関係を追究する際にきわめて重要な視座を提供していることは間違いない。そのなかでも、いち早く日本の政軍関係の特殊な構造に着目し、自らの著作にも比較的大きな頁を割いて論じたのがハンチントンである。[21] ハンチントンが日本政軍関係に言及する際に重視した二つのキーワードである「二重政府論」(Dual Government) と「プロフェッショナリズム」(Professionalism) について検討しておく。

ハンチントンは、「日本におけるシビル・ミリタリー・リレーションズの法的構造は、本質的にいって軍部独立の構造であった。政府は軍人部門と文官部門との二つの部分に分割されていた。その理論は、いわば「二重政府」であった」[22] と論じている。すなわち、戦前期日本における明治憲法体制下の政府の実態は、シヴィル (Civil) =政治と、ミリタリー (Military) =軍事との二つの領域から構成される「二重政府」にあるとしたのである。この「二重政府」論は、以後多くの研究者によって、日本の政軍関係を端的に説明するのに頻繁に引用されてきた。また実際に、一九三〇年代に入り、満州事変を契機に軍部勢力の政治的発言力の強化や政局で主要な役割を担うに至ったという歴史事実も加わって、軍部勢力の政治化の原因を構造的に説明するのにもっとも説得力のある説明方法とされたことも事実である。

確かに、明治憲法体制は分権性をその特徴とし、大権保持者の天皇にのみ分立した権力および機構を統一する権能が付与された体制であった。「二重政府論」を基軸として日本の政軍関係を簡約すれば、日本近代化の進行過程において、軍事が政治に従属するという前提のもとに、政治機構が高度化・複雑化して政軍両機構が分化するのは当然であった。日本の政軍関係では、これに統帥権独立制度の存在が政治と軍事とを並列・対等の関係においたことで、政軍両機構が対立・抗争する事態を生みだしたことは、ある意味で必然であった。それはまた、明治国家体制が抱えた政治と軍事の分権性・二元性という構造的特色を的確に指摘したものとして異論のないところとされている。

しかし、「二重政府論」の欠点も、また存在する。第一に、基本的にこの理論が、日本における政治と軍事との関係を対等・並列の関係として固定的ないし静的に把握する結果、政軍相互の依存・妥協・抗争関係という政治変動のダイナミズムを軽視ないし無視する傾向をはらんでいることである。日本における政軍関係を分析するなかで、分権性の指摘は確かに重要であり、また事実に相違ないが、それ以上に実際の政治過程における両者の関係、あるいは軍事領域も広い意味での政治領域に包摂される対象域である、という位置づけの重要性を指摘しておきたいのである。

その意味では、二つの政府という意味での「二重政府」の用語も、ある種の対等性・平等性を最初から前提として政軍関係を捉えてしまう危険性を伴う。問題は、形式的であれ、実質的であれ、政軍関係が、ある種の対等性・平等性に至るまでの政治過程の分析こそ重要なのである。特に日本の政軍関係は、明治近代国家の成立過程および明治憲法体制の特異性のなかに、両者の対等性・平等性が国家機構の編成過程において決定されていくのであって、その点を看過してはならない。

第二に、歴史過程に焦点を当ててハンチントンの指摘する「二重政府」を応用しようとする場合、「二重政府」と言いきれる時期が、いったいいつどのような実態を伴って表出したのかが判然としないことである。明治憲法体制成立以来一貫して「二重政府」であったというのか、それとも昭和の、いわゆる「軍国主義の時代」のことを示すのか、といった点が必ずしも明確でないのである。確かに、ハンチントンは「二重政府の法的根拠は、憲法と習慣に発するものであった[23]」とし、軍が保有することになった帷幄上奏権（一八八九年）や現役大臣武官制（一九〇〇年）等の軍の特権を挙げ、さらに西園寺公望内閣時に起きた二個師団増設問題に触れ、陸軍の軍拡要求を拒否したために西園寺内閣が崩壊した事実などを例に挙げて、軍の独立性を強調する。

確かに、陸軍の場合、一八七八（明治一一）年一二月の参謀本部条例に端を発する軍令機関の成立以降において、機構的には次第に軍令機関を中心とする軍事機構の政治機構からの独立が顕著となり、この機構的分離が政治（＝国務）と軍事（＝統帥）との対立・抗争を必然化させる原因となったことは事実である。しかしながら、この機構的分離が、政治的機能および政治的役割という面で、ただちに対等かつ並行的な力関係を準備したわけではない。両者は、あくまでその時代の国内的かつ国際的な政治状況に規定されつつ、その力関係を変容させていったのであり、その点にこそ政軍関係のダイナミズムとその本質を求めるべきであろう。

これら二つの問題に関連して、ハンチントンは、「軍部の政治的影響力[24]」の項目で、日本における軍部の政治的影響力増大の要因として、大正末期に至るまで藩閥勢力（薩摩・長州出身者）による軍事ポストの独占、軍人による非軍事ポストへの進出、軍国主義的社会からの軍人への支持、テロリズムによる威嚇などを挙げている。いずれも事実に相違ないが、これとて政軍関係の政治過程の変容を把握するという観点からすれば、それは一側面の指摘に過ぎず、なぜここでいうような要因が実際の政治過程で、軍部優位あるいは軍部主導の政治運営に結果したのかの説明にはなっていないのである。

そうした事態が進行する背景には、官僚勢力や陸・海軍勢力あるいは宮中グループ（元老・重臣）等の「非選出勢力」内部や、「選出勢力」（政党）との対立・妥協の繰り返しのなかで、対外的国家意志の発動として、軍部を先頭としたアジア大陸や東南アジア地域に向け、軍事的かつ政治的、そして経済的な支配権の確立が意図された事実をまずもって確認しておく必要があろう。

つまり、ハンチントンのようにあまりに機構的分離を固定的に把握してしまうと、軍部の権力が政治の全体からもはみ出した存在として、いわば自律的に展開する対象として見なす危険に陥ってしまう可能性がある。日本において、「東條独裁」とされるような軍部独裁は、実のところ天皇大権の存在ゆえに成立しようがなかったのである。つまり、軍部独裁成立の典型事例とされた東條内閣が、結局最後には天皇の信任を失って総辞職するに至った経緯が示すように、日本の政軍関係の構造は、むしろ軍部独裁を絶対に許容しない政治システムでもあったことに留意する必要がある。

「二重政府論」との関連で、次にもう一つのキーワードである「プロフェッショナリズム」について言及しておきたい。軍人の政治介入の原因をプロ意識の低さに求める理論は、後述するように、ファイナー（Samuel Finer）等により批判の対象とされているが、日本軍の場合は、天皇の軍隊としての意識（＝皇軍意識）が徹底して注入され血肉化されており、その職業軍人としての意識は、精神的かつ思想的にそうとう高度の領域に達していたと考えるのが自然である。日本軍部の政治介入の常態化の背景には、統帥権独立制や軍部大臣現役武官制等に象徴される軍部に付与された特権的な制度の存在が大きかった。同時に、その動機づけとして、皇軍意識が決定的であったことも確かであろう。つまり、皇軍意識を軍隊内教育により徹底注入させられた将校団は、必ずしもハンチントンの用いる意味と同質ではないが、ある種の「プロフェッショナリズム」を保有していたのである。

しかしながら問題となるのは、日本将校団の「プロフェッショナリズム」を高く評価すればするほど、専門職業意識の徹底により政治介入を回避できる方途と結論づけたハンチントンの政軍関係論の基本的なテーゼが、必ずしも説得性を持ち得ないことになる。(25) 二個師団増設問題（一九一二年）に絡む西園寺公望内閣崩壊事件、ロンドン海軍軍縮会議における統帥権干犯問題（一九三〇年）や出先軍隊である関東軍による満州事変（一九三一年）などに代表される日本軍部の政治介入、五・一五事件（一九三二年）や二・二六事件（一九三六年）をはじめとする、将校や将校団によるテロや反乱事件をも含めて、繰り返された政治への介入や政党攻撃等を事例として検討すれば、ハンチントンの政軍関係論の基本テーゼは、日本の政軍関係には必ずしも適合しないことになる。

これに関連してハンチントンは、「日本の将校団は世界中でもっとも専門職業的精神に欠けた主要な軍人集団となった(26)」と結論づけている。要するに、ハンチントンの意味する「プロフェッショナリズム」は、きわめて多様な解釈を許容するがゆえに、恣意的かつ主観的な視点を用意することになってしまっているのである。そこでは、専門技術性や政治への中立性等を「プロフェッショナリズム」の中心的な概念とすべきであるが、ハンチントンは自ら言及している日本軍人に普遍的な現象として見出せるとした神道と武士道を基盤に据えた国家イデオロギーや、それと固く結びつけられた軍人精神を合わせもつ日本の将校団の特異性をも「プロフェッショナリズム」のカテゴリーに押し込めて位置づけようとする。そこからは、意味付けに関する混乱が露見することになる。

端的に言って、「プロフェッショナリズム」を身につけた将校団は、非政治的組織として、またそれゆえに政治からの信頼を獲得する存在としてもあるはずである。その趣旨で言えば、政治への介入を繰り返し、最終的には軍部政権を樹立して軍主導の国家総動員体制の構築に奔走する等、きわめて露骨な政治行動を常態化させることになった日本の将校団には、少なくともハンチントンの定義する「プロフェッショナリズム」を見出すことは困難である。そこからも、「プロフェッショナリズム」のレベルによって政治介入度や介入の可能性を検討対象とすること自体やはり無理があろう。

日本の将校団は、実際には一般社会を「地方人」と称し、それと一線を画すことによって軍隊社会と一般社会とを区別しようとした。それによって独自のスタンスを採ろうとすることに強い関心を持ち続けたのである。その閉鎖性と特権性が、政治との調整よりも軍独自の政策展開を志向する傾向を政治状況によって顕在化させ、そのことが絶えず政治への介入に結果し、さらに一般社会からの選出者を構成員とする帝国議会や政党組織に深い嫌悪感と批判のスタンスを基本的には崩さなかった理由ともなったのである。この「プロフェッショナリズム」をめぐる問題は、次に要約するパールマターの所論にも関連させて検討を加えておきたい。

パールマターの「プリートリアニズム論」

ハンチントン以後、もっとも著名な政軍関係論者であるパールマター（Amos Perlmutter）の主著『現代における軍と政治』（*The Military and Politics in Modern Times*）から日本分析の主要な部分だけを取り出して検討しておきたい[27]。ただし、ハンチントンがアメリカをはじめ、ドイツや日本など先進工業国家の政軍関係を主な研究対象としたのに対し、パールマターは発展途上諸国を主な研究対象とし、多数の諸国家に具現された政軍関係の実態分析から独自の政軍関係論を提起するに至った。

パールマターは同書の第三章（*The Professional Soldiers in Prussia-Germany, France, Japan, and USSR*）[28]において日本に関する一節（*JAPAN: Soldiers without State*）を設け、日本の将校たちが建軍以来、集団組織である軍隊の構成員として責任の観念、つまり、日本の場合には「団体としての責任の観念は、政治の介入という軍のプロフェッショナルなルールを犯すものではなかった[29]」として、政治への不介入の原因が必ずしも団体としての責任観念として定着されていなかったとした。続けて、逆に政治介入は一定の条件と必然性が生じた場合に、日本軍隊の建軍過程と、そこで培われた日本軍隊独自の性格から、政治介入は常に生起するものとしたうえで、「政治への介入は、したがって実際は、愛国的な軍の諸集団の、団体としての義務である、と考えられたのである[30]」と結論する。

すなわち、日本の軍隊は天皇を〈護衛〉する近衛兵をその出発点とし、天皇を〈護衛〉することが日本軍隊に課せられた主要な役割であった。そこから天皇を中核とする明治国家体制の〈護衛〉と同一視され、日本軍隊こそ、国体護持の物理的基盤と位置づけられた背景があった。日本の軍隊および将校団は、「自らを帝国の秩序を支える正当で忠実なる官吏だとみなしていた[31]」のである。それゆえ、その帝国秩序を侵すあらゆる政治状況に敏感に反応していくことになり、それが客観的に見れば軍の政治介入に結果していったとするのである。

パールマターの理解の特徴は、明治憲法体制に規定された政治的法制的構造を条件とする日本独特の軍隊の位置と、天皇制を基軸とする日本固有の文化的かつ伝統的な風土を背景とする軍部独自の政治的スタンスとを、軍部の政治介入の主要な要因とする見解を示していることである。三宅もパールマターの理論を、「日本においては、軍部の、団体としてのエゴイズムが、日本特有の正当性信仰に助けられて極端に肥大し、日本の内政外交への最大限の干渉が軍部にとって可能となったということであろう[32]」と解釈している。

こうした点を筆者なりに要約すれば、日本軍部が「軍人勅諭」の文面に示された軍人の政治不関与の規定を逸脱してまで、政治への介入を常態化させるに至った原因として、日本軍隊の建軍過程にはらまれた固有の歴史的かつ政治的な性格を指摘しているのである。軍部の政治介入あるいは干渉の原因を究明するには、まず日本固有の歴史や文化への分析を試みるべきであり、直截的な普遍化は重要な論点を見落とすことになりかねない。

さて、パールマターは軍部の政治介入あるいは政治干渉を表す用語として、「プリートリアニズム(Praetorianism)」を用いている。それは、古代ローマ帝国において、「近衛兵」を意味する「プラエトーリアーヌス(Praetorianus)」から由来したものである。三宅は、この点についての自説として、「プリートリアニズム」は「軍閥化現象」と訳すのが適当としながら、軍閥化傾向を持つ人を「プリートリアン(Praetorian)」と呼称し、プリートリアニズムとは、日本軍部の軍閥化あるいは軍事化という政治現象を説明するうえでのキーワードとなる点を強調している[33]。三宅の所説からすれば、「プリートリアン」を軍国主義者、「プリートリアニズム」を軍国主義と読み替えてよさそうである。パールマターの課題が、本来的に軍国主義に傾斜してはならない人や組織が、文字通り「軍閥化」あるいは「軍国主義化」していく原因を追究することに置かれている以上、その具体的な変容過程の整理と原因への分析が試みられるべきであろう。しかし、このパールマターの分析が、そのような期待に必ずしも応えているとは思われない。

というのは、まず第一に、現象的な説明の域を脱したものではないことである。政軍関係論の研究目的が軍事の政治介入の原因を探ることにあるとすれば、より本質的な側面に目を向ける必要がある。しかしながら、パールマターの分析、日本近代化過程でいく度か露呈された膨張主義への関心が希薄であり、またそれを生み出す国内的政治要因への総合的な把握も欠如している。日本の軍事機構は、膨張主義の物理的手段として一定の政治的任務を与えられ、それゆえに軍部の政治化現象が顕著となる。問題はそうした膨張主義と、その帰結としての対外侵略戦争発生のメカニズムの解明こそ重要であろう。

第二には、問題を「プリートリアニズム」の用語使用に限っても、若干の疑問が残る。パールマターは、軍隊としての団体化が肥大することによって、プロフェッショナルな軍隊が「プリートリアニズム」に転化すると主張するが、軍隊の肥大化がただちに軍隊の政治介入・政治干渉を招くとする説明を一般化・普遍化するのは無理があるように思われる。軍隊がたとえ強大化したとしても、軍隊に対する統制が完全であれば軍事の論理を強調する軍隊組織を抑制することは可能である。逆に軍隊機構の肥大化が進行しなくとも、国家に占める軍隊の政治的位置が重視されれば、軍隊の政治介入は当然のこととして常態化する。

たとえば、旧ソ連邦で各級の司令官は共産党員から任命され、その副官には政治指導担当副司令官としてザムポリト（замполит）が配置され、軍隊を監視・統制していた(34)。また、中華人民共和国の軍隊（人民解放軍）は、中国共産党に指導された「党軍」であることを最大の特徴としている。それゆえ、そこにおいては軍隊の政治介入が派生する可能性はきわめて小さい。また、アメリカの軍隊も大統領を頂点とする強力な国民的統制下にあって、軍隊が政治に介入する余地はほとんどない。また、、アメリカの軍隊も大統領を頂点とする狭量な国民的統制下にあって、軍隊が政治に介入する余地はほとんどない。今日、西側でもトップ・クラスの軍事力を備え、防衛機構（軍事機構）と防衛力が飛躍的に増強されつつある日本の自衛隊にしても、文民統制は基本的に機能していると言える。

ともあれ、パールマターは、実に数多くの国家とその軍隊の関係を独自のアプローチから分析している。わけても、プロフェッショナリズムの徹底が軍部の政治介入を回避させることに結果する点については、ハンチントンの見解を受け継ぎながらも、軍隊が団体性（Corporatism）を肥大化させることによってプリートリアニズムに転化していく、との主張がパールマターのもっとも重要な強調点である。パールマターは「専門技術」、「責任」、「団体性」をプロフェッショナリズムの三大要件とし、それらが同時に軍部の政治介入の可能性を高めるとした点で、プロフェッショナリズムの徹底が軍部の政治介入を回避させる、としたハンチントンの見解との間に決定的な相違を明らかにしている。この相違点に関連し、先のパールマターの著作に序文を寄せたハンチントンは、たとえば「団体性」をプロフェッショナリズムの要件とする見解に与しないこと、あるいは政治介入を招く「団体性」という認識は、プロフェッショナリズムの「誤用」[35]である点を指摘している。

この両者の見解の相違の背景には、概念使用の方法論上の問題と同時に、日本を含めた諸国家における軍隊の政治介入の原因について、一定の法則性を求めること自体が困難であることを示していよう。一方で、パールマターは結論の章において、日本の政軍関係の特質を、「日本の軍隊をプリートリアンの役割へと推し進めたのは、日本軍隊の専門化と近代化であった」[36]と結論づけるが、このように、日本軍隊が政治的発言力を増大し、政治介入を常態化させていった要因として、「専門化と近代化」を指摘していることはハンチントンとの相違という問題に留まらず、きわめて興味深い。

また、日本の軍隊なり将校団が政治介入を常態化させる最大の要因として、一九一〇年代後半から始まる政党政治を基軸とする日本型民主主義システムの展開のなかで、将校団「非選出勢力」として民意の直接的支持を確保できないことに焦燥をつのらせるという根本的な問題が存在していた。パールマターがこの点についてもほとんど言及していない事実を指摘しておかなければならない。パールマターの議論は、結局のところ、「専門化」および「近代化」志向を強化する過程で、軍隊内に蓄えられた内発エネルギーが日本軍部をして政治介入に向かわせたとする把握に重点が置かれていると言えよう。

しかし、日本軍隊および将校団の政治介入は、内発エネルギーというよりも、欧米流の政党政治や対英米従属型の日本資本主義の展開による国体変革への危機意識によって喚起されたのであり、いうならば外圧エネルギーによって触発されたという事実にこそ注目すべきであろう。

ファイナーの政治文化的比較論

ファイナーの最大の関心は、軍部が政治介入に至るプロセスと、そのプロセスを規定するところの政治社会風土、すなわち政治文化の特質とその発展のレベルにある。ファイナーは、『馬上の人――政治における軍の役割』(*The Man on Horseback: The Role of the Military in Politics*)において、まず政治介入を、「一般に承認された文民当局の政策あるいは人材を武力によって軍の政策や人材に取り替えること[37]」と定義する。ただし、この定義はファイナー特有のものでない。ファイナーはこれを一般的な定義と断ったうえで、政治介入の方法と内容には、単に暴力装置の物理的使用に限らず、具体的な行動以外の方法、たとえば影響力、圧力、非協力など軍事力の存在を背景とするさまざまな方法が用意されるとする。ここから、ファイナーの主要な関心は、こうした直接軍事力に訴える方法に行き着くまでのプロセスに向けられることになる。

ファイナーは、軍部の政治介入を四つの段階に区分し、それぞれの国家社会の政治文化のレベルに対応し、政治介入の段階が決定されるとした。これが周知の軍部支配と政治文化の相関関係である。簡単に整理しておこう。

政治文化が成熟した国家において、軍部は政治に一定の「影響力」(influence)を与えるに留まり、それは文民統制の原則が定着していることもあって合法的な枠内で行われる段階である。次にある程度政治文化の充実した国家では、軍部は「圧力」(pressure)や「ゆすり」(blackmail)等の制裁行動の発動を予期させつつ、その要求を政府に突きつける段階である。ここまでの段階では、軍部の政治的役割は相対的に低いこともあって、軍部は政治に名実ともに統制・支配されている段階を示す。したがって、軍人の社会的地位も高くない。

しかし、政治文化の成熟度の低い国家になると、軍部は文民政府・文民政権の「さしかえ」(displacement of civil cabinets) の段階まで突き進むことになる。軍事力という暴力装置の直接行使や文民政府への非協力の姿勢を、直接的あるいは間接的に示すことで、その要求を貫徹しようとする。そして、最終的にはもっとも政治文化の成熟度の低い国家においては、文民による政治体制が一掃され、軍部独裁が成立する段階を迎える (supplantment of the civil regime) とした。

ファイナーは、これら四段階の結果に対応する軍部による支配形態を次の五つの範疇に分類する。すなわち、「制限的・間接的支配」(indirected, limited military rule)、「完全な間接支配」(indirect, complete military rule)、「二重支配」(dual rule)、「直接的な軍部独裁」(direct, military rule)、「直接的な軍部独裁下における疑似文民政府」(direct, quasi-civilianized rule) である。[38]

軍部の政治介入の程度が、その国家社会の政治文化の成熟度の程度と反比例し、政治文化の程度が軍部の支配形態およびその内容の段階を決定すると説いたファイナーの政軍関係論は、確かにそれ自体画期的な分析方法と言えよう。世界史的な視点から、各国で生起した軍部の政治介入の実態を比較検討することで、政治介入の原因を探求し、その一般化・普遍化の作業を進めるうえで一定の成果を残したことは間違いない。

こうした政軍関係論をファイナーは、戦前期日本における軍部の政治介入の比較研究にも応用している。そこでは、戦前期日本を「発達した政治文化」を持つ国家社会と位置づけたうえで、軍部が政府に対して「圧力」ないし「ゆすり」を政治介入の方法として用い、最終的には軍部による「制限的で間接的な支配」が貫徹された国家と結論づけている。[39]

ファイナーの分析によると、戦前期日本において満州事変が起きた一九三一(昭和六)年から敗戦の年の一九四五(昭和二〇)年に至るまでの期間に限れば、軍部の支配形態は「制限的で間接的支配」の範疇に分類される。同時に、政治介入の段階は、二・二六事件（一九三六年）を契機に軍部大臣現役武官制度が復活したことで、軍部はそれまでの「影響力」行使の段階から、「ゆすり」による内閣への牽制を開始、なかでも事件後、廣田弘毅内閣の組閣過程で表れた陸軍の強硬姿勢（たとえば自由主義的人物の入閣阻止など）の顕在化は、一種の「ゆすり」の典型事例であるという。[40]

こうして軍部の政治介入はきわめて限定されたものであったが、二・二六事件を転機として政治介入が顕在化し、日米開戦時には、その程度が最高潮に到達するというものである。しかし、同時に日本の場合、政治介入はそれ以後、「さしかえ」の段階にまで到達しなかったとする。その原因こそ、日本の政治文化がある程度高かったためとする（ファイナーの区分では第二段階）。ファイナーは、戦前期日本の政軍関係においては、軍部の政府への「ゆすり」が常態化したものの、「さしかえ」という実態までには至らず、したがって、軍部独裁は成立しなかったと見ているのである。

結論として、ファイナーは日本を含めた世界の軍隊による政治介入事例を比較検討し、そこから軍隊の政治介入を阻止するためには、「文民優位の原則（the principle of civil supremacy）」の確立の必要性を説くのである。そこではハンチントンの主張する軍隊の「プロフェッショナリズム」への過剰な期待感はない。つまり、ファイナーの場合には、政治文化の発展や民主的諸制度の整備の蓄積の上に、「文民優位の原則」を確立していけば、軍の政治介入の可能性は減るとしたのであり、これについて言えば、日本の政軍関係においては、統帥権独立制や軍部大臣現役武官制度等、文民統制の原則を全面的に否定する制度が確立されていたことが、結局は軍部の政治介入への道を用意したとする。したがって、政治文化の成熟や民主的諸制度が整備されたとしても、これら軍の特権が存在する限り政治介入の可能性は否定できない構造にあった、としている点が重要であろう。

以上、画期的とされるファイナーの理論を要約したが、疑問と思われる点も少なくない。

第一に、理論形成の大枠の面からして、そもそも政治文化の成熟度を区分する基準あるいは指標が、いったいどこにあるか不明瞭である。確かにファイナーは、現代における軍部の政治介入を論じる際に、政治文化が低位にある国としてアルゼンチン、ブラジル、トルコ、アラブ連合共和国、イラク、ベネズエラ、パキスタン、スーダン等を挙げ、政治文化の程度を示す基準として、一人当たりのエネルギー消費量や労働組合の組織率、あるいは人口の都市集中率、国民の識字率等の数字を示してはいるが[41]、そのような基準・指標はこの一ヵ所だけであり、しかも現代国家の「政治文化低位」と位置づける諸国のみである。これだけでは、ある程度の政治文化の発展した国家が何をもって分類され、またそれが充分に比較分類できるものか判然としない。分類・区分という方法を用いる以上、より説得的で合理的な基準や指標を明示する必要があろう。

第二に、用語の問題で言えば、ファイナーの言う「影響力」、「ゆすり」、「さしかえ」を実際の政治過程に対応して検討した場合、一九三〇年代に限っても、二・二六事件直後に組閣した廣田弘毅内閣への陸軍の干渉・介入の実際は、まさしくファイナーの言うように「ゆすり」の表現に値するものであった。しかし、日本軍部が同事件以後「ゆすり」以上の介入を日本の政治文化の発展程度からして放棄し、もっぱら外部からのテロによる威嚇という卑劣な手段を用い、実質的な政治力を発揮して政治をリードした、とするファイナーの判断および認識には同意できない。

すでに三宅もこの点につき疑問を提出している通り[42]、二・二六事件以後の軍部の政治介入は、ファイナーの用語を借りれば「ゆすり」を越して「さしかえ」を積極的に実施している。陸軍出身の林銑十郎内閣（陸軍大将）でさえ引きずり降ろし、陸軍の意向に沿うと考えられた近衛文磨を政権に担ぎ出すという、内閣の「さしかえ」を実際に強行しているのである。

むろんこの林内閣にせよ、後の阿部信行（陸軍大将）内閣、米内光政（海軍大将）内閣、東條英機（陸軍大将）内閣、小磯国昭（陸軍大将）内閣、鈴木貫太郎（海軍大将）内閣等の陸海軍内閣が、軍部のみの政治的力量によって成立したとするのは正確ではないが、少なくとも非常に強力な軍部の発言力を背景として、次々と「さしかえ」が行われたことも事実であった。この点でファイナーの「ゆすり」や「さしかえ」の用語自体の有効性と妥当性には疑問が残る。

この他にも、はたして日本がファイナーの区分したように政治文化のある程度発展した国家としての位置づけがいったい妥当であるかといった点や、これと関連してファイナーの研究のなかで政治文化の程度がほぼ同位に置かれたドイツと日本における軍部の政治的役割の相違性をどう説明するかの点等についても議論の余地があろう。全体として政軍関係の世界史レベルでの一般化を急ぐあまり、各国比較史の精密な検討がやや欠ける結果となっていると思われてならない(43)。

マクソンの「下剋上」理論

イェール・マクソンが一九五七年に発表した『日本外交政策の統制——政軍の対抗に関する研究　一九三〇—一九四五』(*Control of Japanese foreign policy: A Study of Civil-Military Rivalry 1930-1945*)を取り上げてみたい。同書は、カリフォルニア大学(バークレー校)出版会がシリーズで刊行している政治学叢書の第五巻で、日本の国家意志決定過程が主な関心対象となっている。この点で先に簡約した三人と異なり、マクソンは日本歴史研究者と見てよい。マクソンは戦後、東京裁判で東條英機被告の弁護を担当した経験を持ち、この時提出された資料を用いて昭和初期における日本軍部の政治介入の実態を追究することを研究テーマとしていたのである。そこでは独自の政軍関係史分析を通じて、日本の政軍関係を特徴づけ、普遍化する作業を試みている。

後に『西園寺公と政局』として出版される「西園寺公望・原田熊雄メモワール」を唯一の資料とし、また一九五七(昭和三二)年という日本ファシズム研究をはじめとする日本現代政治史研究が、その緒についたばかりの時期という制約条件下にあったものの、外国人による日本現代史研究に先鞭をつけ、しかも一定の分析方法を用いて軍部の政治介入の原因を追究した意義は、膨大な研究蓄積を得た今日にあっても決して失われていない。

マクソンの政軍関係論のキーワードは、「下剋上」(rule from below) である。マクソンの主要な関心は、日本の国策決定過程における軍の役割にあり、軍の外地での軍事行動が日本の外交指導および外交政策を決定するうえで、きわめて重大な決定要因となっていることを強調している。その場合、関東軍など現地部隊が引き起こしたとされる満州事変や華北分離工作に典型的に示されたように、最初に現地軍の中堅将校が企画立案した非合法的な軍事行動を軍中央が追認する。それが内閣の一構成員たる陸軍大臣を突き上げ、その陸軍大臣が最終的に内閣・政府に対し、軍部大臣の特権を盾にして軍部の要求を貫徹するとした。こうして国家政策の決定に軍部が重要な役割を演じた、とするのである。

戦前期日本の国策決定のメカニズムにおける軍部の役割を分析したマクソンは、本来あるべき決定メカニズムとの異質性を強調する意味で、「下剋上」の用語を使用する。マクソンがこのような用語を着想するに至った理由は、「西園寺・原田メモワール」に記された軍部の政治介入の常態化と、軍部の政治的野心の抑制に心を砕いた元老西園寺の行動と言動を整理するなかで、日本軍部の特異な政治介入の実態を明らかにしようとする研究上の視点を重視したことによるのであろう。

しかし、マクソンの理論にも多くの疑問点が存在する。第一に、マクソンの依拠した資料が、時期的な問題にその多くの原因があるものの、基本的には軍部の政治介入に批判的な、親欧米派の元老として行動した西園寺およびその周辺の宮中グループのものに限られており、彼らの思想や行動を通してのみ政軍関係を捉えようとしていることである。そこではたとえば、満州事変の発生に関連して石原莞爾や統制派に属する中堅将校たちによる軍の統制や国策の統一性を乱す行為を「下剋上」という用語で日本固有の現象として説明する。(44)

つまり、同資料に依拠するあまり、全体を通じて軍部(陸軍)の内政外交政策決定過程における指導力を実態以上に大きく位置づける結果に陥っていたのである。確かに満州事変発生の契機は関東軍による「謀略」であったが、問題はそれを事後承認していく軍中央および政府内部における指導運営のなかに、関東軍の武力発動による中国政策の推進を期待する意図が存在していたことである。

この時期、マクソンが依拠したいわば宮中グループは、まだ全面的に政治運営の表舞台には登場していないが、彼らのなかには、軍主導による中国政策の急展開が英米との摩擦を増長することに不安を抱きつつも、必ずしも積極的にこれを抑制するか、あるいは否認する行動を見出せない。これに対して、マクソンは結論の部分で、一九三〇年代以降における軍事的膨張政策は、軍部による軍事侵略計画と軍部の主導性の結果であると断じている。[45] 他にも細かな歴史事実の把握の点で明らかな誤解もあり、これは資料の制約上やむを得ないとしても、こうした大枠の点は、まずマクソンのキーワードに直接関わることなので最初に指摘しておきたい。

第二に、マクソンのキーワードである「下剋上」の用語そのものについて言えば、通常日本政治・軍事史で「下剋上」という場合には、満州事変を契機に顕在化する軍部内のヘゲモニーの降下傾向を指し、より具体的には幕僚層の指導力強化、軍上層部のロボット化を意味する。[46] たとえば、真崎甚三郎参謀次長が、閑院宮載仁参謀総長を完全にロボット化して参謀本部の実権を握ったことや、満州事変における関東軍司令官および関東軍首脳部の意向を無視した石原莞爾等の独断専行振りなどを指す。

ここでいう「下剋上」とマクソンの用いる「下剋上」とでは、その意味がそうとう異なると思われる。マクソンの用語はかなり漠然としており、かなり幅の大きな意味で使用されている。つまり、マクソンは「下剋上」の用語で一九三〇年代以降の日本における政軍関係の構造やメカニズムを一貫して説明しようとするのだが、それは実際には無理があろう。何よりもマクソンの使う「下剋上」の定義があまりにも曖昧なため、無限の拡大解釈を許す恐れがあること、さらに「下剋上」の用語は、権力内部の位置関係の変動を説明するうえには有効かもしれないが、政軍関係全体を包括的に捉える用語としては精密さを欠いているように思われるからである。

政軍関係論構築の目標を、軍事の政治への介入の原因を探り、政治と軍事のあるべき姿を提示するうえでの理論の提供という点に求めるならば、少なくともマクソンの理論を「戦後比較的日の浅い時期に、政軍関係という視角から、一九三〇年代と四〇年代前半の日本の外交政策決定の内部機構に分析を加えた研究として、それなりに評価されてよい[47]」という三宅の指摘を了解しつつも、その「下剋上」の用語のもつ限界をやはり指摘せざるを得ない。

マクソンは最終章の結論において、「満州事変から華北、そして中国全域、さらに最後には南アジア太平洋地域や東南アジアを含め、一九三〇年代以後における軍事的膨張が軍の計画と先導の結果であることはまったく疑いようがないのである[48]」と記しているが、より重要な問題は、なぜ「下剋上」と指摘される状況が明治憲法体制下の日本の国家システムのなかで生起し、それが常態化していくことになったのか、はたしてそれは明治憲法体制が最初から自らの内にはらんでいた要因だったのか、これと関連して「下剋上」が常態化した結果、日本の政軍関係にどのような特徴を刻印することになったのか、という諸点であろう。そうした課題に答えることこそ、当面の政軍関係研究の目的と考えたい。

きわめて限られた資料をベースに戦前期日本軍隊の政治介入の原因を探ろうとマクソンが、その象徴的事例として、二・二六事件のような軍のクーデターを俎上に載せる理由は理解できるものの、今日における二・二六事件研究においては、同事件はむしろ軍の横暴や不必要な政治介入への不満の結果発生したものであって、逆に同事件を奇貨としてカウンター・クーデターにより、政治介入への巧妙な道筋をつけようとした当該期軍部中枢の動きが注目されている[49]。したがって、マクソンの展開する「下剋上」は現象的事例としては意味をなすかもしれないが、現在では軍の政治介入の制度的かつ機構的な側面の分析が繰り返し求められていることを指摘しておきたい。

3　政軍関係論の新たな展開

政軍関係の変動要因

ここでは、新たな戦後欧米諸国を主要な対象とする政軍関係論の展開を整理しておきたい。三宅は、『政軍関係研究』の「第四章　政軍関係論の新展開」で、政軍関係論の起点をなす『軍人と国家』以後におけるハンチントンの新たな展開をはじめ、最新の論や研究者の動向をとりあげている。そこでは第二次世界大戦後から、さらには米ソ冷戦後における各国の政軍関係の変容が、きわめて興味深い問題設定で論述されている。そこで、三宅が取り上げたハンチントンやベルクハーンの問題提起のいくつかを受けるかたちで、筆者なりの理解と見解を示しつつ、今後の政軍関係研究の課題を論じておきたい。

まず、筆者がもっとも注目している軍の政治介入の原因論に関して、三宅は「軍の政治介入をうながす主要な原因は、軍の内部ではなく、政治の内部に見いだされる。軍の側にプロフェッショナリズムが確立していても、政治体制の側が弱体化し、分裂状態におちいれば、軍の政治介入が生ずる」(50)とするハンチントンの所論をふまえつつ、軍の政治介入の原因をもっぱら軍自体の本質や構造に求めようとする従来の傾向に一定の修正を加えようとしていると理解される。すなわち、政治自体の混乱や動揺、正当性の欠如などの諸条件が用意される場合に、軍は自らを政治の舞台へと突き動かしがちであるというのである。

要するに、現代国家における政軍関係の基本原理とも言える文民統制が、その本来的な意味において機能するためには、「正当性を備えた効率の良い政治体制」を確立することが前提となる、ということであろう。この指摘を戦前期日本の政治に当てはめて考えるならば、政治介入を果たそうとした日本陸軍の動機づけの主要な問題として、党利党略に走る国民不在の政治の存在、とりわけ、一九三〇年代における政党政治の実態が想起される。その意味では、ハンチントンや三宅の指摘は、軍に隙を与えない強固な政治体制の確立こそ、健全な文民統制を担保する政軍関係が存在し得る条件だとするものである。逆に言うならば、政治に隙ができたことが軍の政治介入に絶好の口実を与え、そこから軍は政治に内在する諸矛盾を突くかたちで政治介入する正当性を得ることになる。

さらに三宅は、政治介入の原因論として軍産複合体の存在に触れ、戦後アメリカの政治学者を中心に指摘されてきたように、軍産複合体が軍の政治的影響力の増大につながっており、文民統制成立の阻害要因となっているとしている（ハンチントンはこの「阻害要因」については必ずしも肯定的ではないが）。軍産複合体がアメリカの政権中枢に恒常的に人材を送り込んでいる現実をふまえるならば、ここから筆者は、二つの側面が指摘できるように思われる。

すなわち、第一には、今日のアメリカにおける軍産複合体が、政軍関係に決定的な変化をもたらしていることは間違いなく、それは政軍両者の協調性を必然化させている側面である。そして、第二には、軍事と産業の相互依存関係を基本とする経済構造が政治構造としても機能する結果、政治と軍事との重層構造化あるいは混在状況化を招いている側面である。

これらの側面は、冷戦時代における米ソの過剰なまでの軍拡競争のなかで、権力中枢に深く根を張っていった軍産複合体が、国家政策の決定過程に軍事的価値判断を持ち込み、軍事主義的な観点からする外交の展開という結果を生み出したことからも明らかである。このように、外交が軍事に引っ張られる状況が顕著であったし、やや抑制的な表現をしたとしても外交と軍事の線引きが曖昧であった。その点については、ソ連共産党の軍事・外交政策に決定的な役割を果たしたとされる旧ソ連の軍産複合体と、アメリカのそれはまったく同様であったのである。

冷戦時代が終焉した今日においても、「局地紛争対処戦略」や「関与（engagement）と拡大（enlargement）の戦略」

を掲げるアメリカの軍事戦略において、ここでいう政治と軍事の混在状況はいちだんと拍車がかかっている状況とさえいえる。その意味では、イギリスやフランスにしても、同様に軍産複合体という権力体が存在し、従来における政軍関係の基本構造に大きな修正を迫っていることは確かである。加えて、二〇〇三年三月二〇日から開始されたイラクに対するアメリカの先制攻撃戦略の採用に具現された軍事主義の突出状況を考え合わせたとき、政軍関係の重層構造化あるいは混在状況化の現実を認めざるを得ない。ここには、従来の政軍関係論の枠組みでは把握しきれない政軍関係の実態があるように思われる。こうした現実の政治過程を、どのように新たな政軍関係論につなげていくかは大きな課題であろう(51)。

そこであらためて問題とされるべきは、従来のように政治領域と軍事領域を峻別することの困難さであり、またシビリアンとミリタリーとの相互乗り入れ的状況が常態化している現実をどのようにとらえるかという問題である。これに関連して、ベルクハーンはその著作のなかで、アメリカの歴史学者ディッブル（Vernon K. Dibble）の「兵営社会」と題する論文を引用しつつ、興味深い視点を提供している。それは、「アメリカに関し、文民が今でも軍人をコントロールしているかどうか、という問いを発しつづけるのは無意味であると述べた。彼の見解に従えば、アメリカ合衆国は、軍事上、経済上ないし政治上の権力を保有している諸制度および人びとが、きわめて密接にお互いに結びつき、きわめて強くお互いに依存し合っている国家になってしまった。その結果、彼によれば、以前の議論ではいつもきれいに分離されていた軍事的領域と文民的領域とが、相互に引き離せないほど融合しているとまでは言えないとしても、とっくのとうにひとつの共生関係に入り込んでいる(52)」とする箇所である。ベルクハーンがこの箇所を引用しているのは、ディッブルの指摘を全面的に肯定するからではない。むしろ、ディッブルの指摘の重要性を認めつつも、そこにいくつも留保事項を用意しているからである。

たとえばベルクハーンは、アメリカ型の高度産業社会を軍国主義的と捉えることの疑問や、軍産複合体の創出は、軍国主義の拡大というより、別種の軍国主義概念として把握する方が適合的ではないか、といった疑問を提起している。そのためにベルクハーンは自らの視点の妥当性を補強するために、ドイツの政治社会学であるセングハース（Dieter Senghaas）の著作『軍備と軍国主義』（一九七二年刊）をとりあげている。

セングハースは、軍拡によって巨大な利益を確保する軍産複合体の存在を「軍拡の利益構造」の概念を用いて説得的な分析を試みたが、そこでは産業社会の高度化がただちに軍事化（Militarization）を招き、軍事国家あるいは軍事型社会への転換を結果する、とは必ずしも捉えていない。そうしたセングハースの視点に同意するかたちで、ベルクハーンも軍産複合体の存在や政治領域と軍事領域の混在状況が、ただちに両者の「共生関係」を結果する、と単純に捉えてしまうことの問題を的確に指摘しているのである。従来型の軍国主義とは、軍人が政治領域において主導権を握り、軍事的価値を最優先する社会の創出が不可避となる状態を示すが、産業社会の高度化は、むしろ政治と軍事の協調関係の進展か、あるいは役割分業の明確化を推進するとされる(53)。

この点について筆者は、ベルクハーンやセングハースの見解が妥当であると考えている。ただ、高度産業社会および高度軍事社会というカテゴリーでくくれるのは、現時点でいわゆる「アメリカ一極主義」（ユニラテラリズム）の用語で表現されるように、アメリカ一国だけであり、その限りでこの種の政軍関係論が適用可能な対象はきわめて限定的である。それゆえ、ただちにアメリカ以外の先進諸国の政軍関係の現状をも射程に据えることは困難ではないかと考える。その意味で「政軍」の「共生関係」という、新たな政軍関係論の展開は限定的にしか使用できないであろう。ただ、中長期的な視点に立つならばイギリスやフランスなどのヨーロッパ先進諸国、それに日本を含め、他の先進諸国における政軍関係が、ディップルのいう「共生関係」という実態に近づいていることも十分に予測しておく必要性はあろう。

昨今の軍事技術革命（ＭＴＲ＝the Military Technical Revolution）や軍事革命（ＲＭＡ＝the Revolution in Military

Affairs）と呼ばれる急速な軍事技術の進展のなかで、ひと握りの軍事専門家や軍事技術者だけで軍事領域をカバーすることが不可能となり、それゆえ軍事プロパーによる軍事領域の独占を困難にしている現状からして、政治と軍事は同時的かつ同一的なカテゴリーにおいて処理されるべき対象となっている。そこから、欧米日の先進諸国における政軍関係が、新たな段階と新たな理論的枠組みのなかで把握されなければならなくなっていると筆者は考える。(54)

そうした半面、非欧米諸国で依然として発展途上段階にある諸国の多くにおいては、政権を獲得していない場合でも軍部（国防軍）の政治への影響力が大きく、軍事主導の政軍関係から抜け出せないでいる実例も多い。つまり、軍産複合体が実質的には存在せず、高度産業社会に到達していない諸国においても、政治領域と軍事領域が相互乗り入れ的な状況にあることも確かである。このように政軍関係論の新たな展開のなかでは、その国家社会の発展段階と国家発展の方向性との関連からする体系的な理論の構築のなかで、もっとも適合的で合理的な政軍関係の構築が目指されるべきである。つまり、政軍関係は、国家社会の発展段階や発展の方向性に規定されて変容するものである以上、歴史的なアプローチが不可欠となろう。

そうした意味で、三宅の「第四章　政軍関係論の新展開」の「二　ハンチントンの目から見た一九七〇年代の政軍関係」は、きわめて興味深い部分である。ここで三宅はハンチントンの論文「一九七〇年代の軍人と国家」を引用しつつ、ハンチントンが第二次世界大戦後におけるアメリカの政軍関係の類型を、「伝統的パターン」（一八一五―一九四〇年）、「冷戦パターン」（米ソ冷戦時代～一九七〇年代初期）、「第三のパターン」（一九七〇年代）と三区分していることを紹介している。

そこで、「伝統的パターン」の時期には、政治と軍事との緊張関係が表面化しなかったのに対し、「冷戦パターン」は軍事の社会的役割が高まり、軍事力の使用が政治の手段として積極的に容認された時代とされる。ところが、一九七〇年代に入ると、アメリカの公衆の政治意識が軍事外交領域から、福祉・健康・教育・環境・都市問題等の国内問題や日常生活に直結した領域へと関心が向けられ、軍に対するそれまでの寛大な態度を次第に修正するようになり、そこにベトナム戦争が世論に潜在していた反軍感情を活性化させ、従来の政軍関係に大幅な修正を招くに至った、とする。

すなわち、大衆一般の親軍的態度から嫌軍的態度、さらには反軍的態度への変化は、同時に「反防衛インテリ（antidefense intellectuals）」を登場させ、反軍国主義（antimilitarism）の潮流が噴出したとされる。(55) ハンチントンの議論は、ソ連のアフガン侵攻以前の論考だが、すでにアフガン侵攻のような国際紛争が生起した場合には、それに対応して政軍関係が変化する可能性を予期したものであった。

やや繰り返しの展開となるが、ここで問題とすべきは、ハンチントンが現代において政治領域と軍事領域とがかつてのようには明確に区分されず、相互に重なり合うという意味で、重層的な関係を強めている現状を強調している点であろう。その点について筆者も全面的に同意する。すなわち、筆者はハンチントンの指摘する通り、第二次世界大戦後における米ソ冷戦構造のなかで生起した戦争のほとんどが宣戦布告を欠いていたように、アメリカにしてもソ連にしても、戦争発動の場合には政治と軍事（戦争）とを明確に区分するのではなく、言うならば政治か戦争かの二者択一的な発想から、政治も軍事（戦争）も、という二者併存的な発想が主流を占めるようになった、と考える。

その理由は、第一に核超大国である米ソが一度宣戦布告するならば、米ソが当事者ではなくとも、場合によっては米ソが直接的な軍事対決へと踏み込まざるを得ない状況に陥る危険性があったことである。米ソは最大時両国合わせて五万発と言われる核兵器を保有していたが、それは実に全地球人口の八倍を殺戮可能な量であり、いわゆる過剰殺戮（over kill）の状態であった。しかも、核の運搬手段の高性能化で命中精度も飛躍的に向上しており、文字通り、確証破壊を可能とし、攻撃を甘受する以前に先制攻撃への道を選択しない限り破滅を回避できない、とする核の脅威に自らを追い込んでいたのである。したがって、核保有国にあっては、米ソを筆頭に少なからず、宣戦布告は自国破滅の可能性と引き替えにする選択であったが故に、それは避けるべき選択であった。とりわけ、米ソは地上だけでなく、空中および海中をも核のせめぎ合いの場とし、相互に核の恫喝をかけ合う状態にあった。

このような状態のなかにあって、軍事力の使用は基本的には制限的なものにならざるを得ない。米ソいずれにしても、冷戦時代の戦争は宣戦布告なき軍事力の投入あるいは使用となったのである。そして、そこで設定された戦略方針が「局地紛争」や「低強烈度戦争（ＬＩＷ：Low Intensity Warfare）」という新たな戦争概念であった。そのような新たな戦争概念は、従来の戦争が国家対国家の戦いであったのに対し、国家対テロ組織、国家対特定民族、国家対特定集団という非対称性を決定的な特徴とする。そこからは、軍事力使用についての敷居が低くなる一方で、従来の戦争のように、基本的には軍事組織に委ねられる形式ではなく、政治指導と戦争指導が同時的に進められることになる。このような戦争形態の変容から、政軍関係のありようの根本が転換を迫られてきた、と見ることもできよう。

次に、軍事力の使用に対する拘束についても興味深い問題がある。今日におけるアメリカの政軍関係は、政治と軍事との関係の変容と並行して、政治領域内における軍事政策の決定過程をめぐる対立と妥協の動きがきわめて活発である。国軍最高司令官たるアメリカ大統領の絶大な軍事力使用に関する権限は、議会によって相対化されることをめぐって政治争点ともなった。〝権限拡大の歴史〟と言われるアメリカ大統領史のなかで、一九七三年一一月七日に「大統領戦争権限法」（正式名称は、Joint Resolution concerning the war powers of Congress and the President）が成立したことは画期的な事件として記憶されている。

この法律は戦争権限のないアメリカ軍の投入に際して、議会と大統領との共同判断の確立を目的としたものであったが、それ以外の戦争を含めた非常事態への対応についても、一九七六年九月一四日に「国家緊急非常事態法」（National Emergencies Act）を成立させることで、大統領の国家非常事態宣言や非常事態対策についても、議会の授権によって実行を迫る内容が確認されたのである。[56] これら二つの法律によって、軍最高司令官である大統領の軍事権の独占状態に重大な変化がもたらされたと言える。その意味で、議会を民主的権利実行の場とすれば、政治と軍事の均衡が議会の権限の拡大によって保証されたことになる。そのことはアメリカにおける政軍関係が正常化されたとも指摘できる。

そのことに触れて三宅は、アメリカの軍事力使用に一定の拘束が準備されはしたが、そのことは同時に、「いったん武力を使用するとなれば、自己の目標を迅速かつ決定的に達成するために、圧倒的な軍事力を投入するであろう」とするハンチントンの論文を引用紹介し、大統領と議会が軍事力使用にふみきった場合には、ベトナム戦争時のような、議会の動向を気にかけながら兵力を逐次投入するという轍を踏まないよう、圧倒的な戦力を短期間に集中する作戦が選択される可能性のあることを論じたハンチントンの予測の正確さを指摘している。

このような諸点から引き出せる政軍関係論の新たな展開においては、アメリカの場合、重層構造のなかで政治と軍事との線引きが、ますます困難になっている現実をどのように捉えるか、という問題が浮上してこよう。ハンチントンはアメリカの政軍関係論については「まぶしいくらい楽観的である」[57]と三宅自身が指摘しているように、このような現実の政軍関係から派生するアメリカの軍事力使用のあり方は、湾岸戦争や二〇〇一年の九月一一日に世界を震撼させた同時多発テロ事件に端を発する対アフガン侵攻（二〇〇一年一〇月）、さらには対イラク戦争（二〇〇三年三―四月）などで実証された。そこで具現されたように、議会が同意すれば、結局のところ軍事主導による政軍一体化の関係が全面展開されかねないのである。そこにおいては、軍への過剰とも思われる役割期待を議会の協賛によって確保していくというレベルの政軍関係の実体化が進行しているように思われてならない。

というのも、「軍事的領域と文民的領域との共生関係」（ディップル）が、両者の峻別を前提とした文民統制に基づく政軍関係の構造を解体に追い込んでいる実態を、ハンチントンは必ずしも深刻には受け止めていないからである。そうなると、政軍関係が政軍の共生や文民統制の相対化現象をも許容するものとして、今後において展開する可能性をハンチントンの政軍関係論のなかから読み取らざるを得ず、そのことは従来の政軍関係論に根本的な修正を必要としている、とする議論にも発展してこよう。

政軍関係論の新展開　ハンチントン、ノードリンガーの議論

ここでは最初に、一九九六年に発表されたハンチントンの論文「政軍関係の再構築[58]」について見ておきたい。三宅は第四章の第四節「冷戦構造消滅後の政軍関係」において同論文を取り上げている。ハンチントンの議論は、冷戦の終焉という新しい事態のもとでの政軍関係のあり方を検討する国際会議（一九九五年三月一三―一四日　於ワシントン）における基調報告として行われたものである。

ハンチントンはファイナーやパールマター等から多くの批判を受けながらも、基本的には『軍人と国家』に示された文民統制論を変えておらず、最近の二〇年間で権威主義体制を敷いていた四〇近い諸国家において文民政府が登場し、新しい民主主義体制への移行が見られ、それと同時にハンチントンが説いてきた「客観的文民統制」を基本とする政軍関係が成立したとする。

そこでは、民主主義への移行の仕方は千差万別であって一律ではないが、権威主義体制下の政軍関係よりも、民主主義体制下のそれの方が良好であるとされる。あわせて、ハンチントンはスロベニアのベブラー（Anton Bebler）の指摘を引用し、米ソ冷戦構造下において権威主義体制が敷かれた東ヨーロッパの政軍関係の顕著な変容ぶりを、「歴史的調和の進展[59]」として一一の項目を挙げていることを紹介している。

ハンチントンはベブラーの指摘を引用することで、東ヨーロッパの旧社会主義諸国家が、それまでの共産主義を原理とする権威主義体制のなかでは、軍人も無条件に党や国家に奉仕することを強要され、またそのことによって権威

主義体制を支える役割を担わされてきた、とする。しかし、軍隊や軍人が、民主化に伴う政治的中立化などによって党や国家による束縛から解放され、さらには民主主義体制のなかで政治の主体である文民の統制に従うことによって、ハンチントンの言うところの「客観的文民統制」の確立が実現していった、とする捉え方を披瀝しているのである。

ハンチントンは、このような東ヨーロッパを典型事例とする良好な政軍関係の成立や、文民統制の確立がなされた理由を三点挙げている。すなわち、第一には、軍人の「プロフェッショナリズム」や文民統制が広く普及し、世界各国の軍によって受容されるようになったこと、第二には、「客観的文民統制」が軍人と文民のいずれにも利益となってきたこと、第三には、経済改革と異なって、政軍関係の改編は社会にほとんど負担をかけないで、逆に広く利益を生み出すものであること、である。(60)

さらに、ハンチントンは同論文の最後の節「新たな使命についての課題」において、米ソ冷戦構造の終焉後における政軍関係のありようを論じるなかで、相対的には軍事力の削減傾向や徴兵制度の見直しが進められ、それまでの軍隊や軍人の政治的かつ社会的な役割が低下し、軍隊の役割をいったいどこに求めたらよいのか問題となっている状況を指摘する。そしてそこから、文民と軍人あるいは民衆と軍隊との緊密な関係が生まれるであろうと予測する。すなわち、ハンチントンは、「すべての市民は兵士であり、すべての兵士は市民である」という有名なジェファーソン米大統領の言葉を引用しながら、民主主義体制下の新たな政軍関係の有り様が俎上に載っている状況を論じているのである。(61) 文民と軍人（＝民衆と軍隊）の役割期待が国家や社会の発展過程で変容していく可能性を読み込みながらも、民主主義の成熟や発展という視点に立てば、そこでの主体はあくまで文民であり民衆である以上、政軍関係が文民（民衆）の主導下において構築されるのは当然なことである。たとえ、民主主義を基盤に据えた国家社会における軍人や軍隊の役割を一定程度容認する立場を採ったとしても、「すべての市民は兵士であり、すべての兵士は市民である」というジェファーソン米大統領の言葉は、アメリカ独立戦争の折にイギリスの正規軍に抵抗するためにすべてのアメリカ市民をミニットマンとして戦場に動員せざるをえなかった歴史事実をふまえての、つまり、戦時状況を前提とした表現であって、決して平時においても適用されるものではない。

戦前期日本においても田中義一等が盛んに用いた表現に「良兵即良民」があった。それが戦時における民衆の戦場への大量動員を道理化し、平時においては社会の軍事化を意図したものであった歴史事実を持ち出すまでもなく、ハンチントンの言う「文民と軍人あるいは民衆と軍隊との緊密な関係」を単純には肯定することはできないのである。もちろん、ハンチントンの意図を、文民と軍人とが非和解的な関係でなく、協調関係あるいはディップルの言う「共生関係」を創り出すことによって、歴史事実において具現された両者の対立関係に終止符を打ち、良好な関係のなかで、本来的な意味での文民統制を担保する政軍関係の再構築を視野に入れた議論だとすれば、相応の意義を見出すことはできよう。

最後に今後の政軍関係の再構築にあたり、より重要なことは軍人よりも文民の立場にある者のスタンスである。ハンチントンは、そのような指摘をなしつつ、それでも民主主義諸国家における政軍関係が、直面するほかの諸問題に比較して明らかにうまくいっている、とする楽観論を披瀝して筆を擱いている。このハンチントンの楽観論がいったいどこから発生するものかは、それ自体興味深い点である。おそらくは、彼自身がカーター大統領時代にホワイトハウスにおける安全保障担当のブレーンとして直接にアメリカの軍人たちと深い親交を結び、絶対的権限を持った大統領への軍の忠誠心の厚さを身をもって体験したこと、そして、そこで接触した高級軍人たちの示した優れた「プロフェッショナリズム」への信頼にあるのであろう。

いずれにせよ、ハンチントンの信仰心にも似たアメリカの軍人たちの「プロフェッショナリズム」への確信ぶりには、あらためて驚くほどであるが、ここで論じておくべきは民主主義体制下における軍事の役割の相対化という問題である。すなわち、現代における戦争形態に規定された政治と軍事の重層構造化という状況において、文民指導者が優れた軍事知識や情報分析能力をもたない限り、その重層構造化とはうらはらに軍事技術の高度化のなかで政治と軍事の分業化がいちだんと進み、両者間には再び従来とは異なった意味において深い溝ができてしまう可能性が一方では高まっていることである。

つまり、軍人が自らのアイデンティティを高度な軍事技術と軍事情報の独占に求めるようになればなるほど、民主主義体制下で初めて可能となるハンチントンの言う「客観的文民統制」自体が有効性を発揮しなくなるのではないか、ということである。そのような事態にならないためには、たとえば文民の軍人化がもはや不可避であり、同時に軍人の文民化も不可欠である、とする議論が生まれてきたのである。しかし、当然ながらこれは非現実的な問題であり、そうだとすれば現代戦の戦争形態と軍事技術の高度化というやっかいな課題が、あるべき政軍関係の成立を阻む要因となることは必至であろう。そのような現実を直視するならば、ハンチントンの楽観論は、あらためて奇異にさえ感じられてしまう。

次に三宅が、第四章の第三節で取り上げているノードリンガー（Eric A. Nordlinger）の、『政治のなかの軍人たち——軍事クーデターと政府』（*Soldiers in Politics: Military Coups and Governments*）[62]を整理しておきたい。ここで三宅が注目するのは、第一章「プリートリアニズムの研究」である。ノードリンガーはそこで、西欧諸国と非西欧諸国の双方に妥当する文民統制のモデルとして、「伝統的モデル（traditional model）」、「自由主義的モデル（liberal model）」、「浸透モデル（penetration model）」と三つに区分し、その特質を明快に論じている。[63]

ハンチントンが提示した「主観的文民統制モデル」に対応する「伝統的モデル」は、文民エリートと軍人エリートとの未分化状態を示し、「自由主義的モデル」は両者の完全な分離を前提としている。これを戦前期日本の明治近代国家における文民関係に照合した場合、以上の二つのモデルはどこまで適用可能であろうか。特に日清・日露戦争まで顕著だった、文民エリートの代表格であった伊藤博文と軍人エリートの代表格であった山県有朋との連携によって戦争指導が進められた事例から政軍関係を捉え返すとしたならば、どうだろう。

確かに、日清・日露戦争期までは文民と軍人の両エリートは未分化状態、いわば相互乗り入れ状態にあったから、これを「伝統的モデル」の範疇に入れることは可能かもしれない。しかしながら、明治末期以降においては、日清・日露戦争の「勝利」によって軍部の影響力が強まり、さまざまな軍学校が整備されてエリート軍人を輩出する一方、東京帝国大学を筆頭に官僚輩出の体制も整い始め、文民エリート層も同様に養成されてゆき、両エリートの分業体制が次第に確立されていった。

それゆえ、日本においてもノードリンガーが提起した図式によれば、「伝統的モデル」から「自由主義的モデル」への変転が見出されると捉えていいようである。その変転過程の分析を追究すること自体、たいへん興味深い作業である。たとえば、軍人エリートの頂点に立っていた山県有朋が西南戦争（一八七七年）を契機に、その翌年に参謀本部条例を制定して統帥権独立制への道を開き、軍事機構と政治機構を分立しようとしたのも、また、軍人勅諭（一八八二年）によって、軍人の政治への関与を固く禁じたのも、ここで言う「自由主義的モデル」への踏み込み、という視点で把握可能であろう。

次に「浸透モデル」についてだが、それは軍に対する上からの政治理念やイデオロギーの徹底した注入により、文民への自発的な忠誠を引き出すことによって軍の政治介入を抑止しようとする型の文民統制の一方法である。このモデルは、中華人民共和国（中国）や朝鮮民主主義人民共和国（北朝鮮）など特定の諸国家に典型的に具現されるもので、軍の統制と監視が各部隊などに配置された政治委員によって施行される。この場合、共産党（労働党）の権力が民主集中の名の下に一元化された国家システムが、このモデル成立の条件であり、それ以外の場合にはこのモデルは該当しない、とする。

それでノードリンガーは、以上の三つのモデルをどう位置づけるかについて、次のように論じている。

これら三つのモデルの限界を考えるならば、非西欧世界における文民統制は不確定な制度となる可能性があるように思われる。「伝統モデル」は、きわめて有効ではあるが、軍人と文民の本分にかなり際だった違いがあり、そこから生まれる現状からして、伝統的モデルは実際のところ適合的ではないのである。「自由主義モデル」は、潜在的には有効である。しかし、文民的倫理とは、その内在化のために時間と適当な環境が必要であり、たとえそれがかなったとしても、諸事件の圧力によって、苦しみながらも放棄せざるをえなくなるかもしれないことを認識しておかなければならない。特に、文民の指導者たちが、軍事制度をも含め、政治的に扱ったり、干渉がましくしたりすることで、軍の基本的なルールを踏みにじるような場合はそうである。「浸透モデル」は、かつて完成されたモデルのなかでは、例外的に有効である。しかし、「浸透モデル」を実行しようとすることは、弱小な軍隊の存在という希な環境下以外では、とてつもなく危険なことである。そして、そのような場合でも、そのモデルは安定した体制下でのみ適用されることができるものである。[64]

要するにノードリンガーは、非西欧諸国においては、これら三つのモデルのいずれも決定的と思われる限界を含んでおり、文民統制それ自体の成立の可能性は低いと見ているのだ。それぞれの限界に触れた後で、「広範に適用でき、かつすこぶる有効な文民統制のモデルはない」[65]と結論づけていることからも、そのことは明瞭だろう。三宅も、この点については「三つのモデルのいずれもがごく例外的な場合を別として実行が困難である事情を明らかにしてきた」[66]とまとめている。

しかしながら、ノードリンガーは、そうした結論に達する過程で文民統制へのより深い理解と、さらなる可能性を求めていくうえでの問題を示しているように思われる。

すなわち、「伝統モデル」が近現代社会における軍事の役割期待からしてすでに過去の遺物であるとしても、「自由主義モデル」については、政治と軍事、文民と軍人とが一定の原理の下で双方の役割を確認し、相互に尊重しあうことで、対等な関係を構築することが可能であるため、軍の政治介入の抑制を可能にするモデルだと考えられる。その意味で、このモデルがもっとも理想的と言えそうだが、そこに問題があるとすると、それは軍人の側というより、むしろ文民の側にあるようである。なぜなら、すでに多くの政軍関係論者が指摘しているとおり、政治指導者の不正や無能力などへの不信の増大が、軍人を政治介入へと向かわせる主要な動機となる事例が多いからである。

「浸透モデル」の場合は、今後権力の一元化が困難となり、西欧民主主義諸国において特徴的な権力の多元化の方向と重ね合わせるとき、ある意味ではもっとも完全な文民統制方式と考えられるが、その成立条件の継続性という点で問題は多分に残る。たとえば、中国や北朝鮮などにおいても、その維持が困難となることは必至であろう。権力の一元化を前提とし、一方的な命令と服従の関係によって成立する文民統制は、その表面的な堅固さとはうらはらに、常に不安定要因をも抱え込んでいるように思われる。つまり、文民が軍人から信頼され、また文民も軍人を信頼し、軍人が自らの利益拡大ではなく、安全保障面における役割と責任の履行を究極的な使命と自覚する限りにおいて、もっとも堅固な文民統制が確立すると考えるならば、そのような政軍関係の確立は、いったい何によってもたらされるのであろうか。ノードリンガーが繰り返し説いているように、文民統制の成立が困難な政治環境にある非西欧諸国の現状への理解によって、理想とすべき政軍関係のありようを究明する方途が与えられているように思われる。

ノードリンガーは、この他にも同じく第一章で政治介入の三類型として、「調停者」(moderators)、「守護者」(gurdians)、「支配者」(rulers)の用語を導入し、政治介入のレベルを明示し、「近衛兵方式による調停者」(Praetorian moderators)、「近衛兵方式による守護者」(Praetorian gurdians)、「近衛兵方式による支配者」(Praetorian rulers)の小見出しで詳述している。[67] そのなかでノードリンガーは、「近衛兵方式による支配者」に関心を集中させている。そこでは彼らが国内統治に全力を挙げるところとなり、「ほとんどすべての独立した政治組織や半政治組織、さらには諸活動が非合法化される」[68]としたように、政治および社会の変革者として軍が登場するが、それは非西欧諸国家における政軍関係の典型的な形態でもある。そのことをノードリンガーは、先行研究を踏まえつつ、これまた詳細に論じているのである。

最後に、三宅も言及している『政治のなかの軍人たち』の第四章「支配者としての将校」における「支配の三類型」についても触れておきたい[69]。政治に介入を果たし、政治を支配する側に立つ軍の、支配の「正当性」（legitimacy）が、「カリスマ的正当性」（charismatic legitimacy）」、「伝統的正当性」（traditional legitimacy）、「合理的・合法的正当性」（rational-legal legitimacy）の三類型に分別できるとした点も、確かにきわめて興味深く、示唆に富むものである。なかでも、「合理的・合法的正当性」については、戦前期日本の政軍関係の実態を解明するうえで重要なキーワードともなるものだけに、合理的・合法的支配の正当性を実際の政治過程に即して検証する作業は不可欠だと考える。

註

（1）日本における政軍関係論研究の第一人者三宅正樹（明治大学政治経済学部名誉教授）の政軍関係論および政軍関係史に関連する主要な業績には次のものがある。「メッケルにおける一九世紀ドイツと明治前期日本との接触」（『神奈川大学人文学研究所報』第六号、一九七二年六月）、「ドイツ第二帝政の政軍関係——クラウゼヴィッツとルーデンドルフの間」（佐藤栄一編『政治と軍事——その比較史的研究』日本国際問題研究所、一九七八年）、「文民統制の確立は可能か——政軍関係の基礎理論」（『中央公論』、一九八〇年九月号）、「政軍関係の視角から見た一九三〇年代の日本」（三輪公忠編『再考・太平洋戦争前夜——日本の一九三〇年代論として』創世紀、一九八一年）、「日本の政軍関係の特質と病理」（三宅正樹編集代表『昭和史の軍部と政治』第一巻、第一法規出版、一九八三年）、「ドイツ軍国主義研究の視角——ベルクハーンの著作を中心として」（村瀬興雄『村瀬興雄先生古希記念西洋史学研究論叢 政治と思想』村瀬興雄先生古希祝賀記念会、一九八三年）、「政軍関係論から見た二・二六事件とカップ一揆」（『軍事史学』第二〇巻第一号、一九八四年九月）、「危機と政軍関係――世界恐慌とデモクラシー」（富田信男・堀江湛編『危機とデモクラシー』学陽書房、一九八五年）、「ドイツ国民史の研究――フェルスターの軍国主義をめぐって」（『明治大学社会科学研究所紀要』第二五巻第一号、一九八七年二月）。また、ファイナーの理論にも言及した「社会学と歴史学との対話――筒井清忠『昭和期日本の構造』をめぐって」（『思想』第七三二号、一九八五年五月）等がある。このなかで、日本における政軍関係論研究の必要性を説いた「政軍関係の視角から見た一九三〇年代の日本」の論文は、本稿のモデルとも言うべきもので、ハンチントン、パールマター、ファイナー、マクソンを取り上げ、詳細に論じられている。さらに、三宅は新稿と共に、これらの諸論文を中心とする論集、三宅正樹『日独政治外交史研究』（河出書房新社、一九九六年）を出版した。最新の研究成果として、『政軍関係研究』（芦書房、二〇〇一年）があり、本書は、「政軍関係の基礎理論」（第一章）、「政軍関係の形態と病理」（第二章）において、従来の政軍関係の基礎的研究を整理要約し、あらためて軍国主義（ミリタリズム）との関連で政軍関係理論の研究の必要性を説いた「軍国主義と政軍関係の展望」（第三章）を踏まえ、ハンチントンの政軍関係論の再検討や、新たにノードリンガーの政軍関係論の紹介などを行った「政軍関係論の新展開」（第四章）、そして、ドイツ・フランスの現代史のなかで政軍関係論をどう読み解くのかを論じた「ドイツ現代史の中の政軍関係」（第五章）と「マジノ線の悲劇――フランス現代史の政軍関係への一視角」（第六章）、最終章として、日本の現代史研究における政軍関係論の適用を論じた「危機と政軍関係――日本現代史の一側面」（第七章）から構成されている。

（2）Samuel P. Huntington, *The Soldier and the State: The Theory and Politics of Civil-Military Relations* (Cambridge, Mass.: Belknap Press of Harvard University Press, 1957), p.3. 邦訳書では、サミュエル・ハンチントン〔市川良一訳〕『軍人と国家』上巻、原書房、一九七八年、四頁。主な著作に、*The Common Defense: Strategic Programs in National Politics* (New York: Columbia University Press, 1961), *American Politics: The Promise of Disharmony* (Cambridge, Mass.: Belknap Press of Harvard University Press, 1981)、*Political Order of Changing Societies* (New Haven: Yale University Press, 1968)、邦訳書には、内山秀夫訳で『変革期社会の政治秩序』上・下巻、サイマル出版会、一九七二年。主な共編著に、Michel Crozier Samuel P. Huntington and Joji Watanuki, *The Crisis of Democracy: Report on the Governability of Democracies to the Trilateral Commission* (New York: New York University Press, 1975), Robert J. Art, Vincent Davis and Samuel P. Huntington (eds.), *Reorganizing America's Defense: Leadership in War and Peace* (Washington: Pergamon-Brassey's, 1985) 等多数。また最近の論文に、*The West: Unique, Not Universal*, Foreign Affairs,Vol.75, No.6, November / December, 1996, *Control:The Crisis in Civil-Military Relations*, The National Interest, No.35, Spring, 1994, Colin Powell, John Lehman, William Odom and Samuel P. Huntington, *An Exchange on Civil-Military Relations*, The National Interest, No.36, Summer, 1994, 等がある。

（3）伊藤皓文「明治国家における政軍関係（1）――軍隊と国家の関係の一事例研究」（防衛庁防衛研究所編刊『防衛論集』第七巻第二号、一九六八年一一月、二頁）。

（4）高橋三郎「戦争研究と軍隊研究――ミリタリー・ソシオロジーの課題と展望」（『思想』第六〇五号、一九七四年一一月、二頁）。なお、高橋氏によれば近代における戦争研究の歴史は、すでに一六世紀から論議の対象とされていたが、技術論的観点（用兵術）や法的観点（国際法）から議論されたにすぎず、戦争の原因や機能、さらには戦争防止策の検討が行われたのは一九世紀から第一次世界大戦期までの「戦争の哲学」と総称される領域においてであった、としている。その後、第一次世界大戦から第二次世界大戦期にかけては「戦争社会学」が盛んとなり、第二次世界大戦以降においては「平和研究」や「軍隊社会学」が戦争研究の主流を占めるようになったと要約している。

（5）第一次世界大戦を嚆矢とする戦争形態の総力戦化において大量の国民動員システムの構築という課題の克服が最重要の国家目標と認識されていく過程を論証した研究に、黒沢文貴『大戦間期の日本陸軍』（みすず書房、二〇〇〇年）がある。これより先に、纐纈も『総力戦体制研究——日本陸軍の国家総動員構想』（三一書房、一九八一年）を発表している。

（6）前掲「戦争研究と軍隊研究——ミリタリー・ソシオロジーの課題と展望」一九頁。

（7）政軍関係研究の詳細な紹介については、笹部益弘「シビル・ミリタリ・リレイションズ序説——主要文献とそのアプローチ」（防衛研究所編刊『防衛論集』第三巻第一号、一九六四年四月）を参照。

（8）註で引用した以外で政軍関係論に関する代表的な著作には次のようなものがある。なお、関連する欧文文献は、巻末に一括して掲載した。

・Amos Perlmutter, *The Military and Politics in Modern Times: On Professionals, Praetorians, and Revolutionary Soldiers* (New Haven and London: Yale University Press, 1977).
・Samuel E. Finer, *The Man on Horseback: The Role of the Military in Politics*, first published by Pall Mall Press 1962, revised and published in Peregrine Books (Middlesex: Penguin Books, 1969).
・Morris Janowitz, *The Military in the Political Development of New Nations: An Essay in Comparative Analysis* (Chicago: The University of Chicago Press, 1964). 邦訳書は、M・ジャノビッツ（張明雄訳）『新興国と軍部』世界思想社、一九六八年。
・James W. Morley, *The Japanese Thrust into Siberia, 1918* (New York: Columbia University Press, 1957).
・Yale C. Maxon, *Control of Japanese Foreign Policy: A Study of Civil-Military Rivarly 1930-1945* (Westport, Conn.: Greenwood Press, 1973).
・Richard J. Smethurst, *A Social Basis for Prewar Japanese Militarism: The Army and the Rural Community* (Berkeley: University of California Press, 1974).
・Harold H. Sunoo, *Japanese Militarism: Past and Present* (Chicago: Nelson Hall, 1975). 邦訳書は、ハロルド・スヌー（辻野功訳）『日本の軍国主義』三一書房、一九八〇年。
・Wiliam F. Morton, *Tanaka Giichi and Japan's China Policy* (Folkestone: Dawson, 1980).
・Volker P. Berghahn, *Militarism: The History of an International Debate, 1861-1979* (Cambridge and New York: Cambridge

University Press, 1984).
・Volker P. Berghahn, *Militarismus: Die Geschichte einer internationalen Debatte* (Hamburg: Berg, 1986). 邦訳書は、フォルカー・R・ベルクハーン（三宅正樹訳）『軍国主義と政軍関係――国際的論争の歴史』南窓社、一九九一年。

（9）長尾雄一郎「政軍関係とシビリアン・コントロール」（道下徳成他『現代戦略論――戦争は政治の手段か』勁草書房、二〇〇〇年、七六頁）。

（10）先に紹介した以外の戦前期日本の政軍関係研究を挙げておけば、前原透「「統帥権独立」理論の軍内での発展経過」（軍事史学会編『季刊 軍事史学』第二三巻第三号・通巻第九一号、一九八八年一月号）、田上穣治「「満州」創建期における政軍関係――関東軍の政治的役割」（亜細亜大学法学部『法学』第一八巻第二号）等があり、戦後政軍関係については、神谷不二「政軍関係論（civilian control）に関する一考察」（慶應大学法学部『法学雑誌』第二号、一九六三年一二月二〇日号）、中島晋吾「戦後日本型政軍関係の形成」（軍事史学会編『季刊 軍事史学』第三四巻第一号・通巻第一三三号、一九九八年六月号）、佐藤明広「戦後日本安全保障研究の諸問題――政軍関係の視点から」（東京都立大学『法学会雑誌』、一九九五年）、神田文人「「満州事変」と日本の政軍関係――統帥権と天皇制」（『敬愛大学 国際紀要』第三号、一九九九年三月）、寺村安道「明治国家の政軍関係――政治的理念と政軍関係」（立命館大学政策科学部紀要『政策科学』第一〇巻第二号、二〇〇三年一月）等の研究があり、また戦前戦後の政軍関係をトータルに扱った特集として、日本政治学会編『日本近代化過程における政軍関係』（岩波書店、一九九〇年三月）がある。単行本で「政軍関係」の名称を冠したものには、纐纈厚『近代日本の政軍関係――軍人政治家田中義一の軌跡』（大学教育社、一九八七年）、渡邊行男『宇垣一成――政軍関係の確執』（中央公論社、一九九三年）、李炯喆『軍部の昭和史』（上・下巻、日本放送出版協会、一九八七年）等がある。なお、纐纈は、二〇〇三年九月六、七日に北京で開催された国際シンポジウム「第二回 近代日本の内外政策」において、「近代日本の内外政策――政軍関係論及び政軍関係史から見た政策決定過程」と題する報告を行った。同報告論文は、「于近代日本的内外政策」のタイトルで中国社会科学院日本研究所発行の『中国社会科学院院報』（二〇〇三年一〇月一四日号）に掲載され、さらに日本の戦争責任資料センター発行の『戦争責任研究』（第四三号、二〇〇四年春季号）にも掲載された。

（11）前掲『軍人と国家』、上巻一六〇頁。

（12）カール・フォン・クラウゼヴィッツ（篠田英雄訳）『戦争論』（上巻、岩波書店、一九六八年、六一―六二頁）。

（13）前掲「政軍関係とシビリアン・コントロール」七四頁。なお、アロンは「戦争と平和」の問題を一貫して追究したフランスの社会学者でジャーナリスト。主な著作に以下のものがある。*La société industrielle en la guerre* (Paris: Plon, 1959), *Paix et guerre* (Paris: Calmann-Lévy, 1962), *Penser la guerre, Clausewitz* (Paris: Gallimard, 1976). 邦訳書にも、レイモン・アロン（佐藤毅夫・中村五雄訳）『戦争を考える――クラウゼヴィッツと現代の戦略』政治広報センター、一九七八年。原題は、*Le grand débat* (Paris: Calmann-Levy, 1963) などがある。

(14) 福田歓一「市民について」(『福田歓一著作集　第二巻　近代政治原理成立史序説』岩波書店、一九九八年、四〇二頁)。戦後、日本国憲法の制憲経緯にふれて、三宅正樹は、「シビリアン」を「文民」と翻訳されるに至った経緯を紹介し、「極東委員会が、「芦田修正」によって将来日本が再軍備するかもしれないその場合を見越して、憲法第六六条二項の「文民」規定をつくらせたのだとすれば、わが国では、「文民」という新語が、その成立の最初から政治的な含みを帯びたものであったといえそうである」(前掲『政軍関係研究』五二頁)と興味深い指摘をしている。とりわけ、軍部の政治介入が顕著であった昭和初期政治の教訓から、何よりも武官の前歴を持たない「シヴィリアン」の政治的地位への保証と確立を軍国主義復活の可能性を排除するための絶対的要件とする極東委員会の判断の重要性を強調している。

(15) 前掲『現代のシビリアン・コントロール』知識社、一九八八年、二七頁。

(16) ルイス・スミス(佐上武弘訳)『軍事力と民主主義』(法政大学出版局、一九五四年、二八―二九頁)。原題は、Louis Smith, *American democracy and military power, a study of civil control of the military power in the United States.* (Chicago: University of Chicago Press, 1951)。

(17) 前掲『軍国主義と政軍関係――国際的論争の歴史』参照。なお、ベルクハーンについては、三宅正樹「ドイツ軍国主義の研究視角――ベルクハーンの著作を中心として」(前掲『村瀬興雄先生古希記念西洋史学研究論叢集　政治と思想』所収)、前掲『軍国主義と政軍関係――国際的論争の歴史』所収の「訳者解説」を参照。

(18) アルフレート・ファークツ(望田幸男訳)『ミリタリズムの歴史――文民と軍人』(福村出版、一九九四年、四八九頁)。同書の原題は、*A History of Militarism : Civilian and Military* である。なお、ミリタリズム(軍国主義)の基本的かつ歴史的な概念とその研究動向についてもっとも精緻な紹介は、三宅が自ら翻訳した前掲『軍国主義と政軍関係――国際的論争の歴史』の「訳者解説」における「プルードンから「軍産複合体」まで」(一八九―一九六頁)の節であろう。これを参考にしつつ、纐纈もミリタリズムに関して、「現代ミリタリズム論序説」(山口大学教養部『紀要』第二六巻、一九九二年)と題する論文や、「軍国主義 Militarism」(『現代政治学事典』ブレーン出版、一九九一年)等の解説を発表している。なお、ドイツでは一九九九年八月号の『歴史平和研究年報』(Jahrbuch für Historische Friedensforschung-8.Jahrgang 1999)が、「一八七一年から一九四五年までのドイツにおける軍国主義(Militarismus in Deutschland 1871 bis 1945-Zeitgenössische Analysen und Kritik.)」の特集を組み、同誌には、三宅によって日本にいち早く紹介されたフェルスター(Stig Förster)が、*Militär und Militarrismus im Deutschen Kaiserreich-Versuch einer differenzierten Betrachtung* を発表している。それは政軍関係論について直接論じたものではないが、結論的には最近におけるドイツ軍国主義研究において政軍関係論があらためて注目されていると述べている。ただし、ドイツでは軍国主義とナチズムの解釈をめぐり、それが軍国主義の側面が強い全体主義か、あるいは完全な文民独裁であったのか、という論争が中心的なテーマとして展開されており、その限りでは本格的な政軍関係論研究が留保されている状態とされる。今後においても、この点についてもさらに注目していきたいと考えている。

(19) 前掲『軍人と国家』の第四章「権力、プロフェッショナリズムおよびイデオロギー――シビル・ミリタリー・リレーションズの理論」(八〇―一三七頁）参照。三宅は、前掲『日独政治外交史研究』の「第一章　ドイツ第二帝制の政軍関係――クラウゼヴィッツとルーデンドルフとの間」（九―一三五頁）において、ハンチントンの提示する政軍関係論のなかでもっとも重要な概念は、プロフェッショナリズム（Professionalism）であるとし、軍人のプロフェッショナリズムを積極的に容認することによって軍人の社会的かつ政治的役割を自覚させ、積極的に政治への従属を図ることがシビリアン・コントロールを機能させるうえで重要とするハンチントンの提起を紹介している。

（20）本節で参考にした長尾雄一郎は、前掲「政軍関係とシビリアン・コントロール」において、「シビリアン・コントロールのルネサンス」と呼ばれるように活発な議論が起きている現状を踏まえつつ、従来の諸研究ではシビリアン・コントロールの紛争多発諸国や民主化を目指す中東欧諸国への導入問題や、軍による政治介入およびクーデターの防止に一定の役割を果たす機能といった点に集中する傾向があったが、逆に政治の軍事への介入を抑制し、党派的政府から軍を擁護するための方法も課題とすべきこと、政治指導部と軍事指導部の両者の共同責任への認識の必要性が議論されるようになっていると指摘している。

（21）ハンチントンは前掲『軍人と国家』（上巻）の「第五章　ドイツと日本におけるシビル・ミリタリー・リレーションズの実際」における「三、日本――政治的軍国主義の連続性」（一一四―一三七頁）で日本の政軍関係の特徴を詳細に論じている。

（22）同右、一三〇頁。

（23）同右。

（24）同右、一三四―一三七頁。

（25）三宅は、これに関連して、「政軍関係の視角から見た一九三〇年代の日本」（前掲『日独政治外交史研究』所収）のなかで、「日本軍部のように政治への介入を重ねたが、もしも他方で十分にプロフェッショナリズムを身につけていたと仮定するならば、プロフェッショナリズムの極大化こそ健全な政軍関係のあり方としての客観的文民統制を実現するための必要かつ十分条件であるという、ハンチントンの基本的な見解が崩れ去ってしまう危険にさらされる」（一三五―一三六頁）とし、ハンチントンの日本軍部論の強引さを指摘している。さらに、前掲『政軍関係研究』の「第一章　政軍関係の基礎理論　2　ハンチントンと「プロフェッショナリズム」」（一八―二一頁）において、将校の暴力を管理する「専門技術」、国家の軍事的安全保障に対する「責任」、そして、それ以外の社会から区別された特殊な職能団体を形成しているという意味での「団体性」を基本原理とする「プロフェッショナリズム」がハンチントンの政軍関係論においてもっとも重要な基礎概念であるとしたうえで、ハンチントンの「プロフェッショナリズム」論を、ただちに日本の将校団に適用することは困難であるとする見解を表明している。

（26）前掲『軍人と国家』（上巻）、一二六頁。

（27）Amos Perlmutter, *The Military and Politics in Modern Times : On Professionals, Praetorians, and Revolutionary Soldiers* (New Haven and London: Yale University Press 1977)

（28）Ibid., pp.69-75.

（29）Ibid., p.73.
（30）Ibid.
（31）Ibid.
（32）三輪公忠前掲書「政軍関係の視角から見た一九三〇年代の日本」一四二頁。
（33）「プリートリアニズム」の定義について、三宅はベルクハーン『軍国主義と政軍関係――国際的論争の歴史』（前掲）の「訳者注」（一七九―一八一頁）において、パールマターやその師であるハンチントンの規定を紹介しながら詳細に論じている。そこでは「プリートリアニズム」を、「軍隊のはなはだしい政治介入を指す用語」（一八〇頁）と明確に定義づけている。
（34）中村治「ソ連における軍・産・政関係」（佐藤栄一編『現代国家における軍産関係』日本国際問題研究所、一九七四年）を参照。また、旧ソ連における政軍関係に関する研究に、笹岡伸矢「ソ連の政軍関係についての一考察――体制移行期を中心に」（明治大学『政治学研究論集』第一九号、二〇〇四年二月）がある。
（35）Perlmutter, op.cit., 1977, p. xi.（Foreword by Samuel P. Huntington).
（36）Ibid., p.285.
（37）Samuel E. Finer, *The Man on Horseback : The Role of the Military in Politics*（London: Pall Mall Press, 1962）, p.20.
（38）Ibid., pp.149-167.
（39）Ibid., pp.151-156.
（40）Ibid., pp.132-133.
（41）Ibid., p.102.
（42）前掲「政軍関係の視角から見た一九三〇年代の日本」七五―七六頁。この他に、慶應義塾大学地域研究グループ編『変動期における軍部と軍隊』（慶應通信、一九六八年）、前掲『現代のシビリアン・コントロール』等を参照。
（43）ファイナーの政軍関係論の紹介や批判については、日本においてもっとも早くファイナーの理論を紹介した前掲「政軍関係の視角から見た一九三〇年代の日本」をはじめとする三宅の業績の他に、内山秀夫「新興諸国における政治と軍部」（前掲『変動期における軍部と軍隊』慶應通信、一九六八年）、五百旗頭真「陸軍による政治支配――二・二六事件から日中戦争へ」（三宅正樹編集代表『昭和史の軍部と政治』第二巻、第一法規出版、一九八三年）、筒井清忠『昭和期日本の構造――その歴史社会学的考察』（有斐閣、一九八四年）、前掲『軍部の昭和史――合法的・間接的支配への道』（下巻）の「結論」における「ファイナー説の問題点」（二〇一―二〇三頁）、永井和『近代日本の軍部と政治』（思文閣出版、一九九三年）の「第四章　政軍関係理論に関する一考察――ファイナーの政軍関係理論の検討」（二三九―二七九頁）などでも検討されている。
（44）Yale C. Maxon, *Control of Japanese foreign policy: A Study of Civil-Military Rivalry 1930-1945*（Westport, Conn.: Greenwood Press

1973), p.114.

(45) Ibid., p.215.

(46) 藤原彰『天皇制と軍隊』(青木書店、一九七八年、五一頁)。

(47) 前掲「政軍関係の視角から見た一九三〇年代の日本」一三五頁。

(48) Maxon, op.cit., 1973, p.215.

(49) たとえば、須崎愼一『日本ファシズムとその時代――天皇制・軍部・戦争・民衆』(大月書店、一九九六年)等がある。

(50) 前掲『政軍関係研究』一四二頁。

(51)「軍産複合体」の問題を政軍関係論との関係で論じた文献中、もっとも参考となるのは、前掲『軍国主義と政軍関係――国際的論争の歴史』(南窓社、一九九一年)の「第五章　軍産複合体」(一二二―一四九頁)である。

(52) 同右、一二五―一二六頁。Volker P. Berghahn, *Militarism: The History of an International Debate, 1861-1979* (Cambridge and New York: Cambridge University Press, 1984), p.87.

(53) 同右、一二六―一二七頁。

(54) 現代日本の政軍関係の実態についても昨今やっかいな問題に直面しているように思われる。戦後日本の政軍関係はアメリカ型の文民統制をその基本原理としてきたが、日米軍事協力体制の進展や周辺事態法やテロ対策特別措置法、さらには一連の有事法制論議のなかで自衛隊制服組の役割期待が増大しており、制服組の政治的発言力を一定程度において認知すべきだという見解が憲法学者サイドから出始めている。たとえば、慶應義塾大学教授阿川尚之(アメリカ憲法)は、「制服組にも発言権を与えよ」と題するコラムで、「制服組が内局を通さず専門家として自分たちの意見を披瀝する制度を構築すべきだ。彼らの率直な意見を聞いたうえで、政治家が最終決断を下す。文民統制とは本来そういうものであるはずだ」(『朝日新聞』二〇〇二年七月一〇日付「私の視点」)と主張している。しかしながら、この阿川の見解は、現実の状況に引きずられた文民統制論であり、「意見を披瀝する制度」をいったん容認すれば、あるべき政軍関係が依然として制度化されていない現状では、それが制服組の政治的影響力を行使する場になる危険性が高いように思われる。その意味でも、今日的状況を踏まえれば、日本においても政軍関係研究の進展がこれまで以上に必要となっている。

(55) 前掲『政軍関係研究』一四九頁参照。

(56) 浜谷英博『米国戦争権限法の研究』(成文堂、一九九〇年、七三頁)を参照。なお、これら二つの法律については、同書以外にも宮脇岑生『アメリカ合衆国大統領の戦争権限』(教育社、一九八〇年)、宇賀克也『アメリカ行政法』(弘文堂、一九八八年)等が参考となる。すまた、九・一一同時多発テロ事件(二〇〇一年)以後、アメリカ国内で話題となっているコーエン(Eliot A. Cohen)の著作がある。すなわち、Eliot A. Cohen, *Supreme Command: Soldiers,Statesmen, and Leadereship in Wartime* (New York: Free Press, 2002)は、大統領の強力な戦争指導を「統帥権」の名の下に実行することの妥当性を強調していることである。現在におけるアメリカの文民統制の一つの在り方を検証していく材料と言えよう。また、同書の「付録 文民統制の理論」（二二五―二四八頁）において、コーエンはハンチントンやジャノヴィッツらの文民統制論を取り上げ、たとえば、ハンチントンの文民統制論が戦時および平時において、どのように特徴づけられるかを論じている点は注目に値する。なお、同書は、中谷和男訳で『戦争と政治とリーダーシップ――チャーチル、クレマンソー、リンカーン、ベングリオン』（アスペクト、二〇〇三年）と題して翻訳出版されている。

（57）前掲『政軍関係研究』一五四頁。

（58）Samuel P. Huntington, "*Reforming Civil-Military Relations*" in Larry Diamond and Marc F. Plattner (eds.), *Civil-Military Relations and Democracy* (Baltimore and London: The Johns Hopkins University Press, 1996).

（59）Ibid., p. 5.

（60）Ibid., pp.6-7.

（61）Ibid., pp.10-11.

（62）Eric A. Nordlinger, *Soldiers in Politics: Military Coups and Governments* (Englewood Cliffs, N. J.: Prentice-Hall, 1977). なお、この他にもノードリンガーの著作には、次のものがある。*Conflict Regulation in Divided Societies* (Cambridge, Mass.: Center for International Affairs, Harvard University, 1972). *Isolationism Reconfigured* (Princeton: Princeton University Press, 1995)。なお、*Conflict Regulation in Divided Societies*には、ハンチントンが序文を寄せている。

（63）前掲『政軍関係研究』一五六―一六一頁（ノードリンガーの著作では、一〇―一九頁）。同著の構成は、第一章「プリートリアニズムの研究」、第二章「軍将校団の政治社会学」、第三章「クーデター」、第四章「支配者としての将校」、第五章「国家統一と経済変革」、第六章「プリートリアニズムの評価とその結果」となっている。

（64）Nordlinger, op.cit., 1977, pp.18-19.

（65）Ibid, p. 19.

（66）前掲『政軍関係研究』一六一頁。

（67）Nordlinger, op.cit., 1977, pp.22-27.

（68）Ibid, p. 27.

（69）前掲『政軍関係研究』一六二―一六三頁。

第二章　兵器生産をめぐる軍民の対立と妥協

軍需工業動員法制定過程の分析を中心に

はじめに――問題の所在と課題

本稿の課題は、総力戦体制研究の一環として、第一次世界大戦期日本の軍需工業動員政策をめぐる軍部と財界、これに官僚、政界、学界等の諸勢力間の対立と協調・妥協を次のような視角から考察することにある。第一次世界大戦に出現した総力戦という新たな戦争形態を前に、総力戦に適合する兵器生産を担保する体制をいかに構築していくかをめぐる問題である。

第一次世界大戦で顕在化した総力戦段階に対応するいわゆる軍需工業動員体制構築の国内的要請は、当該期支配諸勢力の緊急検討課題となった。そこにおける軍需工業動員体制とは、従来の軍工廠を中心とする生産・補給体制と現存物資および人員徴発・徴用を目的とした徴発令（一八八二年八月制定）体制に加えて、平戦両時にわたる大量の軍需品生産を可能とする工業動員体制の確立を基本的要件とするものであった(1)。それで軍需工業動員体制構築の担い手は、単に陸・海軍に留まらず、財界とこれに加えて官僚、政党、学界等の諸勢力全体となるはずであった。

つまり、波形昭一が指摘したように、「歴史上はじめて経験する世界大戦とその長期化は内外両面にわたる諸激変と戦後経営の強い危機感をわが国支配層にもたらし、政府・官僚・政党・財界を一体として戦時・戦後経営対策へとかりたてる一つの直接的動機となった」[2]のであり、財界・産業界は第一次世界大戦を契機に日本帝国主義の再編成に乗り出すのである。それがヨーロッパ参戦諸国の戦時工業動員体制の実態に触発された、国内工業の重化学工業化の促進ということであった[3]。一方、同じく大戦で顕在化した高度な総力戦形態の出現は、日本の陸・海軍に来たるべき総力戦への準備を迫るところとなり、そのための基本的対応策の一つとして軍需工業動員体制構築が案出されたのであった。

ここに重化学工業化促進を目指す財界、これを支持する政党および官僚勢力と、軍需工業動員体制構築を目指す陸・海軍とは、不可避的に調整・協調を基軸とする関係に入った。特に陸・海軍と財界は、その過程で軍需工業動員政策をめぐり、競合・対立の様相を呈しながらも、総力戦段階に対応する軍需工業動員体制構築を共有可能な達成目標としていったのである。それは大戦末期から、軍需工業動員法の制定（一九一八年四月）を一つの頂点として、軍部と財界との間（以後、軍財間と称する）では相当程度の合意に達していたのである[4]。

そこで筆者は、総力戦体制研究を深めるために、以上の問題視角から、次のような課題を負っていると考える。第一に、当該期における軍需工業動員体制準備構想について、従来の研究では陸・海軍と財界の対立や軍部の主導性に重点を置き過ぎていたが、実態は必ずしもそうではなく、むしろ軍財間においては、これを支持する官僚、政党、学界をも含めて、相当程度の合意が形成されていたことを論証することである[5]。

第二に、そのことを明らかにするために、軍人・財界人・官僚（特に農商務官僚）・政党人・学者などの軍需工業動員法体制への構想や見解、あるいは現状認識についての発言の形跡を追うことで、支配諸勢力間の基本的合意の内容と、そこに至る経緯を明らかにすることである。

第三に、最近における総力戦体制研究の動向との関連である。ここ数年間において、大戦期間の政治過程を貫く支配勢力の政策方針が総力戦体制構築にあった、とするいわゆる総力戦体制研究がいっそう活発となってきている[6]。しかし、従来の研究では、総力戦体制を「単なる戦時に備えて物資を調達する体制ではなく、それを前提に、軍備「生産力」拡充を図り、急激に軍事力を強化する体制」[7]と定義されるように、それが陸・海軍主導による総力戦段階に対応した一種の軍事体制と位置づけられ、他の諸勢力はこれに追従する批判者的存在として規定される傾向があった。そこでは総力戦体制構築という支配諸勢力の課題が、実際は大戦を契機として重化学工業化促進を目指す戦後経営策と密接不可分の関係にあったことを確認しなければならない。

本稿では以上の問題設定に沿って先行研究を踏まえつつ、（一）大戦中から開始された支配諸勢力の軍需工業動員体制構想の内容は実際どのようなものであったのか、（二）それを具体化する際、日本の当該期の政治的経済的状況に規定された課題は何であったか、（三）そうした課題が、軍需工業動員法の制定過程でどう克服され、特に陸・海軍と財界の矛盾・対立がいかに調整されたか、その結果、いわゆる〝軍財協調路線〟がなぜ成立していくことになったのか、を主要な分析課題としていきたい[8]。

1　諸勢力の軍需工業動員体制準備構想

日本工業の軍事化

総力戦段階における陸軍の緊急課題は、軍需品（砲弾・火薬・兵器・糧秣・衣服等）の大量消費に耐え得る軍需品生産体制を確立することであった。それこそが総力戦での戦勝の必須の条件であることを、陸軍は参戦諸国の戦時経済・政治体制の調査・研究から教訓化していたのである。

すなわち、陸軍は、大戦勃発の翌年の一九一五(大正四)年一二月二七日、陸軍省内に臨時軍事調査委員会(委員長菅野尚一)を設置し、ヨーロッパ参戦諸国の戦時国内動員体制の調査・研究と日本国内の軍需品生産能力の実態把握に乗り出すことになった。[9] 同委員会第二班は、「動員実施ノ概要」「応急準備ト動員トノ関係」「動員ト作戦輸送トノ関係」[10]など、「動員」関係事項の調査研究を担当し、同委員会発行の『月報』に動員・補充・復員、国家総動員のテーマと並んで軍需工業動員に関する記事を掲載している。[11] ここにおいて早くも総力戦体制の物的基盤として、軍需工業動員が着目されていたのである。しかし、それらは依然参戦諸国の実態紹介の域に留まっており、国家レベルにおいて、軍需工業動員体制への検討はほとんどなされていなかった。

これに対し、国内軍需工業動員体制と陸軍の国家総動員構想案を最初に提示したのは、参謀本部総務部第一課(編成動員担当)で作成された『全国動員計画必要ノ議』(一九一七年九月)であった。そこでは、「我工業界ヲシテ開戦ト共ニ所謂工業動員ヲ実施シ、以テ莫大ナル需要ニ適応セシムルノ困難ナルハ、敢テ識者ヲ俟テ後識ラサルナリ[12]」と明記し、軍需品生産能力の低位水準に対する危惧が率直に表明されていた。なかでも現状の軍需品生産体制が著しく軍工廠と外国依存に偏していること、軍工廠と民間工場との連絡・協力体制がまったく立ち遅れていること、などを指摘していた。こうした課題克服のため、全国にわたる広範な軍需工業動員体制を確立すること、これを指導・管理する統一機関の設置を提唱した。

一方、参謀本部第二部第五課(支那課)兵用地誌班が作成した『帝国国防資源』(通称、「小磯国昭少佐私案」、一九一七年八月作成)は、「第一章　総論　第三節　工業転換ニ関スル準備計画」のなかで、「戦時輸出入ノ杜絶ニ伴ヒ輸出品工業ノ大部ハ、其作業ヲ停止セサルヘカラサルニ反シ、軍需品工業ハ急激ナル拡張ヲ要望スヘシ。是ニ於テカ平時ヨリ綿密ナル工業転換ニ関スル計画ヲ立案シ、機械及労力ノ転換法、労力竝原料ノ配当ニ関スル統一的計画工業転換ヲ円滑ナラシムヘキ平時施設又ハ指導、労力及原料ノ節減竝代用法等予定シ置クコト必要ナリ[13]」と記し、戦時軍事工業動員体制構築には平時から民間工業が軍需工業へ転換可能な準備をしておくこと、同時にそれを具体化する機械、労働力、原料の確保を保証する体制が不可欠としていた。

また、同書は戦時における資源確保と、平時からの軍需工業の物的基礎となる軍需工業用資源供給地選定、および資源の移入体制の検討を主な調査研究対象としており、軍需工業動員体制確立要件の最大課題として資源確保を強調していた点が注目される。この間、臨時軍事調査委員会は、研究成果を次々に発表していくが、『欧州交戦諸国ノ陸軍ニ就テ』（一九一七年一月刊行）では、第五章「交戦各国戦時工業動員ノ実況概説」において、各国の軍需工業動員は軍関係機関の業務拡充により実施されたと報告している。そして、結論として、「戦闘ノ勝敗ハ軍隊ノ精否《ママ》ニ関スルコト頗ル大ナリ、是レ平時ヨリシテ軍隊教育ニ深遠ノ考慮ヲ求ムル所以ナリ」[14]と述べ、必ずしも軍需工業動員の重要性を総力戦準備の第一にあげるまでには至っていなかった。

その一方で、陸軍の正面整備体系の立ち遅れや、継戦能力への不安感を指摘し、これを解消するためにも軍需工業動員体制確立を説く見解が多くなってきた。たとえば、後に軍需工業動員法の制定に重要な役割を果たすことになる陸軍砲兵大佐吉田豊彦は、「愈々戦時状態を見るに及んで製造能力を極端に発揮せざるを得ない以上、茲に於てか工業動員を行ふの必要が起って来る。而して此の工業動員が迅速に行はるると否とは戦時に甚大な影響を及ぼすことになる」[15]と記し、工業動員能力水準が戦勝要素の根本となるとの判断を示していた。また、陸軍砲兵少佐上村良助も、「いかに戦線に精鋭なる軍隊が配列せらるるにせよ、工業動員が完全に行なわれて、軍器弾薬他の兵器が、遺憾なく補給せられなかったら、充分の活動は覚束ないのである」[16]と記し、ほぼ吉田と同様の見解を述べていたのである。

こうした見解をさらに具体的な展望をもって要約したのが陸軍少将菊地慎之であった。すなわち、菊地は、「欧州戦乱ノ実検ハ独リ軍隊ノ動員ノミヲ以テ足レリトセス。経済、工業ハ勿論国家ノ各機関ヲ挙ケテ動員ノ必要ヲ認ムルニ至レリ。将来ノ動員豈ニ尋常一様ノ計画ヲ以テ甘ンスヘケンヤ」[17]と述べ、従来軍隊の戦場への移送を意味した純軍事用語としての「動員」(mobilization)を、総力戦段階では非軍事的領域にまで拡大して適用することが不可避となっている現状を強調した。菊地は、要するに国家総動員の概念を端的に提示していたのである。

こうした見解や各種調査機関の成果を踏まえた当該期陸軍の軍需工業動員体制構想は、臨時軍事調査委員会作成の『工業動員要綱』にほぼ集約されていると考えられる。そのなかでは「工業動員の眼目」として次のものが列挙されている。

一　社会全般ニ亙ル準備的平時施設ヲ完備シ、国防ノ要旨ヲ離レサル経済発展ニ基礎ヲ置ク。
二　国策ノ大局ヲ過ラサル為各種ノ智識ヲ糾合シ、確実ナル統計ヲ基礎トシ、根本的平戦時計画ヲ確立シ、万難ヲ排シテ之ヲ断行ス。
三　計画ノ遂行ニ適切ナル組織ヲ完備シ、各組織ノ連繋ヲ円滑周密ナラシメ、之ヲ最高統轄部ノ一貫セル恒久不変ノ方針ニ従属セシム。
四　陸海軍、外交、財政、産業、交通運輸及其ノ他ノ行政機関ノ連繋ヲ適切画一ナラシム。
五　平戦時ニ亙リ完全ナル兵器独立ヲ図ル為、基本原料就中鉄及石炭ノ資源ヲ確保シ、尚官民共同自給策ノ考究及普及ニ努ム。(18)

これらを要約すれば、工業動員は日本経済の軍事化、つまり、軍事＝国防を中軸に据えた経済構造＝国防経済への転換を図ること、そして、国防経済の運営は、「最高統帥部」の指揮命令による各行政機関の一元的支配の確立、兵器生産の自立化、資源確保を目標とする官民共同自給策の準備によって軍需品の必要量を概算し、それによって達成可能であるとした。この構想は陸軍だけでなく、文字通り国家の総力を挙げることによって達成されるものであり、それゆえ陸軍は他の諸機関、諸勢力にもこの構想への支持・協力を求めて積極的な動きを見せるのである。陸軍は当面の現実的課題としてとりあえず、軍需品生産能力水準の調査・把握をいっそう徹底させる目的で、一九一八（大正七）年一月、臨時軍事調査委員会を設置することになった。

同委員会の主宰者であった陸軍大臣大島健一は、同年一月一八日、同委員会第一回会同の席上でその設置理由を、「欧州戦役ノ実検ニ鑑ミ、又輓近工芸科学ノ進歩ニ顧レハ、我カ現制陸軍技術及器材ノ改良、軍資ノ調達補給ニ一段ノ研究ヲ重ネ、以テ我カ作戦能力ヲ完全ナラシムルノ急務ナルモノアル[19]」ためと訓示していた。ここで明らかな如く、陸軍は軍需工業動員体制構築の諸前提として現状における軍需品生産能力再点検の作業を当面の課題としたのである。そして、同委員会による現状把握の成果が着実に得られていく過程で、より確実に軍需工業動員能力が明らかにされていった。これ以後、陸軍省内における軍需工業動員法必要論が急速に浮上してくるのは、同委員会のひとつの成果であった。

さて、この委員会には参謀本部から次長、総務、第一、第二の各部長、教育総監部から本部長、騎兵監、野戦砲兵監、重砲兵監、工兵監、輜重兵監が、陸軍省から次官、軍務・兵器局の各局長、軍事・経理・鉄砲・器材課の各課長などが委員として参加した。陸軍全体の各部局が担当領域に関係ある軍需品の必要量を概算し、それによって平時から必要な軍需品の量を策定しておこうとしたのである。

その際、同委員会は大戦中イギリスの軍需省内に設置された軍需会議をモデルとしており、そこでは軍需大臣が議長となって全体がきわめて強力な統制・管理のもとに運営されていた[20]。したがって、陸軍も同委員会による調査・研究の実施と同時に、それが陸軍外の各官庁・諸機関をも統括し、工業動員を推進する中央機関としての役割を期待していたとも考えられる。

海軍の動向

大戦勃発を原因とした鉄鋼の輸入激減のため深刻な造船兵器の材料不足に陥っていた海軍は、一九一五（大正四）年一二月二三日、海軍技術本部長栃内曽次郎の監督下に材料調査会（委員長市川清次郎）を設置し、その対応策を練ることになった。「材料調査会内規」によれば、同会の役割は、次のようなものであった。

甲　帝国領域内ニ産出スル造船造兵材料竝ニ其ノ原料ノ品質、数量、現状及将来ノ見込ニ関スル調査研究。
乙　以上ノ材料及原料ヲ軍用ニ供スル為必要ナル指導。
丙　外国製造船造兵材料ノ調査研究。
丁　各部ニ於テ制定セントスル造職造兵材料試験検査規格ノ調査。[21]

海軍の場合、艦船製造用材料が多種にわたっており、鉄鋼輸入の激減という前例のない事態は、戦時における材料・原料の確保と、平時における材料製造能力の充実とを認識させることになった。このことは同年一〇月二日に設置され、大戦参加諸国の海軍における動員状況の研究調査を担当した臨時海軍調査委員会（委員長山屋他人）の第二分科会に「出師準備品」、「戒厳・徴発」、第三分科会に「機関」、「軍需品」の調査研究項目が設けられたことからも知れる。[22] すなわち「出師準備品」調査は、戦時に必要な軍需品の国内自給率の算定、「戒厳・徴発」は民間所有の既存物資の所有量の調査、「機関」は民間工場における軍需品生産能力の実態把握、「軍需品」では燃料を中心にした一般軍需品の調査が目標とされるのである。

材料調査会と臨時海軍調査委員会によって、海軍が大戦の勃発と同時に、工業動員の必要性を陸軍と同様に認識していたことがわかる。さらにこれらとは別に、平戦両時における軍需工業動員の具体的な内容をより総合的に検討し、計画を立案するため、一九一七（大正六）年六月二日に兵資調査会（委員長左近司政三）が設置された。これは陸軍の軍需調査委員会にほぼ相当するものであった。

兵資調査会の「処務内規」によれば、「海軍部内及部外の軍需工業力を調査し、軍需品製造補給に於て作戦上遺憾なき様平時より施設すべき事項、及び戦時実施すべき工業動員計画を完成するを目的とす」（第一条）[23]とし、同会が軍需工業動員体制構築を目指す意図のもとに設置されたことを明記していた。

同会で構想された具体的な軍需工業動員計画は、同年八月二日付で同会の溝部委員が、古川委員、左近司委員宛に提出した「英国軍需省ヲ新設シタル理由及我帝国ニ其ノ必要ノ有無」[24]と題する通牒によって明らかである。すなわち、同通牒は、最初にイギリスにおける軍需省設置（一九一五年五月）の理由が、戦時中の軍需品の製造、運輸・供給の有効なる増進の必要性、軍需品製造供給の統一を図る中央管理機構設置、陸海軍軍人の実業方面への不慣れ、労働者（特に職工）の確保、などにあったと指摘した後、海軍の見地からする軍需省設置の「利点」として次のことをあげている。

一、統一セラレタル中央管理ハ、海陸両省ノ協定ニ俟ツヨリモ確実ナリ。
二、陸海軍ノ協定ハ容易ナルカ如キモ事実ニ於テ然ラザレバ、之カ調和ヲ期スル一機関必要ナリ。
三、軍人以外ノ実業家、技術家ヲ集メ其力ヲ平易ニ軍隊後方ノ用務ニ利用スルコトヲ得。
四、戦闘ヲ単ニ軍隊ノミカ担任スルト云フ形式ヲ破リ、挙国ニ任スルノ形式トナル。
五、軍需品製作供給ノ能率ヲ増加スルコトヲ得ベシ。

ここでは単に陸海軍の統一機関設置の発想を超えて、軍以外の諸機関、諸勢力との協調関係の制度化を是とする、総力戦体制構築の認識を読み取ることが可能であろう。特に軍需工業動員体制の準備が、「挙国ニ任スルノ形式」となると強調した理由には、海軍が陸軍以上に工業水準の低さを克服することを切実な課題として認識していたからであろう。しかし、その一方で海軍としても、次の内容を「害点」としてあげ、慎重な姿勢も見せていたのである。

一、中央管理機関ノ長官ニ（又ハ陸軍々人カ海軍々人カノ一人）部外者ヲ用ユル結果、陸軍、海軍、直接ノ要求ヲ或ハ中途ニ遅延セシムルノ弊害ヲ生スルコトナキカ。

二、陸軍、海軍ノ協定カ完全ニ遂行スルモノトセハ、不必要ナル一機関ヲ増加スル害アリ。

軍需省設置構想の根底には、あくまで陸・海軍主導による軍需工業動員体制構築の志向が存在していた。その意味で主導性が保証されればイギリス型の軍需省設置を是と考えていたのである。したがって、軍需省設置による「害点」は消極的意味しかなく、海軍としては、各種調査会の成果をもとに軍需省設置を積極的に構想するにいたっていたのである。

以上、溝部委員の提言は、当該期海軍幹部の見解をほぼ集約したものと考えられる。つまり、兵資調査会委員長左近司政三は、これに関連して同調査会が、「宇内ノ大勢ニ応シ我ガ国策ノ基礎トシテ調査研究ヲ進メサルヘカラス」[25]との認識を明らかにしていた。左近司のいう「宇内ノ大勢」とは、戦時における高度の軍需工業動員体制構築を不可避とする総力戦段階の出現を示しているのである。

同様の認識は、同年一二月一三日、農商務商工局長名で提出された「工業用材料機械類ノ形状寸法統一竝ニ度量衡統一ニ関スル件」に対し、兵資調査会が作成した回答案にも見出すことができる。そこでは、「工業力増進ノ根本トシテ錯雑セル我工業界統一的基準ヲ扶殖スルコトノ軍事上竝ニ経済上切要ナルハ、大勢既ニ之ヲ認ムル所ナリ」[26]と記され、工業能力水準の引き上げに根本的に不可欠であった度量衡規格統一問題にも積極的に関心を示していたのである。言うまでもなく度量衡規格統一問題は、生産の効率化、生産力拡充にとって重要課題であり、官営工場と民間工場との生産技術の平準化にも必須のものであった。

軍需工業動員構想案の登場

一九一八（大正七）年二月、兵資調査会は以上の経過を踏まえて、より具体的な軍需工業動員構想案を作成するにいたった。すなわち、東鳥猪之吉委員は、同年二月二五日付の「軍需工業動員及工場管理状況ニ関シ」[27]と題する文書の中で、大戦参加諸国の軍需工業動員実施の実態について分析した結果、各国に共通する要点として次の内容を列挙した。

一、軍需工業管理機関ノ新設
二、軍需品ノ使用、売買移動輸出制限若クハ禁止管理
三、前項国内所有高及其分布調査竝ニ其管理
四、軍需品ノ輸出禁止若クハ制限
五、同輸入
六、官立工場拡張
七、官立工場新設

八、民間軍需工場拡張
九、軍需工業ニ転用シ得ヘキ民間工場利用
一〇、民間軍需工場新設
一一、工場管理
一二、輸送管理
一三、人員、原料、材料、機械ノ適当ナル補給

以上の諸点は、法律または勅令によって政府が必要に応じて、国内資源、農・商工業、輸送機関や人員を随意に利用した経緯があったとしている。また、ここでは海軍が構想する軍需工業動員体制の青写真が、参戦諸国の実態報告・調査というかたちをとって明らかにされている。それは同時に同年四月に制定された軍需工業動員法への海軍の最終的原案としての性格をも示しており、実際、海軍の構想は同法の中で相当程度条文化されていくのである。

そのさい、海軍はイギリス型の軍需工業動員体制を模範とし、その積極的導入を説いていた。すなわち、イギリスでは、国防法（Defence of general Act）、国防条法（Defence of general regulation）、軍需品法を設けて、政府がこれらの法律によって軍需工業を強力に統制・管理していたのである。なかでも海軍省、軍事参議院（陸軍省）、軍需大臣に付与された権限規定を記した国防法の内容は、軍需工業動員法の原型と言って過言ではなかった。それは次のような内容であった。

（イ）如何ナル会社工場ニ対シテ、其全部又ハ一部ノ生産力ヲ政府ノ用ニ要求シ得ルコト。
（ロ）如何ナル会社又ハ現存設備ト雖モ、政府ノ用ニ使用又収容シ得ルコト。

（ハ）如何ナル会社工場ト雖モ、海陸軍省軍需大臣カ軍需材料ノ生産ヲ大ナラシムル為ニ与ユル指令ニ従フヘキコト。
（ニ）或会社工場ニ於ケル軍需品ノ生産ヲ維持シ、又ハ増加セシガ為ニ、他ノ会社工場ノ作業、経営者ノ使傭機械及設備ノ移動ヲ制限シ得ルコト、戦用品ニ使用シ得ヘキ金属及ビ材料ノ供給ヲ調節シ又ハ管理シ得ルコト。
（ホ）軍需品ノ生産貯蔵又ハ輸送ニ従事スル職工ノ居住用トシテ、如何ナル空家ト雖モ占有シ得ルコト。(28)

同年四月に入ってからも、兵資調査会は、「我海軍ニ於テ使用スル原料及材料中我国ニ生産セザルモノ竝ニ生産不充分ナルモノノ調査(29)」を作成し、一般民間工場・会社における軍需品の清算管理・統制への要求を次のような内容で明らかにしていた。

本調査ハ専ラ著名ナル工業会社ニ就キ其現状ヲ視察シ、一面各種ノ書類ヲ参照シテ記上スルコトニ努メタルモ、調査ノ範囲広範ニシテ未タ視察ノ行届カザルモノ頗ル多キヲ以テ、正鵠ヲ失スルモノナキヲ保セス。加之ナラス本部生産力ノ査定ハ企業界ノ常態トシテ各会社多クハ、其己レノ工業力ヲ発表スルヲ欲セザルヲ以テ、容易ニ其真相ヲ穿ツコトヲ得ザレハ遺憾トスル処ナリ。

これは明らかに先の国防法の条項を参考としたものであり、民間工業・工場の生産管理・統制によってはじめて軍需工業動員体制が可能だとする海軍の判断を示したものであった。こうした海軍の判断は、軍需工業動員法制定後も繰り返し強調された。その真意が民間産業の軍事的動員にあったことは言うまでもない。たとえば、一九一八年二月九日から一六日にかけ、海軍技術本部長伊藤乙次郎主宰下に開催された大正七年度工廠長会議の席上における艦政局長中野直枝の次の発言が参考になろう。

戦時ニ於ケル軍ノ要求ヲ充サンカ為、平時ヨリ民間軍需産業ノ発達ヲ図リ、機ニ臨ミ、其ノ潜勢力ヲ活用シテ軍ノ工作力ヲ補足シ、以テ軍需品ノ自給自足ヲ得ンコトハ国家経済上最モ緊要ナル一事ナリ(30)

海軍はイギリス型の軍需工業動員体制を模範としつつ、内閣に軍需工業動員の統制・管理の権限を集中させていたイギリスの権限所在と異なり、あくまで陸海軍の主導性を堅持する方針であった。しかし、この場合、官民工場・企業間の連携体制が不充分なこと、民間軍需生産能力の低さ、といった課題の存在は、海軍にしてもいかなる軍需工業統轄機関を設定すべきか苦慮させることになった。

政府・財界関係者の構想

寺内正毅内閣の有力な経済ブレーンであった西原亀三は、一九一七（大正六）三月に『戦時経済動員計画私議(31)』を作成し、寺内首相に提出した。そこでは、第一次世界大戦における勝敗が「経済的施設ノ優劣」によって決定された、とする総力戦の認識を示し、これへの対応の必要性を次のように説いていた。

軍需品供給ニ遺憾ナキヲ期セムカ為ニハ、各般ノ産業ハ国家自ラ之ヲ管理統制シ或ハ保護監督シ、而シテ財政ノ運用ニ就テハ租税及ヒ公債ニ依リ、多額ノ資金ヲ民間ヨリ吸収シテ、更ニ民間ニ散布スルヲ常トスルヲ以テ、資金収散ノ調和ニ周到ノ工夫ヲ費スノミナラス、戦争ニ基ク経済上ノ変動ヲ調理シ、国民生活ヲ安全ニセムカ為メ、各般ノ施設到ラサル無ク、以テ戦勝ノ栄冠ヲ載カムトニ勗メツヽアリ(32)。

つまり、参戦諸国が軍需品供給の徹底確保のために、国家による管理・統制による経済統制の導入を行い、そのうえで民間資本の充実、投資による民間産業育成の処置が取られたとしている。

これを参考として日本の場合も来たるべき有事の際には、「後方勤務タル農工商交通ノ各業ヲシテ組織的ニ活動セシムルノ施設ヲ完成シ、彼レ列強ト相譲ラサル経済的動員計画ヲ定ムルカ如キハ蓋シ喫緊ノ要件ナリ[33]」として国家総動員体制の整備を説き、その中心を経済工業動員に置く見解を示した。その際、具体的な経済工業動員計画として次の内容を挙げていた。それは陸・海軍の構想と異なり、当該期日本の経済環境や工業能力水準を充分に踏まえた、より合理的なものであった。

戦時ニ於テ此ノ任務ヲ完全ニ遂行シ、以テ我カ乱雑ナル経済組織ヲ樹立セント欲セハ、宜シク内外ノ現状ヲ稽査シ、我カ実状ニ適応セシム可キ最善ノ経済的国是ヲ定メ、百難ヲ排シテ、之カ状行ヲ図リ、克ク其目的ヲ貫徹セサル可カラス。而シテ其ノ実行機関トシテ軍需省ヲ設置シテ、中央地方一貫セシムルノ途ヲ講シ、首尾相応シテ克ク其任ヲ遂行セシムルニアリトス[34]。

ここで注目すべきは経済工業動員統轄機関としての軍需省設置である。これは海軍の兵資調査会の軍需省設置構想とほぼ同一の着想から出たものであった。ただ、西原のそれは明らかに政府・財界主導による経済機関としての位置づけが徹底していたことが特色であろう。

西原は軍需省の具体的な構成内容について、それは購買局・配給局・統制局・労働局・企画局の五局から成るとした。購買局は兵器、糧食等軍需品一切と軍需品製造用原料の購入を担当し、全軍需品は配給局に移行するものとした。配給局から輸入品の種類によって軍隊または軍需品製造工場に配給する。統制局は監督工場や鉱山が有効な経営方法を採用するよう指導し、企業者の利潤および労働者の賃金を統制する。労働局は経済変動や軍隊への徴収によって生じる労働力の過不足を調節する。企画局は軍需品の購買配給の円滑化と調整を図り、あるいは陸海軍や自治体等の工廠、企業に要する物動力の種類、数量を調査し、同時に他局との調和を図り、全局の機能を把握するものとした。

このように西原構想によれば、各局の役割分担が明文化されてはいたが、問題はこれを統制する軍需省長官、軍需大臣の権限である。その点について西原は、「軍需省ノ組織権限ニ就テハ開戦ト同時ニ緊急命令ヲ以テ定メ、軍需大臣ノ権力ハ殊ニ強大ナラシメ、機ニ臨ミ変ニ応シ其ノ権限ノ行使ニ支障ナキヲ期スヘシ(35)」と述べている。

軍需大臣の権限の絶対化は、イギリスの軍需大臣が保有した権限内容を模範としたものであると考えられる。そこで意図されたことは、内閣統制下における合理的な経済・工業動員体制構築を、あくまで内閣主導で進めることであった。

西原が構想した経済工業動員体制は、陸・海軍のそれが直接戦時を想定しての平時準備であったのに対して、むしろ大戦後経済界に浸透しつつあった経済立国主義、あるいは重化学工業化促進の契機とする位置づけが強かった。すなわち、西原は、『経済立国主義(36)』のなかで、大戦後の経済運営においては、国民の「共同共存ノ必要ト共同ノ利害ノ自覚トニ基キ、国民各個カ国家ノ一員トシテ同一軌道ノ上ニ経済上ノ進歩発展ヲ期スルニ在リ。勿論何レノ国タリトモ、現在ニアリテハ経済立国主義ノ体セサルモノナカラム(37)」と述べていたのである。

国民を国家経済の一単位とし、国民間の経済格差を解消、平準化することが経済的共存主義の思想であった。国民の生活経済活動が国家経済に直結することこそ、国家経済発展の原動力と位置づけたわけである。さらに西原は、この考えの根底にある経済的立国主義を、次のように説明している。

単ニ商業道徳ノ改善ト云フガ如キ、局部的施設ヲ以テ万足《ママ》サレ得ヘキモノニ在ラス。勿論此ノ主義ノ徹底シタル暁ニ於テハ、商業道徳ノ如キハ直ニ改善セラルヘシト雖、吾人ハ時弊ニ鑑ミ帝国将来ノ使命ニ考へ、立国ノ大体ヲ此主義ノ上ニ置カムトスルモノナリ。(38)

根底に経済立国主義

西原の経済立国主義は、このように理念的精神主義段階にあったものだが、農業・商業・工業・政治・外交・宗教・教育・軍事・交通など国家を構成する諸領域にわたる統一的かつ総合的把握を国家が積極的に実行し、その中心にあくまで経済を置くというものであった。それは、日本経済が抱えていた当面の課題である経済工業水準の低さの克服につながるものであった。(39)

西原の説く経済立国主義は、戦後における重化学工業発展を志向する財界の声を代弁したものであり、その限りで陸・海軍の見解と矛盾するものではなかった。特に軍需工業動員体制構築を経済発展の一大契機とする点で一致点を見出してはいたが、問題は、その目標達成の方法と主導権をどこに置くかであった。(40)

このことと関連して、戦後経営の方法をめぐり、軍需工業動員との関係で論ずる見解が、大戦中から目立って多くなっていた。たとえば、経済雑誌『財政経済時報』発行者であった本多精一は、戦後経営につき大戦後準備すべき事項として次の四項目をあげていた。

(一) 戦時に於ける軍器軍需品の製造を如何にすべき
(二) 之に要する熟練職工の養成を如何にすべき
(三) 戦時孤立の場合に於て原料の取得を如何にすべき

(四)平時に於て軍器軍需品の製造原料を自給する方法如何[41]

戦時軍需品製造、熟練職工養成、原料取得、軍器軍需品製造、原料自給の課題克服こそ戦後経営とする本多の見解は、明らかに総力戦段階への対応を念頭に置いたものであった。しかし、問題はこの平時における総力戦準備の経済的効果についてであった。本多はこれに関し、経済的効果の可能性を説き、軍部と財界との協力の必要性を、「第一は有事の際最も迅速に又是も有効に工業動員を行ひ得べきこと、第二は平時に於ける軍器軍需品の製造が一般工業界を利し、国防費の一部を以て工業資本の用を為さしむることである」[42]と論じていた。

要するに、民間産業が軍需産業に積極的に進出することで、経済・工業の活性化を図ること、そのためには軍産協同路線の定着が不可欠とする判断を示したのである[43]。また、民間工業の発展充実こそ、軍需工業動員体制の前提条件とする見解が、当該期の経済雑誌に多く見られる。たとえば、達堂の筆名で掲載された「軍需工業の将来」と題する評論は、「軍需工業動員に就ても民間工業が平時に於て進歩し居らざれば、戦時に於て幾多の用も為すべき」[44]とし、「民間工業を奨励するにあらざれば動員は単に取締に過ぎずして何等の実効を奏するには至らぬのである」[45]と述べて、民間工業育成のためには、何よりも国家による保護奨励策の徹底が必要であるとした。さらに、保護奨励策の問題について、軍需工業動員法制定との関連で、次のような見解をも示していた。

軍需工業動員法の規定に依れば、政府は必要に応じて工場、事業場及び附属設備の全部又は一部を管理し、使用し又は収用することを得るのであるから、政府の機能は頗る広汎且つ多大である。随ふて政府官吏にして民間工業を奨励し保護する精神なくして其の権能を濫用することあらば、其の弊害は固より多大にして、而かも動員の目的を達せざるに至るのである[46]。

つまり、政府による民間工業への積極的な保護奨励の必要性を説き、それこそが軍需工業動員の前提条件であるとした。そして、結論として、「工業動員は我工業家に取りて復た一種の利益を与ふる者である(47)」とする認識を明らかにしていた。

軍需工業動員が「一種の利益」とする見解は、財界人にとって、重化学工業化促進を軍需工業へのよりいっそうの接近によって果たしたいとする考えの表れでもあった。それは日本経済構造の中に軍需工業を確実に含みこむことで、軍産協同の体制を作り上げようとするものであった。こうした発想の背景には、財界人のなかに大戦を契機にして、軍部が「大に民間の軍需工業は是に依りて一層の重きを為すに至った(48)」とする判断があったからに他ならない。

いずれにせよ、軍需工業動員をめぐって、軍財の双方がそれぞれの思惑を抱きながらも、相互補完的あるいは相互協力的関係に入らざるを得ない状況にあったのである(49)。それは当該期の日本重化学工業が抱えた課題、すなわち、資本蓄積および工業技術水準の低さを克服するために、とりあえず軍需拡大の方向が、特に重化学工業関係の財界人に一定程度支持されていたのである。

特に、この時期には陸・海軍費が国家歳出の四分一前後を占めており、軍事費の負担はすこぶる大であった。それで政府が民間工業に軍需生産を奨励したことで、いっそう軍需拡大に拍車がかかっていた。このことも、軍財協調路線の固定化の背景となっていたと言える(50)。

こうして軍財双方の軍需工業動員構想は、基本的に調整可能な内容と経済状況のなかで、ますますその連動関係を明確にしていく。つまり、民間工業への積極的な保護奨励の必要が論じられていったのである。そこで次に連動関係の実態を見ていくために、軍需工業動員構想上で調整あるいは妥協が必要とされた主要な課題について検討しておきたい。

2　軍需工業動員構想をめぐる軍財間の対立と妥協

自給自足論をめぐって

大戦勃発による工業原料の輸入減少あるいは途絶は、軍部や財界に大きな衝撃を与え、これへの対応策を迫ることになった。[51] その一つが、一九一六年（大正五年）四月に設置された経済調査会における仲小路廉農商務相（寺内正毅内閣）の「国家ノ独立自給」体制の早急準備を説いた次の発言であろう。

国家ノ独立自給ニ必要ナル主要生産及海外貿易ニ必要ナル組織ノ完成ヲ遂ケ、以テ将来ニ必要ナル各種ノ画策ヲ定メ、茲ニ国家百年ノ大計ヲ樹立スルコトハ、実ニ今日ノ急務ナリト思考セシ。[52]

仲小路の「国家ノ独立自給」論に類似した、自給自足論をめぐって、大戦期間中からさまざまな見解が見られることになる。それは軍需工業動員体制構築上、きわめて重要な問題であった。なぜなら、軍需工業動員体制を基盤とする総力戦体制は、基本的に自給自足経済の確立を前提とした軍事・政治体制であるからである。以下、軍財関係者の発言を追ってみよう。

まず、陸軍省兵器局課員・砲兵少佐鈴村吉一は、総力戦段階に適合する軍需工業動員体制構築の目標が軍需品の自給自足確保にあるとして、次のように述べた。

工業動員ノ計画ニ併セ生起スヘキ問題ハ、軍需品自給独立ノ件是ナリトス。軍需品自給独立ハ既ニ説明シタル各種ノ素質ヲ意味スルカ故ニ、結局一方ニハ工業動員ヲ計画シ、他方ニハ軍需品補給ヲ主題トスル国家工業政策ヲ樹立セサルヘカラサルコトニ帰着ス(53)

戦時における軍需品の自給自足は純軍事的要請からいっても不可欠な戦勝要素であり、軍需工業動員が戦時を想定して企画されるものである限り、自給自足体制確立もそこから案出された一つの結論であった(54)。海軍においても同様の見解が目立つ。たとえば、海軍主計中監・海軍中将佐伯敬一郎は、大戦の教訓から自給自足体制の整備がいかに機能したかについて、ドイツを例に取りあげて説明していた。なかでも、「自給自足経済と云ひ、農工業の独立と云ひ、若くば工業動員と云ふ何れも従前国民の一瞥を価せざりし経済主義なり(55)」と述べ、自給自足の対象を単に軍需品に限定せず、広く生活関連物資までも含むものでなければならないとしたのである。

しかし、海軍内におけるこのような自給自足の対象品目の広範性を説く見解は少数派であり、むしろ次のような見解が代表的なものであった。すなわち、一九一七(大正六)年七月三一日、海軍省内で開催された経理部長等会議の際、海軍省経理局長志佐勝は、海軍大臣加藤友三郎宛に次のような通牒を送付していた。

軍需品ノ独立自給ハ現戦役ノ実検ニ鑑ミ、其必要ヲ感スルコト最モ切ナリ。近時民間工業ノ発達ニ伴ヒ、従来外国ヨリ供給ヲ仰キタル物資ニシテ、内地ニテ生産セラルヽニ至リシモノ尠カラサル如キハ、国家ノ為メ真ニ慶賀ニ堪ヘサル処ナリ。軍需品ノ調弁ニ対シテハ、常ニ此ノ意ヲ体シ、国内自給ノ目的ヲ貫徹スルニ遺憾ナカランコトヲ望ム(56)。

ここでは「国内自給」の具体的方法に言及していないが、軍需品の国内自給率が高ければ高いほど軍事的合理性に合致したものである、といった判断が示される。しかし、これを経済合理性・効率の点から見た場合、財界人から次のような慎重論が出てくるのも当然であった。たとえば、善生永助は次のように述べている。

勿論自給自足主義は経済上の安全第一であるが、個人に全智全能を求め得ざる如く、国家に在りても如何なる種類の生産品をも自給することは難く、従って平時に於て極端に、其実行を企画するは、国家保護の趣旨には合致するが、消費者の不利益を来さしむるあると共に、資本及び労力の損失を伴ふことがあるから、余程手加減をせねばならぬのである。(57)

すなわち、完全な自給自足の経済体制は、経済合理性に合致する範囲での推進であれば有効であるとする慎重な見解を示しながら、後段では大戦後各国で採用されつつあったより柔軟な自給自足主義を骨子とする経済政策の導入の必要性を説いたのである。

そして、日本の極端な原料不足、工業生産能力や資本蓄積の低さなど、日本資本主義が内包する構造的矛盾を列挙しつつ、「工業の独立と共に自給自足は須らく経済上の標語として国民の一日も忘る可らざるものに属する」(58)とし、それら矛盾の克服と戦後の経済運営のために、自給自足経済を志向する国民意識の形成にも配慮すべきだとの見解を示した。

これに対し農商務大臣仲小路廉は、特に工業用基礎的原料の自給自足に力点を置きつつ、自らの自給自足論を次のように展開している。

熟ら現時の情態を見るに、理論の上に於ては兎も角実際の必要より今日の場合に於ては国家国民の存立上必要なる物資は、自給自足の途を講ぜざる可らざる。固より、総ての物資悉く之を自給に待つと云ふが如きは到底行はるべきことには非ざるも、国防及び百般工業の基礎的材料は必ず自給の方策を樹立せざる可からざる。[59]

仲小路の見解は、産業調査会設置（一九二〇年二月）理由として述べられたものであったが、特に鉄、羊毛、タール工業、アルカリ工業等の戦略物資および軍需品生産関係の品目を「基礎的材料」と位置づけ、これをとりあえずは自給自足の対象品目としたのである。しかし、以上の自給自足論に対し、慶應大学経済学部長堀江帰一などは、当該期活発化していた中国への資本輸出・投下の推進という対中国政策との関連で次の警戒論を述べていた。

我国にして対支経営に重きを置く以上は、自給主義の如きは之を一擲し、日支両国若しくは日本と支那の一部を挙げて、一つの経済単位とし、其間に於ける経済上の関係の共通を謀らざる可らざるの道理なるに、自給主義の如きに齷齪するに至っては、論者の眼孔甚だ小なりと可く。[60]

さらに、堀江は自給自足論者が輸出貿易を奨励し、輸入抑制を主張するのは矛盾であり、平時における総貿易量の増大が国民経済の発展には肝要だとした。そして平和経済に軍国主義の要素を入れることを不可とし、平和主義を基調とする国民経済の発展が国防強化に通ずるとする判断を示していた。これはきわめて経済合理性を踏まえた議論であった。

しかし、堀江の基本的課題は、中国との経済ブロックのかたちは自給自足による中国資源確保であり、その意味では広義の自給自足圏の形成であった。[61] いずれにせよ、これら自給自足経済主義には平戦両時における工業の独立、すなわち、軍需品および一般・民間需給品の外国依存を極力抑えることが意図されていたのである。

また、貴族院議員斯波忠三郎（後東大教授、日満マグネシウム・満州化学社長）は、「工業の独立は国家の独立を意味する。工業の独立無くして国家の独立は有り得ない。而して吾日本国が此意味で工業の独立をなすためには、現在の制度組織に非常な欠点を認むるにより之を打破せねばならず[62]」と述べ、「制度組織」の「非常な欠点」を是正するために、製鉄業の国家的保護、原料確保・供給、工場経営法の改良研究、工業教育の推進を図り、これを強力な国家の直接指導下に実行すべきだとした。

つまり、斯波は自給自足経済を現実化するために国家の強力な支援が不可欠であり、したがって、自給自足経済は経済への国家介入を不可避としたのである。それが結局は工業の独立に通ずとしたわけで、諸外国との貿易関係が制限、あるいは停止したとしても活動可能な工業独立は、国家の支援、具体的には保護奨励法などの実施を待って、はじめて成立するものとしたのである。

それで軍部の自給自足論にしても、財界関係者のそれにしても、いずれも国家経済の再編という課題と直接関係するものであり、国家経済との連動という点では軍財は共同歩調を取り得るはずであった。同時に自給自足経済の確立のためには、その物的基盤となる工業用原料の自給をも前提としていたことから、その原料獲得方法をめぐっても一致点を見出す可能性があった。それは具体的に中国資源への着目において明らかであった。

中国資源への着目

自給自足主義を現実に移すためには、工業用原料や動力源が必要であり、ここから大陸資源の確保という課題が登場してくる。すなわち、鈴木隆史が指摘したように、総力戦体制の構築にとっても、「戦争遂行を支える軍需資源確保を絶対的な要件とする」[63]のであり、その資源確保対象地域が中国大陸であった。そして大戦後から急速に高まる中国へのアプローチが西原借款であり、対支二十一ヵ条の要求であった。

ここから同じく鈴木は、次のように重要な指摘を行っている。すなわち、「総力戦準備の進行に対応して、日本帝国主義の中国大陸に対する植民地侵略の衝動を、たえず促迫する基本的要因の一つがあったことを看過することができない」[64]と。当該期日本の総力戦体制構築への志向が、日本国内資源の絶対量不足のために中国への経済的軍事的侵略を不可避とさせ、それとほぼ並行して国内におけるファッショ化促進の要因となったとした。そこで次に支配層の中国資源確保論を追ってみたい。

日露戦争以後、中国大陸への領土的野心を一貫して保持していた陸軍は、対ロシア再戦準備の観点から中国、なかでも満蒙地域（中国東北部）の軍事拠点化への工作に最大の関心を払っていた。それで、満蒙地域への関心が領土的・軍事的なものから資源的確保の対象地域へと移行したのは、大戦を境としてのことであった。特にロシア革命（一九一七年）による帝政ロシアの崩壊は、いっそうそのことを決定づける要因となった。

陸軍のなかでも参謀本部が中国資源獲得に積極的であり、陸軍省は中国の資源調査を中国各地に配置した諜報機関に依託すれば足りると判断していた[65]。これに対して参謀次長明石元二郎は、陸軍大臣大島健一宛通牒のなかで、一九一〇（明治四三）年以降継続中の中国資源調査は、調査費の続く限り継続するよう進言していた[66]。この時期、参謀本部の中国資源確保論は、次のようなものであった。

満州及内蒙古ノ調査ニ関シテハ、関東都督府之カ調査ヲ進捗シツツアリ。然モ該方面作戦ノ場合ニ於テモ豊富ナル支那ノ物資ヲ利用セサルヘカラサルコトヲ予期セサルヘカラサルノミナラス、殊ニ山東半島ヲ領有シタル今日、対支那作戦上北部支那中部支那ハ勿論、南部支那ノ物資ヲ直接利用セサルヘカラサル場合多カルヘシ。其他南洋方面ノ作戦ニ於テハ、是又支那本部ノ物資ヲ利用スルヲ有利トスル場合アルヘシ(67)。

要するに、参謀本部にとって中国資源は、作戦遂行上必要不可欠な戦略資源であって、その獲得対象地域は中国全土にわたる広範囲なものであったのである。こうした純軍事的要請が軍部にとって、第一義的になるのは当然であったが、次の宇垣一成（当時陸軍省軍事課長）の発言は、参謀本部と比較してやや露骨さを押えているものの、中国資源獲得の正当性を理由づけようとしたものであった。

帝国ノ支那ニ対スル企画ハ所謂国家存亡問題ニ切実ニ接触シアルモノトス、即チ平時ニ於テハ（中略）原料ノ供給等ハ地理上主トシテ之ヲ支那ニ求得テ始メテ世界ノ競争場裡ニ立ツモ克ク帝国生存ヲ全フシ得ルナルヘシ、将又有事ノ日ニ方リテハ支那ヲ以テ（中略）帝国カ一朝欧米強国ノ封鎖ヲ蒙ルカ如キ場合ニ在リテハ国民生活ノ需品、軍需原料等ノ不足ハ多ク之ヲ支那ノ供給ニ得テ克ク我国防ヲ完フシ、帝国ノ存立ヲ保チ得ルニ至ルモノトス(68)。

つまり、中国資源の利用目的が平戦両時にわたって説かれ、その安定確保が日本「存立」の基盤と位置づけたのである。それによって中国資源確保の絶対性と必要性が、国民生活レベルの安定化に通ずるものと説いた。後の中国侵略の正当性を説く論理が早くもここに見出されるのである。

こうした発言をも踏まえつつ、陸軍内では公式に中国資源調査研究機関が発足していた。その代表的なものが参謀本部第二部（情報担当）第五課（支那課）に所属する兵要地誌班であった。一九一五（大正四）年九月、兵要地誌班長に就任した陸軍少佐小磯国昭は、兵要地誌班の業務内容を単に地理的地学的調査に留まらず、原料・資源調査にまで拡大し、戦時における不足資源の供給地として、中国・蒙古地方の資源把握に乗り出した。

小磯が兵要地誌班に配属された当時にあって、陸軍には平戦両時を通しての国防資源の獲得と、それの日本国内への輸送および戦地への軍需品輸送を統一的に管掌する機関が存在しなかった。それで、小磯の課題は、中国・蒙古資源の把握と、それの国内搬入手段の検討にあった。[69] 小磯は同年八月から九月にかけて、まず蒙古地方での資源調査旅行を実施し、その成果を『東部内蒙古調査報告経済資料』と題する報告書にまとめた。

小磯は蒙古地方への調査旅行の意味を、「対露支作戦上、必要とする東部内蒙古の兵要地誌資源を調査すると同時に、平時施策を如何に進めて置くのを適当とするやを調査しようというのが目的であった」[70] としている。ここで言う「平時施策」とは、平時における工業動員に不可欠な国内不足資源の安定供給体制の確立を目指したものであった。

次いで兵要地誌班は、中国を将来における戦争準備体制、換言すれば国内における国家総動員体制実現を図るための資源獲得地として位置づけるに至った。そして、中国で得られる資源を国防資源の中核とすべきことなどを説いた『帝国国防資源』（別名『小磯国昭少佐私案』）を、一九一七（大正六）年八月に作成した。[71]

小磯、西原らの総力戦認識

このうち総論と結論を執筆担当した小磯は、大戦での戦争形態の変化に着目して、今後の戦争の勝敗は、「宛然経済戦ノ結果ニ依リテ決セラレントスルノ観アラシム」[72] 傾向が一段と強まり、経済動員の優劣が戦局を左右するとした。さらに、「長期戦争最終ノ勝利ハ鉄火ノ決裁ヲ敢行シ能ハサル限リ、戦時自給経済ヲ経営シ得ル者ノ掌裡ニ帰スルコト瞭ナリ」[73] とし、長期戦を不可避とする場合、戦時自給経済の確立こそが勝利の最大要因とした。そのためにも平時より戦時経済準備と、その基盤となるべき資源確保の方策を早急に立案しておくよう強調した。小磯はその資源供給地として、「支那ノ供給力ニ負フ所将来益々多カラントス」[74] と述べて中国資源への関心を明らかにしていた。

したがって、今後日本の対中国政策は、中国における日本の経済的軍事的支配を強化し、資源獲得の目標達成に置くべきだとの判断を示していたのである。この他、一九一六（大正五）年から一九一七（大正六）年にかけて、中国の土地・資源調査報告書が次々に作成され、それは支那駐屯軍司令部の責任によって実施された[75]。

陸軍省内における中国資源への着目は、陸軍省兵器局において見出すことができる。大戦に出現した新たな兵器体系や兵器自体の大量生産・大量消費の実態研究を行っていた兵器局は、兵器の国内開発・国内自給のためには国内軍需工業の発展が不可欠として、その物的基盤である原料の供給地として中国への関心を強く持っていたのである。その一例として、兵器局工政課長吉田豊彦は、国内における不足資源の解決策として次のように記していた。

支那ニ於テハ鉄、亜鉛、鉛、錦、錫、水銀、石炭、硝石等ノ鉱物ニ富ミ、羊毛、毛皮、皮革等ノ畜産品又豊カニシテ、実ニ世界ノ宝庫ト称セラレ、帝国ハ此資源ヲ利用シテ平時工業ノ発展ヲ期シ得ヘク、又生産品ヲ彼ニ供給シテ支那ノ開発ヲ援助シ得ヘシ。日支親善ノ主義ニ鑑ミ有無相通セシメ茲ニ始メテ東洋ノ平和ヲ保持シ得ヘキナリ[76]。

中国を工業動員に不可欠な資源供給地とする議論は、吉田をはじめこの時期多く見られるようになった。そこでの特徴は、大戦で明らかになった総力戦における予想を上回った軍需品の大量消費に対する国内軍需工業動員体制確立を強調した点にあった。その確立要件とされたのが原料資源の長期的安定的確保であり、その対象地域とされたのが中国だったのである[77]。

力点の置き方こそ違え、参謀本部兵要地誌班、陸軍省兵器局関係の軍事官僚の発言は、要するに総力戦体制準備の基本的要件として資源確保に強い関心を抱いていたのであった。そして、この資源確保の問題は、大戦の教訓と大戦直後における国内の急激な重化学工業の発展という面からも単に軍事的配慮にとどまらず、財界の問題でもあった。そこから資源確保は、きわめて軍事的かつ経済的課題となったのである。

次に財界、官界、学界関係者の中国資源論を見ておこう。まず、東京帝国大学法学部教授吉野作造は、ジャーナリズムによってもっとも活発に中国問題を論じた一人であった。吉野は、「日支経済単位論」のなかで、「自給自足等は愈々平常準備す可き国家政策の重要事なり、（中略）若し支那を立つれば、我が経済の独立は、決して不可能ならざるなり[78]」と述べ、中国との経済ブロック形成によって自給自足経済主義の条件が成立するとした。したがって、大戦後の対中国政策は、この条件成立を最大の外交課題とすべきことを提言した。

吉野が提言した日中経済提携論は、西原亀三の次のような書翰においても見られる。

貴国ノ興廃ハ実ニ帝国ノ興廃ニ至大ナル関係ヲ有ス。貴国カ宜シク其態度ヲ脱シ、世界ノ大勢ニ稽考シ、自ラ進テ国運ノ挽回ヲ図リ、東洋ニ国スル帝国ト衷心提携戮力シテ以テ東洋ノ平和ヲ維持シ、殊ニ其提携戮力ハ四億国民ト七千万国民トノ共存共益ヲ実ニスルニ存シ、貴国ノ富源ヲ開発シテ有無相過ノ理法ヲ実在ニシ四億国民ノ幸福ト七千万国民ノ幸福ヲ一ナラシメ、永遠ニ合ルナキヲ求ムル。是レ日支親善ノ要諦ナリ[79]。

西原はこの他に、「時局ニ応スル対支経済的施設ノ要綱」（大正五年七月）、「東洋永遠の平和政策」（大正六年一一月）、「対支政策ノ要締」（大正七年一月）、「時言」（大正七年二月）等の意見書を作成しているが、これらに共通するのは、「日中経済同盟」、「東亜経済圏形成」の構想であった[80]。

西原の説く、「我国ニシテ彌々干戈ヲ秉ツテ起タムト欲セバ、必ス支那ヲ我国ト経済上同一国内ニ置クニアラスンハ、持久的経済動員ハ殆ト不可能ナルヲ以テナリ[81]」とした日中経済一体化による日中提携論の内実は、中国経済の日本への従属化を目指したものであった。それは寺内内閣の対中国政策の象徴である西原借款の内容を見れば明らかであった。それゆえ、方法こそ違え、中国資源確保の点で軍財間において一致点を見出すことはきわめて可能であったのである。(82)

そうしたなかにあって、財界人のなかには、威圧的な手段による中国資源の確保論により慎重な態度で臨むべきだとする見解も存在した。たとえば、東京商工会議所会頭藤山雷太(大日本精糖株式会社社長)は、一九一八(大正七年)三月に開かれた当会議所の会合の席上で次のような演説を行っていた。

謂フ迄モナク我対外関係ニ於キマシテ実業上ノ最モ大切ナル国ハ、亜米利加自身ニ於テハ勿論ノコト、支那ニ於キマシテモ我ガ仕事ヲ致シマスルノニハ、ドウシテモ此亜米利加ノ人々ノ十分ナル了解ヲ得ナケレバ、支那ニ於テ仕事ハ出来ナイト考ヘテ居リマス。(83)

これは典型的な対英米協調派の認識を示したものであり、資本蓄積に乏しく、金融的にも英米に依存せざるをえない日本資本主義の実情を指摘したものであった。実際のところ、西原借款に象徴される中国への軍事力を背景にした経済介入政策は、中国への資本輸出力の面で優位にあった英米を刺激せずにはおかなかった。

しかしながら、寺内内閣期における対中国政策は、軍事的にも金融的にも中国資源の収奪体制を確立することが軍財一致して構想され、政策化されようとしたのである。そのことは重化学工業化を戦後経営の中心課題に設定する以上、原料資源の大量確保こそが、その目標達成の鍵となることを意味した。それは西原の説く「日中経済同盟」、「東亜経済圏形成」なるスローガンをもとに政策化されていった。それによって日中経済ブロックを形成し、総力戦段階に適合する自給自足圏の構築を果たそうとしたのであった。それはまた軍財双方にとって、最終的な一致を見出し得る政策目標でもあったのである。

3　官民合同問題

軍需と民需の連携

軍需工業動員体制整備に不可欠な作業として軍需品生産部門の底辺拡大があった。大戦期まで軍需工業は陸・海軍工廠を主軸とする官営工場を生産基盤としており、民間工場・企業への生産委託はきわめて少量であった。その理由には、軍需産業の民間産業・技術の低位水準、兵器製造技術移転の困難性などが考えられる。

しかし、大戦の教訓は、より高度な兵器・弾薬生産技術の国家的規模での発展と、それらの大量生産・大量備蓄の緊要性を迫ることになった。総力戦段階の軍需産業の質的レベル向上の要求は、民間工場・企業との軍産協同体制＝官民合同を不可避としつつあったのである。陸軍は官民合同による総力戦体制の重要性を大戦参加諸国の軍需工業動員の実態調査・研究から充分認識していた。

すなわち、一九一七（大正六）年三月二六日、吉田豊彦大佐は、内閣経済調査課産業第二号提案特別委員会の席上、「軍事上ノ見地ヨリ器械工業ニ対スル希望ニ就テ」と題する講演のなかで次のように述べていたのである。

我国ノ工業ノ現状ヲ観察スルニ及ビマシテ、我軍事工業ト民間工業トガ如何ナル連繋ヲ確保シタナラバ、克ク国防ト産業トノ調和点、語ヲ換ヘテ言ヒマスレバ、此軍事工業ト民間工業トノ相関点ヲ発見スルコトガ出来ルカ、又軍事上ノ要求ニ如何ニスレバ順応スルコトガ出来ルカト云フコトニ就キマシテハ、官民共ニ全力ヲ傾注シテ周密ナル研究ヲ遂ゲルコトガ最モ必要ナリト信スルノデアリマス。(84)

吉田が「軍事工業ト民間工業トノ相関点」を求めたのは、要するに兵器の大量生産・大量備畜を強要するという認識があったからに他ならない。吉田はこの一年後に、「兵器の製造の困難にして且つ平時と戦時との需要率と云ふものが、平時に於ては想像し得られぬ程夥しきものであるが故に、此に於ては兵器民営化促進を聞くに至ったのである」(85)と記している。兵器民営化促進が総力戦段階への対応策であり、日本工業生産能力水準の向上には、平時から民間工場と官営工場との連絡、技術協力、共同開発・研究が必要であることを説いたものであった。

吉田と同じく陸軍省兵器局にあった陸軍砲兵少佐鈴村吉一も、同様の見解に立ちつつ、次のように記していた。

工業動員ノ第一要義ハ民間工場ト政府トノ関係ヲ律スルコト即チ是ナリ。只製造品ヲ注文スヘキヤ、或ハ之ヲ管理若シクハ徴発シテ製造命令ヲ下スヘキヤハ問題ナルモ、要スルニ戦争ノ要求ニ基ツク軍需品ヲ最モ迅速ニ且精良ナル品ヲ補給スルノ処置ニ到達スルヲ本旨トスルカ故ニ、此ノ方針ニ一致スルハ可ナリトス。(86)

つまり、広範な軍需工業動員実施には、民間工場の軍需生産能力向上が必要だとしたのである。その際には民間工場への政府権限による生産管理・統制・徴発の体制の確立を諸前提とした。これは軍需工業動員法にそのまま生かされることになるものであった。実際、同法制定後においても、同法の主要な課題が官民合同の実現を目標とする法律面での整備にあったことを明らかにした見解が目立つのである。たとえば、総力戦段階について、陸軍砲兵中佐近藤兵三郎は次のように述べていた。

兵器ノ一部ヲ平時ヨリ民営ニ附スルカ如キハ最モ緊要時ナルカ、之カ為メ第一ニ起ルヘキ問題ハ、之カ経営、指導ニ任スル恰好ノ人物ヲ民間ニ得ルコト至難ナル一事ナリ。之カ為ニハ我陸海軍ヨリ兵器製造ニ関スル智識竝経験ヲ有スル主脳者ヲ提供シ、製造及設備上ノ方式竝経理上ニ関スル指導、誘掖ヲ為サシムルニ於テハ作業経営上不安ナキヲ得へク、同時ニ又平時ヨリ軍需工業動員ノ要求ニ合致セル事実的管理工ノ現実ヲ見ルヲ得ヘケン[87]。

近藤は兵器民営化を実行する際、懸案とされた民間工場の兵器生産技術の低さの克服のため、陸・海軍から技術者を出向させる処置を提唱した。ここには軍需工業動員実施には、軍財双方の技術協力が不可欠とする考えが明らかにされていたのである。

一方、海軍でも官民合同、あるいは兵器民営化には強い関心を持っていた。たとえば、海軍機関中将武田秀雄は、「官民相互に胸襟を開き相椅り相信じて、倶に共に国防の大義に努めざる限り、動員法例如何に完備するも、其の大目的たる妙境に達するものにあらず[88]」と述べ、官民協力体制づくりを強調していた。

また、寺内内閣期の海軍軍務局長井出謙治は、雑誌『時事評論』の記者とのインタビューのなかで、「日本の今後にては、政府で軍備の充実を図ると共に民間でも此れに協力して貰ひ度きは、云ふまでもないことである[89]」と答えている。井出は同時に民間企業が軍需生産に乗り出すには資本および技術について相当の困難を伴うものであり、政府の補助金供与が肝要であるとしていた。

兵器の高度化・精密化の点で陸軍以上に官民合同・兵器民営化の作業に多くの課題を持っていた海軍にとって、民間における軍需生産能力・技術の向上は、いっそう重要な課題となっていたのである。

これに対し財界側から兵器民営化あるいは官民合同による軍需工業動員促進への要求も、大戦中から起こっていた。

一九一五（大正四）年二月二二日、大阪工業会の臨時総会では、兵器民営化促進の要求が検討議題となっていた。同会は、同年五月二〇日、兵器民営に関する請願書を作成し、武器・弾薬・軍艦其他の器具一切を含む兵器生産の大部分を民間企業に委託要求する旨の決議を行った。その理由は、兵器工業の民営化が工業振興として必要かつ有益とし、さらに、「単ニ工業発展ノ一方面タルノミナラズ、汎ク国家ノ大局ヨリ観テ、極メテ必要且有益ナルコトヲ信ズ。蓋シ（中略）到底此等官営工場ノミニ依リ需給ヲ全フスル能ハス」[90]とし、総力戦段階での軍需工業動員の必要性を強調していたのである。

軍需民営化への期待と不安

同様の観点からする民営化論には、陰山登（工業之大日本社理事）の次のような記事がある。

我が国は軍器に関しては秘密主義を把持し、自給自営の方針を乗り来りしを以て、民間会社が此の方面に有する生産能力は頗る微弱にして戦時多々益々辦する需要に応する事不能なり。故に或範囲に於て之を開放して民営に移し之を経営せしむる事を要す。[91]

要するに平時における民間兵器生産技術の向上と、生産体制の確立を説いたものであった。

官民合同の一環としての兵器民営化への機運は、軍・財にとどまらず、製鉄事業拡充の計画立案者として政府委員を務めた学者の間にも根強いものであった。たとえば、東京帝国大学工科大学教授（造兵学・第一講座担当）で製鉄業調査委員会委員でもあった大河内正敏は、財界人の説いた重化学工業発展の促進契機とし、兵器民営化を図る考え方に対し、兵器民営化の根本要因を国防の充実に置く必要を次のように説いた。

経済的兵器民営論は寧ろ余りに迂遠に過ぐるものであるということを悟らねばならぬ、否兵器の民営ということは今少しく国民の生命に触れた国家其者の存亡安危に関する真乎国防上の重大問題であるということを悟らねばならぬ。(92)

これは、兵器民営化の目標とその内容は、国防の充実という国家的軍事的考慮から規定されるべき性質のものであって、資本家的利益の追求を第一義とするものでない、とした見解であった。逓信次官内田嘉吉も、「国民の戦争であるが故に、国民は自ら進んで必要なる軍需品の製造供給に当る責任を負う可きであると言っても敢て失当ではないと思う(93)」と述べ、兵器民営化を民間工業発展と直結させて考えるのではなく、総力戦段階における国民的課題としても位置づけるべきだとしていた。

しかし、その一方で戦時における軍需工業動員では、兵器製造工業がもっとも重要であるとしつつも、平時においては金属工業の発展が必要であるとする経済合理性に沿った見解もあった。たとえば、京都帝国大学教授戸田海市は、「之に備えるには唯一概に軍備を拡張するといふばかりでなく、実際の国防の充実であるところの産業の発展を以てこれに対抗するというのが最も有効な方法ではあるまいか(94)」と述べていたのである。

軍財官学にわたるこれら兵器民営化論の見解や重点の置き方の違いは、軍需工業動員法制定時にはほぼ次のような見解によって調整が試みられることになった。東京帝国大学工科大学教授で製鉄業調査会専門委員の斯波忠三郎は、民間における重化学工業の発展と、総力戦段階に適合する軍需工業体制確立という二つの課題を同時並行的に達成するため、民間工業育成を図り官民分業的に兵器軍需品の製造体制を図ること、有事の際における政府の管理すべき工場を予め指定し、平時において定期的に「教育注文」を行い準備すること、民間工場への政府保護をなすこと、度量衡統一、工業用素品の統一、工業用原料自給体制の確保、などを挙げていた。

これらの提言の根底には「一体工業力の伴はざる軍備拡張ほど危険なる者は無いと思います[95]」と記したように、斯波には経済合理性を踏まえた軍備充実こそ軍需工業動員体制確立の条件だとする認識があったのである。後年いわゆる「経済的軍備論」なる用語で定着していくこの認識は、当該期財界人の大方の共通認識となり、軍部もこれに協調することで当面の課題に対処しようとしたのであった。

以上、軍需工業動員体制構築過程において、軍財間の争点となるべき自給自足問題、資源問題、官民合同問題については、当該期日本の政治経済構造に規定されつつも、いずれも軍財間において一致点を見出していく可能性が大きかったのである。軍需工業動員法制定は、その法的表現であった[96]。

それで、次に同法の制定経緯と、同法に対する内閣および各勢力の反応を議会審議の内容を中心に追っていきたい。そこでは、軍部が実際上の主導権を握りながらも、軍財間の基本的合意の上に、同法が制定された事実が明らかになるであろう。

4　軍需工業動員法制定と軍財間の合意形成

制定経緯

第二次大隈重信内閣は、大戦勃発直後から大蔵省を中心にして、参戦諸国の政治経済体制の調査を実施していた。

同時に大隈内閣は、参戦諸国からの軍需品の膨大な注文に充分対応しきれない状況が顕在化するにつれ、日本経済の重化学工業化促進の経済政策を打ち出すところとなった[97]。

日本経済の重化学工業化策の一環として、大隈内閣期における化学工業調査会（一九一四年一一月）、経済調査会（一九一六年四月）、製鉄業調査会（同年五月）などの相次ぐ設置や、染料医薬品製造奨励法（一九一五年三月）などの制定は、その具体策であった。それで、重化学工業化策の一環として、大隈首相は一九一六（大正五）年四月二九日、経済調査会第一回総会で、次のような訓示を行っている。

此欧州大乱ニ因テ日本ノ受ケタ利益ハ随分大ナルモノテアル、其中最モ大ナルモノハ軍需品ノ注文テアリマス。日本ニ製造力サヘ有レハ、或ハ容易ク原料品ヲ得ル事サヘ出来レハ、今日ノ三倍テモ五倍テモ供給スル事カ出来ルノテアリマス。（中略）此ノ軍需品ノ供給ハ実ニ大ナル利ヲ得ルモノテアル[98]。

大隈首相は重化学工業化促進の理由を、大量の軍需品注文に耐え得る経済構造への質的転換に求めたのであり、そのためには「官民相俟ツテ戦後ノ日本ノ産業ノ発展、経済ノ発展ヲ図リタイト希フ次第テアリマス[99]」と結んでいた。

この大隈首相の発言は、陸軍省兵器局銃砲課長吉田豊彦が、同年八月二二日、経済調査会産業第二部会の席上行った次の発言と相互に補完的な内容であり、そこから導き出される具体策は、きわめて共通項の多いものであった。

欧州戦役ニ於ケル此実況ハ独リ軍人ノミナラス、独リ当局者ノミナラス、帝国国民全体カ考究シ、以テ将来ノ戦勝ヲ獲得スルノ途ヲ講セサルヘカラサル重大事項ナリトス。此等ノ研究ニ基キ当局者トシテ工業動員上、平時ヨリ如何ナル法律規則ヲ定メ置クヘキヤ、如何ナル官制ヲ要スヘキヤ、製造工業上如何ナル準備ヲ要スヘキヤニ就

テハ目下切ニ研究シツツアル。(100)

すなわち、第一次世界大戦の総力戦様相を教訓に、将来生起することが予想された総力戦への対応策として、軍需工業動員の法制着手が考慮されていることを明らかにしていた。(101) こうした状況を踏まえ、大隈内閣後成立した寺内正毅内閣期に入ると、具体的な軍需工業動員法作成が、まず陸軍から提案されてくることになった。以下、それら法案の内容を要約する。

a 参謀本部「軍需品管理法案ノ要旨」 一九一七（大正六）年一二月二一日、参謀本部は、参謀総長上原勇作の名で寺内内閣の陸軍大臣大島健一宛に、「時局ニ鑑ミ軍需品管理ニ関スル法律制定ノ必要ヲ認メ候条該法至急制定相成候様致度(102)」とする「軍需品管理法案」の至急制定を要請した。同時に参謀本部案として、一二ヵ条から成る「軍需品管理法案ノ要旨」（以下「要旨」と略称）を提示した。軍需工業動員法の原案ともいうべき「要旨」の内容は、次の通りである。

一　本法ハ戦時若クハ事変ニ際シ帝国臣民及内国法人ニ之ヲ適用セシムルコト。
二　政府ヲシテ軍需諸品供給ノ為民間生産品ノ全部又ハ一部ヲ徴用シ、又私設会社、工場（人員、機械其他一切ノ附属設備ヲ含ム）ヲ使用シ、或ハ之ニ必要ナル作業ヲ賦課スルノ権ヲ有セシムルコト。
三　前項ノ適用ハ陸海軍大臣ノ発スル徴用書ニ依リテ其効ヲ生スルコト。又徴用セラレタル物件及会社、工場ハ徴用ヲ発シタル陸海軍大臣ノ管理ニ属スルコト。
四　徴用ノ為生シタル損害ノ賠償価格ハ、過去五年間ノ平均収益又平均価格ヲ標準トシ、評価委員ノ評定ニ基キ之ヲ定ムルコト。軍需品製作ノ為前ノ価格ヲ超過シタル収益ハ、之ヲ国庫ノ収入トスルコト。
五　陸海軍大臣ハ軍需品供給ノ為、平戦両時ヲ問ハス生産者、会社、工場ニ就キ所要ノ調査ヲナシ得ルコト。
六　被徴用者ハ軍需品ノ供給及製作ニ関スル陸海軍大臣ノ要求ヲ拒絶スルコトヲ得サルト共ニ、其ノ供給及製作能力等ニ関スル政府ノ調査ニ対シ、平戦両時ヲ問ハス正確ナル資料ヲ提供スルノ義務ヲ負ハシムルコト。
七　陸海軍大臣ハ如何ナル会社、工場ニ対シテモ特許権ヲ有スル他ノ意匠ニ依リテ器械及軍需品ノ製造ヲ命スルコトヲ得。而シテ此意匠ハ秘密書類トシテ取扱ハシメ、又特権ノ所有権者ニハ相当ノ賠償ヲ与フルコト。
八　陸軍大臣ハ徴用セル会社、工場ニ対シ人員、器具、材料其他附属設備ノ増減変更ヲ要求シ、又彼此会社、工場間ニ於ケル所有権ノ移換ヲ要求シ得ルコト。
九　徴用者ニ対シテ租税及印紙税ヲ免スルコト。
十　戦争終了後ニ於テモ要スルハ本法ヲ持続シ得ルコト。
十一　本法ト徴発令ト相違スル点ハ総テ本法ニ拠ラシムルコト。
十二　本法ノ適用範囲ヲ朝鮮、台湾、樺太及満州ノ租借地及鉄道沿線ニ及ホサシムルコト。[103]

「要旨」の基本的特徴は、第一に政府と陸・海軍に、民間で生産される軍需品の徴用・使用・管理・譲渡命令などの権限用命令制限権（第一九条）、損害補償付与、賠償請求権等が規定されたこと、第二に以上の諸権限が拒絶不可能な絶対的なものとして規定されたこと、第三に軍需品に対する調査権限が平戦両時の区別なく政府、陸・海軍に付与されること、としたことであった。ここから「要旨」は、平時からの工業動員体制構築を、法制面から政府と陸・海軍主導下に推進しようとする意図のもとに作成されたものであることが知れる。

「要旨」は、いずれにせよ以後繰り返し加筆修正されていく一連の軍需工業動員法案の基本的枠組みを明示したものであった。その後、実際には、法制局、内閣などの諸機関、諸勢力によって、妥協・調整を余儀なくされていく。

b　陸軍省の軍需品法案　参謀本部案を受けた陸軍省は、同年二月一五日までに起草委員によって陸軍省案を作成させていた。三四ヵ条（内罰則規定七ヵ条）から成る陸軍省の軍需品法案を要約すれば次の通りである。

すなわち、軍需品の定義（第一条）、適用時期（第二条）、経営関係命令権（第三―五、二五―二六条）、軍需品の移動・譲渡・使用・消費・所持の禁止・制限・命令権（第六条）、軍事品の価格制限（第七条）、軍需品の輸出入の禁止・制限（第八条）、特許権・意匠権、実用新案所有者の説明義務（第一〇条）、輸送機関・設備管理権（第一一条）、輸送機関・設備所有者・経営者への業務報告命令（第一二条）、輸送機関・設備の使用・収用権（第一三条）、軍需工場労働者の徴用対象の規定（第一四条―一八条）、軍需工場の使用収用命令制限権（第一九条）、損害補償付与、賠償請求権（第二〇―二一条、第二七条）、本法運営機関設置と委員任命（第二二条）、他の関連法規との関係（第二三条）、罰則規定（第二八―三四条）である。

陸軍省案は、参謀本部案を踏まえて、それを一個の法律として体裁を整えることに主眼を置き、細部にわたる周到な軍需工業動員法としての性格を明確にしたものであった。さらに、以上の経緯のなかで、陸軍省では、軍務局軍事課と兵器局銃砲課に重要な点は、参謀本部案が平戦両時の区別なく、強大な捜査権限、特許権の強制使用命令など軍事品製造者、あるいは財界への配慮を欠いていたことから、とりあえず損害補償、賠償請求などの諸権利を付与することにより、財界との調整を図ったことである。

陸軍省案は、大戦中から開始された陸軍の軍需工業動員構想の、この段階におけるもっとも整理された法的表現であった。また、それは臨時軍事調査委員会作成の「工業動員要綱」の主要項目であった、㈠社会全般に亘る平時施設準備、㈡国防経済の発展、㈢中央統轄機関の設置、㈣他の行政機関との連繫、㈤平戦両時にわたる兵器の完全独立、

㈥内官民共同自給策の確立、の諸目標を実践化しようとするものでもあった。

ｃ　法制局の軍需工業調査法　陸軍省案は次に内閣法制局に回され、その結果、同年二月一五日に法制局案として一六ヵ条（内罰則規定六ヵ条）から成る「軍需工業調査法」が作成された。それは陸軍省案のうち罰則規定を除いた二七ヵ条から一七ヵ条が削除されているが、内容的には変化なく、法律としての体裁をいっそう整備する格好となっている。唯一の特徴としては、陸軍省案で明記された種々の経営関係命令発令権が、法制局案では報告義務命令権の形式を採用していることである。これは政府、陸・海軍に付与されることになっていた陸軍省案における権限の絶対性の規定を、財界等の反応を考慮して表現方法の緩和を図ったものと考えられる。

ｄ　陸・海軍の軍需工業動員法案（内閣請議案）　以上の経緯のなかで陸軍省では、軍務局軍事課と兵器局銃砲課が中心となって閣議提出用の法案作成に取りかかった。海軍省との間で先の法制局案を検討した後、二月一八日に陸・海軍連署で九ヵ条（内罰則規定二ヵ条）から成る軍需用工業動員法案（閣議請議案）を作成した。

その内容は、軍需用品の定義（第一条）、工場・事業場の管理・収用・使用権（第二条）、軍需用品の移動・譲渡・使用・消費・所持・輸出入の制限および禁止命令権（第三条）、兵役履行者、兵役義務該当者、非兵役者の輸送機関・軍需工場・事業場への従事命令権（第四条）、設備・生産・修理・輸送能力・人員・貯蔵量等に関する報告義務命令権（第五条）、補助金交付の件（第六条）、罰則規定（第七—八条）、本法施行を勅令による規定の件（第九条）であった[104]。これら九ヵ条に集約された条項は、本格的に政治日程に上がってきた軍需工業動員法制準備への陸・海軍の絶対要求項目であった。

閣議請議案は、二月二〇日に内閣および関係各省に送付され、各省の意見を参考にして、法制局が再度条文の修正作業を行った。その結果、二月二三日に二三ヵ条（内罰則規定八ヵ条）から成る軍需工業動員法（法制局決定案）を作成した。同日には閣議にかけられ、一六ヵ条（内罰則規定四ヵ条）から成る軍需工業動員法案（閣議決定案）が作成された。

e　内閣の軍需工業動員法案（閣議決定案）　閣議決定案では、閣議請議案の第三条と第七条が、それぞれ三ヵ条に、第五条が二ヵ条に細分化された。これに加え新たに、工場事業場の調査（第七条）、臨時調査（第一条）、助成上の権利義務の継続（第一二条）を加え、第九条を削除して全文一六ヵ条から成るものであった。閣議決定案は、三月四日に国会に送付され議会での審議を待つことになった。

議会審議の内容と制定法

閣議決定案は、三月七日に衆議院本会議（第四〇回通常議会）に上程された。同日、衆議院議長大岡育造は、閣議決定案を審議する審議委員三六名（委員長元田肇）を指名した。同月九日から二〇日までに合計六回にわたって委員会が開かれた。二〇日に衆議院本会議で可決され、同日直ちに貴族院に送付された。

貴族院議長徳川家達は、同日審議委一五名を指名（委員長寺島誠一郎）し、二二日から二六日までに合計六回にわたり委員会が開かれた。二六日には貴族院本会議で可決され、翌四月一六日、閣議決定案は、軍需工業動員法（法律第三八号）として制定された。このように衆議院本会議に閣議決定案が上程されて以来、僅か二〇日間を経過したに過ぎず、重要法案としては異例のスピード審議であった。

以下、両院本会議および各審議委員会における審議内容を整理し、そこでいっそう浮き彫りとなった陸・海軍と、財界の意向を代表する政党との協調・妥協の実態を要約しておく。

各委員から出された法案への主要な疑問・警戒は次の諸点であった。すなわち、同法案制定の意義と目的、同法案の平時規定が工業発展の阻害要因になり得る可能性について、同法案提出時期と緊急性の意味、徴発令と同法案との関係、補償問題および秘密保持問題、工業発展への効果の有無、労働者対策、陸・海軍の権限問題、自給自足問題、官民合同問題、軍需工業動員の中央統括機関問題、等である。

三月九日、寺内首相は衆議院における法案審議委員会の席上、まず法案提出理由を次の如く述べている。

戦争ニ於テ国家ノ最大威力ヲ発揮スルコトニシマスノニハ、独リ兵力丈ノ準備デナク、総テノ軍需ノ必要品ニ於テ缺漏ノナイヤウニ、又戦争ノ目的ヲ達スルニ於テ、遺憾ナイ丈ノ準備ヲ国家ガシテ置クト云フコトガ必要デアルト思フ。[105]

つまり、明確に総力戦段階への対応策の一環として抽出された法案であるとしたのである。同法制定は、「国防充実ノ一部」であり、「国家ノ将来ニ必要デアル」と結論した。[106] ただし、この意味付けだけでは、各政党・議会関係者を説得することができず、農商務大臣仲小路廉の次のような答弁が必要となってくる。

此法律ノ制定ハ甚ダ必要ト存ズルノデアリマス。何故カト申シマスルニ、此動員法ニ規定セラレマシタ事柄ハ、是ハ今日ノ場合ニ、寧ロ国家ノ国策トモ称スベキ大本デアラウト思フノデ御坐イマス。即チドウ致シマシテモ是カラ後ニハ、一朝有事ノ時ニハ独リ政府限リノ力デ総テノモノガ調ヒマセヌ。何ト致シマシテモ、国民動員ノ力ニ俟タナケレバナラヌノデアリマス。殊ニ工業、国家ノ産業ハ、或ハ技術ノ上ニ、是迄ハ唯ガ商人トカ工業者ノ営利ノ事業ダト云ツテ居ツタモノハ、今ヤ国家ノ有用ナル要素トナツテ居ルト思フノデアリマス。[107]

仲小路の発言は、先の寺内首相の発言を受け、より具体的に経済・工業の動員および発展を、「国家ノ有用ナル要素」と位置づけることで、経済・工業への国家の積極的介入が不可避となっている現状を説いたものであった。それは軍部官僚が、ひたすら軍事合理性に立脚して軍需工業動員の必要性を説いた内容と対照的であった。仲小路は、要するに軍事合理性と経済合理性の融和・協調を発想の基本に置いていたのである。

それゆえに、この仲小路の発言を引き出した井上角五郎（政友会・日本製鋼所会長）は、「農商務大臣ノ御説ハ、始メカラ終リ迄全部私ハ同意致シマス。私モ其通リノ考ヲ持ツテ居リマス」[108]と述べ、全面的な同意を表明しているのである。同法制定の理由について、ここで表れた仲小路と井上の問答は、同法制定自体について、すでに軍、および財・政との間で基本的了解ができ上がっていたことの一つの証明であった。そのことは、三月二一日の衆議院本会議の席上、委員長元田肇が満場一致による法案可決を求めた際の、次の発言からも知ることができる。

平時デアレバ、兎ニ角デアルガ、今日ノ時局ニ於キマシテハ、折角斯様ナ法案ガ提出サレタコトデアルカラシテ、活用ノ出来得ラレルマデニ修正ガ出来ルナラバ、之ヲ玉成シテ通過スルコトニ致スノデ、今日ノ時局ニ対シテ吾〻ノ執ルベキ適当ノ方針デアラウト云フコトニ意嚮ガ一致致シマシタ。（中略）今日ノ時局ニ於テハ成ルベク之ヲ活用出来ルヤウニ修正シテ通シタガ宜カラウト云フ決心デアリマシタ。[109]

法案の条項自体については若干の修正要求を持ったとしても、それは最大限に同法案の有効性を引き出すためのものであって、諸勢力間の対立・矛盾の表現と言い得るものとはほど遠かったのである。同法制定理由以外にも、先に取りあげた軍需工業動員を進める際の個別問題についても同様であった。

たとえば、自給自足問題について、審議委員鈴木久次は、「戦時ニ際シマシテ、軍需品ノ自給ヲ迅速確実ニスルト云フ本法制定ノ精神ハ、満腔ノ同意ヲ表スル所デアリマス」[110]と述べた。それは、軍需品の自給自足体制の確立が、重化学工業発展に直接効果を期待できるものであり、重化学工業は当面軍需拡大によってしか発展の契機を見出し得ない、との判断を持っていた財界の見解を代弁したものであった。

また、官民合同問題について言えば、審議委員小山松壽の次の質問と、陸軍大臣大島健一の答弁が参考となろう。

現在ノ兵器製造業ヲ致シテ居リマスル官業ノ一部分ヲ、若シ民業ニシテ其用ヲ辨シ得ルモノニ対シテハ、ソレ等ハ他日国家非常ノ場合ニ有用ナラシメル為ニ、民間ニ移シテ此工業ヲ発達セシムルノ御方針ガアルヤ否ヤト云フコトヲ伺ヒタイ[111]。

これに対し、大島は次のように答弁している。

成ルベク工廠其他ノ仕事モ、漸次民間デ出来ルナラバ民間ニ作ラシテ、民間ノ能力ヲ発達シテ置クト云フコトハ無論デアリマスカラ、是ハヤツテ宜シイト云フ時期ニ於テハ無論之ヲ実行スルニ吝ナラヌ積リデ居ルノデアリマス[112]。

さらに大島は、三月一三日開催の貴族院軍需工業動員法案特別委員会の席上、江本千之の質問に軍需品製造について次の如く答えている。

陸軍デヤツテ居ルカラソレデ宜シイト云フヤウナ考ハ有ツテ居リマセヌ。而已ナラズ戦時ニ当ツテ今後ノ動員法ナド実行シマスルト、又今回ノ戦争ノ実検ニ依リマスルト非常ナル多数ノ兵器殊ニ砲弾ヲ要シマスカラ、実ハ此小サイ工場ハ殆ト全部ヲ挙ゲテ兵器製造竝ニ国家生存上必要ナル製造ニ従事サセルト云フコトニナルダラウ。又随ツテ是ガ調査ト云フコトニ陸軍ハ最モ其多クヲ負担シナケレバナラヌ。斯ウ考ヘテ居リマスル。(113)

陸軍としては軍需品、なかでも兵器製造の民間委託には、慎重な姿勢を堅持しつつも、大量生産・大量消費を必然化させる総力戦段階においては、従来の軍工廠のみでは充分に対応しきれないとする認識が、やはり根強く存在していたのである。

進む軍財間の調整

以上の審議を経て、衆議院では軍財間の意見調整を目的とした小委員会において法案の修正案作成に取りかかり、最後の詰めに入った。その結果、四月二〇日に委員長元田肇は、徴発令と同法案との関係の明確化、職工の動員に関する規定を設けること、補償問題等に関する軍需評議会の権限規定および企業秘密保護の規定を設けること、などを主な修正項目としてあげ、了承を得た。(114)

こうして、内閣決定案に新たな六ヵ条が加筆されることになった。それは次のものである。重要と思われる条文のみ引用する。

第四条　前二条ノ場合ニ於テ政府ハ従業者ヲ供用セシムルコトヲ得

第七条　戦時ニ際シ第一条ニ掲クル物件ニシテ徴発令中ニ規定ナキモノヲ使用又ハ収用セムトスルトキハ徴発令ノ規定ヲ準用ス

第九条　政府ハ戦時ニ際シ勅令ノ定ムル所ニ依リ兵役ニ在ラサル者ヲ徴用シテ前条ニ掲クル業務ニ従事セシムルコトヲ得

第十条　第二条又ハ第三条ノ規定ニ依リ収用シタル工場、事業場、土地又ハ家屋其ノ他ノ工作物及其附属設備不用ニ帰シタル場合ニ於テ収容シタル時ヨリ五年内ニ払下クルトキハ旧所有者又ハ其ノ承継人ニ於テ優先的ニ之ヲ買受クルコトヲ得

第十五条　第五条ノ規定ニ依ル補償金及前条ノ利益保証又ハ奨励金ノ算定竝第十条ノ規定ニ依ル払下価格ハ軍需評議会ノ決議ヲ経テ之ヲ定ム。軍需評議会ニ関スル規定ハ勅令ヲ以テ之ヲ定ム

第十七条　工業的発明ニ係ル物又ハ方法ニ関シ予メ政府ノ承認ヲ得タル事項又ハ設備ニ付テハ報告ヲ命シ、検査ヲ為シ、調査資料ノ提供ヲ求メ又ハ従業者ニ対シ質問ヲ為スコトヲ得ス

これら加筆修正の内容を見ると、その狙いが財界との利害調整に集中されていたことが知れる。議会審議中に提出された議会・政党側からの疑問・警戒の類は、ほぼこの加筆修正の中で解消されたと言える。

つまり、政府・軍部は確かに戦時規定において工場・土地等の管理・使用・収用の権限、軍需品およびその原料の譲渡・消費・所持・移動・輸出入に関する命令権、さらには労務動員の権限を得、平時規定においては軍需工業を中心として重化学工業一般への調査・報告命令権を得ることになっていたが、議会・政党、財界関係者にとってもっとも関心の深かった私権保護（企業秘密の堅持、損害補償等）については、衆議院、貴族院の両方とも附帯事項を設け、これを実行する役割を軍需評議会に委ねる手続きが執られることになったのである。

したがって議会審議は、法案の是非をめぐる根本的な対立に至ることはあり得ず、いくつかの争点をめぐる調整作業の場を軍財双方に提供した格好となった。そして、軍財双方が決定的な対立に至らなかった理由は、⑴同法が企業の経営内容自体に直接干渉を目的とした法律でなかったこと、[115] ⑵企業側にしても同法を契機に国家的保護の法的保証をすることが、大戦後の重化学工業促進政策のために有利であるとの判断が存在していたこと、当該期において軍財双方に政治的かつ経済的レベルでの対立に値するような問題が存在しなかったこと、むしろ大戦による特需景気のなかで相互に協力関係が成立する気運にあったこと、などが挙げられる。

同法が参謀本部作成の「要旨」以来、一貫して陸軍の主導のもとで制定されたことは事実であったが、そのことを積極的に批判する理由は、当該期の財界関係者には存在しなかったのである。[116]

寺内内閣の対応と諸勢力の反応

ここでは、軍需工業動員法制定前後における寺内内閣の同法への対応と、財界を中心とする諸勢力の同法への反応を概観し、同法の制定意義を見ておきたい。

まず、寺内首相は同法の意義に関し、一九一八（大正七）年六月五日、軍需工業動員法の施行に関する統轄機関として首相の管理下に設置された軍需局（同年五月三日）に関し、内務、陸軍、海軍、農商務、逓信の各大臣、および拓殖局長官、鉄道院総裁宛の「内閣訓令第一号」の中で次のように述べていた。

近時ニ於ケル国際間ノ戦争ハ、啻ニ陸海軍人ノ協力活動ニ待ツノミナラス、国家ノ全力ヲ之ニ傾注スルニ非スムハ、以テ終局ノ勝利ヲ制スルコト能ハス。政府ハ深ク茲ニ鑑ミテ軍需工業動員法案ヲ第四十回帝国議会ニ提出シ、其ノ協賛ヲ経テ曩ニ既ニ之カ統制公布ヲ見タリ。然ルニ工業動員ノ事タル其範囲極テ広汎ニシテ、都鄙総テノ工場及事業場ニ及ホシ、関係官庁甚タ多クシテ之カ調査計画ノ統一機関ヲ特設スルニ非スムハ、法ノ運用全キヲ期シ難シ。是レ今回軍需局ヲ設置セル所以ノ大綱ナリ(117)。

ここでも総力戦段階への対応が同法制定の主要な目的であることを繰り返し述べている。しかし、同法が日本の重化学工業発展の契機となる、といった点については、何ら言及されていない。それは、この訓示が政府関係者宛への内部文書であったこともあるが、それ以上に同法が軍事合理性を徹底追求した結果として生み出されたことを示したものであった。

同法制定の推進者の一人で、陸軍省兵器局銃砲課員鈴村吉一は、「内閣訓令第一号」の草案である内閣訓令案のなかで、陸軍の姿勢をよりいっそう明らかにしていた。

曩ニ軍需工業動員法制定セラレ、今般其ノ施行統一ノ為軍需局ヲ設置セラル軍需工業動員ノ目的ハ戦争ノ状況ニ依リ陸海両軍ノ需要ニ応シ、軍需品ヲ迅速且確実ニ補給スル為、帝国内外ノ資源ヲ調節シ、適時ニ其ノ全能力ヲ発揮セシムルニ在リ(118)。

鈴村の内閣訓令案に代表される陸軍の姿勢の背景には、⑴第一次世界大戦後の戦争様相から受けた影響と、これへの対応に危機感を抱いていたこと、⑵大戦後、国際連盟結成に代表されるごとく、国際平和への強い動きが存在する一方でロシア革命とそれに続くシベリア干渉戦争のような争乱、戦争の危機が継続的に存在していたこと、⑶大戦諸国が勝敗の区別なく経済的軍事的に相当程度の打撃を受けた状況にあり、日本の相対的な軍事力・経済力の向上を図る絶好の機会であったこと、などが考えられる。
次に財界を中心に、諸勢力・諸分野から同法への反応を見ておく。まず、慶應大学教授安川貞三は、同法制定の目標が支配総体の共通認識を土台とした戦後経営策、重化学工業の促進、それによる日本資本主義水準の引き上げにあり、そのために国家の経済活動への介入を不可避とする状況にあるとし、次のように述べたのである。

本案が衆議院に於て可決せらる、に際し、本会期中奉答文の議事以外未た曾て見ざる各派一斉の拍手を見たるが如きは、是れ明かに平時に於ても尚且つ国家が国民の経済生活に対し干渉を加ふるの必要の痛切なるを示して余りあるものと云はなければならぬ。(119)

これに続いて安川は、同法制定の意義について触れ、同法が戦争遂行のための応急的手段であるとした。そして、同法が経済制度の基本である自由競争原理を打破して、国家による経済の管理・統制を強行する「新経済主義」の出現を目指す可能性を問うた後、これへの回答は、「今後に於ける国家闘争の最重なる要素をなすものである(120)」と述べた。さらに、結論の部分では、「国家は重要なる産業の経営を従来の如く企業家の自由に放任せず、軍国の用に応す可く適当の管理、統制を行ふの必要があるのである。所謂経済生活の軍国主義化なるものが是である(121)」とし、同法制定が結局自由主義競争原理を事実上否定したものであること、それが国家統制経済の導入による経済の国家管理・統制を法制的に準備したものと積極的に意義づけたのである。
これに対し、法律としての軍需工業動員法の不充分性を鋭く突いた論調も少なくない。たとえば、京都帝国大学経済学部教授櫛田民蔵は、「軍需工業動員法ニ就テ」のなかで次のように述べている。

国家自ラ生産資本ヲ管理シ収用スルコトヲ得ナイ。故ニ、コノ点ニ於テ国家ト軍需品生産トノ関係ハ、普通ノ保護事業ニ於ケルト異ナル所ナク、之ヲ一ノ軍需品工業保護奨励法ト云ヘバ兎モ角、正シキ意味ニ於テ工業動員法ト云フヲ得ナイ。[122]

軍需品の生産手段の国家管理・収用、労働者の同盟罷工その他生産増加も妨げる行動の予防・禁止の条項を明記する必要があるにも拘らず、同法は戦時規定では同盟罷工に対する管理規定がなく、平時においては資本家、労働者双方に対する管理規定がないとして、同法の不充分性を指摘していた。櫛田にとって、軍需品生産の国家による完全な管理統制を規定するのみでは軍需工業動員法とは言えず、参戦諸国で施行された同法を名とする一連の法制とほど遠いものであった。

財界の発言のなかには、同法自体の不充分性への批判や、同法が有効に機能するには日本重化学工業水準の低さが問題だとする見解も目立っていた。経済雑誌『工業』は、社説「帝国主義の工業」のなかで、同法制定が「経済軍編制の第一歩[123]」とする位置づけを示し、同法が実際の経済過程において有効に機能するためには、次のような課題が存在しているとした。

つまり、⑴軍需品の原料不足、⑵度量衡制度の不統一、⑶小工場の多数、⑷工場設備の不完全、⑸優良職工の欠乏、等である。これらの諸課題を解決することで経済体制の軍事化を推進し、それによって重化学工業の発展と、日本資本主義水準の低位性克服を目指したのである。そのために、同法を直接契機とする経済への国家介入は不可避とする判断が、基本的に存在したのである。

ほぼ同様の見解として、『日本経済雑誌』は、社説「工業動員法」のなかで次のように記している。

今や露西亜の形勢は、彼の如く混乱を呈し、独逸東漸の勢益々急なるを告げ、東亜に於ける我帝国の地位、頗る重大なるを覚えずんばあらず、此秋に当り、工業動員法の規定の不備は、決して軽々看過すべからざるあり。更に慎重審議を累ね、時艱を済ふに適当なる制度を確立せざるべからずとす[124]。

ここには同法が国際政治状況における対応策として位置づけられ、軍事力および経済力の増大を結果させる一手段としたうえで、国際政治状況への長期的対応策としていっそう検討を加えることを提言している。

このように同法へは批判点や克服を留保しつつも、全体としては賛同する見解が多かったが、同法制定の非有効性や時期尚早を唱える見解も存在した。日清紡績会社専務宮島清次郎は、「現時の状態の下に於て此法を実施し果して所期の目的を達し得るや、我国の工業は之が動員を行ひ得る域に達し居るや否や余輩の所見を以てせば此点に就き多大の疑ひなき能はず[125]」と述べ、日本資本主義水準の低位性は、同法が重化学工業を中心とする日本工業発展の契機となる可能性の阻害要因となると指摘していた。

つまり、宮島に代表される第一次世界大戦前後における日本工業の主要勢力であった綿業ブルジョアジーは、国家による自由競争の原理制限の可能性に対し懐疑心を抱いたのである。しかし、財界の主要部分には、重化学工業化政策を国家政策レベルへと押し上げ、自らその主導性を確保したいとする欲求が強く存在した。軍需工業動員法の制定は、財界層にとって、その一大契機であった。それゆえ、かくも短期間のうちに軍財間の対立を招くことなく、むしろ協調・妥協が図られたのである。

おわりに——総括と展望

以上、第一次世界大戦勃発直後から陸・海軍内、および政府部内で開始された軍需工業動員構想の内容と、軍需工業動員法の制定過程を追認し、陸・海軍、財界を中心とする支配諸勢力の対応を概観してきた。

今一度要約すると、大戦の教訓から大戦後の戦争様相がいっそう徹底した総力戦になると認識した陸・海軍は、総力戦準備の最大課題として軍需工業動員体制の平時準備に取り組むことになる。一方、大戦特需に充分対応できず、そこから日本重化学工業の低水準という日本資本主義が内包する諸矛盾を代位補完するため、陸・海軍の主唱する軍需工業動員体制構築に協応するにいたった。これを大戦後における国家政策＝戦後経営案として確定するために、軍需工業動員法の制定に原則的に同意していったのである。

ここで再度確認しておきたいことは、同法の平時規定が、「軍需工業の育成と組織に大きな役割を果たした[126]」とされるように、重化学工業化促進を大戦後の主要な経済政策としようとした財界にとって、同法による重化学工業への国家的保護・奨励は、自らの利益および当面の課題と原則的に一致するものであったことである[127]。

小林英夫は、同法制定過程のなかでも特に議会での審議経過で表出した軍財間の対立をもって、「第一次世界大戦期、シベリア出兵を目前にひかえながらも、軍と資本家の「階級同盟」が、いかに形成されにくい条件にあったのか、の一端を物語っているといえよう[128]」と指摘した。しかし、本稿で繰り返し言及したように、軍財間における基本的合意の形成は明瞭であった[129]。

ただ、だからといって軍財間の基本的合意を、小林が用いた「階級同盟」なる用語で両者の関係を規定するには、あまりにも不充分である。小林の言う「階級」なる概念はきわめて漠然としたものであったし、両者の関係は「同盟」の用語で表現するほどには強固なものでなく、あえて言えば〝協調関係〟に近いものであった。

つまり、その関係は、同盟関係よりも相互規定的でなく、一面柔軟で相互に主体性を容認できる関係であった。したがって、相互に政治的経済的、さらには人的な条件によって協調度を変化させていく幅のある関係だったと言えよう。

このような軍財間の協調関係が第一次世界大戦を契機に成立したことの政治史上の意義は、ここで合意された内容が、その後徐々に構築されていった総力戦体制の基本的枠組みを形成するものだったことにある。一九二〇年代以降における総力戦体制構築をめぐる軍財の関係の推移は別稿に譲るが、昭和期における「軍財抱合」、「高度国防国家体制」、「国家総動員体制」をめぐる軍財間の協調・連携関係は、本稿で見てきた軍需工業動員法の制定過程において、その原型を見出すことが可能なのである(130)。

そして、同法制定をめぐって予想された軍財間の対立と矛盾は、少なくとも当該期において両者の政策目標の同一性ゆえに妥協・調整が行われた。換言すれば、同法制定を契機に、陸・海軍、財界（資本家・経営者集団）、官僚、政党が相互癒着の関係に入っていったのである。

註

（1）皆川国生「軍需工業動員体制の一側面」（『土地制度史学』昭和五八年度学会報告レジュメ、六九頁）、参照。
（2）波形昭一「経済調査会と日支・満州銀行構想」（『社会科学討究』第二六巻第二号、一九八〇年一〇月、五九頁）。
（3）吉田裕は、「第一次世界大戦と軍部」のなかで、大戦が陸軍に与えた衝撃の一つに工業動員の必要性に対する認識が生まれ、重化学工業の積極的育成の課題が自覚され始めたこと、を挙げている（『歴史学研究』第四六〇号、一九七八年九月）。
（4）これに関連して、利谷信義・本間重紀は、「天皇制国家機構　法体制の再編」のなかで、軍部と独占ブルジョアジーとは、「その内部に一定の矛盾をはらみつつ、しかし、植民地略奪の軍事的・経済的強化と、軍需工業＝重化学の推進という基本において一致し、第一次大戦＝非常時を媒介して、挙国一致へむかう」（『大系日本国家史5　近代I』東京大学出版会、一九七六年、一五八頁）と指摘している。また、第一次世界大戦後における重化学工業化の問題については、三和良一「重化学工業化と経済政策」（『社会経済史学』第四一巻第六号、一九七六年三月）、安井国雄「第一次世界大戦後における重化学工業化と経済政策」（大阪市立大学経済学会『経済学雑誌』第七七巻第三号、一九七七年九月）、同「第一次大戦後における重化学工業の展開」（山崎隆三編『両大戦間期の日本資本主義（現代資本主義叢書）』上巻、大月書店、一九七八年）、村上勝彦「資本蓄積(2)　重工業」（大石嘉一郎編『日本帝国主義史1　第一次大戦期』東京大学出版会、一九八五年）参照。これらの論文は、大戦後から一九二〇年代にかけての重化学工業の発展を積極的に評価している。

（5）竹村民郎は、「わが国の指導的工業資本家グループは、産業連繋の問題に強い関心を持ち兵器生産体系の合理化を主張し戦時を想定した産業動員体制の確立についても基本的には支持していたとしても、彼らは政府、軍部の指導による軍需工業動員法案にはかならずしも全面的に賛成せず、むしろ強い不満を表明していたということである」（同『独占と兵器生産』勁草書房、一九七一年、九四頁）と述べ、軍財間の対立を強調する見解に立っている。また、本間重紀は、「戦時経済法の研究(1)　国家的独占と経済法」のなかで、「軍需工業動員法はその成立過程において議会に代表されるブルジョア勢力に対して一定の譲歩がおこなわれたものの、基本的には陸軍を中心とする軍部の主導の下で成立したものであった」（『社会科学研究』第二五巻第六号、一九七四年三月、三二頁）としている。

（6）坂野潤治は、こうした問題把握の方法を「総力戦体制研究史観」と呼称し、批判的見解を提示している（「一九八二年度の歴史学界——回顧と展望」『史学雑誌』第九二編第五号、一九八三年五月、一三二頁）。

（7）小林英夫「総力戦体制と植民地」（今井精一編『体系・日本現代史』第二巻、日本評論社、一九七九年、四五頁）。

（8）本稿のテーマに関する研究には、以上引用した他に次のものがある。加藤俊彦「軍部と統制経済」（『社会科学研究』第二九巻第一号、一九七七年八月）、山口利昭「国家総動員研究序説」（『国家学会雑誌』第九二巻第三・四合併号、一九七九年四月）、今井清一「総力戦体制と軍部」（東京大学社会科学研究所編『ファシズム期の国家と社会』東京大学出版会、第六巻、一九七九年）、松本俊郎「日本帝国主義の資源問題」（前掲『体系・日本現代史』第四巻、一九七九年）、疋田康行「戦時統制経済と独占」（同右）、原田敬一「製鉄業奨励法成立過程における官僚とブルジョアジー」（『日本史研究』第二二一号、一九八一年一月）、同「近代日本の軍部とブルジョアジー」（同右、第二三五号、一九八二年三月）、黒沢文貴「日本陸軍の総力戦構想」（『上智史学』第二七号、一九八二年）、斎藤聖二「海軍における第一次大戦研究とその波動」（『歴史学研究』第五三〇号、一九八四年七月）。

（9）臨時軍事調査委員会については、黒沢文貴「臨時軍事調査委員会について」（上智大学『紀尾井史学』第二号、一九八二年一二月）、拙稿「臨時軍事調査委員会の業務内容」（『政治経済史学』第一七四号、一九八〇年一一月）、参照。

（10）「臨時軍事調査委員業務担任区分表」（陸軍省『欧受大日記』、防衛庁防衛研修所蔵、大正五年五月）。

（11）前掲「臨時軍事調査委員会の業務内容」、四九頁、五六—五九頁、参照。

(12)参謀本部『全国動員計画必要ノ議』(防衛庁防衛研修所蔵)。同書は、拙著『総力戦体制研究』の「附録資料」(一九九九年、二〇五頁)に一部転載した。
(13)参謀本部『帝国国防資源』(防衛省防衛研究所蔵、一七頁)。同書は、拙著『総力戦体制研究』の「附録資料」(二〇六―二一二頁)に一部転載した。
(14)『偕行社記事』(第五一三号、一九一七年一月、二九頁)。
(15)吉田豊彦「日本の工業家に希望す」(『欧州戦争実記』第九九号、一九一七年五月二五日、六五頁)。
(16)上村良助「欧州戦争と工業動員」(同右、第七五号、一九一六年九月二五日、九八頁)。
(17)菊地愼之「動員ニ就テ」(『偕行社記事』第五一二号、一九一七年三月、七―八頁)。
(18)臨時軍事調査委員会『臨時軍事調査委員 第二年報』(防衛省防衛研究所蔵、大正七年一月二〇日、二六七頁)。
(19)「臨時陸軍軍需調査委員第一回会同ノ席上ニ於ケル陸軍大臣ノ訓示案」(陸軍省『欧受大日記』大正七年九月)。
(20)「英国軍需省内ニ設置セラレタル軍需会議ニ関スル覚書等大勢ニ鑑ミ、国民生活ノ安定ヲ期シ得ベキ経済産業ニ対スル付ノ件」(同右、大正七年六月)。
(21)海軍省『公文備考』(防衛省防衛研究所蔵、大正四年巻一)。
(22)同委員会については、斎藤聖二「海軍における第一次大戦研究とその波動」(『歴史学研究』第五三〇号、一九八四年七月)参照。
(23)前掲『公文備考』(大正六年、官職三巻三)。
(24)同右、大正六年、官職三巻四。
(25)「兵資調査会委員長口述覚書」(同右、大正六年巻三)。
(26)「統一的工業ニ関シ農商務省商工局長提案ニ対スル回答案」(同右)。
(27)同右(大正六年、官職三巻三)。
(28)「英国軍需工業動員及工場管理概況　(1)国防法要点」(同右)。
(29)同右、大正六年官職四巻四。
(30)同右、大正七年巻三。
(31)『西原亀三関係文書』(国立国会図書館憲政資料室蔵、第三三冊)。
(32)同右、二―三頁。
(33)同右、四頁。
(34)同右、一〇―一一頁。
(35)同右、一六頁。

(36) 同右、第三二冊。
(37) 同右、三七一頁。
(38) 同右、三七三頁。
(39) こうした西原の構想は後年、関東大震災(一九二三年九月一日)を契機とした帝国経済会議設置要求の際の次の主張に引き継がれている。すなわち、「此秋ニ方リ国家施設ノ根本調査ヲ遂ゲ、世界ノ大勢ニ鑑ミ、国民生活ノ安定ヲ期シ得ベキ経済産業ニ対スル確固タル国策ヲ樹テ、国民ノ向フ処ヲ確立セザル可カラズ」(西原亀三「帝国経済会議設置ニ関スル建議」『西原亀三関係文書』第二七冊、七〇頁)。なお、鶴貝誠良は、「日本金融資本確立期における日銀信用体系の再編成」のなかで、「日支を中心とするアジアにアウタルキーの世界を構築しようとする寺内―勝田―西原＝「朝鮮組」政権は秘密裡に権力中枢において軍事的な国家総動員構想を準備し、その構図のもとに着々と産業的金融的改革を実行していった。その現実の表面に姿をあらわした氷山の一角が、見返担保品の拡張であり、軍需工業動員法であった」(法政大学『経済志林』第一四四巻第一号・一九七六年三月、一六四頁)と述べ、当該期西原の役割を規定している。
(40) 西原とほぼ同じ内容で経済立国主義を説いた者に、国民党総裁犬養毅(鷲尾義直編『犬養木堂伝』中巻、東洋経済新報社、一九三九年、四〇六―四〇七頁)がいる。また、後藤新平(寺内内閣・内務大臣)の大調査機関設置構想にも同一の発想が見られる(『後藤新平文書』マイクロフィルムR―五一「大調査機関関係」参照)。
(41) 本多精一「軍器軍需品の製造と其奨励策」(『財政経済時報』第一三巻第七号、一九一六年七月、四頁)。
(42) 同右。
(43) 本多が主宰する『財政経済時報』には、本多とほぼ同様の観点からする記事がこの時期目立っている。たとえば、田尻稲次郎(大蔵省出身・東京市長)は、「戦後の経済と自給策」(第五巻第一号、一九一八年一月)のなかで、大戦を契機に国際的に自給自足経済が主流となっているとし、これへの対応策確立を説いた。また、国内資源開発を説いた野呂景義(東大教授・農商務省技師)「鉄材独立自給の根本政策」(同右)、製鉄原料、自給体制確立のため国民の自覚・理解の必要性を説いた横堀治三郎「姑息なる製鉄自給を排す」(第五巻第二号、一九一八年二月)などがある。
(44) 達堂「軍需工業の将来」(『工業雑誌』第四八巻第六二五号、一九一八年四月五日、三五三頁)。
(45) 同右「工業動員の方法と影響」(同右、第四八巻第六二六号、一九一八年四月二〇日、四〇九頁)。
(46) 同右。
(47) 同右、四一一頁。
(48) 同右。
(49) 当該期、財界人の戦後経営策について工業動員の観点からの記事も少なくない。たとえば、藤山雷太(日本商工会議所会頭)「工業戦ニ対スル日本ノ立場」(『実業之日本』第二一巻第一八号、一九一八年九月)、青柳栄司「工業経済思想」(『工業評論』第四巻第四号、一

九一八年四月)、今泉嘉一郎(日本鉄鋼協会会長)「民間製鉄業の欠陥と其振興策」(『財政経済時報』第三巻第五号、一九一六年五月)、同「鋼鉄の独立自給に就て」(『工業雑誌』第五七三号、一九一六年二月一〇日)、善生永助「戦時経済及び戦後経済の研究」(『新公論』第三三巻第八号、一九一八年八月)、藤原銀次郎(王子製糸社長)「戦時工業と保護奨励」(『国産時報』一九一八年五月号)等があった。また、財界人以外にも、蔵川永充(農商務省工務課長)「戦時工業ノ趨勢ヲ論ス」(『商工時報』第五巻第四号、一九一九年四月)、勝田主計(大蔵大臣)「欧州戦争と我国の財政」(『自由評論』第五巻第一二号、一九一七年一二月)、森戸辰男(東京帝国大学経済学部助教授)「経済国家主義と経済生活」(『経済時論』第一巻第二号、一九一七年二月号)、同「工業動員と世界貿易の将来」(『外報摘要』一九一八年六月号)、佐藤鋼次郎(陸軍中将)「工業動員の話」(『実業界』第一六巻第五号、一九一七年三月)、三宅覚太郎(陸軍少佐)「欧州大戦より得たる吾人の第一教訓」(『大日本』第五巻第八号、一九一八年八月)、某氏(予備役陸軍大佐)「日本に於ける工業動員」(『経済時論』第一巻第三号、一九一七年三月)等がある。

(50) 村上勝彦「資本蓄積(2) 重工業」(大石嘉一郎編『日本帝国主義史I 第一次大戦期』東京大学出版会、一九八五年、二三三頁)、参照。

(51) これに関連して安藤良雄は、「戦時統制経済の系譜」のなかで、「最初の帝国主義戦争としての第一次世界大戦は、いわゆる総力戦、経済戦として展開しつつあったが、それはまた帝国主義的世界分業の、したがって世界貿易の体系を大規模かつ長期にわたって破壊する結果をもたらした。日本資本主義に対するこの国際的インパクトは、その支配層に対してあらためて、日本帝国主義的自立、すなわち国民経済としての「自給自足」を焦眉として意識せしめた」(安藤良雄編『日本経済政策史論(東京大学産業経済研究叢書)』下巻、東京大学出版会、一九七六年、一六四頁)と述べ、自給自足論登場の背景を指摘している。

(52) 「大正六年二月一九日 産業第二号特別委員ニ於ケル仲小路農商務大臣ノ演説」(通商産業省編『商工政策史』第四巻、一九一七年九月、一五〇頁)。

(53) 鈴村吉一「工業動員」(『偕行社記事』第五二四号付録、一九一八年三月、四二頁)。

(54) 鈴村と共に軍需工業動員法制定の立役者であった陸軍省兵器局工政課長吉田豊彦は、「戦時ニ於ケル物資供給ノ能否ハ戦争勝敗ノ決ニ関スルヲ以テ国防ノ見地ヨリセハ軍需物資ハ悉ク自給自足ヲ理想トス」(吉田「工業動員ト物資トノ関係」(『偕行社記事』第五四一号付録、一九一九年九月、一頁)と述べ、同様の見解を披瀝している。

(55) 佐伯敬一郎「工業独立論」(『工業之大日本』第一五巻第一号、一九一八年一月一日、一〇頁)。

(56) 海軍省『公文備考』大正六年官職三巻三。

(57) 善生永助「自給経済と工業独立」(『工業雑誌』第四八巻第六一九号、一九一八年一月五日、五五頁)。

(58) 同右、五六頁。

(59) 仲小路廉「戦時中迎へらる新年の感慨」(『東京商業会議所月報』第一一巻第一号、一九一八年一月二五日、一頁)。

(60) 堀江帰一「軍国主義の経済政策」(『太陽』第二四巻第五号、一九一八年四月、三五頁)。

(61)この他にも自給自足論自体を全面的に否定する見解もあった。たとえば、鶴城仁吉は、「自給自足経済論今如何」のなかで、「自給自足経済論を主張するのは、要するに鎖国政策を行はんとするものにして、我が国是たる開国進取の宏謨に反し、此の国是を根底より覆没せしめんとするの議論と認めざるべからざるもの」(『東京経済雑誌』第七六巻第一九二五号・一九一七年九月、六五〇頁)と述べていた。
(62)斯波忠三郎「工業の独立と工業教育」(『工業雑誌』第四八巻第六二二号、一九一八年二月二〇日、一九四頁)。
(63)鈴木隆史「戦時下の植民地」(『岩波講座　日本歴史　近代8』岩波書店、一九七七年、一二一頁)。
(64)鈴木隆史「総力戦体制と植民地支配」(『日本史研究』第一一一号、一九七〇年四月、九一頁)。同様の認識は、三和良一「重化学工業化と経済政策」のなかでも見られる。すなわち、「明治維新以来、官営工業を軸に進められた軍需生産能力の育成方針が、総力戦としての第一次世界大戦の経験を通して、裾野の広い潜在的軍需生産能力の育成、つまり、民間化学工業の育成の必要性が認識されたことによって、軌道修正されるに至ったこと、そして、重化学工業の発達が、原材料資源確保の視点から日本資本主義の対外進出衝動を一層強化したことに注目すべきである」(『社会経済史学』第四一巻第六号、一九七六年六月、五二頁)と述べ、大戦を契機とした軍需生産能力育成→原料資源確保の要請→対外進出衝動といった図式を提示している。筆者もこの図式を念頭に置いているが、さらにつけ加えれば、こうした図式が軍部だけでなく財界人の中にも多かったこと、この図式の過程で表面化してきた日本資本主義が内包する構造的脆弱性と内的矛盾の克服の方法として軍事力の発動が行われたこと、ここから国内におけるファシズム化の要因が存在したことを確認しておきたい。また、安藤良雄「戦時統制経済の系譜」は、軍需工業動員論とその具体的処置が「大陸」(中国、特に「満蒙」)における「国防資源」の調査開発と密接に関して展開したことを指摘している(安藤良雄編『日本経済政策史論〈東京大学産業経済研究叢書〉』下巻、東京大学出版会、一九七六年、一八七頁)。これらと若干異なった視点から、川北昭夫は「資源問題と植民地政策の転回」のなかで、資源問題が軍事力の問題とみなされる見方は妥当でないとし、「この時期の資源問題は、第一次大戦を契機として急発展をとげた重化学工業を維持、発展させようという純粋に経済的な産業政策上の要求にまず根ざしていた」(山崎隆三編『両大戦間期の日本資本主義〈現代資本主義叢書〉』下巻、大月書店、一九七八年、七五頁)と述べている。しかし、以上で見てきた通り、資源問題のもつ軍事的政治的経済的意味の総合的把握こそ重視せねばならない。
(65)「支那物資調査ニ関スル件」(陸軍省『密大日記』〈防衛庁防衛研修所蔵〉大正四年四冊の内二)。
(66)「支那物資調査ニ関スル件照会」(同右)。
(67)「支那物資調査継続ニ関スル意見」(同右)。なお、この他にも参謀総長長谷川好道は、一九一五(大正四)年三月三〇日付で陸軍大臣岡市之助宛に「支那土地調査ノ件照会」(同右)を、六月二四日付で「蒙古土地調査ノ件照会」(同右)を送付し、中国・蒙古の土地・資源調査の必要性を説いている。
(68)宇垣一成「対支政策ニ関スル私見」(『宇垣一成関係文書』国立国会図書館憲政資料室蔵、第六冊)。
(69)小磯が国防資源を中国大陸に求め、総力戦体制の物的基盤の整備を意図した経緯については、拙稿「小磯国昭――国家総動員政策の推進者」（冨田信男編『政治に干与した軍人たち』所収、有斐閣、一九八二年）を参照されたい。
(70) 小磯国昭自叙伝刊行会編『葛山鴻爪』（一九六三年、三二六頁）。
(71) 本書の構成は、以下のとおり。第一章　総論、第二章　平戦両時ニ於ケル帝国国産原料ノ動態（予説、食料、依料、金属、薬物、燃料其ノ他ノ資源、結語）、第三章　支那国産原料（予説、食料、依料、金属、薬物、燃料其ノ他ノ原料、結語）、第四章　帝国平時経済策（予説、対外経済策、対内経済策、結語）、第五章　平時経済ト戦時経済ノ転換（予説、工業転換、戦時生産増加、戦時消費節減、平時貯蔵法、戦時代用補給法、支那原料ノ搬来、結語）、第六章　総結論。なお、「第一章　総論」は、拙著『総力戦体制研究　日本陸軍の国家総動員構想』（三一書房、一九八一年、復刻版、社会評論社、二〇一〇年）に附録資料（旧版の二〇六―二一二頁、復刻版の二一七―二二三頁）に全文を収載。
(72) 参謀本部『帝国国防資源』（防衛省防衛研究所蔵、五頁）。
(73) 同右、九頁。
(74) 同右、一一頁。
(75) たとえば、その成果には次のようなものがあった。「東部内蒙古旅行報告　大正六年三月　陸軍歩兵大尉小林角太郎」、「東部内蒙古調査地域沿道戸数井戸数表　大正五年度　陸軍歩兵中尉江川淳一」、「東部内蒙古用兵ニ関スル調査報告　大正五年度　陸軍歩兵中尉江川淳一」、「東部内蒙古施設経営ニ関スル調査報告　大正五年度　陸軍歩兵中尉江川淳一」（陸軍省『密大日記』大正六年四冊の内二）。
(76) 吉田豊彦「工業動員ト物資トノ関係」（『偕行社記事』第五四一号、一九一九年九月、一頁）。
(77) 原料・資源供給地設定の問題について、山口利昭は「国家総動員研究序説――第一次世界大戦から資源局まで」のなかで、次のように述べている。すなわち、「中国を中心としてシベリアから南洋諸島にまで向けられる関心は、従来の所謂帝国主義的な権益の獲得という視点からの関心とは異質のものである。国家総動員の進展とともに、この新たな視点もまた陸軍を中心に定着していく。満州事変や日中戦争の一つの原因は、このような意味での資源問題であった」（『国家学会雑誌』第九二巻第三・四合併号、一九七九年四月、一〇八頁）。ここでは、大戦後から一九二〇―三〇年代における日本の中国大陸、南洋方面への軍事力発動の原因が、資源獲得による国家総動員体制準備にあったとする見解を示している。
(78) 『時事評論』第一三巻第一号、一九一八年一月一日、四七頁。
(79) 「大正七年三月二三日付寺内、勝田宛西原書翰」（『西原亀三関係文書』第三二冊、三一四―三一五頁）。なお、財界人でこれとほぼ同趣旨の見解を述べた記事は少なくない。たとえば、善生永助「我原料供給国としての支那」（『大日本』第五巻第八号、一九一八年八月）、尾崎敬義（中日実業会社専務取締役）「自給策と海軍問題」（『中外新論』第二巻第一号、一九一八年一月）、中島久萬吉（日本工業俱楽部専務理事）「工業独立の根本問題」（『実業公論』第四巻第一号、一九一八年一月）、荻原直蔵「鉄鋼自給問題と支那」（『大阪経済雑誌』第二六巻第五号、一九一八年八月）などがある。

(80) 谷寿子「寺内内閣と西原借款」(東京都立大学『法学雑誌』第一〇巻第一号、一九六九年一〇月、一一三頁)。
(81) 『西原亀三関係文書』第三三冊、六頁。
(82) 西原借款の意図、内容などについては、多くの研究がある。本稿との関連で言えば、波多野善夫「西原借款の基本的構想」は、「中国の内政改革と産業開発を指導し、日本と中国を一体化した経済自給圏をうち立てようとした」(『名古屋大学文学部十周年記念論集』一九五九年、四〇九頁)と述べ、経済自給圏の形成が目標であったとしている。西川潤は「日本対外膨張思想の成立——西原借款の経済思想」は、「平戦両時における資源供給地としての中国と経済ブロックをつくり、「自給自足圏」形成を目的とした」(正田健一郎編『近代日本の東南アジア観』アジア経済研究所、一九七八年、三九頁)とした。さらに、石井金一郎「西原借款の背景」は、「財界自身が中国の従属化、そのための中国における軍事上の、そして略奪のための特殊な便宜の独占を希望していたことが西原借款の基盤であった」(『史学雑誌』第六五編第一〇号、一九五六年一〇月、五六頁)としている。
(83) 『東京商工会議所月報』一九一八年三月号、一頁。
(84) 『各種調査委員会文書〈講演綴〉』国立公文書館蔵、第三六巻、五頁。
(85) 吉田豊彦「日本の工業家に希望す」(『欧州戦争実記』第九九号、一九一七年五月二五日、六七頁)。
(86) 鈴村吉一「工業動員」(『偕行社記事』第五二四号附録、一九八一年三月、一八頁)。
(87) 近藤兵三郎「工業動員平時準備ノ見地ヨリスル官民ノ協同ニ就テ」(同右、第五三七号附録、一九一九年五月、六頁)。この他にも辻村楠造(陸軍主計総監)「工業動員法の運用と軍需産業」は、「挙国一致官民協同を以て、軍需員(品)の補給を敏速円滑に遂行すると云ふ精神に基いて居る」(『財政経済時報』第五巻第四号、一九一八年四月、三〇頁)と同法制定の意図について記している。
(88) 武田秀雄「軍需動員に関する所感」(『大日本』第五巻第一一号、一九一八年一一月、二二頁)。
(89) 井出謙吉「兵器と民間企業」(『時事評論』第一三巻第一号、一九一八年一月一日、九頁)。
(90) 社団法人大阪工業会編『大阪工業会六十年史』一九七四年、二〇頁。大阪工業会については、内田勝敏「大阪における近代工業の成立と発展」(大阪市立大学『経済学雑誌』第六〇巻第四号、一九六九年四月)を参照。
(91) 陰山登「軍需工業動員法案」(『工業之大日本』第一五巻第四号、一九一八年四月一日、二頁)。
(92) 大河内正敏「兵器民営助長論」(『時事新報』第一一六二九号、一九一六年一月四日付)。
(93) 内田嘉吉「軍需工業動員法に就いて」(『実業之世界』第一五巻第七号、一九一八年四月一日、一二頁)。
(94) 戸田海市「軍隊・財政・工業の大動員」(『東京朝日新聞』第一四〇八四号、一九一六年一月一七日付)。
(95) 斯波忠三郎「工業動員に対する準備」(『工業雑誌』第四九巻第六三五号、一九一八年九月五日、二二九頁)。
(96) 大河内正敏は、軍財双方が協同して軍需品製造に従事し、これを調整統一機関として双方から独立した工務省設置を提言していた。大河内正敏「工業動員に対する準備——工務省設立の最大急務」(『太陽』第二四巻第一号、一〇九頁)を参照。

(97)「欧州列国ノ財政経済及社会上ノ現状調査ニ関スル件」(『公文雑纂』〈国立公文書館〉大正五年、帝国議会　第二巻第二四号)を参照。
(98)通商産業省編『商工政策史』第四巻、一九六一年、一四一頁。
(99)同右、一四四頁。
(100)吉田豊彦「軍事上ノ見地ヨリ工業ノ保護奨励ニ就テ」(『各種調査委員会文書〈講演綴〉』第三六巻〈国立公文書館蔵〉、一〇一頁)。
(101)臨時軍事調査委員会も同時期、陸軍大臣宛等に「工業動員計画ニ関スル意見」(一九一七年一月一二日)などの意見書を活発に提出し、工業動員の法制準備を進言していた。拙稿「臨時軍事調査委員会の業務内容」(『政治経済史学』第一七四号、一九八〇年一〇月)を参照されたい。
(102)「軍需品管理法制定ニ関スル件」(陸軍省『密大日記』大正七年四冊の内四)。
(103)防衛省防衛研究所戦史部編『戦史叢書　陸軍軍需動員〈1〉計画編』一九六七年、五三―五四頁。
(104)「閣議請議案」には、「戦時国家ノ資源ヲ統一的ニ使用シ軍需ノ補給ヲ迅速確実且円満ナラシムル為本法ノ制定ヲ必要ト認ム」(前掲『密大日記』大正七年、徴発の部)とする理由書がつけられていた。
(105)「第四〇回帝国議会衆議院軍需工業動員法案委員会議録　筆記第一回」(『帝国議会衆議院委員会録17　第四〇回議会〈四〉大正六・七年』一九八三年、三三六頁)。
(106)同右。
(107)同右、三三九頁。
(108)同右、三三九―三四〇頁。
(109)『帝国議会衆議員速記録　第四〇回議会　大正六年』一九八一年、五四五―五四六頁。
(110)『帝国議会衆議院委員会録』一九八三年、四一三頁。
(111)同右、四二〇頁。
(112)同右。
(113)『帝国議会貴族院委員会議事速記録8　第四〇回議会〈二〉大正七年』一九八二年、六三八頁。
(114)前掲『帝国議会衆議院委員会録17』、四三七―四三九頁。
(115)本間重紀は、「戦時経済統制法分析の予備作業」のなかで、同法は企業の国家管理を目指したものではあったが、企業内部の経営機構に直接関与するものでなかった、としている(『社会科学研究』第二三巻第三号、一九七二年二月、一五五―一五六頁)。
(116)本間重紀は、「戦時経済法研究(1)」のなかで、「軍需工業動員法はその立法過程において議会に代表されるブルジョア勢力に対して一定の譲歩がおこなわれたものの、基本的には陸軍を中心とする軍部の主導権の下で成立したものであった」(『社会科学研究』第二五巻第六号、一九七四年三月、三一頁)と述べている。

(117)「内閣訓令第一号」(『公文類聚』〔国立公文書館蔵〕、第四二編、大正七年巻二)。
(118)「内閣訓令案(鈴村少佐起草案)」(同右)。
(119)安川貞三「経済時事評論」(『三田学会雑誌』第一二巻第四号、一九一八年四月、一二四頁)。
(120)同右、一二〇頁。
(121)同右。
(122)京都大学経済学会『経済論叢』第七巻第一号、一九一八年七月、一三一頁。
(123)『工業』第一〇巻第一一号、一九一八年六月一五日、一頁。
(124)『日本経済雑誌』第二二巻第二号、一九一八年五月、二三頁。
(125)宮島清次郎「工業動員法の価値如何」(『商と工』第六巻第三号、一九一八年三月、三八頁)。
(126)本間重紀「戦時経済法の研究㈠国家的独占と経済法」(東京大学社会研究所編刊『社会科学研究』第二五巻第六号、一九七四年三月、三五頁)、参照。
(127)田代正夫は、「第一次大戦後の日本における産業循環について」のなかで、「(日本の)重化学工業にとってはこの海外からの競争に拮抗しつつ蓄積を拡大できる市場と利潤との確保が常に困難を極めた。そこでこれら生産部門は国家の保護(補助金・奨励金の交付、租税免除、関税保護など)と財政支出(主として軍事費)への依存を深めていかざるを得なかった」(東京大学経済学部『経済学論集』第二六巻第一・二合併号、一九五九年二月、一六三―一六四頁)と述べ、重化学工業が軍需工業へ接近していった理由を指摘している。
(128)小林英夫「総力戦体制と植民地」(『体系・日本現代史』第一二巻、日本評論社、一九七九年、五五頁)。
(129)斎藤聖二も同法制定において、軍財双方が明確な認識のもとに「総力戦」体制構築に向け、意志一致していたとしている。斎藤「海軍における第一次大戦研究とその波動」(『歴史学研究』第五三〇号、一九八四年七月、三一頁)。
(130)これに関連して池島宏幸は、「日本における企業法の形成と展開」のなかで、「軍需工業動員法制定過程は、いわば重化学工業に比重を移しての産業の再編成という一大転換のそれであって、その後の産業界・財界の利害と政府・軍部の利害の対立から両者の結合連繫の出発点となって、昭和の準備期・戦時体制へと大きく影響し規定する」(高柳信一・藤田勇編『資本主義の形成と展開3』東京大学出版会、一九七三年、二二八頁)と述べ、昭和期における軍財の関係性を分析するうえで、同法制定過程の政治史的経済史的意義の重要性を説いている。

第三章　戦前日本の武器移転と武器輸出商社

泰平組合と昭和通商の役割を中心に

はじめに

二〇一四年四月一日、それまで日本の武器輸出に厳しい制約を課してきた「武器輸出三原則」に代わって、「防衛装備移転三原則」が、国家安全保障会議および閣議決定として制定された。これによって武器輸出や国際共同開発への歯止めが事実上外されることとなったが、その目的は、輸出を認めることによって、国内の武器生産態勢を強化することであるとされた。

従来の武器輸出三原則は、武器の輸出や国際共同開発を認めず、必要に応じて例外規定を設けて運用しようとするものだった。したがって全面的な武器輸出禁止政策ではなかったにせよ、新しい防衛装備移転三原則（以下、新三原則）に比較すれば厳しい輸出規制措置を採っていたと言える。これに対して新三原則は、武器の輸出入を基本的に認め、そのうえで禁止する場合の基準を定め、厳格な審査を実施する内容となっている。武器輸出の事実上の解禁は、武器の国際共同開発にも積極的に参入し、高度な軍事技術も獲得していこうとするものである。事実、「日米同盟の深化」を合言葉に、日本は現在、アメリカからの武器輸入をいっそう増加させるとともに、自国から外国への武器輸出に本腰を入れる状況となっている。

本稿では、武器輸出政策を考えるひとつの素材として、戦前期日本の武器輸出政策についていかなる内容と目的のもとに推し進められていたかを概観することとして、主に泰平組合と昭和通商株式会社の二つの武器輸出専門商社を取り上げる。これまで十分に知られていない後者を中心に資料を引用しながら、戦前日本の武器輸出の実態の一端を紹介する。その作業を通して、防衛装備移転の名による武器開発の促進や武器輸出の実施が、近い将来において軍事的緊張を加速し、最終的には「軍拡の利益構造」(セングハース)を本格化させていく危険性を指摘しておきたい(1)。

なお、引用資料の旧漢字は常用漢字、カタカナは平仮名に修正し、適宜句読点を加えた。

武器輸入国から武器輸出国への変貌

日清・日露戦争当時、日本は自国ですべての武器を自給することができず、主力艦を中心に多くを輸入に依存していた。近代国家日本は典型的武器輸入国であったのである。日清戦争で清国の北洋艦隊を、日露戦争でロシア艦隊を日本海で破った艦艇の主力も、いずれもイギリスやフランスなどの武器輸出国に依存していた。また、総力戦の萌芽である日露戦争(一九〇四—〇五年)で、飛躍的に消費量が増加した砲弾の消耗に悩まされた結果、砲弾の製造と備蓄が以後重要な課題とされることになった。

その過程で問い直されたのは、平時における武器生産体制の拡充であった。そのために日本陸海軍は、本格的な国家総力戦として戦われた第一次世界大戦(一九一四—一八年)以後、国営の軍工廠に加え、民間企業への武器生産の委託を進めた。たとえば、軍需工業動員法(一九一七年制定)や軍用自動車補助法(一九一八年制定)などにより、軍需工業の裾野を広げる方針を打ち出した(2)。同時に大きな課題となったのは、民間企業に武器生産を委託するため、平時にあっても安定的な武器生産による利益構造の定着であった。そのため国内での備蓄と消耗だけでなく、中華民国やタイなど近隣アジア諸国への武器輸出政策が推し進められることになった。

さらには、輸出対象国との間に武器を媒介とする同盟関係構築も重要視されることになる。たとえば、中華民国（以下、中国）を対象とした日中軍事協定の締結による、いわゆる〝兵器同盟〟政策は、その象徴的な事例であった。そうした意味で、特に日本陸軍が行った武器輸出政策には、平時における安定的な武器生産の構築という軍事的かつ経済的な意味と、武器を媒体とする相手国との政治的・外交的な連携、あるいは日本への従属化の強要など、多面的な思惑が存在していた。その全体を一括して捉えるなかで、武器移転問題を現代の課題とも比較しながら見ておく必要があろう。(3)

今日、武器移転はグローバル化しているが、戦前の日本でも中国やタイなどのアジア諸国、さらにはボリビアをはじめとする南米諸国への武器輸出によって先鞭がつけられていた。そこでは武器移転の戦前事例を概観することで、武器移転の目的がどのように設定されていたのか、武器輸出商社と日本陸軍との関係を中心に据えながら追ってみたい。

武器輸出専門総合商社としての泰平組合は、日露戦争終結の三年後、一九〇八（明治四一）年六月四日付で、当時の陸軍大臣寺内正毅の命令により創設された。

それまで主に中国市場を対象に武器輸出の競合状態にあった合資会社髙田商会、合名会社大倉組、合名会社三井物産の三社に命じ、合同して武器輸出事業を担わせることになった。日露戦争の最中、日本の武器生産は東京・大阪・名古屋などの陸軍工廠、呉・横須賀・佐世保などの海軍工廠の規模拡大によって充当されてきたが、戦争終結により飽和状態となっていた武器の生産と備蓄を維持し、同時に軍工廠の運転資金を確保するため、主に中国やタイを武器輸出市場として果敢な市場開拓を行ったのである。

外務省資料である「泰平組合に関する件」（大正一四年四月一日、外務省資料館蔵）には、「泰平組合は明治四十一年三井、大倉、髙田三社の間に諸外国に対する武器輸出の目的を以て十年の期限を以て組織せられたるもの」(4)と、その事情が簡潔に要約されている。ここに明記された「十年の期限」は、その後大正年間の末まで三次にわたり延長が繰り返された。各次の契約はすべて陸軍大臣の命令条件にしたがって締結されたことから、泰平組合が事実上、日本陸軍の〝御雇組織〟であったことがわかる。

泰平組合の具体的な活動について、同資料には、特に第二次契約時に寺内正毅内閣における中国の段祺瑞援助政策を背景に、「大正六年年末乃至同八年春迄に約三千万円の武器を供給したる」(5)と記されている。

しかし、第一次世界大戦終了後、武器輸出額の減少が顕在化していく。泰平組合は設立から期限付きの方針が最初から決定されており、昭和期に入っても、泰平組合の継続に関して、陸軍側と組合側とのやりとりが連綿と続いていた。たとえば、一九二八（昭和三）年六月一一日付で、泰平組合の三井物産株式会社代表取締役社長三井守之助と、合名会社大倉組頭取大倉喜八郎が連名で、陸軍省に泰平組合の存続を要請している。

その要請は昭和期に入り、武器輸出総額の減少が影響し、泰平組合に参加する商社の増加が期待できない状況のなかで、それでも継続依頼を申し出ている恰好となっているが、武器輸出政策を進めたい陸軍側の意向も背景にあった。

陸軍側の意向は、同日付で陸軍省兵器局が示した「泰平組合更改に関する件」における「意見」と題する文面で確認することができる。すなわち、兵器局は泰平組合が存続すべき理由として一九二六年六月に髙田商会が泰平組合から脱会する事態を招いたことを挙げつつ、武器輸出業者としての組合を喪失する可能性に強い危機感を滲ませている。当時、政党政治が台頭し、世論からは軍縮を求める機運が醸成されており、軍備拡充や武器輸出を望む陸軍当局の思惑と、軍縮を求める世論の乖離が顕著となっていた。

陸軍内では、兵器局を中心に、泰平組合に代わる新組織設立の構想が出始めていた。その背景には、陸軍当局が泰平組合に抱くある種の不満もあった。それは、外国からの兵器の注文様式に原因があるとしながらも、「組合が注文引受後一ヶ年以内に引渡を完了せるもの殆んどなく、数ヶ年に亘るもの多し」（「泰平組合更改に関する説明参考」）(6)と指摘していたのである。実例として、「支那に払下たる兵器」である三八式歩兵銃と銃剣が、注文開始から引渡完了まで一ヶ年四ヶ月、暹羅《シャム＝タイ》に至っては制式銃と実包の輸出が注文開始から引渡まで、実に四ヶ年も要した、と記録している。迅速な交易と同時に、他国との武器輸出競争の観点からも、こうした遅延とも言える事態は、陸軍当局にとって深刻な問題であった。

しかし、一九三〇年六月二一日付で、陸軍副官から陸軍造兵廠長官への通牒「泰平組合継続に関する件」[7]では、期限の切れる同日から向こう一年間以内の継続を承認する旨の記載がある。同資料にある「外国へ兵器売込に関する件」（昭和五年六月一九日　銃砲課）には六点の継続理由が示されている。そこには武器輸出の目的が簡約されているので、三点に絞り引用する。

一、造兵廠製造兵器の海外輸出を企画するは、国軍兵器行政の運用上多大の利益あるのみならず、国力の海外発展上多大の利益を齎らすものとす。
二、然れども陸軍としては、官吏を派し欧米商人と競争して販路を開拓することは殆んど不可能なるを以て、民間実業家をして其仲介たらしむるを得策とす。
三、而も其販売を民間実業家各個の自由に放任せしか、価格の統一を欠き、競争の結果は国軍兵器の信用を損する等、其弊甚大なるものあり。以て兵器の販売は組合を組織せしめ、一手に之を行はしむるの要あり。之れ泰平組合を認めたる所以なり。

要するに、海外に向けた武器輸出が国内武器生産の発展を促すものであること、また、武器輸出は専門商社に請け負わせることで、特に対中国向けの国際武器輸出競争力を保守しようとしたこと、泰平組合に参入する商社に増減はあるものの、参入者の増加を得て武器輸出の発展に尽力を期すこと、などの理由が明示されている。泰平組合に不満を抱きながら、さりとてこれに代わる武器輸出商社の創設には、時間の問題を含め展望が立たなかったからである。

昭和通商の創設と日本陸軍の位置

第一次世界大戦の期間中、泰平組合はイギリスやロシアに向け、およそ一〇〇〇万挺を超える小銃を輸出した実績を残した。しかし、武器輸出額の減少傾向が顕在化すると髙田商会が脱会し、それと交代するかのように軍用機や装甲車両の製造を担っていた三菱重工業を傘下にもつ三菱商事が加入した。これを機会に泰平組合は昭和通商株式会社（以下、昭和通商）と名称変更し、一九三九年四月二〇日、陸軍省軍事課長岩畔豪雄大佐の肝いりで設立された。

昭和通商は、泰平組合と異なり、業務上の指揮監督権や人事権まですべてにわたり陸軍省が掌握しており、文字どおり陸軍省直下の武器輸出商社であった。世界各地に支店や出張所が設けられ、正社員は約三〇〇〇人、現地採用の社員を含めると約六〇〇〇人規模の巨大武器輸出商社であった(8)。

昭和通商の設立目的は、次のようなものであった。

> 現下時局に鑑み本邦製兵器の市場を積極的に海外に開拓し、以て此種重工業力の維持並健全なる発達を遂げしむると共に、他面陸軍に於て必要とする海外軍需資源の一部は之を統一して輸入し、其の迅速公正を期し、無益の競争を除き、機密を厳守せしむる目的を以て陸軍大臣指導下に茲に昭和通商株式会社の設立を見たり(9)。（陸機密第六七号「昭和通商株式会社に関する件」昭和一四年七月二九日付）

資本金一五〇〇万円を三井物産、三菱商事、大倉商事が各五〇〇万円ずつ出資し、元陸軍砲兵大佐堀三也を代表者とした。一九四二年当時の組織概要は、社長・専務取締役・常務取締役・非常勤取締役・監査役で中枢を形成し、総務部（庶務課・電信課・厚生課・秘書課・経理課）、業務部（業務課・運輸課・会計課）、資材部（資材一課・資材二課・資材三課）、機械部（機械一課・機械二課・機械三課）、調査部（調査一課・調査二課）の五部と特信班から構成されていた。

それでは昭和通商が、いかなる役割を担っていたかについて資料から概観していこう。まず、一九四一年一月一三日付で陸軍次官からタイ国大使館付武官に送付された「昭和通商株式会社利用に関する件」（昭和一六年一月二一日）(10)を引用する。

一、泰国より注文せらるる軍用（民間用にありても、軍用に準ずる性質のものを含む）兵器類を昭和以外の商社を通し、内地に注文せらる向あるも統制上不利に付、爾今兵器並に兵器類似品の取扱は、全部昭和通商を通する如く指導せられ度。

二、泰国より物資を取得する場合は、輸出兵器代金の決済と無関係に別途購買するの方法により度。但し航空関係の代金決済に関しては、研究中に付後報す。

三、支払条件は、五割五割又は三割七割程度。其何れによるやは政略的見地に基き決定したきにつき、都度連繋せられ度。

四、大宮中佐の携行せる見本兵器の処分に付具体的意見承知致し度。

これは昭和通商の主要な武器輸出相手国がタイであったことを示す資料だが、前記の「昭和通商株式会社利用に関する件」によれば、陸軍は昭和通商の役割を徹底するため、積極的に海外への武器輸出を促す通達を発している。

その一例として、陸軍大臣板垣征四郎は、一九三九年年七月二七日付で、「昭和通商株式会社に与ふる訓令[11]」を関係各部隊に通牒している。そこには先にあげた「現下の時局に鑑み本邦製兵器の市場を積極的に海外に開拓し、以て此種重工業力の維持並健全なる発達を遂げしむると共に、他面陸軍に於て必要とする海外軍需資源の一部は之を統一して輸入し、其の迅速公正を期し、無益の競争を除き、機密を厳守せしむる目的を以て茲に昭和通商株式会社の設立を見たり」という設立趣旨が明確に見てとれる。

役割や期待の点で泰平組合と同質の目的が示されてはいたが、泰平組合がある程度、組合構成員の自主性に委ねられていた点と比べ、昭和通商は陸軍の思惑が前面に出ている点が異なる。一九三〇年代から四〇年代という時代の相違も指摘可能だが、軍需産業を支える重工業の安定的な運営のためには、武器輸出先の持続的確保が不可欠とする認識を深めていたのである。その陸軍の意図する役割と期待を担うかたちで昭和通商が設立されたと言える。

では、昭和通商が具体的にいかなる業務内容を期待されていたか。「訓令」と同じ資料に含まれる「覚書[12]」に、「本会社の営むべき業務の範囲」として「兵器及び兵器部品並軍需品の輸出入」が明記され、さらには「会社に付与すべき便益」として、以下の四点が記されている。

1. 陸軍省は本会社の健全なる発達を図る為、所要の便宜を与ふるものとす。
2. 本会社が外国に於て輸出兵器等を売込み、又は輸入兵器等買付を為す場合に於ては、在外駐在武官をして所要の便益を与へしむるものとす。
3. 兵器及原品類の販路開拓のため陸軍は、事情の許す限り、積極的に優秀品の払下を辞せざる外、相手国の希望によりては、事情の許す限り、制式品以外のものの製造に関しても協力を与ふるものとす。
4. 輸出兵器に就き技術並取扱に関し必要ある場合に於ては、事情の許す限り、陸軍より見本として少数の兵器及原品類の貸与を為し、又は指導官を派遣する等、所要の斡旋をなすものとす。

ここから明らかなように、泰平組合と比べて武器輸出に関してきわめて積極的かつ攻勢的な姿勢が露骨ですらある。とりわけ、「相手国の希望によりては…制式品以外のものの製造に関しても協力」とのくだり、さらに「少数の兵器及原品類の貸与を為し、又は指導官を派遣する」との記述にその姿勢が見てとれる。単に注文を待つだけでなく、武器の売り付けと武器使用のための指導官を派遣するというのである。武器輸出に傾注する日本陸軍の姿勢が浮き彫りとなっている。

これ以外にも昭和通商の人事や事業展開について、陸軍は絶対的な権能を示していた。たとえば、一九三九（昭和一四）年一二月二三日付けで参謀次長の名で、在外各武官宛の「軍需品購入に関する各武官への指示」（秘密電　参電第二二号）[13]において、「中立に対しては、帝国の軍備並生産拡充等、国内情勢の許す限り外貨獲得及将来の貿易振興を目標とし、務めて相手国の要求に応ずるものとす」と記されている。陸軍は昭和通商を媒介にして、特にタイなど中立国を対象とする武器輸出を積極的に進めようとする決意を示していた。軍備拡充体制を担保し、あわせて外貨獲得を重要な目標としていたのである。つまり、軍事的かつ経済的という両面からするメリットを強調している。これらの理由にもとづく武器輸出に積極的な姿勢は、昭和通商を介した武器輸出政策に一貫していた。同時に交戦国相手には、「帝国の外施策其他各種条件を考慮、其要求に応ぜざることもあり」と慎重な構えもみせていた。無用な軋轢を回避し、武器輸出政策の安定的施行を優先したからであろう。

昭和通商と日本陸軍の関係を端的に示す資料として、「昭和通商株式会社指導要綱」[14]がある。その冒頭には、「本会社は国産兵器の積極的海外輸出と、陸軍所管の外国製兵器原料並機械類等の輸入を実施し、以て陸軍の施策遂行とを確保する為設立せられたる趣旨に鑑み、之が使命を達せしむ」とし、「之が為陸軍に於ては、法規その他事情の許す範囲に於て便益を付与すると共に、一面会社の経営に対し強度の監督を行ふ」と記されている。「強度の監督」の表現が示すとおり、昭和通商の業務は、陸軍省の完全な統制下に置かれた。具体的には、「二、指導及監督」の項で「会社の進むべき方向を指示する為」に「大臣訓令並覚書に準拠して会社を指導す」とされた。

武器輸出の実態とその目的

昭和通商が、敗戦に至るまでに膨大な量の兵器輸出入を繰り返したことは充分に推測されるが、残念ながら資料的制限があり、現時点では全貌の解明には至っていない。しかし、敗戦までの陸軍担当官とのやり取りを示す部分的な資料から、その実態の一部を把握し、そこから全体像を推測することは不可能ではないと思われる。なぜならば、武器の売り込みについては、昭和通商の社員が担当するだけでなく、各国に駐在する大使館や公使館の駐在武官が頻繁に表に出て、相手国への売り込みに奔走する状態が常態化していたからである。昭和通商が担った武器移転の実態を、輸出と輸入とに分けて、その動きの実例を一部、紹介しておきたい。

まず中国への武器輸出の実例を示す資料から見ておきたい。たとえば、「官房機密第一三六四号　航空兵器輸出に関する件　昭和十年六月五日　決裁」には中国をはじめとして、軍用機購入希望の申し出があることを踏まえ、以下の見解を記している。

我国に於ては飛行機の需要が殆ど軍部に限られ、海外は勿論国内に於ても其の需要なきときは、工業力維持の上に多大の不安あり。延ては戦時動員計画にも欠陥を生ずるのみならず、一方機材の軍価を高め、又飛行機制作技術の進歩を阻害する主要原因なり。中華民国に対しては各国競て飛行機の売込みに努めつつあるに鑑み、日支外交好転の徴ある今日、我国としても先づ一石を投じ置く要あり。[15]

軍用機を含めた武器輸出の目的に、平時における軍需生産体制の安定化と軍事技術の向上確保があることは、多くの資料で明らかだが、この資料もその実態を示している。また、梅津・何応欽協定（一九三五年六月一〇日調印）が締結された一九三〇年代半ばには、日中関係の緊張が若干緩和した時期でもあり、この機会を利用して中国向けへの軍用機輸出で成果を挙げると同時に、両国関係の好転を期待しえるとしたのである。

さらに、一九四〇年一〇月三一日、昭和通商起草の「航空兵器輸出に関する件」には、軍用機輸出の一例として、以下の実例がある。まず、昭和通商の専務取締役堀三也の連名で、陸軍大臣東條英機宛に「航空兵器輸出許可御願」（昭和五年一〇月一九日付）[16]が提出されている。その内容は以下の通りである。

一、九七式軽爆撃機完全装備（武装不含）、全機用所要機共　二四台
一、八九式固定機関銃　二四挺
一、八九式旋回機関銃　二四挺
一、八九式旋回固定機関銃　九二式焼夷実包挿弾子、紙函共　一〇〇、〇〇〇発
一、八九式旋回固定機関銃　九二式徹甲実包挿弾子、紙函共　三〇〇、〇〇〇発
一、八九式固定機関銃保弾子　二五、〇〇〇個
一、五十瓩型投下爆弾　二、〇〇〇個

この「御願」に対し、同日付で昭和通商側に許可する旨が副官名により通達され、同時に副官より陸軍航空本部長

にその旨が伝達されている。書類上のやり取りだが、陸軍側と昭和通商側との連携ぶりが明らかとなる記録である。
中立国であったタイへの軍用機の輸出は、対英米蘭戦争開始後も一定程度継続された。たとえば、一九四二（昭和一七）年四月九日、陸軍航空本部第二部が起草した「泰国へ譲渡の飛行機組立作業援助に関する件」（陸亜密受第三二六〇号）には、陸軍次官から南方軍総参謀長宛の電文で、「泰国譲渡中の九九式高等練習機九機（内六機三月十四日の朝昭和丸にて発送済残三機近く発送予定）の組立作業を昭和通商株式会社（盤谷支店）と連絡の上援助せられ度[17]」なる内容が記されている。そこには、軍用機輸出に向けて、きわめて積極的に取り組もうとした姿勢が窺える。

軍用機の輸出先として、中国を相手とする以前からタイが有力な輸出相手先と見なされていたことは先に述べたとおりだが、一九四〇年一〇月一四日付の「起草者　兵器局銃砲課　兵器売込みに関する件」には、「泰国親善使節一行軍需工業視察中プロム大臣の言によれば、兵器購買は帝国に依存すること確実視さるるを持て、交渉慎重を期され度[18]」と記され、タイの実力者であったプロム大臣への接近策が功を奏し、日本の武器輸出の先行きに一定の展望が開けた現状を語っていた。

さらに「泰国兵器輸出に関する件」（一九四〇年一〇月八日　航空本部受付）には、次官より泰国公使館付武官への暗号電報のかたちでタイへ、三八式歩兵銃、三〇年式銃剣、九六式軽機関銃、九五式軽戦車（三十七ミリ砲装備）を一〇両、九四式軽装甲車（機関銃装備）を四〇両、他に飛行機も空輸で輸出することの内容である。そこにおいて「輸出価格に就《つい》ては昭和通商に示しある範囲とし度[19]」としていた。このように、タイ政府の日本からの武器輸入はきわめて積極的であった。また、一九四〇（昭和一五）一〇月四日付で、総務部長から泰国大使館附武官宛に、「泰国と仏印間の状況切迫に伴ひ、泰国は目下軍備増強に奔命中。泰空軍は大至急に軽爆撃機二十四、五十瓩爆弾二千個を至急入手し度。直に積出してくれ。已むを得ざれば、其の半数にても即時積出してくれ、と小官に懇請し来れり[20]」の「電報」（秘電報第二六二号）を打電している。

タイ政府はフランスを筆頭とする外国勢力により中立国の堅持が危ぶまれた状況下にあり、自力で中立を堅持するためには、インドシナ半島にも触手を伸ばしていた日本からの武器援助に頼らざるをえない状況であった。タイ政府は、指導者プレーク・ピブーンソンクラーム[21]の命令で、軽戦車五〇両を至急日本から輸入することになった。「泰国兵器輸出に関する件」に収められた総務部長の電文には、「「ピブン」は、泰国軍の兵器の補給を今後全部日本に仰ぐことを決心せるを以て、日本側に於ても商売的見地を離れ、政治的に考慮せられ度」と記され、さらに「国際情勢の変転に伴ひ、泰との軍事提携は着々進行しつつあり。此の際我が方としても、兵器売却問題を戦略的に考慮する必要あるに至る[22]」とする判断を示していた。

武器輸出先としてのタイの重要性については、以下の電文からも知ることができる。すなわち、一九四一（昭和一六）年一月二一日、兵器局銃砲課起草の「昭和通商株式会社利用に関する件[23]」には、陸軍次官から泰国大使館附武官宛に、「泰国より注文せらるる軍用（民間用にありても軍用に準ずる性質のものを含む）兵器類を昭和以外の商社を通し、内地に注文せらるる向あるも、統制上不利に付、爾今兵器並に兵器類似品の取扱は全部昭和通商を通する如く指導をせられ度」と。

これはタイに限ったことか否かは不明だが、昭和通商以外の武器輸出商社の存在も窺わせながらも、結局、武器輸出商社は陸軍傘下の昭和通商に一本化することが示されている。広範な武器輸出体制を整備し、陸軍の思惑を実行に移すためには、複数の商社を動員するのが合理的と思われるが、統制上の観点から昭和通商に一本化する旨が明記された。

特に陸軍が傾注していたのが、昭和通商を媒介にした軍用機輸出であった。日本陸軍としては、次世代の主力兵器として軍用機の存在を強く意識しており、軍用機生産の高度化・大量生産化への観点から、日本における航空機産業の充実発展のためにも輸出体制の確立が急務と認識されていたのである。

武器輸出先として、陸軍はヨーロッパ方面にも触手を伸ばそうとしていた。たとえば、一九四〇年二月七日付で、軍務局軍事課は、陸軍次官から駐在武官宛て電報文で、「「スカンジナビヤ」向け再供給の虞ある兵器輸出は、国際情勢に鑑み差控へ度。又「バルカン」向兵器は直接取引せしめ度」と記し、兵器輸出が国際問題化しないようにとの慎重姿勢を見せながらも、武器輸出政策に積極果敢に取り組むように督促している[24]。

そのことを示す一例として、一九四〇年一月一九日付の「軍需品輸出に関する件　軍務局軍務課　起草」には、陸軍省軍務課がイタリア、ドイツ、フランス、イギリス、アメリカ、ソ連、ポーランド、フィンランド、トルコ、ラトビア、ルーマニア、イラン、タイ、ブラジル、メキシコなどに駐在する武官に電報（陸密電）にて、「輸出余裕あるものは、左記兵器特に弾薬とす。随て輸出は、昭和通商をして取扱はしめ、各国への輸出可能額は弾薬のみにて、本年度の総額概ね一億円程度なり[25]」との内容であった。

ここで言う「左記兵器」とは、八八式高射砲・九四式対戦車砲、重擲、軽擲、弾薬、他に手榴弾、各種爆弾の類のことである。加えて注目しておくべきは、対英米蘭戦争開始前年の年に弾薬輸出総額だけで一億円に達していたことである。これに軍用機や戦車などの武器を併せれば相当額の武器輸出が行われていたことになる。ちなみに、一九四〇年度の国家予算は一〇九億八二七五万円、直接軍事費は七九億四七一九万円である[26]。

この武器輸出総額の多寡を論ずる以上に着目すべきは、国内の軍需産業が、武器輸出によって支えられていたことである。それは、同時に、戦前期日本の軍産連繫の状況をも窺わせる。武器輸出が平戦両時に一貫して企画実行されることで軍需産業の展開が担保され、また武器輸出を通して輸出相手国との軍事同盟化を促進する役割を担っていたことを確認できよう。今日における、いわゆる〝日米同盟〟の強化から深化という状況と、防衛装備移転三原則という名で、事実上の武器輸出が推し進められる現実を、あらためて歴史の事実から問い直す必要があろう。そうでなければ、私たちはいつまでも武器拡散の状態に歯止めをかけられないのである。

註

（1）同問題を論ずる場合、武器・兵器・装備など多様な名称があるなか、本稿では個別的な物理装置の意味で原則として「武器」の用語を使用する。また、武器の輸出入を含め、ライセンスや製造権の委譲などを含め、「武器移転」の包括的名称を使用する。

（2）軍需工業動員法が軍需生産の民需化に果たした役割については多くの研究が存在する。たとえば、鈴木淳「陸軍軍縮と兵器生産」（『軍縮と武器移転の世界史』所収、日本経済評論社、二〇一四年）等。纐纈も「総力戦としての世界大戦」（本書第Ⅰ部第三章）を発表している。

（3）日本陸軍が行った中国への武器輸出については、横山久幸「日本陸軍の武器輸出国策――「帝国中華民国兵器同盟策」を中心にして」（防衛研究所編刊『戦史研究年報』第五巻、二〇〇二年三月）、同「一九一八年の日中軍事協定と兵器同盟について」（上智史学研究会編刊『上智史学』第五一号、二〇〇六年一一月）など横山氏の先行研究がある。

（4）外務省資料館蔵「戦前期外務省記録」。

（5）同右。

（6）陸軍省「密大日記」昭和三年第三冊（防衛省防衛研究所戦史部蔵、以下同様）。

（7）同右。

（8）山本常雄『阿片と大砲――陸軍昭和通商の七年』（PMC出版、一九八五年）に見られるように、昭和通商が武器輸出だけでなく、阿片の販売に深く関わってきたことは知られているとおりである。具体的な資料として、たとえば、一九四二（昭和一七）年一一月一日付で南方軍政総監が発した「南方向輸出阿片の処理に関する件」には、「南政電第八六五号の南方向阿片は左記要領により処理相成度」として、「一、駐蒙軍は九十五万両（一両は約十匁）を蒙疆政府より購買の上南方軍政総監部宛　送付するものとし、輸送は昭和通商をして担任せしむ」とある（陸軍省「陸亜密大日記」第五八号、昭和一七年）。

（9）陸軍省「陸密大日記」昭和一四年、第二冊。

（10）同右「陸支密大日記」第一八号。

（11）同右。

（12）同右。

（13）同右「密大日記」昭和一五年、第一五冊。

（14）同右「陸支密大日記」昭和一六年、第一八号。

（15）海軍省「海軍省　公文備考」昭和一〇年D、外事、巻一〇。

（16）陸軍省「密大日記」昭和一五年　乙輯第二類兵器其三。

(17)同右「陸亜密大日記」昭和一七年、第一二号。
(18)同右「陸支密大日記」昭和一五年、第三七号。
(19)同右「密大日記」昭和一五年一〇月、第一五冊。
(20)同右。
(21)プレーク・ピブーンソンクラーム(Luang Pibulsonggram)は、タイの有力政治家で首相を二度務めた。立憲革命時代から第二次世界大戦をまたいでタイの政治に大きな影響力を持ち続け、「永年宰相」と称された。
(22)陸軍省「密大日記」昭和一五年、第一五冊。
(23)同右「陸支密大日記」昭和一六年一月二一日、第一八号。
(24)同右「密大日記」昭和一五年二月、第一五冊。
(25)同右「密大日記」昭和一五年一月から二月、第一五冊。
(26)藤原彰『軍事史』東洋経済新報社、一九六一年、二七二頁。

あとがき

私は、一九六九年四月、明治大学文学部史学地理学科（西洋史専攻）に入学を許されて以来、明治大学政治経済学研究科修士課程を一九七八年三月に終了するまで明治大学にお世話になった。最初の指導教員は、ドイツ現代史の三宅立先生、ついでポーランド史の坂東宏先生（故人）、そして大学院に進んだ後は富田信男先生（日本近現代政治史・故人）と三宅正樹先生（ドイツ現代史）から手厚い御指導を賜った。文字どおり、教育者・研究者としての基礎を学ばせていただいた。それから一橋大学大学院社会学研究科で博士課程を単位取得退学し、山口大学に二五年間勤務することになった。

この間にも三宅正樹先生の御指導により博士学位請求論文を提出する機会を得、二〇〇四年三月に明治大学より「政治学博士」の学位を授与されることになった。四〇年近くもの間、ともかく教育者・研究者として、大過なく精進できたのも、このように母校明治大学との深いつながりがあったればこそであった。そして、明治大学を後にしてから、実に四〇年後の二〇一八年四月、明治大学研究・知財戦略機構に所属する特任教授として、母校に〝帰還〟（着任）する機会を頂戴することになった。

四〇年前の明治大学と様相は一変し、母校の発展充実ぶりには目を見はるものがある。その母校への〝帰還〟は、まさしく恩返しのチャンスをいただけたもの、と受け止めている。素晴らしい研究環境を提供いただいた土屋恵一郎学長はじめ、関係者の皆さんには感謝の気持ちでいっぱいである。

私は、二〇一八年八月に正式に研究インスティテュートへと昇格した明治大学国際武器移転史研究所の客員研究員をも拝命している。同研究所は、所長である横井勝彦教授の優れたリーダーシップにより、きわめてアクティブな研究活動を展開し、すでに豊富な研究実績を積み重ねている。研究所は「教育の明治」だけでなく、「研究の明治」の一つの顔として、その研究成果を日本はもとより、世界に発信する役割を担っている。私は同研究所において、研究・執筆・講義・機関誌編集・国際シンポジウム企画など、いくつかのミッションを頂戴している。本書の第三部第六章に所収した論文は、本研究所でのミッションのひとつである戦前期日本の武器移転史の研究成果の一端である。

さて、本書は私が山口大学を定年退官し、明治大学に着任するまでの二年間に、これまで発表してきた論考をベースに加筆修正を重ね、一冊の論集として纏めたものである。これまでの私自身の研究史を整理・総括し、次のステップに踏み出すためには、どうしても纏めておきたかった作業である。その論集が明治大学出版会から刊行の機会を与えられたことは、本当に嬉しい出来事であった。御多忙のなか、拙稿を細部にわたり精読され、出版の許可をいただいた出版会編集委員会の先生方からは、実に適切なアドバイスを多くいただいた。先生方には、この場をお借りして心から感謝申し上げたい。

また、最後になってしまったが、豊富な経験を持つ生粋の編集者である出版会の須川善行さんには、論集の構成から文章の細部に至るまで、実に丁寧に作業を進めていただいた。重ねて御礼申し上げたい。

二〇一八年一二月

纐纈厚

【初出一覧】

第一部　総力戦と官僚制

第一章「戦時官僚論　植民地統治・総力戦・経済復興」（倉沢愛子他編『岩波講座　アジア・太平洋戦争2　戦争の政治学』岩波書店・二〇〇五年）
第二章「総力戦と日本の対応」（三宅正樹編『検証　太平洋戦争とその戦略Ⅰ』中央公論社、二〇一三年）
第三章「総力戦としての世界大戦」（日本科学者会議編『日本の科学者』本の泉社、第五〇巻・二〇一五年一月）
第四章「日米戦争期日本の政治体制」（政治経済史学会編刊『政治経済史学』第一八六号・一九八一年一一月）
第五章「アジア太平洋戦争試論」（由井正臣編『近代日本の軌跡5　太平洋戦争』吉川弘文館、一九九五年、原題「アジア太平洋戦争」）
第六章「蘇る戦前の象徴」（『現代思想』青土社、第三五巻第一号・二〇〇七年一月）

第Ⅱ部　植民地と歴史認識

第一章「植民地支配と強制連行」（山口県朝鮮人強制連行真相調査団編刊『続・山口県朝鮮人強制連行の記録』一九九五年、原題「山口県朝鮮人強制連行の実態」）
第二章「日本における朝鮮認識とその変容」（韓国外国語大学校日本研究所編刊『日本研究』第五〇号・二〇一一年一二月）
第三章「アジア太平洋戦争下の植民地支配」（東亜歴史文化学会編刊『東亜歴史文化研究』第八号・二〇一七年三月）
第四章「日韓領土問題と戦後アジア秩序」（孫崎享他編『終わらない〈占領〉』法律文化社、二〇一三年、原題「日韓領土問題とアジア秩序」）
第五章「歴史認識と歴史和解」（韓国日本語思想学会編刊『日本思想』第一五号・二〇〇八年一二月、原題「植民地と戦争の記憶と忘却」）
第六章「植民地と戦争の記憶と忘却」（纐纈厚『反〈阿倍式積極的平和主義〉論』凱風社、二〇一四年）

第Ⅲ部　政軍関係と兵器生産

第一章「政軍関係論から見た近代日本の政治と軍事」（纐纈厚『近代日本政軍関係の研究』岩波書店、二〇〇五年）
第二章「兵器生産をめぐる軍民の対立と妥協」、原題は「軍需工業動員法制定過程における軍財間の対立と妥協」（政治経済史学会編刊『政治経済史学』第二二九号・一九八五年八月、第二三一号・一九八五年九月）
第三章「戦前日本の武器移転と武器輸出商社」（『世界』第九一二号・二〇一八年九月、原題「戦前日本の武器輸出――軍部の思惑と専門商社」）

人物索引

歴史上の人物・政治家ほか

【た行】

【な行】

【は行】

【ま行】

研究者

纐纈　厚（こうけつ・あつし）

1951年岐阜県生まれ。明治大学大学院政治経済学研究科修士課程修了・一橋大学大学院社会学研究科博士課程単位取得退学。現在、明治大学特任教授（研究・知財戦略機構）・同大学国際武器移転史研究所客員研究員、『国際武器移転史研究』編集委員、政治学博士（明治大学）。山口大学名誉教授・元同大学理事・副学長、遼寧師範大学客員教授。東亜歴史文化学会会長・植民地文化学会副代表。著書に『近代日本政軍関係の研究』（岩波書店）、『文民統制』（同）、『日本降伏』（日本評論社）、『田中義一　総力戦国家の先導者』（芙蓉書房出版）、『侵略戦争　歴史事実と歴史認識』（筑摩書房）、『日本海軍の終戦工作』（中央公論社）、『監視社会の未来』（小学館）等多数。

日本政治史研究の諸相　総力戦・植民地・政軍関係

2019年1月20日　初版発行

著者――纐纈　厚

発行所――明治大学出版会

〒101-8301
東京都千代田区神田駿河台1-1
電話　03-3296-4282
http://www.meiji.ac.jp/press/

発売所――丸善出版株式会社

〒101-0051
東京都千代田区神田神保町2-17
電話　03-3512-3256
https://www.maruzen-publishing.co.jp

装丁――岩瀬聡

印刷・製本―モリモト印刷

ISBN 978-4-906811-27-4 C0031